GRAMMAIRE ACTIVE DE L'ESPAGNOL

Dans la même collection :

GRAMMAIRE ACTIVE DE L'ANGLAIS.
GRAMMAIRE ACTIVE DE L'ALLEMAND.
GRAMMAIRE ACTIVE DE L'ARABE.
GRAMMAIRE ACTIVE DE L'ITALIEN.
GRAMMAIRE ACTIVE DU PORTUGAIS.

LES LANGUES MODERNES

GRAMMAIRE ACTIVE
DE
L'ESPAGNOL

par

Enrique Pastor
Assistant à l'École Centrale de Paris

et

Gisèle Prost
Assistante à l'Université de Paris X

Le Livre de Poche

La collection "Les Langues Modernes" n'a pas de lien avec l'A.P.L.V.
et les ouvrages qu'elle publie le sont sous sa seule responsabilité.

Sommaire

I. Le nom et le groupe nominal

II. Le verbe

III. La phrase

IV. Annexes

Avant-propos

La *Grammaire active de l'espagnol* s'adresse aux élèves, aux étudiants et à tous les francophones désireux de parfaire leur connaissance des formes et des règles de l'espagnol contemporain écrit et parlé.

Conçue dans un but essentiellement pratique, elle fait délibérément abstraction de la terminologie linguistique spécialisée qui pourrait constituer un obstacle à l'assimilation des notions exposées. Le lecteur y trouvera l'essentiel de la grammaire espagnole et pourra, de surcroît, évaluer ses acquisitions.

Cette grammaire se compose de 81 chapitres de longueur variable, répartis en 3 groupes :

    I — chapitres 1 à 39 : le nom et le groupe nominal ;
    II — chapitres 40 à 66 : le verbe ;
    III — chapitres 67 à 81 : la phrase.

L'ensemble constitue un inventaire complet des structures grammaticales de la langue contemporaine et peut donc servir de cadre à l'acquisition méthodique des notions requises pour comprendre l'espagnol et s'exprimer dans cette langue.

La présente grammaire, en effet, ne propose pas un simple exposé normatif, mais fait également appel à la participation active du lecteur. Elle a été conçue avant tout pour permettre à chacun d'effectuer un travail individuel et cette caractéristique se reflète dans la présentation du texte :

— en page de gauche, on trouvera la description des formes et l'énoncé des règles, illustrées de remarques venant compléter l'explication, et de nombreux exemples traduits.

— en page de droite, une série d'exercices, dont les corrigés figurent en fin de volume, permettra de contrôler l'assimilation des structures exposées et d'amorcer leur réutilisation. Leur gamme est étendue : exercices de transformation, exercices à trous, questionnaires à choix multiples (QCM), exercices de traduction : version et thème.

La langue présentée est l'espagnol de la Péninsule. Les exemples et les exercices font appel à des phrases et des expressions issues de la vie courante, dans un registre de vocabulaire également courant : celui de la conversation, de la presse et des moyens audiovisuels.

Dans les annexes, le lecteur trouvera de plus :

- les principales règles de prononciation de l'espagnol et les modifications orthographiques ;
- des tableaux de conjugaison des auxiliaires, des verbes réguliers et des verbes irréguliers ;
- les principaux verbes à irrégularités diverses ;
- la construction des verbes les plus usuels ;
- une liste des participes passés irréguliers et des verbes à double participe passé ;
- des tableaux regroupant les prépositions, les conjonctions et les adverbes, etc.

Tous ces éléments complémentaires font de cette *Grammaire active de l'espagnol* un instrument de travail autonome. Son index détaillé rendra possible une consultation ponctuelle afin de résoudre une difficulté particulière. Sa présentation et l'agencement de ses chapitres permettront une utilisation en tant que méthode systématique et progressive d'acquisition et de révision.

Nous remercions particulièrement M. Jean Testas, agrégé de l'Université, professeur au Centre HEC-ISA et à l'ENA, M. Guy Testas, docteur en études ibériques, coordinateur du département des langues au Centre HEC-ISA et maître de conférences à l'ENA, et M. Édouard Jimenez, professeur assistant à l'ESCP, pour leurs nombreuses remarques et suggestions, ainsi que M. Daniel Baudry, professeur au lycée Émile-Zola de Châteaudun, pour sa relecture attentive et précieuse.

1. L'accentuation

Tout mot espagnol comporte une syllabe accentuée dans laquelle la voyelle est tonique.

L'accent tonique

1. Si le mot est terminé par une voyelle, par un *-n* ou un *-s*, c'est l'avant-dernière syllabe qui est accentuée :

> el li*b*ro, *le livre* ; la mari*p*osa, *le papillon*
> la cri*s*is, *la crise* ; el exa*m*en, *l'examen*
> Los alu*m*nos ca*n*tan. *Les élèves chantent.*

2. Si le mot est terminé par une consonne autre que *-n* et *-s*, c'est la dernière syllabe qui est accentuée :

> la soledad, *la solitude* ; el metal, *le métal*
> el porvenir, *l'avenir* ; el papel, *le papier*

3. Si l'accentuation du mot n'obéit pas à ces règles, la voyelle tonique porte obligatoirement un accent écrit (accent aigu) :

> la víspera, *la veille* ; el azúcar, *le sucre*
> el limón, *le citron* ; francés, *français*

4. Réunion de plusieurs voyelles : il existe en espagnol trois voyelles fortes : *a, e, o*, et deux voyelles faibles : *i, u*.

— Le hiatus est la réunion de deux voyelles fortes dont chacune constitue une syllabe différente :

> el poema, *le poème* = 3 syllabes
> el bacalao, *la morue* = 4 syllabes

Remarque : si l'accentuation du mot est irrégulière, la voyelle tonique porte un accent écrit :

> el campeón, *le champion* = 3 syllabes

— La diphtongue est la réunion de deux voyelles ne formant qu'une seule syllabe. Elle peut être atone :

> Europa, *l'Europe* = 3 syllabes
> la familia, *la famille* = 3 syllabes

Remarque : l'accent tonique dans ces deux exemples est régulièrement sur l'avant-dernière syllabe : Europa ; la familia

Elle peut être accentuée : la voyelle tonique est alors la voyelle forte ou, à défaut, la seconde voyelle faible :

> el viaje, *le voyage* = 2 syllabes
> la ruina, *la ruine* = 2 syllabes

EXERCICES

A. Soulignez la voyelle tonique

abrir	ayer
comida	niño
garaje	altavoz
reloj	pollo
transistor	caza
ola	horror
salsa	torbellino
llamar	valle
autopista	aquel
exuberante	ciudad

B. Écrivez l'accent sur la voyelle qui convient

boton	carcel
jardin	arbol
util	detras
balcon	lapiz
mama	agil

C. Soulignez la voyelle tonique et donnez le nombre de syllabes

anciano	altruismo
treinta	manantial
mueble	caos
triunfo	destruir
paella	idioma
peine	mosaico
tinieblas	prejuicios

D. Calculez le nombre de syllabes des mots suivants

policía	circulación
articulación	guía
náufrago	huérfano
río	inspección
raíces	todavía

Remarques : lorsqu'une diphtongue est irrégulièrement accentuée, la voyelle tonique porte un accent écrit :

    el periódico, *le journal* = 4 syllabes

    el huésped, *l'hôte* = 2 syllabes

Si la voyelle faible d'une diphtongue régulièrement accentuée porte un accent écrit, il y a rupture de syllabe ou hiatus :

    el día, *le jour* = 2 syllabes

    el ataúd, *le cercueil* = 3 syllabes

— La succession de trois voyelles se produit parfois dans certaines formes verbales. L'une des voyelles porte alors un accent écrit :

    Estudiáis, *Vous étudiez.* **Oían**, *Ils entendaient.*

5. La formation du féminin et du pluriel peut modifier l'emploi de l'accent écrit, la voyelle tonique restant la même :

    holgazán, *paresseux* → holgazana, *paresseuse*

    el corazón, *le cœur* → los corazones, *les cœurs*

    el examen, *l'examen* → los exámenes, *les examens*

Exceptions :

    el régimen, *le régime* → los regímenes, *les régimes*

    el espécimen, *le spécimen* →

    los especímenes, *les spécimens*

    el carácter, *le caractère* → los caracteres, *les caractères*

L'accent grammatical

L'accent écrit sert à distinguer :

1. des mots grammaticalement différents malgré leur prononciation identique :

    solo, *seul* (adjectif) ≠ sólo, *seulement* (adverbe)

    el, *le* (article) ≠ él, *lui* (pronom personnel)

    si, *si* (conjonction) ≠ sí, *oui* (adverbe)

                   sí, *soi* (pronom personnel), etc.

2. les pronoms démonstratifs non neutres des adjectifs :

    Es bonita esta casa pero prefiero ésta.

    Cette maison est jolie mais je préfère celle-ci.

3. les interrogatifs et les exclamatifs, au style direct ou indirect :

    ¿Quién vino ayer? *Qui est venu hier ?*

    ¡Qué ilusión verte! *Quelle joie de te voir !*

    Dime cómo te llamas. *Dis-moi comment tu t'appelles.*

EXERCICES

E. Écrivez l'accent sur les mots transformés s'il y a lieu

café → cafes   país → paises
pared → paredes   interés → intereses
parlanchín → parlanchina   órden → ordenes
canción → canciones   heroico → heroica
espectáculo → espectaculos   carácter → caracteres

F. Écrivez l'accent sur les mots en italique s'il y a lieu

1. *Aun* no ha llegado *mi* amigo.
2. ¿Sabe Vd. *quien* es *ese* señor?
3. *Solo* quedan cinco días *de* vacaciones.
4. ¿Por *donde se* va a la Plaza Mayor?
5. Quiero que me lo *de el* mismo.
6. *Aun* así, no *te* interesaba.
7. Venga Vd. *cuando* quiera, *esta* es su casa.
8. *Como* llegó tarde, tuvo que cenar *solo*.
9. Me preguntó *cuando* terminaba, preocupándose por *mi*.
10. *Esto* no *se* hacerlo.
11. ¡ *Cuanto* me gusta *el* Prado!
12. *Esa* es *mi* canción preferida.
13. *Esta* tarde voy de compras con *el*.
14. *Aun* no *se* lo que voy a decir.

G. Écrivez l'accent là où il est nécessaire

— ¿Adonde vas?
Le dije el sitio. Llegamos. Me pregunto si me quedaba. Le dije
que no, que solo subir y bajar. Me dijo que me esperaba y yo,
tonto de mi, le dije que bueno. Mi amigo busco donde aparcar,
pues esperar sin estar aparcado no dejan. No encontro donde,
busco mas, se alejo buscando, y una hora despues seguiamos
rodando en busca de sitio. Hasta que yo, timido que soy,
aprovechando un semaforo rojo, abri la puerta, salte al asfalto y
consegui tres cosas: salvar la vida, llegar a donde iba, aunque
con media hora de retraso, y que mi amigo no dejara de serlo.
Lo ultimo lo consegui cuatro horas despues, por telefono. (La
Codorniz.)

2. L'article défini

	MASCULIN	FÉMININ
SINGULIER	**el,** *le*	**la,** *la*
PLURIEL	**los,** *les*	**las,** *les*

L'article défini a la même valeur qu'en français : il accompagne le nom et s'accorde avec lui en genre et en nombre :

> *el* chico, *le garçon ; las* chicas, *les filles*

Contractions

Comme en français, il présente des contractions :

a + el = al, *au*	Voy *al* cine. *Je vais au cinéma.*
de + el = del, *du*	Vengo *del* cine. *Je viens du cinéma.*

Modifications

El remplace **la** devant les substantifs féminins qui commencent par un á- tonique (écrit a- ou ha-). Mais l'article féminin **la** apparaît normalement devant un adjectif féminin ou un substantif féminin commençant par a- non tonique :

> *el* alma pura, *l'âme pure ; la* amplia casa, *la vaste maison*
> *el* hacha, *la hache ; la* acción, *l'action*

Emplois particuliers à l'espagnol

L'article défini, contrairement au français, est employé :

1. Devant *señor, señora, señorita* suivis ou non du nom. Il disparaît lorsqu'on s'adresse directement à la personne :

> *El* señor no está. *Monsieur n'est pas là.*
> Venga, *señor* García. *Venez, monsieur Garcia.*

2. Pour indiquer l'heure :

> Es *la* una. *Il est une heure.*
> A *las* tres. *À trois heures.*

EXERCICES

A. Mettez l'article défini

1. ...... libros	**6.** ...... hacha
2. ...... hábito	**7.** ...... casa
3. ...... amigo	**8.** ...... cama
4. ...... estrellas	**9.** ...... ama
5. ...... niño	**10.** ...... habla

B. Complétez les phrases suivantes

1. Está en el fondo de ...... agua.
2. Allí verá a ...... señor González.
3. Vuelve de ...... cine.
4. Los fines de semana voy a ...... campo.
5. Fue durante la tarde de ...... jueves.

C. Complétez les phrases avec l'article lorsqu'il est nécessaire

1. ...... señor García se fue a ...... una y media.
2. No me gusta ...... agua fría.
3. ¡ ...... señor Jiménez ! ¿Cómo está Vd. ?
4. ...... acción de Iberduero está subiendo.
5. Dése prisa, ... señorita.
6. Viene a ...... dos de ...... tarde.
7. ...... abeja vuela entre las flores.
8. Mira ...... águila negra.

D. Traduisez

1. Merci, monsieur Alvarez.
2. Il est trois heures.
3. Monsieur le Directeur vient à sept heures.
4. Je vais au marché.
5. Le trottoir est sale.
6. La fée des contes est bonne.
7. L'aiguille de la montre marque une heure.
8. Le problème de la faim est grave.

3. Avec les jours de la semaine. Au singulier, pour évoquer un jour en particulier ; au pluriel, pour indiquer la périodicité :

> Vendremos *el* martes. *Nous viendrons mardi.*
> Van al cine *los* sábados. *Ils vont au cinéma le samedi.*
> ≠ Estamos a *jueves. Nous sommes jeudi.* (cf. p. 114).

4. L'article apparaît également pour situer l'action à un moment déterminé :

> por *la* mañana..., *le matin...* ;
> a *los* doce años, *à douze ans.*

Omission de l'article défini

1. Il est omis devant les noms de pays ou de régions non déterminés par un adjectif ou un complément, sauf quelques exceptions :

> *España*, *l'Espagne* ; *Francia*, *la France*
> *Europa*, *l'Europe* ; *la* Mancha, *la Manche*
> *El* Salvador, *le Salvador* ; *la* India, *l'Inde*

2. Il est également omis devant **casa** au sens de *chez* et devant **clase**, *cours* :

> estar en *casa*, *être chez soi*
> salir de *casa*, *sortir de chez soi*
> ≠ Voy a *la casa* vieja. *Je vais à la vieille maison.*

3. L'omission de l'article en espagnol donne lieu à de nombreuses expressions si le substantif n'est pas déterminé par un adjectif ou un complément :

— avec **tiempo** : tener tiempo, *avoir le temps*
  ≠ Déjale *el* tiempo necesario. *Laisse-lui le temps nécessaire.*

— avec **derecho** : tener derecho a..., *avoir le droit de...*

— dans des expressions temporelles indéterminées :
>   a principios de enero, *au début de janvier*
> ≠ *al* principio de la calle, *au début de la rue*
>   a mediados de mayo, *à la mi-mai*
>   a finales de (a fines de) junio, *à la fin du mois de juin*
> ≠ *al* final de la avenida, *au bout de l'avenue*

EXERCICES

E. Complétez les phrases avec l'article lorsqu'il est nécessaire

1. Hoy no tengo ...... tiempo de hacerlo.
2. Está a ...... principio de la calle, a ...... derecha.
3. ...... España y ...... Portugal han firmado un convenio económico y cultural.
4. Lo sabremos a ...... principios de ...... mes.
5. Salimos con ...... tiempo justo para coger el tren.
6. ...... Asturias es una región de ...... norte de ...... España.
7. Pasa por aquí a ...... final de ...... mañana.
8. Nos volvemos a reunir a ...... finales de ...... mes.
9. Entonces quedamos ...... lunes a ...... cinco.
10. ...... Europa de ...... sur es una realidad económica.
11. ...... lunes no suelo trabajar.
12. Ayer volvimos a ...... casa a ...... siete de ...... tarde.
13. Entró en ...... empresa a ...... treinta años.
14. ...... antigua casa está a ...... final de ...... calle.
15. No tienes ...... derecho a hacer eso.
16. Acaba de sacar ...... permiso de caza.
17. Empiezo a trabajar a ...... principios de ...... año.
18. Estará terminado a ...... mediados de ...... semana próxima.
19. ...... España de ...... sur es muy diferente de ...... España de ...... norte.
20. Utiliza todo ...... tiempo que necesites.

F. Traduisez

1. Il s'est marié à trente ans.
2. C'est au fond à gauche.
3. Il vient vers la fin du mois.
4. La maison est au bout du chemin.
5. Il a la permission de sortir.
6. Tu n'as pas le droit de faire ça.
7. M. Ortega vous recevra lundi matin.
8. Il travaille chez lui.
9. Je te téléphone samedi.
10. Nous allons chez le médecin.

La substantivation

L'article défini masculin peut être utilisé avec d'autres membres de la phrase qui sont ainsi transformés en substantifs :

1. Il peut être utilisé devant l'infinitif qui devient ainsi un nom d'action. Dans certains cas, il peut être traduit par *le fait de* (cf. p. 226) :

> *el* volar (vuelo) de los pájaros, *le vol des oiseaux*
> *el* hablar poco, *le fait de parler peu*

— Certains infinitifs, précédés de l'article, deviennent de véritables substantifs et admettent la marque du pluriel :

> *el (los)* parecer(es), *l'avis, les opinions*
> *el* querer, *l'amour, l'affection*
> *el (los)* cantar(es), *la (les) chanson(s)*
> *los* andares, *la démarche*

2. L'article masculin, singulier ou pluriel, transforme aussi certains temps verbaux, des adjectifs, des pronoms, des adverbes ou des prépositions en véritables substantifs :

> *el debe, le débit d'un compte, le passif*
> *el (los)* haber(es), *l'avoir, l'actif, les actifs*
> *el (los)* porqué(s), *le pourquoi, la (les) cause(s)*

L'article utilisé comme pronom

L'article défini devant le complément de nom introduit par **de** ou devant une proposition relative introduite par **que** devient un pronom démonstratif : *celui, celle,... de..., qui..., que... :*

> *los* chicos *de* ayer → *los de* ayer, *ceux d'hier*
> *la* casa *que* vimos → *la que* vimos,
> *celle que nous avons vue*

Remarque : l'emploi du pronom démonstratif (**éste, ése...**) à la place de l'article possède une valeur de désignation qui est absente dans l'article :

> **Mira** *el* **coche** *que* **está parado** →
> **Mira** *ése* **que está parado.** *Regarde celle qui est arrêtée.*

EXERCICES

G. Remplacez les substantifs par des infinitifs précédés de l'article en faisant les transformations nécessaires

1. Tenía la mirada perdida.
2. No me interesa su opinión.
3. Vigilaba la circulación de los coches.
4. Los viajes incesantes de un sitio para otro me aburren.
5. La bebida es perjudicial para él.

H. Utilisez la valeur pronominale de l'article devant de et que

1. Trae los discos del otro día.
2. No estaba mal el piso que visitamos.
3. Me gusta más la camisa de la derecha.
4. ¿Quién es el muchacho del fondo?
5. Ponte el vestido que quieras.
6. ¿Vamos a la playa de la semana pasada?
7. Te dejo los libros que te gusten.
8. Mi padre es el señor de la derecha.
9. El color que prefiero es el verde.
10. Quedamos en el bar de siempre.

I. Traduisez

1. Je ne vois pas la différence entre celui que tu dis et celui que je te montre.
2. Prends celle qui est devant toi.
3. Achète celles de l'autre jour.
4. Celui de Pierre n'est pas mal.
5. Celles que tu sais ne sont pas venues.
6. Apporte ceux que tu voudras.
7. J'aime celle du milieu.
8. Regarde celles qu'on m'a données.
9. Le fait de se taire ne l'aide pas.
10. Je vois celle que tu dis.
11. Regarde ceux qui parlent.
12. Le fait de sortir beaucoup le fatigue.
13. Dis-moi celui que tu préfères.
14. Ceux qui étaient au fond n'ont rien entendu.

3. L'article «neutre» lo

1. Parce qu'il est «neutre», **lo** ne peut être utilisé devant un substantif.

Devant un adjectif ou un participe passé au masculin singulier, il exprime toujours une idée générale ou abstraite et se traduit souvent par *ce qui est, ce qu'il y a de...* :

> *Lo* raro de este asunto...
> *Ce qui est bizarre dans cette affaire...*
> *lo* mismo, *lo* único, *lo* primero, *lo* último...
> *la même, seule, première, dernière... chose*
> *lo* contrario, *le contraire ;* lo importante, *l'important.*

2. Lo peut être l'antécédent d'une proposition relative introduite par **que** :

> *Lo* que dijiste. *Ce que tu as dit.*

3. Lo de suivi d'un nom, d'un adverbe ou d'un infinitif exprime une idée vague et générique qui suppose un référent connu de l'interlocuteur :

> *lo de* Pili, *l'histoire (l'affaire) de Pili*
> *lo de* ayer, *ce qui est arrivé hier*

— Devant **de** et **que**, l'emploi de **lo** est similaire à celui des pronoms démonstratifs **esto, eso, aquello** (cf. p. 96).

> *Lo (eso)* que decidimos. *Ce que nous avons décidé.*

4. Lo suivi d'un adjectif ou d'un adverbe + **que** équivaut à l'exclamatif **qué** et signifie *comme, combien.* L'adjectif s'accorde avec le substantif qu'il qualifie :

> No dices *lo* caras *que* son = No dices *qué* caras son.
> *Tu ne dis pas combien elles sont chères.*
> No sabes *lo* lejos *que* está = No sabes *qué* lejos está.
> *Tu n'imagines pas comme c'est loin.*

5. Lo accompagne le verbe lorsque **todo,** *tout,* est complément d'objet direct (cf. p. 82) :

> Ahora *lo* entiendo *todo. Maintenant je comprends tout.*

EXERCICES

A. Complétez les phrases avec l'article qui convient

1. ...... que hablamos ayer es confidencial.
2. Mis primas son ...... que conociste el verano pasado.
3. ...... bueno de esta región es el clima.
4. Los amigos de Juan eran ...... que vinieron por la tarde.
5. ...... que conocimos el lunes es abogada.
6. No me extraña ...... que me cuentas de él.
7. ...... más desagradable de ese chico es su mal humor.
8. Eso es ...... último que haría.
9. Tenemos que analizar ...... negativo y ...... positivo del proyecto.
10. ...... dicho, dicho está.
11. Eso es ...... de menos. No tiene importancia.
12. Le preocupa ...... de decidir por los demás.

B. Remplacez qué par la tournure lo ... que

1. No sabes qué elegantes van todos a la fiesta.
2. No puedes imaginar qué contenta estoy.
3. Mira qué altos son esos edificios.
4. Date cuenta de qué baratos venden los melones.
5. Fíjate qué bonitas son.
6. No puedes suponer qué difíciles son esos problemas.
7. ¿No ves qué deprisa corren?
8. Por fin descubrí qué tonta había sido.
9. No te imaginas qué atento estuvo conmigo.
10. No sabes qué guapas iban.

C. Traduisez

1. C'est la première chose que nous allons visiter.
2. Le plus intéressant c'est le prix.
3. J'ai commencé ce que je devais faire.
4. Regarde comme les hirondelles volent haut.
5. Ce qui est bizarre c'est qu'il ne soit pas encore là.
6. Il était au moins trois heures du matin.
7. Regarde comme elle est sympathique.

4. L'article indéfini

	SINGULIER	PLURIEL
MASCULIN	**un**	**unos**
FÉMININ	**una**	**unas**

Au singulier
> **un** chico, *un garçon;* **una** chica, *une fille.*

1. Sans être obligatoire, l'emploi de la forme *un* devant un nom féminin singulier commençant par a ou ha tonique est fréquent :
> **un** agua clara, *une eau claire*
> **un** hada benéfica, *une fée bienfaisante*

2. Le masculin singulier est la forme apocopée (chute du *-o* final) du numéral **uno** qui s'utilise obligatoirement lorsque l'article est employé de façon pronominale et remplace un nom :
> Tiene dos hermanos y yo *uno*. *Il a deux frères et moi un.*
> Leo *uno* de mis libros. *Je lis un de mes livres.*

Au pluriel
L'article ne se traduit généralement pas :
> **Se** oían voces y gritos. *On entendait des voix et des cris.*

1. Le pluriel **unos, unas,** qui équivaut à l'indéfini **algunos, -as,** *quelques,* peut traduire le français *des* lorsqu'il s'agit d'un groupe restreint ou d'objets allant par paires :
> Estaba con *unos* amigos. *J'étais avec des amis* (quelques-uns).
> Tráeme *unas* tijeras. *Apporte-moi des ciseaux.*

2. Il s'emploie pour désigner un nombre approximatif :
> Quedan *unos* veinte kilómetros.
> *Il reste une vingtaine de kilomètres.*
> Llegaré dentro de *unas* dos horas.
> *J'arriverai dans deux heures environ.*

3. Il s'emploie généralement en tête de phrase pour introduire un groupe sujet indéfini pluriel :
> *Unos* enormes camiones circulaban por la calle.
> *D'énormes camions circulaient dans la rue.*

Remarque : il est toutefois omis lorsque la phrase commence par une énumération :
> Camiones, coches y motos estaban aparcados.
> *Des camions, des voitures et des motos étaient garés.*

EXERCICES

A. Mettez l'article indéfini qui convient

...... reina	...... propina
...... autor	...... harina
...... águila	...... hombre
...... ciudad	...... pila
...... brazo	...... alma
...... hacha	...... mujer
...... bicicleta	...... animación
...... animal	...... alta montaña
...... crisis	...... jardín
...... canción	...... día

B. Complétez avec l'article indéfini s'il y a lieu

1. En la plaza hay ...... quiosco de periódicos.
2. España produce ...... naranjas y ...... limones.
3. Le regaló ...... bolso y ...... guantes de cuero.
4. Es necesaria ...... antena para la televisión.
5. Esa chica tiene ...... sonrisa encantadora.
6. Aquí sólo venden ...... zapatos.
7. Entre mis amigos ...... es italiano.
8. Viví allí ...... meses y ...... meses.
9. ...... alza de los precios tan repentina, ¡ es asombroso !
10. Cuando no había ...... plátanos compraba ...... manzanas.

C. Traduisez

1. Elle porte un manteau gris et des bottes noires.
2. Il y a des amandes, des figues et des raisins secs.
3. Nous avons une chambre qui donne sur la cour.
4. L'enfant jouait avec une petite voiture.
5. Je viens de lire un livre d'économie.
6. Il me manquait une valise en arrivant à l'aéroport.
7. Je dois faire des courses avant de rentrer chez moi.
8. Je te donnerai un de mes chapeaux.
9. Nous devons prendre des décisions.
10. Nous avons cours dans une salle très petite.

4. Il peut être employé devant les adjectifs et les participes passés pris substantivement:

> Son *unos* cobardes. *Ce sont des lâches.*
> Son *unas* presumidas. *Ce sont des prétentieuses.*

Omission de l'article indéfini

1. Dans les expressions partitives introduites en français par *du, de la, des, de*:

> Comía pan y carne. *Il mangeait du pain et de la viande.*
> No tiene memoria. *Il n'a pas de mémoire.*

2. Devant certains adjectifs indéfinis placés devant le nom: otro, *autre;* medio, *demi;* tal, *tel;* cierto, *certain;* igual, *égal;* semejante, *semblable;* tanto, *tant de;* cualquiera, *quelconque;* ainsi que devant l'adverbe tan, *aussi, si:*

> Vendré otro día. *Je viendrai un autre jour.*
> Vuelva dentro de media hora.
> *Revenez dans une demi-heure.*
> tan importante negocio, *une affaire aussi importante*

Remarque: L'expression ... y medio entraîne souvent l'omission de l'article indéfini:

> La mesa mide metro y *medio.*
> *La table mesure un mètre et demi.*
> Saldré dentro de hora y *media.*
> *Je sortirai dans une heure et demie.*

3. Devant les compléments de manière et les expressions comparatives:

> Hablaba con voz suave. *Il parlait d'une voix douce.*
> Hacía mejor tiempo. *Il faisait un meilleur temps.*

4. En général, devant un nom représentant une catégorie:

> Todas estas casas tienen garaje.
> *Toutes ces maisons ont un garage.*
> ≠ Tengo *un* garaje muy pequeño.
> *J'ai un garage très petit.*

EXERCICES

D. Complétez avec l'article indéfini s'il y a lieu

1. Cuando voy a Madrid no necesito ...... intérprete.
2. Tengo exactamente ...... 200 pesetas para terminar el mes.
3. Me fumé ...... paquete de cigarrillos y luego ...... otro.
4. Tengo ...... amigo que es ...... médico famoso.
5. Estuve allí ...... semanas nada más.
6. Sois ...... tontos por hacerle caso.
7. ...... ingenieros de Barcelona llegaron ayer.
8. Anda con ...... paso lento y habla con ...... voz ronca.
9. Luisa tiene ...... ojos preciosos.
10. Nunca he visto ...... tal espectáculo.

E. Traduisez

1. Han venido unos amigos a verte.
2. Santander está a unos 400 kilómetros de Madrid.
3. Aquí no se suele beber vino ni licores.
4. Tendrá unos cuarenta años.
5. Estaba aquí hace unas dos semanas.
6. Celebró su cumpleaños con gran alegría.
7. Podemos ofrecerle facilidades de pago.
8. Méjico importa vinos de California.
9. Tengo que comprar unos regalos para mi familia.
10. Todas las habitaciones del hotel tienen televisión.

F. Traduisez

1. Des enfants jouent dans la cour.
2. Je t'ai apporté des fleurs et des fruits.
3. C'est un romancier qui a du talent.
4. Il parlait à voix haute à une autre personne.
5. Vous êtes des fous quand vous allez à une telle vitesse.
6. Dans quelques mois nous aurons une maison neuve.
7. C'est un monsieur d'un certain âge.
8. Appelle-moi si tu as une meilleure idée.
9. Il est insupportable avec un tel air de supériorité.
10. L'aéroport de Barajas est à une quinzaine de kilomètres de Madrid.

5. Le genre du nom

Personnes et animaux

Les noms des personnes et des animaux sont classés tradition-nellement en deux catégories que l'usage définit par l'opposi-tion masculin/féminin pour distinguer leur sexe, mais cette opposition peut se marquer de différentes façons :

1. Les terminaisons :

— **-Ø/-a** : **un director**, *un directeur* ;
     una director*a*, *une directrice*
— **-o/-a** : **un camarero**, *un serveur* ;
     una camarer*a*, *une serveuse*
— **-e/-a** : la plupart des mots en **-e** présentent les terminaisons **-ante, -ente, -iente**. L'usage permet et justifie le féminin dans certains cas : **una dependient*a***, *une vendeuse*. Dans d'autres cas, le genre est marqué par l'accord de l'article ou de l'adjectif avec le nom : **el estudiante**, *l'étudiant* ; **la estudiante**, *l'étudiante*.

Remarque : les noms féminins de métier désignaient tradition-nellement l'épouse de l'homme qui exerçait la profession (**la farmacéutica**, *la femme du pharmacien*). Ces féminins dési-gnent aujourd'hui les femmes qui exercent ces professions : *la* **farmacéutica**, *la pharmacienne*.

2. Des noms différents : ***hombre/mujer** (homme/femme)*.

3. L'accord de l'article ou de l'adjectif avec le nom : *la* **testigo**, *le témoin (femme)*. C'est notamment le cas des noms terminés en **-ista** :

     el periodista, *le journaliste* ; **la periodista**, *la journaliste*.

4. Il existe un nombre réduit de féminins savants en : **-esa** (**alcald*esa***, *le maire femme*) ; **-isa** (**poet*isa***, *poétesse*) ; **-ina** (**hero*ína***, *héroïne*) ; **-triz** (**ac*triz***, *actrice*).

EXERCICES

A. Mettez l'article masculin ou féminin el/la **devant le nom**

...... pintor	...... prima	...... bailarina
...... negociante	...... directora	...... camarera
...... condesa	...... tutor	...... sacerdotisa
...... profeta	...... gallina	...... abuela
...... emperatriz	...... poetisa	...... directora

B. Mettez l'article masculin ou féminin un/una **devant le nom**

...... serpiente	...... rata	...... culebra
...... ratón	...... nuera	...... liebre
...... oca	...... vendedor	...... ladrón
...... buey	...... foca	...... tigre
...... pintora	...... bailarín	...... cura

C. Formez le féminin des noms suivants

señor	doctor	director ......
gobernador	empresario	abogado ......
médico	patrón	jefe ......
obrero	caballo	príncipe ......
maestro	gobernante	sirviente ......
acompañante	sastre	peluquero ......

D. Formez le masculin des féminins suivants

tigresa	arquitecta	campesina
carnicera	camarera	vendedora
leona	empleada	veterinaria
criada	ingeniera	obrera

E. Traduisez

vendeuse	la standardiste	collectionneuse
chauffeur	chanteuse	gendre
bru	étudiante	institutrice
serveuse	un artiste	comtesse

Choses

Les mots de la langue qui ne désignent pas des êtres sexués possèdent un genre par convention :

1. Sont masculins les noms dont la terminaison est :

— -o, sauf *la* **mano**, *la main*.
— -or, sauf *la* **flor**, *la fleur ; la* **labor**, *le travail ; la* **sor**, *la sœur* (religieuse).

2. Sont féminins les noms dont la terminaison est :

— -a, sauf *el* **día**, *le jour, la journée ; el* **mapa**, *la carte,* et certains noms d'origine grecque terminés par -ma ou -ta : *el* **teorema**, *le théorème ; el* **planeta**, *la planète...*
— -dad, -tad : *la* **sinceridad**, *la sincérité ; la* **libertad**, *la liberté...*
— -ción, sión : *la* **acción**, *l'action ; la* **pasión**, *la passion...*
— -sis, -itis, -ed, -ez : *la* **tesis**, *la thèse ; una* **otitis**, *une otite,* sauf **análisis** *(analyse)* et **paréntesis** *(parenthèse)* qui sont masculins.

3. Le genre des noms géographiques obéit à certaines règles d'usage :

— les noms des mers (*el* **mar** dans le langage courant), des fleuves et des rivières (*el* **río**) sont généralement masculins en espagnol : *el* **Atlántico**, *l'Atlantique ; el* **Sena**, *la Seine...*
— les noms de montagnes (*el* **monte**, *los* **montes**) sont en général masculins : *los* **Pirineos**, *les Pyrénées...*
— les noms de villes et de localités ne suivent pas une règle précise. D'une manière générale sont féminins les noms terminés en -a :

> **Sevilla es bonita**. *Séville est jolie.*
> ≠ **Toledo es antiguo**. *Tolède est une ville ancienne.*

Cependant l'accord peut être favorisé par l'emploi de certains adjectifs : **medio** (**medio** Granada : *la moitié de Grenade*), ou les termes sous-entendus : **ciudad** *(ville)* et **pueblo** *(village)* :

> **Bilbao es bonita**. *Bilbao est une jolie ville.*
> **Peñaranda es rico**. *Peñaranda est un village riche.*

EXERCICES

F. Mettez l'article masculin ou féminin un/una **devant les noms suivants**

...... diente	...... labio	...... sangre
...... nariz	...... espalda	...... nube
...... leche	...... pecho	...... coche
...... tomate	...... hombro	...... sal
...... dolor	...... coliflor	...... rumor
...... origen	...... fin	...... suerte
...... ataque	...... anuncio	...... duda

G. Mettez l'article masculin ou féminin el/la **devant les noms suivants**

...... hombre	...... idioma	...... problema
...... planeta	...... mano	...... rencor
...... tobillo	...... labio	...... rubor
...... espalda	...... sangre	...... calma
...... mujer	...... reina	...... minuto
...... ventaja	...... miel	...... armario
...... fin	...... vapor	...... reloj

H. Même exercice

1. ...... banca española aguanta bien ...... crisis.
2. ...... Banco Popular de Madrid
3. ...... suela del zapato
4. ...... suelo de la casa
5. ...... rumor de la ciudad
6. ...... cólera es una enfermedad.
7. ...... cólera de tu amigo
8. ...... ramo de flores
9. ...... rama del árbol

I. Traduisez

la cerise	le cerisier
la taille	la tige
le tableau	l'étable

6. Le nombre

Règle générale

Les noms terminés par une voyelle non accentuée forment leur pluriel en -s, tandis que les noms terminés par une consonne et -y présentent la marque -es :

casa → **casas**, *maison(s)*	pan → **panes**, *pain(s)*
bici → **bicis**, *vélo(s)*	rey → **reyes**, *roi(s)*
calor → **calores**, *chaleur(s)*	ley → **leyes**, *loi(s)*

1. Certains noms qui finissent en -s sont des pluriels en apparence. Ils suivent la règle des mots terminés par une consonne s'il s'agit de monosyllabes ou de mots accentués sur la dernière syllabe. Dans le cas contraire, ils sont invariables et c'est l'article qui est chargé de marquer le nombre :

el **lunes** → *los* **lunes**, *lundi, les lundis*
el **interés** → *los* **intereses**, *l'intérêt, les intérêts*
el **cabás** → *los* **cabases**, *le(s) cabas*

2. Les mots qui finissent par d'autres consonnes que -s (pour la plupart d'origine savante ou étrangère) sont rares en espagnol. Ici les solutions sont soit phonétiques, soit imposées par l'usage :

-m : el **álbum** *(album)* → *los* **álbumes** ;
-n : el **eslogan** *(slogan)* → *los* **eslóganes** ;
-r : el **chófer** *(chauffeur)* → *los* **chóferes** ;
-b : **club** → **clubes** (los **clus** dans la langue parlée).
-t : tous les gallicismes peuvent être écrits sans -t : **chalé** *(villa, pavillon)*, **carné** *(carte, permis)*... Ils forment un pluriel en -s : **chalés, carnés**..., tandis que les latinismes **déficit** *(déficit)*, **superávit** *(excédent)* sont invariables : *los* **déficit**, *los* **superávit**. Toutes les autres terminaisons forment des pluriels divers : **soviet** *(soviet)* → **soviets**, **lord** *(lord)* → **lores**...

3. Les noms terminés par une voyelle accentuée ont tendance à former leur pluriel en -s, mais ils peuvent prendre aussi -es au pluriel :

EXERCICES

A. Formez le pluriel des noms suivants

nariz	sol ......
niño	tren ......
capataz	parqué ......
cristal	déficit ......
dolor	calcetín ......
acción	martes ......
pez	líder ......
mies	chalé ......
sabor	ciprés ......
alcalde	héroe ......
viernes	rey ......
chófer	cáliz ......
crisis	referéndum ......
carné	sofá ......
tesis	ley ......
reloj	plan ......

B. Formez le singulier

ardores	mítines ......
canapés	compases ......
deslices	mayores ......
desmayos	análisis ......
impresiones	países ......
cortes	pirulíes ......
martes	cacahuetes ......
funciones	especímenes ......
ciclones	billetes ......
aparadores	filmes ......
vinagres	caracteres ......
arenales	bueyes ......
miércoles	cadetes ......
bocales	jerseys ......
bloques	champús ......
canales	deportes ......
tés	otitis ......

— **-á**, **-ó**, **-é** : **las mamás**, *les mamans* ; **los cafés**, *les cafés*. Le pluriel **-es** existe dans des mots moins courants : **los bajaes**, *les pachas*.

— **-í** : le groupe le plus important a été formé à partir du suffixe d'origine arabe **-í**. La tendance populaire est de former des pluriels en **-s**, mais le pluriel **-es** existe également :

> **marroquíes-marroquís** *(marocains)* ;
> **rubís-rubíes** *(rubis)*

— **-ú** : certains noms ont un seul pluriel, en **-s** : **interviú** → **interviús** ; les autres connaissent un double pluriel **-s**, ou **-es** : **tabús-tabúes** *(tabous)*.

Cf. aussi Les modifications orthographiques, p. 344.

La formation du pluriel des adjectifs se fait selon les mêmes règles que pour les noms.

Cas particuliers

1. Les noms patronymiques forment un pluriel en **-s**, sauf si le nom finit par **-z** ou **-s** : **García** → *Los* **Garcías** ; **Rodríguez** → *Los* **Rodríguez** ; **Casas** → *Los* **Casas**...

2. Le pluriel masculin des noms qui marquent la parenté ou une dignité peuvent désigner le couple ou l'ensemble pouvant inclure les deux sexes :

> **el padre**, *le père ;* **la madre**, *la mère*
> → *los padres*, *les parents*
> **mi hermano**, *mon frère*
> → *mis hermanos*, *mes frères* ou *mes frères et sœurs*

3. Pour la formation du pluriel, le nom composé se comporte comme le nom simple lorsqu'il est ressenti comme une unité : **bocacalle-s** *(carrefour-s)*. Cependant, si l'origine des deux noms apparaît nettement, le pluriel est construit sur le premier terme : **los cafés-teatro** ; **cualquiera, quienquiera** → **cualesquiera, quienesquiera** *(quiconque, quelconque...)*.

Remarque : les composés sont invariables si le deuxième mot de la composition est déjà un pluriel : **el/los paraguas** *(le-s parapluie-s)*, **el/los parabrisas** *(le-s pare-brise-s)*.

EXERCICES

C. Mettez au pluriel

1. El israelí vive en Israel.
2. El estudiante es marroquí.
3. El guardabarros está sucio.
4. El sacacorchos no funciona.
5. Mi tío y mi tía vienen mañana.
6. El jabalí vive en el monte.
7. El sofá es azul.
8. Mi primo y mi prima no saben nada.
9. El ferrocarril se transforma.
10. El mueble-cama es bastante incómodo.
11. El adiós de tu hermano y tu hermana está en esa carta.
12. El pasatiempo es divertido.
13. El bisturí no es el adecuado.
14. El café de Colombia es agradable.
15. El quitamanchas es eficaz.
16. El país está todavía lejos.
17. El esquí está roto.

D. Mettez au singulier

1. Los salvoconductos ya están preparados.
2. Los malos humores le van a enfermar.
3. Las leches adulteradas vienen de unas regiones apartadas.
4. Son unos meses difíciles.
5. Los sillones nuevos son grises.
6. Los colibríes son unos pájaros tropicales.
7. Las bocacalles son peligrosas.
8. Los friegaplatos están rebajados.
9. Los hindúes son religiosos.
10. Los canapés que comimos estaban muy buenos.
11. Los paracaidistas cogen los paracaídas.
12. Las paredes están sucias.
13. No encuentro los guantes amarillos.
14. Los guardamuebles son caros.
15. Los jueves no vamos.
16. Las toses de los últimos días no me gustan nada.

7. L'adjectif: féminin et place

MASCULIN	FÉMININ
blanco, *blanc*	**blanca,** *blanche*
feliz, *heureux*	**feliz,** *heureuse*

Formation du féminin

1. Prennent la marque du féminin en **-a** :

— les adjectifs terminés par **-o** et par **-án, -ín, -ón, -or** :

bueno, *bon* → buen**a**, *bonne*
burlón, *moqueur* → burlon**a**, *moqueuse*
seductor, *séduisant* → seductor**a**, *séduisante*

Exceptions : ruin, *vil :* una ruin traición, *une vile trahison*
Les comparatifs en **-or** et **-ior** :

la hermana mayor, *la grande sœur*
la planta inferior, *l'étage inférieur*

— les adjectifs qui indiquent la nationalité et l'appartenance à une ville ou à une région :

francés, *français* → frances**a**, *française*
andaluz, *andalou* → andaluz**a**, *andalouse*

Exceptions : les adjectifs terminés par **-í** et **-e** :

una ciudad marroquí, *une ville marocaine*
una costumbre londinense, *une coutume londonienne*

— les diminutifs en **-ete** et les augmentatifs en **-ote** :

una niña regordet**a**, *une fillette grassouillette*
una casa grandot**a**, *une maison trop grande*

2. Tous les autres adjectifs n'ont qu'une seule forme :

natura**l**, *naturel* → natura**l**, *naturelle*
grande, *grand* → grande, *grande*

Remarque : les adjectifs de couleur composés restent invariables :

una camisa azul claro, *une chemise bleu clair*

EXERCICES

A. Mettez au féminin les adjectifs suivants

alto	trabajador
estadounidense	verde
innovador	guapo
barato	danés
célebre	regular
hábil	pobre
feote	íntimo
holandés	encantador
orgulloso	alegre
árabe	alemán

B. Accordez les adjectifs mis entre parenthèses

1. Llevaba siempre una cartera (negro) ......
2. Es una cosa (imposible) ......
3. La comida ya está (frío) ......
4. Era una mujer muy (agradable) ......
5. La (nuevo) ...... lavadora es más (moderno) ......
6. Ahora se lleva la falda (corto) ......
7. La niña (pequeño) ...... duerme ; está (tranquilo) ......
8. Esa idea no es nada (original) ......
9. Esta camisa no está (limpio) ......
10. Esta casa tiene agua (caliente) ......

C. Traduisez

1. Cette fille est menteuse, gourmande et méchante.
2. Elle est encore jeune, mais très instruite.
3. Ce film n'est pas amusant ; il est historique.
4. Vous êtes bien polie et bien aimable, mademoiselle.
5. Il me regardait avec son sourire moqueur.
6. Cette observation était inutile.
7. Elle n'est pas vénézuélienne mais péruvienne.
8. La sœur de Jean est travailleuse et courageuse.
9. On apercevait un drapeau blanc.
10. C'est une histoire triste mais vraie.

Accord de l'adjectif

L'adjectif s'accorde avec le nom :

> **Las salas eran espacios*as* y muy clar*as*.**
> *Les salles étaient vastes et très claires.*

Place de l'adjectif

1. Il est généralement placé après le nom :

> el clima *español, le climat espagnol*
> la vida *moderna, la vie moderne*

2. Il peut se placer devant le nom pour souligner une qualité ou pour créer un effet de style :

> la *blanca* nieve, *la blanche neige*
> el *nuevo* coche, *la nouvelle voiture*
> la *inmaculada* cumbre, *la cime immaculée*

3. Comme en français, la place de l'adjectif peut modifier le sens :

> un *pobre* hombre, *un pauvre homme*
> ≠ un hombre *pobre, un homme pauvre*

Remarque : les comparatifs en **-ior** se placent après le nom :

> la parte *exterior, la partie extérieure*

Au contraire, les comparatifs en **-or** se placent avant le nom :

> la *mejor* solución, *la meilleure solution*

Toutefois, *mayor* et *menor* sont placés derrière le nom dans des expressions courantes :

> la plaza *mayor, la grand-place*
> la hija *menor, la fille cadette*

4. Dans les phrases exclamatives sa place dépend de sa fonction grammaticale :

— Lorsque l'adjectif est épithète, il peut être placé devant ou derrière le nom. S'il est postposé, il est précédé de **tan** ou de **más** :

> ¡Qué *hermosa* casa ! *Quelle jolie maison !*
> ¡Qué chico *tan / más antipático* !
> *Quel garçon antipathique !*

— Lorsque l'adjectif est attribut du sujet, il est placé immédiatement après l'exclamatif :

> ¡Qué *difícil* es este problema !
> *Comme ce problème est difficile !*

EXERCICES

D. Faites l'accord de l'adjectif

una nube (gris) ......   una cerveza (superior) ......
una joven (capaz) ......   la costa (marroquí) ......
una ciudad (europeo) ......   una pregunta (interesante) ......
una promesa (esperanzador) ...... una persona (feliz) ......
una plaza (cordobés) ......   una delegación (belga) ......

E. Accordez les adjectifs mis entre parenthèses

1. Era una chica (regordete) ......, (charlatán) ...... y bastante (respondón) ......
2. Sube la planta (trepador) ...... por la tapia (encalado) ...... y llega hasta la parte (interior) ...... de la casa.
3. Les salió la segunda hija (grandote) ......, en comparación con la primera, (chiquitín) ......, casi (enano) ......
4. Me parece ser una joven (amable) ......, que tiene una gracia (espantoso) ......
5. Esa chica (francés) ...... y (distraído) ...... no sabe lo que es la gente (español) ......
6. (Orgulloso) ...... e (insolente) ......, la mujer pasó de largo sin saludar a nadie.
7. Era una (famoso) ...... artista, la (mejor) ...... en su especialidad, pero muy (malo) ...... compañera de trabajo.
8. A pesar de su fortuna, es una persona de traza (ruin) ......

F. Traduisez

1. On entendait les jolies voix des jeunes filles.
2. Cette femme porte généralement une jupe gris clair.
3. La prononciation anglaise me semble difficile.
4. L'industrie barcelonaise est très active.
5. Sa sœur aînée est plus sympathique que sa sœur cadette.
6. La plus grande partie des boutiques sont dans la grand-rue.
7. Ma meilleure amie est étrangère.
8. Il vient de s'acheter une cravate bleu marine.
9. Nous nous consacrons à la nouvelle culture.
10. L'architecture arabe est admirable.

8. Les diminutifs

Suffixes diminutifs

1. Le suffixe -ito, -ita est le plus généralement employé :

    una casa, *une maison* → una cas*ita*, *une petite maison*
    joven, *jeune* → joven*cito*, *tout jeune*

2. Les suffixes -illo, -illa et -uelo, -uela sont fréquents :

    un chico, *un garçon* → un chiqu*illo*, *un petit garçon*
    una plaza, *une place* → una plaz*uela*, *une petite place*

Remarques : le diminutif peut changer le sens du mot et son choix est important :

    la cama, *le lit* → la cam*ita*, *le petit lit*
  ≠ la cam*illa*, *le brancard*
    el paño, *le drap* → el pañ*uelo*, *le mouchoir*

Le diminutif, qui s'ajoute généralement aux substantifs et aux adjectifs, peut aussi s'adjoindre aux adverbes, ainsi qu'au gérondif et au participe passé du verbe :

    temprano, *tôt* → tempran*ito*, *de très bonne heure*
    andando, *en marchant* → andand*ito*, *en marchant à petits pas*
    callado, *silencieux* → callad*ito*, *bien silencieux*

Formation

1. Mots terminés par -o ou -a et mots de plus de deux syllabes terminés par -e : on ajoute le suffixe après élision de la voyelle finale :

    un rato, *un moment* → un rat*ito*, *un petit moment*
    un paquete, *un paquet* → un paquet*ito*, *un petit paquet*

2. Mots terminés par une consonne autre que -n et -r : on ajoute le suffixe :

    un animal, *un animal* → un animal*ito*, *un petit animal*

3. Mots terminés par -n ou -r et mots de deux syllabes terminés par -e : le suffixe est précédé de -c → cito, cita :

    una mujer, *une femme* →
    una mujer*cita*, *une petite femme*
    un hombre, *un homme* → un hombre*cito*, *un petit homme*

4. Monosyllabes et mots de deux syllabes contenant une diphtongue tonique : le suffixe est précédé de -ec → -ecito, -ecita :

    una flor, *une fleur* → una flor*ecita*, *une petite fleur*
    una piedra, *une pierre* → una piedr*ecita*, *une petite pierre*

EXERCICES

A. Formez les diminutifs en utilisant le suffixe -ito, -ita

voz	francés
copa	fiesta
calor	noche
boca	nuevo
coche	pastel
padre	cabeza
pueblo	sol
cerca	hijo
café	dolor
balón	cielo

B. Formez les diminutifs en utilisant le suffixe -illo, -illa

canción	chica
pastor	palo
nube	chaqueta
pez	ave
farol	pájaro
máquina	balcón
ventana	vino
polvo	cuchara
cofre	lámpara
vaca	rumor

C. Formez les diminutifs en utilisant le suffixe -uelo, -uela

mozo	ladrón
mujer	plaza
rapaz	puerta
lenteja	hoyo

D. Traduisez

una cerilla	lejitos
una hojuela	ahorita
una manecilla	aprisita

Remarques : étant donné les nombreuses exceptions à ces règles de formation, seul l'usage permettra l'emploi des diminutifs :

>   un jardín, *un jardin* → un jardin*ito*, *un petit jardin*
>   un pie, *un pied* → un pie*cecito*, *un petit pied*

La formation des diminutifs peut entraîner des modifications orthographiques :

>   un barco, *un bateau* → un bar*qu*ito, *un petit bateau*
>   una luz, *une lumière* → una lu*cecita*, *une petite lumière*

L'adjonction de nouvelles syllabes entraîne un déplacement de l'accent tonique et parfois la disparition de la diphtongue du radical :

>   un *á*rbol, *un arbre* → un arbol*ito*, *un arbuste*
>   cal*ie*nte, *chaud* → calent*ito*, *tout chaud*

Valeur

Les diminutifs, très usités en espagnol, expriment :

— une idée de petitesse :

>   una mesa, *une table* → una mes*ita*, *une petite table*
>   un pan, *un pain* → un pan*ecillo*, *un petit pain*

— une valeur affective (émotion, tendresse, pitié, etc.) :

>   abuel*ita*, *mamie ;* papa*íto*, *mon petit papa*
>   ¡ Pobre*cito* ! *Pauvre petit !*

Remarque : les diminutifs de prénoms ont parfois des formes méconnaissables. En voici quelques exemples :

Prénoms féminins :

Carmen	→ Carmencita, Carmina
Dolores	→ Lola, Lolita
Francisca	→ Paca, Paquita
Josefa	→ Pepa, Pepita
María	→ Maruja
Mercedes	→ Merche, Merceditas
Rosario	→ Rosarito, Chari, Charo

Prénoms masculins :

Antonio	→ Antoñito, Toño
Enrique	→ Quique
Francisco	→ Paco, Paquito, Curro
Ignacio	→ Nacho
José	→ Pepe, Pepito, Joselito

EXERCICES

E. Donnez les diminutifs des prénoms suivants

Pedro	Francisca
Carmen	Manuel
Carlos	Antonio
Josefa	Teresa
Juan	Luis

F. Complétez les phrases suivantes avec des diminutifs

1. Iba con su (traje) …… y sus (zapatos) …… de charol.
2. El parque estaba lleno de (flores) ……
3. A ver si vuelves (pronto) …… y (en seguida) ……
4. Esta calle está (cerca) …… de aquí.
5. Entre Vd. (despacio) …… en el garaje.
6. Ven (volando) …… que está muy enferma tu madre.
7. Vive allí (arriba) …… con sus padres.
8. Ahora, ¡ (callando) ……, y a la cama !
9. Me gusta el café (caliente) ……, hasta en verano.
10. Dale un (caramelo) …… a tu (hermano) ……
11. Por el prado corría un (arroyo) ……
12. La mesa tiene tres (cajones) ……
13. El (pastor) …… guarda las (ovejas) ……
14. Había un perro a la entrada del (jardín) ……
15. Desde el cerro se vislumbraba un (pueblo) ……

G. Traduisez

1. Mes amis ont un joli petit appartement.
2. Le petit garçon s'est caché derrière un arbuste.
3. Ces enfants sont des petits diables.
4. «Toutes chaudes les châtaignes», crie la petite vieille.
5. Il y a une petite fontaine avec de l'eau bien fraîche.
6. Quelle joie ! Nous sommes enfin seuls tous les deux.
7. Il nous faut encore attendre quelques petites années ici.
8. J'aimerais vous parler d'une petite affaire intéressante.
9. Cet enfant est bien fatigué et tout endormi, le pauvre !
10. Il est préférable de manger bien chaud et tout doucement.

9. Les augmentatifs

Suffixes augmentatifs

1. Le suffixe **-ón, -ona** exprime en général une idée de grandeur :

> un hombre, *un homme* → un hombrón, *un gaillard*
> una moza, *une fille* → una mocetona, *une grande fille*

Il peut aussi avoir une valeur péjorative :

> un zapato, *une chaussure* → un zapatón, *une godasse*
> soltera, *célibataire* → solterona, *vieille fille*

Remarques : son adjonction provoque un déplacement de l'accent tonique, la disparition de la diphtongue du radical et très souvent un changement de genre :

> una puerta, *une porte* → un portón, *une grande porte*

Il peut modifier le sens du mot :

> una silla, *une chaise* → un sillón, *un fauteuil*

Il peut s'adjoindre au radical de certains verbes :

> tirar, *tirer* → un tirón, *une secousse*
> chillar, *crier* → chillón, *criard*

Il lui arrive d'être diminutif :

> un ánade, *un canard* → un anadón, *un caneton*
> una calle, *une rue* → un callejón, *une ruelle*

Il est parfois précédé d'un élément intercalaire :

> un viento, *un vent* → un ventarrón, *un grand vent*
> una nube, *un nuage* → un nubarrón, *un gros nuage*

2. Le suffixe **-ote, -ota** exprime, outre la grosseur, l'antipathie, le ridicule ou la vulgarité :

> un animal, *un animal* → un animalote, *un gros animal*
> una palabra, *un mot* → una palabrota, *un gros mot*

Remarque : il peut être un simple diminutif :

> una isla, *une île* → un islote, *un îlot*

3. Le suffixe **-azo, -aza** marque la grosseur excessive :

> los ojos, *les yeux* → unos ojazos, *de gros yeux*
> las manos, *les mains* → unas manazas, *de grosses mains*

4. Les suffixes **-acho, -achón, -acha** et **-ucho, -ucha** expriment souvent une nuance péjorative :

> el vulgo, *la foule* → el vulgacho, *la populace*
> flaco, *maigre* → flacucho, *maigrelet*

EXERCICES

A. Formez les augmentatifs en utilisant le suffixe -ón, -ona

una tabla	triste
una mujer	una burguesa
simple	una maleta
una sala	dulce
una casa	una maceta
una pared	valiente
una butaca	una lágrima
un pícaro	un borracho
una culebra	una silla
una cuchara	una mancha

B. Complétez les phrases suivantes avec des augmentatifs

1. Era una (mujer) ...... rebosante de salud.
2. Esos niños siempre dicen (palabras) ......
3. Vivía en un (pueblo) ...... perdido en el campo.
4. El (hombre) ...... se quedó dormido en (la butaca) ......
5. Es un (muchacho) ...... muy antipático.
6. Estás (pálido) ...... ¿Qué te pasa?
7. Se divisaba una (casa) ...... al final del camino.
8. Era un (cuarenta) ...... alto y muy distinguido.
9. Había un (perro) ...... en el umbral de la casa.
10. Es (fea) ...... pero (simpática) ......

C. Traduisez

grandote	blancucho
preguntón	papelotes
una casucha	un ricachón

D. Traduisez

1. De gros nuages cachaient le soleil.
2. C'est à peine si sa grosse voiture entre dans le garage.
3. C'est un vieux garçon trop grand et simplet.
4. Cette fillette maigrichonne a un caractère bougon.

Suffixes collectifs

1. Les suffixes **-al, -ar** et **-edo, -eda** désignent ordinairement un terrain planté de certains arbres ou végétaux, ou dans lequel abondent certains matériaux ou animaux :

> el trigo, *le blé* → el trig*al*, *le champ de blé*
> la arena, *le sable* → el aren*al*, *la sablière*
> el roble, *le chêne rouvre* → el roble*do*, *la rouvraie*
> la colmena, *la ruche* → el colmen*ar*, *le rucher*

2. Les suffixes **-ío, -erío, -ería** désignent des groupes de personnes ou d'animaux :

> la gente, *les gens* → el gent*ío*, *la foule*
> el chiquillo, *le gamin* → la chiquill*ería*, *la marmaille*
> el ganado, *le bétail* → la ganad*ería*, *l'élevage*

3. Le suffixe **-ena** : il s'adjoint uniquement aux numéraux cardinaux et indique souvent une approximation numérique :

> doce, *douze* → una doc*ena*, *une douzaine*

Remarques : il ne peut s'adjoindre qu'à un petit nombre de numéraux cardinaux d'emploi courant : **decena**, *dizaine* ; **quincena**, *quinzaine* ; **veintena**, *vingtaine* ; **treintena**, *trentaine*...

Le numéral **ciento**, *cent*, possède deux dérivés :

> **centena** et **centenar**, *centaine* (Cf. La numération, p. 60)

Suffixes -azo et -ada

Ces suffixes expriment l'idée d'un coup donné :

1. Le suffixe **-azo** indique généralement un coup d'arme à feu ou donné avec violence :

> un cañón, *un canon* → un cañon*azo*, *un coup de canon*
> un látigo, *un fouet* → un latig*azo*, *un coup de fouet*

L'idée de coup peut être aussi prise au figuré :

> la vista, *la vue* → un vist*azo*, *un coup d'œil*

2. Le suffixe **-ada** exprime l'idée de coup au sens propre ou au sens figuré :

> un puñal, *un poignard* →
> una puñal*ada*, *un coup de poignard*
> una campana, *une cloche* →
> una campan*ada*, *un coup de cloche, un scandale*
> un pincel, *un pinceau* →
> una pincel*ada*, *un coup de pinceau*

EXERCICES

E. Utilisez un suffixe collectif à partir des mots suivants

pobre	piedra
lodo	señor
arroz	pino
encina	maíz
voz	naranjo

F. Complétez les mots suivants pour traduire l'idée de coup

pata	bala
botella	estoque
balón	flecha
ojo	corazón
escoba	fusil

G. Complétez les phrases suivantes à l'aide d'un suffixe

1. Se veía la plaza llena de (gente) ......
2. Se extendían a lo lejos (castaños) ...... y (olmos) ......
3. El toro le dio (cuerno) ...... en el pecho al torero.
4. Al llegar a la oficina, echa (vista) ...... al correo.
5. Fui a pasear por (viñas) ...... y (olivos) ......
6. Un señor fue agredido a (navaja) ...... en la calle.
7. Tengo que darle (teléfono) ...... a mi madre.
8. En ciertos barrios de la ciudad hay (álamos frondosos) ......
9. Se sentaron entre dos (trigo) ......
10. Había que abrirse paso a (codo) ......

H. Traduisez

1. La rivière formait des îlots et des étendues de sable.
2. Dans la bataille, les coups de lance et de sabre volaient.
3. On entendit un claquement de porte et un coup de pistolet.
4. Dans certaines régions, les élevages de taureaux abondent.
5. Il donna un coup de poing semblable à un coup de marteau.
6. À la fin du discours les applaudissements éclatèrent.
7. Économie : on prévoit un nouveau coup de frein.

10. L'apocope

L'apocope est la chute de la voyelle ou de la syllabe finale de certains mots placés devant un nom, même précédé d'un adjectif, ou devant un adjectif ou un adverbe :

1. Uno, *un,* devient **un** devant un nom masculin singulier :

> *un* hijo único, *un fils unique ; un* bonito libro, *un joli livre*
> ≠ Entre los discos, elige *uno. Parmi les disques, choisis-en un.*

Alguno, *quelque,* et **ninguno,** *aucun,* suivent la même règle :

> *algún* otro día, *quelque autre jour*
> *ningún* motivo, *aucune raison*
> ≠ No he comprado periódico *alguno.*
> *Je n'ai acheté aucun journal.*

Remarques : l'apocope de **uno** est obligatoire même en composition :

> Hay treinta y *un* días en enero. *Il y a 31 jours en janvier.*

Una, alguna et **ninguna** peuvent s'apocoper devant un nom féminin singulier commençant par a ou ha toniques :

> *un* águila, *un aigle ; ningún* hacha, *aucune hache*

2. Bueno, *bon ;* **malo,** *méchant ;* **primero,** *premier ;* **tercero,** *troisième ;* **postrero,** *dernier,* perdent leur **-o** final devant un nom masculin singulier :

> un *buen* obrero, *un bon ouvrier* ≠ un obrero *bueno*
> el *tercer* piso, *le 3e étage* ≠ el piso *tercero*

3. Cualquiera, *quelconque,* **n'importe quel,** devient **cualquier** devant un nom masculin ou féminin singulier :

> *cualquier* sitio, *n'importe quel endroit*
> *cualquier* solución, *n'importe quelle solution*

Remarques : lorsque l'indéfini est postposé, on emploie la forme **cualquiera** et le nom est obligatoirement précédé de l'article indéfini :

> *un* sitio *cualquiera, n'importe quel endroit*
> *una* hora *cualquiera, n'importe quelle heure*

Cualquiera s'apocope également devant l'indéfini **otro, a,** *autre :*

> *cualquier* otro día, *n'importe quel autre jour*
> *cualquier* otra cosa, *n'importe quelle autre chose*

4. Grande, *grand,* devient **gran** devant un nom masculin ou féminin singulier :

> un *gran* país, *un grand pays* ≠ un país *grande*
> una *gran* ciudad, *une grande ville* ≠ una ciudad *grande*

EXERCICES

A. Complétez les phrases avec les indéfinis alguno **et** ninguno

1. Le falta ...... amigo con quien hablar.
2. ...... chicos han tenido mala suerte.
3. No le tiene ...... cariño.
4. ...... día, si viene ...... de mis amigos, lo recibiré.
5. ...... tardes salíamos a dar un paseo.
6. He tenido ...... problemas y no he recibido ...... ayuda.
7. No quiero escucharle de ...... modo.
8. Tiene ...... buenas ideas.
9. No tengo ...... inconveniente en admitir mis errores.
10. He traído ...... revistas porque no había ...... periódico.

B. Complétez à l'aide des adjectifs bueno, malo, grande

1. Es un ...... compañero que molesta a los ...... alumnos.
2. Esta chica tiene una ...... fuerza de ánimo.
3. A lo lejos se percibían montañas ...... y majestuosas.
4. Su comportamiento es ......, pero tiene que atender más.
5. Las ...... lluvias lo arruinaron todo.
6. Tiene un ...... interés en todo lo que hace.
7. Ayer no dejó de llover; hizo muy ...... tiempo.
8. El descubrimiento de América fue una ...... aventura.
9. El que disfruta con el daño ajeno es un hombre ......
10. El verano es ...... época para hacer excursiones.

C. Mettez les phrases suivantes au singulier

1. Todo se dijo durante los primeros días.
2. Son malos poetas pero buenos novelistas.
3. Iba con algunos temores.
4. Quien a buenos árboles se arrima, buenas sombras le cobijan.
5. Ésos fueron mis primeros recuerdos, mis postreras alegrías.
6. Algunas ideas tendrás, por supuesto muy buenas.
7. Escucha a los grandes hombres, conocerás sus grandes hazañas.
8. Los buenos paños en el arca se venden.
9. Es necesario que pases por estos malos ratos.
10. En los actos terceros mueren hasta los apuntadores.

5. Ciento, _cent,_ devient **cien** devant un nom, masculin ou féminin, ou devant un nombre qu'il multiplie :

> _cien_ años, _cent ans ; cien_ **personas,** _cent personnes_
> _cien_ mil, _cent mille ; cien_ **millones,** _cent millions_
> ≠ _ciento_ treinta pesetas, _cent trente pesetas_

Remarques : **ciento** s'apocope, même si le nom est sous-entendu :

> Eran _cien. Ils étaient cent._

L'expression _cent pour cent_ se traduit en espagnol par **ciento por ciento** ou, dans la langue parlée, par **cien por cien :**

> Una cosa típica _cien por cien._
> _Une chose cent pour cent typique._

6. Santo, _saint,_ devient **San** devant le nom propre d'un saint, sauf s'il commence par **To-** ou **Do-** :

> _San_ Juan, _saint Jean ; San_ Lucas, _saint Luc_
> ≠ _Santo_ Tomás, _saint Thomas ;_
> _Santo_ Domingo, _saint Dominique_

7. Tanto, _tant, si, tellement,_ et **cuanto,** _combien,_ deviennent **tan** et **cuan** devant un adjectif ou un adverbe :

> Es _tan_ importante. _C'est si important._
> Ha llegado _tan_ temprano. _Il est arrivé si tôt._
> No sabes _cuán_ caro es. _Tu ne sais pas combien c'est cher._
> ≠ Tenía _tanto_ sueño. _Il avait tellement sommeil._

Remarque : ils ne s'apocopent pas devant les adverbes **mejor,** _mieux ;_ **peor,** _pis ;_ **más,** _plus ;_ **menos,** _moins :_

> _tanto_ mejor, _tant mieux ; tanto_ peor, _tant pis_
> _Cuanto_ más hablas, peor. _Plus tu parles, pire c'est._

8. Recientemente, _récemment,_ devient **recién** devant un participe passé :

> Un _recién_ nacido, _un nouveau-né_
> Unos _recién_ casados, _de jeunes mariés_

EXERCICES

D. Accordez les mots mis entre parenthèses

1. Gana (tanto) ...... dinero que no sabe cómo gastarlo.
2. Hoy no es un día (cualquiera) ......
3. Se fueron a pasar las vacaciones a (Santo) ...... Domingo.
4. Todos los (recientemente) ...... llegados tendrán que apuntarse.
5. Volverán por (Santo) ...... Juan.
6. Hay (tanto) ...... gente aquí que no veo a (ninguno) ...... amigo.
7. Antes de tomar (cualquiera) ...... otra decisión, avísame.
8. Eduardo es un (santo) ...... varón.
9. Este trabajo no es (tanto) ...... difícil.
10. (Cualquiera) ...... casa, aunque no sea (grande) ......, es cara.
11. ¡(Cuánto) ...... alegre es aquella chica!
12. (Santo) ...... Tomás fue un (grande) ...... filósofo.
13. Este pan está (recientemente) ...... hecho.
14. (Cuanto) ...... más lo veo, menos lo entiendo.
15. ¡Es (tanto) ...... miedoso!; no tiene (ninguno) ...... iniciativa.

E. Complétez les phrases suivantes avec uno et ciento

1. Este libro tiene ...... páginas.
2. Me debe ...... mil pesetas y no tiene ni ...... duro.
3. Si hay treinta y ...... alumnos en esta clase, falta ......
4. ...... cincuenta más dos ...... cincuenta son cuatro ......
5. ...... veces ...... no son ...... mil.

F. Traduisez

1. J'ai eu quelque remords mais il n'y avait aucun remède.
2. Étudiez les premier et troisième chapitres pour demain.
3. Demande-le à n'importe quel journaliste bien informé.
4. Le premier voyage de Christophe Colomb dura 71 jours.
5. Ce grand monument est l'Escurial de Saint-Laurent.
6. Je crois que c'est une bonne occasion ; c'est si bon marché !
7. Sept heures est une mauvaise heure pour prendre le métro.
8. Les gens visitent les grands magasins récemment inaugurés.
9. Certaines constellations sont à plus de 100 millions de kilomètres.
10. Il a passé la Semaine sainte à Séville.

11. Le comparatif

Les comparatifs de supériorité et d'infériorité

1. más, menos ... que : *plus, moins ... que*

> Felipe es *más (menos)* inteligente *que* su hermano.
> *Philippe est plus (moins) intelligent que son frère.*
> Luis lee *más (menos) que* Juan.
> *Louis lit plus (moins) que Jean.*

2. Les comparatifs irréguliers **mejor**, *meilleur* ; **peor**, *pire* ; **mayor**, *plus grand* (*plus âgé* pour les personnes) ; **menor**, *plus petit* (*moins âgé*) ne prennent pas la marque du féminin :

> Pili es *mayor (menor, mejor, peor) que* Paco.
> *Pili est plus âgée (plus jeune, meilleure, pire) que Paco.*

— **Mayor, menor**, utilisés également comme de simples adjectifs (cf. p. 36), se placent après le nom dans des expressions telles que :

> el hermano *mayor (menor)*, le grand frère (le cadet)
> la Calle *Mayor*, la Grand' Rue

3. Lorsque le deuxième élément de la comparaison est une proposition, il est introduit par **de lo que** :

> Era *más (menos)* importante *de lo que* decías.
> *C'était plus (moins) important que tu ne le disais.*

Remarque : lorsque le substantif sur lequel porte la comparaison est remplacé en français par un pronom démonstratif, il est rendu en espagnol par un article (cf. p. 18) :

> El padre de Antonio es mucho más joven que *el* de Luis.
> *Le père d'Antoine est beaucoup plus jeune que celui de Louis.*
> Este café me gusta menos que *el* que tomamos ayer.
> *J'aime moins ce café que celui que nous avons pris hier.*

Le comparatif d'égalité

1. L'adverbe **tanto (tan)**, *autant, aussi*, et l'adjectif **tanto, -a, -os, -as**, *autant de*, suivis de **como** établissent des rapports d'égalité :

EXERCICES

A. Formez le comparatif de supériorité ou d'infériorité selon le modèle :

> Mercedes tiene muchos amigos.
> Tu hermana tiene todavía más.
> → *Tu hermana tiene más amigos que Mercedes.*

1. Hoy hace muy mal tiempo.
   Ayer hacía peor.
2. El piso de Carmen es pequeño.
   El piso de Juan Carlos es más pequeño.
3. Felipe es un chico alto.
   Luis es más alto.
4. El traje azul es muy caro.
   El traje rojo es mucho más caro.
5. Comimos por la mañana bien.
   Por la noche comimos mejor.
6. Aquí estamos cómodos.
   Allí estaremos más cómodos.
7. El avión es rápido.
   El tren es menos rápido.
8. Este cuadro no me gusta mucho.
   El del fondo me gusta todavía menos.
9. Este problema es fácil.
   Yo pensaba que era difícil.
10. Su hijo antes estudiaba poco.
    Ahora estudia menos.
11. La negociación es muy complicada.
    Nosotros pensábamos que era más fácil.

B. Traduisez

1. Ce restaurant est meilleur que celui de l'autre jour.
2. Il est plus jeune que Raoul. C'est le cadet.
3. Cette chemise est moins chère que celle que j'ai achetée le mois dernier.
4. C'est moins urgent que tu ne le disais.
5. Ce livre est plus mauvais que celui que j'ai lu la semaine dernière.
6. Il mange mieux que toi.

Felipe tiene *tantos* cuadros *como* Juan.
Philippe a autant de tableaux que Jean.

Carlos estudia *tanto como* Luisa.
Charles étudie autant que Louise.

Remarque : l'adverbe **tanto** s'apocope devant un adverbe ou un adjectif (cf. p. 48) :

Pedro trabaja *tan* deprisa como Enrique.
Pierre travaille aussi vite qu'Henri.

tanto, employé comme adverbe ou comme adjectif, suivi d'une proposition introduite par **que**, indique la conséquence (cf. p. 318) :

Hace *tanto* tiempo *que* ya no me acuerdo de él.
Il y a si longtemps que je ne me souviens plus de lui.

Remarque : **como** peut également introduire un article qui équivaut à un pronom démonstratif (cf. p. 18) :

Este asunto no es tan urgente como *el* de ayer.
Cette affaire n'est pas aussi urgente que celle d'hier.

2. Tan pronto et **como**, employés corrélativement, introduisent une proposition qui exprime une alternance :

Tan pronto viene *como* se va.
Tantôt il vient, tantôt il part.

Remarque : **tan pronto como** est une locution temporelle *(dès que, aussitôt que)*, cf. p. 310 :

Tan pronto como termina el trabajo se va.
Il part dès qu'il a fini son travail.

EXERCICES

C. Choisissez la réponse adéquate

1. Me pareció ...... hermoso como imaginaba.
   a) tanto   b) tantos   c) tan

2. Este piso es ...... grande como el de Adrián.
   a) tantos   b) tan   c) tanto

3. Gabriel es ...... bueno como su hermano.
   a) tanto   b) tanta   c) tan

4. Había ...... gente como pensábamos.
   a) tantas   b) tantos   c) tanta

5. Trabaja ...... como antes.
   a) tantos   b) tan   c) tanto

D. Formez le comparatif de supériorité, d'infériorité ou d'égalité selon le sens des phrases suivantes

1. El examen de este mes es difícil.
   El examen del mes pasado era menos difícil.
2. La casa que vimos esta mañana es muy cara.
   La casa que vimos ayer por la tarde era igual de cara.
3. Andrés y Ramón viven muy bien.
   Andrés y Ramón trabajan mucho.
4. La habitación del fondo es oscura.
   La habitación de la entrada es clara.
5. El viaje en tren es largo.
   El viaje en coche es corto.

E. Traduisez

1. Ce canapé est aussi confortable que celui de ton ami.
2. Dès qu'il entre, il commence à protester.
3. Tantôt il travaille, tantôt il ne travaille pas.
4. Il y avait autant de monde que dimanche.
5. Il sort autant que toi.
6. Ce problème est aussi difficile que celui d'hier.
7. Il a autant de disques que toi.
8. Cet appartement est aussi grand que celui de Marie.

12. Le superlatif

Le superlatif absolu

Une maison très jolie { una casa *muy hermosa*
una casa *hermosísima*

1. Muy suivi de l'adjectif est la formule la plus courante.

Remarque : l'adverbe **muy** peut être remplacé par **sumamente**, *extrêmement,* ou **extraordinariamente,** *extraordinairement :*
un tema *sumamente* difícil, *un sujet extrêmement difficile*

2. Le suffixe **-ísimo, -ísima** s'ajoute directement aux adjectifs terminés par une consonne autre que **-n** et **-r :**
fácil, *facile* → fac**ilísimo,** *très facile*
précédé de la lettre **-c** si la consonne finale est **-n** ou **-r :**
joven, *jeune* → joven**císimo,** *très jeune*
ou après élision de la voyelle finale :
animado, *animé* → anim**adísimo,** *très animé*
grande, *grand* → grand**ísimo,** *très grand*

Remarques : les modifications orthographiques permettent de conserver le son de la dernière consonne du radical :
feliz, *heureux* → feli**císimo,** *très heureux*
rico, *riche* → riq**uísimo,** *très riche*
largo, *long* → larg**uísimo,** *très long*
Le déplacement de l'accent provoque parfois la disparition de la diphtongue du radical :
val*i*ente, *courageux* → val**entísimo,** *très courageux*
≠ **f*u*erte,** *fort* → f**uertísimo** ou fort**ísimo,** *très fort*
Lorsque l'adjectif se termine par **-io,** l'adjonction du suffixe entraîne la contraction des deux **i :**
limp*i*o, *propre* → limp**ísimo,** *très propre*
Tous les adjectifs n'admettent pas cette forme de superlatif et il existe de très nombreuses irrégularités (superlatifs savants) :
amable, *aimable* → amab**ilísimo,** *très aimable*
antiguo, *ancien* → antiq**uísimo,** *très ancien*
célebre, *célèbre* → celeb**érrimo,** *très célèbre*
fiel, *fidèle* → fi**delísimo,** *très fidèle*
noble, *noble* → nob**ilísimo,** *très noble,* etc.

3. Les préfixes **re-, requete-, super-, extra-, archi-** appartiennent, comme en français, à la langue familière :
Un pastel *requete*bueno, *un gâteau «superdélicieux»*

EXERCICES

A. Remplacez le superlatif en italique par la forme en -ísimo

1. Sus amigas son *muy simpáticas*.
2. Su abuelo era *muy rico*.
3. Barcelona es un puerto *muy importante*.
4. Los días de lluvia son *muy tristes*.
5. Este restaurante es *muy caro*.
6. Llegó *muy puntual* a la cita.
7. El perro es un animal *muy fiel*.
8. Había chicas *muy guapas* en la playa.
9. Hoy estoy *muy cansada*.
10. Estoy leyendo un libro *muy divertido*.
11. Hicieron un viaje *muy largo*.
12. Se ha puesto *muy contenta*.
13. Es un chico *muy libre*.
14. Lleva unas gafas *muy feas*.
15. Es una pareja *muy feliz*.

B. Remplacez le superlatif en italique par la forme équivalente

1. He visto una película *malísima*.
2. "Las Meninas" es un cuadro *muy célebre*.
3. Los oradores griegos eran *muy elocuentes*.
4. Esta fábrica tiene un rendimiento *buenísimo*.
5. Tu madre parece *muy joven*.
6. Siempre se ha comportado de una manera *muy noble*.
7. Brasilia es una capital *muy nueva*.
8. Conoce algunas máximas *sapientísimas*.
9. Hay muchos castillos *muy antiguos* en España.
10. Los nuevos detergentes lavan blanco, *muy blanco*.

C. Traduisez

1. Le climat castillan est très sec.
2. Les chambres de l'hôtel sont très tranquilles.
3. Mexico est une ville très grande.
4. C'est une personne extrêmement aimable.
5. Il a une voiture archivieille.

Le superlatif relatif

1. Il se forme en faisant précéder le comparatif de l'article :

> más joven, *plus jeune* → *el más* joven, *le plus jeune*
> menos rico, *moins riche* → *el menos* rico, *le moins riche*

Remarques : les comparatifs irréguliers **mejor, peor, mayor, menor**, deviennent des superlatifs lorsqu'ils sont précédés de l'article :

> mejor, *meilleur* → *el mejor, le meilleur*
> peor, *pire* → *el peor, le pire*

Les superlatifs el mayor, *le plus grand*, et el menor, *le plus petit*, ont souvent le sens respectif de : *l'aîné, le plus jeune* :

> **El mayor de los Sánchez acaba de casarse.**
> *L'aîné des Sanchez vient de se marier.*

À ces comparatifs irréguliers correspondent des formes superlatives également irrégulières :

> *óptimo* = el mejor ; *pésimo* = el peor
> *máximo* = el mayor ; *mínimo* = el menor

Les formes **óptimo** et **pésimo** sont toutefois rares dans la langue parlée.

2. Lorsque le superlatif est placé derrière un nom déterminé par un article défini ou un adjectif possessif, il perd son article :

> el alumno *más* listo, *l'élève* le plus *intelligent*
> su amigo *más* fiel, *son ami* le plus *fidèle*

Lorsque le superlatif précède le nom ou le sous-entend, la construction est identique à celle du français :

> *el mejor* alumno, *le meilleur élève*
> *el más* inteligente, *le plus intelligent*

3. Contrairement au français, le verbe de la subordonnée est à l'indicatif s'il indique un fait réel :

> **Es la película más divertida que *conozco*.**
> *C'est le film le plus amusant que je connaisse.*

Il est au subjonctif s'il indique un fait éventuel :

> **Iremos a ver la mejor película que *encontremos*.**
> *Nous irons voir le meilleur film que nous trouverons.*

Remarque : la construction est identique avec les formules : el **único**, *le seul, l'unique* ; el **primero**, *le premier* ; el **último**, *le dernier* :

> **Es el último libro que *he leído*.**
> *C'est le dernier livre que j'aie lu.*

EXERCICES

D. Mettez les adjectifs entre parenthèses au superlatif relatif

1. Aquél fue (malo) ...... día de toda mi vida.
2. Es la tarea (aburrida) ...... que conozco.
3. Ha sido (grande) ...... catástrofe del año.
4. Es (bueno) ...... alumno de la clase.
5. Estoy seguro ; no tengo (pequeña) ...... duda.
6. Es el hombre (formal) ...... que he conocido.
7. La lectura era su pasatiempo (corriente) ......
8. Este niño era (tonto) ...... del pueblo.
9. Aquí está el edificio (alto) ...... de la ciudad.
10. Este empleado es (serio) ...... de la oficina.

E. Mettez les adjectifs au superlatif absolu ou relatif

1. Es el banquero (rico) ...... de la ciudad.
2. España produce (buenos) ...... toreros del mundo.
3. No creo que la serpiente sea el animal (astuto) ......
4. Todavía te queda la parte (difícil) ...... del trabajo.
5. La reina Isabel era (sabia) ......
6. Una de (grandes) ...... ilusiones de su vida fue viajar.
7. Este espectáculo es (imponente) ...... que he visto.
8. Triunfó de sus enemigos (encarnizados) ......
9. Este coche es (malo) ...... que hemos tenido.
10. Acabo de leer la novela (divertida) ...... que se ha escrito.

F. Traduisez

1. Le Prado est le musée le plus intéressant que j'aie visité.
2. Nous irons au meilleur hôtel que nous verrons.
3. Il montre dans son travail la constance la plus admirable.
4. C'est l'histoire la plus incroyable que j'aie entendue.
5. Le football est l'unique sport qui l'intéresse.
6. Achète-moi la revue la moins chère que tu trouveras.
7. C'est la chambre la plus tranquille que nous ayons.
8. C'est la découverte la plus utile que l'homme ait faite.
9. C'est la dernière cigarette que je fumerai.
10. Tolède est la plus jolie ville que je connaisse.

13. La numération

Les numéraux cardinaux

1. Les formes

0 cero	10 diez	20 veinte
1 uno	11 once	30 treinta
2 dos	12 doce	40 cuarenta
3 tres	13 trece	50 cincuenta
4 cuatro	14 catorce	60 sesenta
5 cinco	15 quince	70 setenta
6 seis	16 dieciséis	80 ochenta
7 siete	17 diecisiete	90 noventa
8 ocho	18 dieciocho	100 ciento (cien)
9 nueve	19 diecinueve	

À partir de 16 on emploie y entre les dizaines et les unités. Cependant, avec **diez** et **veinte**, le y de la composition est normalement fondu : **dieciséis** (16), **veintidós** (22). À partir de **treinta**, les cardinaux s'écrivent obligatoirement en trois mots : **treinta y uno** (31), **cuarenta y dos** (42)...

Les centaines :

200 **doscientos**	500 **quinientos**	800 **ochocientos**
300 **trescientos**	600 **seiscientos**	900 **novecientos**
400 **cuatrocientos**	700 **setecientos**	1 000 **mil**

Remarques : le seul numéral dont la formation n'est pas analogique dans la série des centaines est **quinientos** ; **setecientos** et **novecientos** ne diphtonguent pas.

À partir de 100, la composition se fait par juxtaposition :

  201 : **doscientos uno** ; 527 : **quinientos veintisiete**

— **Mil** est invariable :

  112 000 : **ciento doce** *mil*
  579 000 : **quinientos setenta y nueve** *mil*

— **Miles** a le sens de *milliers :*

  Vinieron *miles* de personas.
  Des milliers de personnes sont venues.

— À partir de **millón**, la composition se fait comme en français : **quinientos millones** (500 millions).

Milliard en espagnol se dit **mil millones** (cf. p. 66) :

  2,5 milliards, **2 500 millones**

EXERCICES

A. Écrivez en toutes lettres les chiffres suivants

1. 7 782
2. 16 558
3. 2 756 913
4. 357 211
5. 975 762
6. 16 573 225
7. 12,7 milliards

B. Même exercice

1. Tiene 16 años.
2. Hay 375 kilómetros.
3. Este puente mide 90 metros.
4. Pesa 78 kilos.
5. Quiero 2 kilos de tomates.
6. París, 18 de marzo de 1964.
7. Tiene 27 años y su hermano 34.
8. Son 756 pesetas en total.
9. Había unos 500.
10. Cuesta 3 990 francos.

C. Traduisez en écrivant en toutes lettres les chiffres

1. Il y a un milliard dans cette valise.
2. Cette voiture coûte 70 750 francs.
3. Il y a 3 970 kilomètres.
4. Il mesure 25 mètres.
5. C'était en 1968.
6. Je veux 5 kilos d'oranges.
7. Il a 75 ans.
8. En tout, ça fait 568 francs.
9. Il y avait plusieurs milliers de personnes.
10. Il y avait quinze mille spectateurs.
11. Paris, le 15 mars 1987.
12. Il pèse 90 kilos.
13. C'est 4 500 francs.

2. L'accord

Les numéraux sont invariables quand ils désignent des chiffres :

> el *uno, le un ;* el *quinientos, le 500*

Uno, una et ses composés **veintiuno, -a...** sont variables en genre ainsi que les centaines :

> doscien*tas* veinti*una* pesetas, *221 Pts*

3. L'apocope (cf. p. 46-48)

Uno devient **un** devant un nom ; **ciento** devient **cien** devant un nom ou un chiffre qu'il multiplie :

> *cien* francos, *cien* casas, *cien* mil
> *100 F, 100 maisons, 100 000*
> *un* franco, *1 franc*
> ≠ *ciento* cuarenta mil, *140 000*

Les collectifs

Ils sont formés avec le suffixe **-ena** : **decena**, *dizaine ;* **docena**, *douzaine ;* **veintena**, *vingtaine...*, sauf **centenar**, *centaine* et **millar**, *millier*. Ils prennent parfois le même sens approximatif qu'en français. **Millares** est un synonyme de **miles** :

> varios *millares (miles), plusieurs milliers*

— **ambos, -as**, adjectif ou pronom toujours au pluriel et utilisé sans article, désigne deux êtres ou deux choses déterminés :

> *Ambos/as* amigos/as venían. *Les deux ami(e)s venaient.*

— **un par de**, *deux,* est beaucoup plus utilisé qu'en français.

> Me voy *un par de* días. *Je pars deux jours.*

Le distributif sendos, -as

Cet adjectif est toujours utilisé au pluriel.

> Los niños entraron con *sendos* cuadernos.
> *Chaque enfant est entré avec son cahier.*

Remarque : dans la langue courante, **sendos, -as** est remplacé par **cada**, *chaque* (cf. p. 80) :

> *Cada* niño entró con su cuaderno
> ou Los niños entraron *cada uno* con su cuaderno.

EXERCICES

D. Écrivez en toutes lettres les chiffres suivants

1. 3 001 pesetas.
2. Ese mueble cuesta 120 000 pesetas.
3. Es un billete de 100 francos.
4. Había 100 personas.
5. 12 751 pesetas.
6. ¿Quieres 1 cigarro? — Sí, dame 1.
7. 1 billette de 10 000 más 1 de 5 000, 5 de 1 000 y 375 pesetas en monedas. En total: 20 375 pesetas.
8. Déme el cambio en billetes de 1 000.
9. Déjame una moneda de 100 pesetas.
10. Ya no quedan más que 31 días para terminar.

E. Remplacez les chiffres par un nom collectif ou distributif

1. Hay 30 coches aproximadamente.
2. Vienen los dos.
3. Las amigas compraron cada una una falda.
4. Cada uno de los hermanos tiene un piso.
5. Se gastó dos mil pesetas.
6. Trae dos botellas de vino.
7. Había 100 personas aproximadamente.

F. Traduisez en écrivant en toutes lettres les chiffres

1. Il dépense plusieurs milliers de pesetas en jouets pour ses enfants.
2. Il a gagné un prix de 100 millions.
3. Ils vont tous les deux au cinéma.
4. Il y a une dizaine d'œufs.
5. Ça coûte plusieurs centaines de milliers de pesetas.
6. 351 plus 200 font 551.
7. Il s'arrêtait tous les deux cents kilomètres.
8. As-tu un stylo? Oui, j'en ai un.
9. C'est 716 pesetas.
10. Je lui ai acheté deux disques.

Les numéraux ordinaux

Les plus courants sont :

1er	primero	*6e*	sexto	*20e*	vigésimo
2e	segundo	*7e*	séptimo	*30e*	trigésimo
3e	tercero	*8e*	octavo	*100e*	centésimo
4e	cuarto	*9e*	noveno	*1 000e*	milésimo
5e	quinto	*10e*	décimo		

À partir du dixième, les ordinaux sont remplacés par les cardinaux car ils sont devenus d'un emploi peu fréquent ou savant :

> **Voy al piso *15***. *Je vais au 15e étage.*

1. Accord

Les numéraux ordinaux s'emploient comme adjectifs devant le nom avec lequel ils s'accordent en genre et en nombre :

> la *cuarta* ventana, *la quatrième fenêtre*

2. Apocope

Les adjectifs **primero** et **tercero** perdent le -o du masculin devant un nom masculin singulier (cf. p. 46) :

> el *primer* tren, *le premier train*
> el *tercer* hombre, *le troisième homme*

3. Les ordinaux (remplacés par les cardinaux correspondants à partir du 10e) sont placés derrière les siècles et les noms des rois :

> Carlos *Quinto*, *Charles Quint*
> Alfonso *XII*, *Alphonse XII*
> el siglo *sexto*, *le VIe siècle*
> el siglo *once*, *le XIe siècle*

4. **Primero**, employé sans article, est aussi un adverbe *(d'abord, premièrement)* :

> *Primero* pasa a verla. *D'abord passe la voir.*

EXERCICES

G. Écrire en toutes lettres les ordinaux

1. Es la 3ª vez que leo ese libro.
2. Es el 9º de la lista.
3. Esa oficina está en el 7º piso.
4. Tiene que tomar la 2ª calle a la derecha y después girar por el 1º paseo que está a la izquierda.
5. Vive en la 6ª planta, en la 2ª puerta a la izquierda según se sale del ascensor.
6. Es la 4ª vez que te lo digo.
7. Carlos I, Carlos II, Carlos III y Carlos IV fueron reyes de España.
8. No me gusta ese piso porque está en la planta 15.
9. Eso fue en el siglo I después de Cristo.
10. Coge el 1º avión.
11. Tiene que ir al final y dirigirse a la 10ª ventanilla.
12. La 1ª guerra mundial fue a principios del siglo XX.
13. Es la 1ª vez que me ocurre algo parecido.
14. Nuestra casa es el 5º balcón por la derecha.
15. Te lo repito por 100ª vez.
16. Gabriel está en 6º curso de medicina.

H. Traduisez

1. D'abord, un apéritif.
2. C'est le trentième anniversaire de leur mariage.
3. Il est le premier de la classe.
4. Cervantès naquit au milieu du XVIᵉ siècle et mourut au début du XVIIᵉ.
5. Tout se joue au millième de seconde.
6. Ils sont installés dans la vingt-troisième rue.
7. La vue est splendide du 32ᵉ étage.
8. Il voyage toujours en première classe.
9. Le troisième autocar n'est pas encore arrivé.
10. Je suis en première année d'espagnol.
11. Philippe V, roi d'Espagne, était le petit-fils de Louis XIV.
12. Ce monsieur habite au huitième étage.

14. Les fractions et le pourcentage

Les fractions

1. Le numérateur est exprimé par :
— l'article défini ou indéfini s'il est égal à 1 : **el** ou **un**.
— le numéral **cardinal** au-delà : **dos**, *deux ;* **tres**, *trois,* etc.

2. Le dénominateur est exprimé par :
— en langage arithmétique :

● **medio**, *demi* et **tercio**, *tiers :* $\frac{1}{2}$ = un medio $\frac{1}{3}$ = un tercio

● le numéral **ordinal** de /4 à /10 inclus :

$\frac{1}{4}$ = un cuarto $\frac{4}{6}$ = cuatro sextos $\frac{7}{10}$ siete décimos

● le numéral **cardinal** suivi de **-avo(s)** au-delà de /10 :

$\frac{1}{12}$ = un doce*avo* $\frac{20}{85}$ = veinte ochenta y cinco*avos*

— en langage courant, le dénominateur est exprimé au féminin et suivi de **parte**, partie :
> una quint**a** parte, *un cinquième*
> una once**ava** parte, *un onzième*

Remarques : **medio**, employé comme adjectif et sans article, s'accorde avec le nom :
> medi**a** naranja, *une demi-orange*

Il est traduit par **la mitad** dans le sens de la moitié :
> *la mitad* de una naranja, *la moitié d'une orange*

Tercio est souvent remplacé par **tercera parte** :
> las dos *terceras partes*, *les deux tiers*

Lorsque le dénominateur est grand, les formes en **-avo(s)** sont remplacées par **dividido por** :

$\frac{35}{350}$ = treinta y cinco *dividido por* trescientos cincuenta

3. Les fractions décimales s'énoncent au féminin :

$\frac{1}{10}$ = una décim**a** $\frac{1}{100}$ = una centésim**a** $\frac{1}{1\,000}$ una milésim**a**

Treinta grados y dos décimas**, *trente degrés et deux dixièmes.*

EXERCICES

A. Écrivez en lettres et en langage arithmétique les fractions

1/3	10/43
les 4/5	les 3/4
2/14	les 6/27

B. Écrivez en lettres et en langage courant les fractions

1/5	les 3/7
les 2/20	1/8
les 5/9	1/2 luna
1/2 pollo	les 4/10

C. Complétez les phrases suivantes

1. Póngame (1/2) ...... kilo de cerezas.
2. Menos de (1/3) ...... de los españoles vive en el campo.
3. (3/4) ...... de la ciudad fueron destruidas.
4. Nos queda (1/3) ...... del capital.
5. La contaminación afectó (1/10) ...... de las cosechas.
6. Esto vale (1/2) ...... millón de pesetas.
7. Llevo (1/2) ...... hora esperándote.
8. (1/5) ...... de los votantes se abstuvo.
9. Piden (1/4) ...... del alquiler de antemano.
10. (1/2) ...... de los obreros de la fábrica está en huelga.

D. Traduisez

1. Les deux tiers du pays
2. Les cinq sixièmes du territoire
3. Les quatre cinquièmes de la production
4. Un douzième des ressources
5. Je sortirai dans une demi-heure.
6. La moitié de la classe
7. Trois quarts de litre
8. Le quart de son salaire
9. Deux kilos et demi de pommes de terre
10. Revenez dans trois quarts d'heure, monsieur.

Le pourcentage

Pour cent (%) se traduit en espagnol par : **por ciento.**
Le chiffre qui indique le pourcentage doit être précédé de
l'article : défini si le pourcentage est précis, indéfini si le
pourcentage est approximatif :

> una tasa de crecimiento *del* tres por ciento
> *un taux de croissance de trois pour cent*
> un tipo de interés de *un* ocho a *un* diez por ciento
> *un taux d'intérêt de huit à dix pour cent*

Remarques : il n'est pas précédé de l'article dans les phrases où
le verbe n'est pas exprimé, notamment dans les titres de
journaux et les annonces publicitaires :

> **Alza de los precios :** 3 % (tres por ciento)
> *Hausse des prix : 3 %*
> **Liquidación :** 50 % de descuento (cincuenta por ciento)
> *Liquidation : 50 % de remise*

L'expression *cent pour cent* se traduit avec ou sans l'apocope de
ciento (cf. L'apocope p. 48) :

> Un beneficio del *ciento por ciento* ou del *cien por cien*
> *Un bénéfice de cent pour cent*

Les nombres décimaux

La lecture des nombres décimaux se fait à l'aide du mot **coma,**
virgule :

> 1,5 = uno *coma* cinco ; 3,80 = tres *coma* ochenta

Remarque : s'il s'agit de milliards, on n'exprime pas la virgule :

> *2,7 milliards* = 2.700 millones
> (dos mil setecientos millones)

Les quatre opérations

1. L'addition = la **suma** (sumar, *additionner*) :

> 7 + 9 = 16 se lit : 7 *más/y* 9 *son/igual a* 16

2. La soustraction = la **resta** (restar, *soustraire*) :

> 12 — 5 = 7 se lit : 12 *menos* 5 *son/igual a* 7
> ou *de 5 a* 12 *van* 7

3. La multiplication = la **multiplicación** (multiplicar, *multiplier*) :

> 3 × 5 = 15 se lit : 3 *por* 5 *son/igual a* 15

4. La division = la **división** (dividir, *diviser*) :

> 21 : 3 = 7 se lit : 21 *entre/dividido por* 3 *son/igual a* 7

Remarque : notez les expressions :

> **Pongo** 6 y **llevo** 2. *Je pose 6 et je retiens 2.*
> **Queda** uno. *Il reste un.* **Quedan** 4. *Il reste 4.*

EXERCICES

E. Écrivez les nombres et les pourcentages en toutes lettres

1,9 — 64,6 % — 4,25 % — 504,38 — 82,45 %

F. Traduisez en espagnol

200,5 milliards — 5,3 milliards — 90,75 milliards

G. Complétez les phrases suivantes

1. A las nueve de la mañana estábamos a cero grados y (3/10) ......
2. El alza de los precios de consumo ha sido de (0,3 %) ......
3. (49 %) ...... de la población no lee nunca o casi nunca.
4. Este coche puede comprarse con (20 %) ...... de entrada.
5. Piensa realizar un beneficio situado entre (15 y 20 %) ......
6. La máxima de hoy ha sido de dieciséis grados y (8/10) ......
7. La tasa de desempleo sigue en (7,5 %) ......
8. Acaba de invertir (25 %) ...... de su capital.
9. El destello duró (1/1 000) ...... de segundo.
10. (50 %) ...... de la población uruguaya vive en Montevideo.
11. El crecimiento del producto nacional no sobrepasa (3 %) ......
12. Las exportaciones crecieron últimamente entre (7 y 8 %) ......
13. Sólo (40 %) ...... del suelo está cultivado.
14. Sus ventas han aumentado en (2 %) ...... más o menos.
15. La inflación se sitúa en (7 %) ......

H. Traduisez

1. On prévoit un déficit possible de 9,5 milliards.
2. Aux U.S.A. 23 % des salariés travaillent dans l'industrie.
3. Le maïs latino-américain représente 11 % de la production.
4. Le nombre des chômeurs était de 30,2 millions.
5. Les bananes représentent 12,5 % des exportations.
6. L'inflation a diminué de 1 % en moyenne.
7. Le déficit du commerce extérieur a atteint 282,3 milliards.
8. Le Mexique produit 2,4 millions de barils de pétrole par jour.
9. L'industrie textile catalane fournit 92 % de la production de coton et 71 % de la production de laine.

15. L'expression de la quantité

Les quantitatifs peuvent être :
— des *pronoms* ou des *adjectifs* qui s'accordent avec le nom qu'ils remplacent ou auquel ils se rapportent et qui, contrairement au français, ne sont pas suivis d'une préposition.
— des *adverbes* qui sont invariables.

1. Adjectif ou pronom : **mucho, -a, -os, -as,** *beaucoup (de)* :
> *Muchas* personas vinieron.
> *Beaucoup de personnes sont venues.*
> *Muchos* piensan como yo.
> *Beaucoup pensent comme moi.*

Adverbe : **mucho,** *beaucoup,* **muy,** *très* :
> Trabaja *mucho,* seguramente *mucho* más que tú.
> *Il travaille beaucoup, sûrement beaucoup plus que toi.*

Remarques : l'adjectif **mucho** a souvent la valeur de *très* :
> Tengo *mucha* hambre. *J'ai très faim.*

L'adverbe **mucho** se substitue à **muy,** *très,* lorsque l'adjectif modifié est sous-entendu :
> ¿Es muy guapa tu amiga? Sí, *mucho.*
> *Elle est très jolie, ton amie ? Oui, très.*

Devant **más,** *plus* et **menos,** *moins,* **mucho** s'accorde avec le nom qui suit lorsqu'il est employé comme adjectif :
> Tiene *muchas* más atenciones. *Il a beaucoup plus d'égards.*

2. Adjectifs ou pronoms : **poco, -a, -os, -as,** *peu (de)* ; **demasiado, -a, -os, -as,** *trop (de)* ; **bastante, -es,** *assez (de)* :
> Hay *demasiados* coches y *pocos* están aparcados.
> *Il y a trop de voitures et peu* (d'entre elles) *sont garées.*

Adverbes : **poco,** *peu ;* **demasiado,** *trop ;* **bastante,** *assez* :
> Estas calles son *bastante* estrechas y *poco* alumbradas.
> *Ces rues sont assez étroites et peu éclairées.*

Remarques : les quantitatifs **poco** et **mucho,** employés comme adjectifs, peuvent être précédés de l'article :
> Perdió *los pocos* amigos que tenía.
> *Il a perdu les rares amis qu'il avait.*
> El *mucho* calor nos impidió dormir.
> *La grande chaleur nous a empêchés de dormir.*

harto, *assez, trop,* et **sobrado,** *trop,* suivent les mêmes règles :
> Tiene *sobrada* razón. *Il n'a que trop raison* (adjectif).
> *Harto* ha hablado. *Il a assez parlé* (adverbe).

EXERCICES

A. **Employez** muy **ou** mucho **dans les phrases suivantes**

1. Tengo ...... sed.
2. Es ...... agradable esta playa, ¿verdad? — Sí, ...
3. Trabaja ...... y ...... bien.
4. Tu determinación ne me convence ......
5. Este jersey es ...... bonito pero cuesta ......

B. **Accordez s'il y a lieu les quantitatifs suivants**

1. Había (mucho) ...... gente en el patio de butacas.
2. Han venido (poco) ...... espectadores.
3. Conozco a (bastante) ...... de esta opinión.
4. Ha vivido (mucho) ...... pero ha viajado (poco) ......
5. ¿Tiene Vd. (bastante) ...... fuerza?
6. Me gustan (demasiado) ...... los pasteles.
7. Sabe (mucho) ...... cosas de tanto leer.
8. Por ahora (poco) ...... han llegado.
9. Tiene (mucho) ...... pájaros en casa pero (poco) ...... cantan.
10. Yo creo que hace (demasiado) ...... calor aquí.
11. No basta con saber (mucho) ......, hay que demostrarlo.
12. Teníamos (bastante) ...... cosas que discutir.
13. (Demasiado) ...... creen que la guerra es inevitable.
14. Hace (mucho) ...... años hicimos un viaje por el norte.
15. (Poco) ...... son partidarios de una reforma radical.

C. **Traduisez**

1. Il y avait trop de monde au théâtre hier au soir.
2. Peu de villes ont une histoire aussi glorieuse.
3. Tu n'as pas assez de dispositions pour la musique.
4. En peu de mots, explique-moi ce qui t'arrive.
5. Il a trop d'orgueil pour accepter ce contrat.
6. Beaucoup d'enfants meurent de dénutrition.
7. Il a beaucoup plus de disques que nous.
8. Beaucoup d'historiens assurent que Colomb était génois.
9. Assez peu de clients se plaignent.
10. Peu disaient oui et beaucoup disaient non.

3. Adjectifs ou pronoms : **tanto, -a, -os, -as,** *autant, tant (de) ;* **cuánto, -a, -os, -as,** *combien (de) :*

¡Sabe *tantas* cosas ! *Il sait tant de choses !*
¿ *Cuántos* días te quedas ? *Combien de jours restes-tu ?*
¿ *Cuántos* faltaban al examen ?
Combien étaient absents à l'examen ?

Adverbes : **tanto,** *autant, tant ;* **cuánto,** *combien :*

No sabía que te aburrías *tanto.*
Je ne savais pas que tu t'ennuyais autant.
¿ *Cuánto* es ? *Combien est-ce ?*

Remarques : cuanto, -a, -os, -as, adjectif ou pronom, équivaut à todo lo que, todo el que, etc., *tout ce qui, tout ce que :*

Bebió *cuanta* agua había. *Il a bu toute l'eau qu'il y avait.*

Il peut être précédé de todo, *tout :*

Todo cuanto dice es verdad. *Tout ce qu'il dit est vrai.*

Un tanto signifie *un peu* et peut s'employer en tant que substantif ou adverbe :

Ahorro *un tanto* al mes para las vacaciones.
J'économise un peu chaque mois pour les vacances.
Estaba *un tanto* enfadado. *Il était un peu fâché.*

4. **Más** = *plus de* et **menos** = *moins de,* lorsqu'ils sont placés devant un nom, sauf un numéral :

Dame *más* carne. *Donne-moi plus de viande.*
≠ *más de* dos litros, *plus de deux litres*

Más = *de plus* et **menos** = *de moins,* lorsqu'ils sont placés directement derrière un nom :

una hora *más, une heure de plus*
≠ una hora *de más, une heure de trop*

5. Adjectif ou pronom : **medio, -a,** *demi.* Adjectif, il s'emploie sans article devant le nom :

Esperó *media* hora. *Il a attendu une demi-heure.*
Es la una y *media. Il est une heure et demie.*

Adverbe : **medio** = *à moitié,* lorsqu'il est employé avec un adjectif, un participe passé ou un infinitif :

un trabajo *medio* acabado, *un travail à moitié fini*

Remarque : avec un verbe conjugué, on emploie a medias :

Hace su trabajo *a medias. Il fait son travail à moitié.*

EXERCICES

D. Complétez les phrases avec tanto, cuánto **ou** cuanto

1. …… van a Sevilla pierden su silla.
2. ¿Por qué ha venido …… gente?
3. No hables ……
4. Dijo a …… estaban que se fueran.
5. Se llevó …… libros había comprado.
6. Fue a América para hacerse rico como otros ……
7. ¡ …… cosas nos dejamos por decir!
8. La diferencia no es ……
9. Tengo …… amigos como él.
10. ¿ …… capítulos tiene este libro?

E. Traduisez

1. Il a fait autant d'efforts que moi.
2. Combien de fois par semaine vas-tu au cinéma?
3. Il gagne beaucoup moins d'argent qu'avant.
4. J'ai besoin de beaucoup plus d'attention.
5. Il est parti plus de trois jours après.
6. Viens toutes les fois que tu le pourras.
7. C'est un garçon à moitié fou.
8. Je me rappelle encore tout ce qu'il m'a dit.
9. Je pense rester un jour de plus car j'ai beaucoup à faire.
10. Ne me dis pas les choses à moitié.

F. Traduisez

1. Eran gente de mucho dinero.
2. ¿Cuántos años tienes?
3. Tuve hartos disgustos en mi vida.
4. La ciudad fue medio destruida por el terremoto.
5. Cuantos llegaban tenían que hacer cola.
6. La gente tiene demasiada prisa.
7. Tuve que esperar más de dos horas; son dos horas de más.
8. No te quedes tanto tiempo al sol.
9. ¡Cuánta gente le esperaba a su llegada!
10. Nos pararemos a medio camino.

16. L'approximation numérique

L'expression d'une quantité approximative est rendue par :

1. L'article indéfini **unos, unas,** *quelques, environ* (cf. p. 22) :

Quedan todavía *unas* cincuenta máquinas por vender.
Il reste encore quelque cinquante machines à vendre.

Remarque : l'article **unos, unas** ne peut être utilisé pour situer une heure de façon approximative, mais indique une durée indéterminée :

Ayer trabajaron *unas* dos horas.
Hier ils ont travaillé environ deux heures.

2. L'adverbe **aproximadamente,** *à peu près, environ, approximativement :*

El vestido me costó veinte mil pesetas *aproximadamente.*
La robe m'a coûté à peu près vingt mille pesetas.

3. L'expression **(poco) más o menos,** *environ :*

El terreno mide mil metros cuadrados *(poco) más o menos.*
Le terrain mesure environ mille mètres carrés.

4. Les locutions de lieu et de temps **cerca de,** *près de ;* **alrededor de,** *autour de,* s'emploient indifféremment pour exprimer l'approximation quantitative :

Había *cerca de (alrededor de)* cien invitados.
Il y avait près de cent invités.

5. L'adverbe **como** et la préposition **sobre** (moins employée dans la langue parlée) servent également à exprimer une quantité approximative :

José ha tardado *como (sobre)* dos horas en venir.
Joseph a mis environ deux heures pour venir.

6. Des expressions formées avec le mot **cosa,** *chose,* placées devant une quantité : **(como) cosa de,** *quelque chose comme, environ, à peu près :*

El armario pesa *(como) cosa de* setenta kilos.
L'armoire pèse quelque chose comme soixante-dix kilos.

Remarque : avec le verbe **ser** à la troisième personne du singulier, **es cosa de...** prend la signification de *c'est l'affaire de... :*

Es cosa de varios meses.
C'est l'affaire de plusieurs mois.

EXERCICES

A. Remplacez par unos, unas **les expressions qui indiquent une approximation**

1. El tren traía un retraso de cerca de tres horas.
2. Esa empresa controla alrededor de quince sociedades.
3. La carga del camión es de dos toneladas poco más o menos.
4. Hay que encargar cosa de diez botellas.
5. Este pueblo tiene alrededor de tres mil habitantes.
6. Últimamente trabaja como diez horas extra por semana.
7. Vinieron a la fiesta treinta personas más o menos.
8. Le quedan a Vd. todavía cerca de dos kilómetros para llegar.
9. Esta biblioteca consta de treinta mil volúmenes aproximadamente.
10. Nosotros estuvimos viviendo en el extranjero como cosa de doce años hasta que nos vinimos definitivamente.

B. Transformez les phrases en employant les locutions cerca de, alrededor de **et** cosa de

1. La conferencia durará unas dos horas más o menos.
2. Los Pérez han estado fuera unas dos semanas.
3. Los nuevos acuerdos sindicales han permitido una subida de sueldos de unas nueve mil pesetas.
4. Esa editorial ha traducido unas treinta obras de autores extranjeros.
5. En esta región la temperatura sube unos cinco grados de un día para otro.
6. Necesitaremos unos treinta obreros suplementarios si queremos acabar la obra a tiempo.
7. Llevo unos dos meses tratando de encontrar una solución a ese problema.
8. Hemos encargado unas dos docenas de camisas para la nueva temporada.

C. Complétez les phrases en employant como, sobre **ou** cosa de

1. Necesitaríamos ...... dos mil pesetas.
2. Nos quedaremos ...... tres o cuatro días.
3. La farmacia está a ...... cien metros a la derecha.
4. Póngame ...... tres kilos de patatas.
5. Quiero ...... veinte fotocopias.

7. L'heure approximative peut être rendue par les locutions énumérées précédemment :

> **Vine *como* a las siete, pero no había nadie.**
> *Je suis venu vers sept heures, mais il n'y avait personne.*
> **Eran *alrededor de* las tres cuando salimos.**
> *Il était trois heures environ quand nous sommes partis.*

— **Hacia,** *vers,* et les expressions **a eso de, ...o por ahí** (placée après l'heure) indiquent aussi une heure approximative :

> **Come *(hacia) a eso de* la una.** *Il mange vers une heure.*
> **Llegará a las seis *o por ahí.*** *Il arrivera autour de 6 heures.*

L'approximation par excès ou par défaut est rendue par :

1. Des expressions formées avec les adverbes de quantité **más,** *plus* et **menos,** *moins :* por lo menos, *au moins ;* a lo más, *tout au plus ;* más de..., *plus de... ;* menos de..., *moins de... :*

> **La entrada cuesta *a lo más* cien pesetas.**
> *La place coûte cent pesetas tout au plus.*

2. Les adjectifs **escaso,** *tout juste* et **largo,** *un peu plus de, bon* placés derrière une quantité :

> **Han facturado cinco millones *escasos.***
> *Ils ont fait un chiffre d'affaires d'à peine cinq millions.*
> **Hay un kilómetro *largo* de aquí a la estación.**
> *Il y a un bon kilomètre d'ici à la gare.*

3. Y pico est une expression invariable qui, placée derrière les quantités, équivaut à *un peu plus de, quelque :*

> **Estuvimos en Méjico tres meses *y pico.***
> *Nous avons été au Mexique un peu plus de trois mois.*

4. Y tantos, y tantas, placée derrière les dizaines à partir de **veinte,** exprime un nombre supérieur à la dizaine énoncée :

> **El expediente tiene ciento treinta *y tantas* páginas.**
> *Le dossier a cent trente et quelques pages.*

Remarque : avec **veinte,** la locution est attachée au numéral :

> **Rafael tiene *veintitantos* años.**
> *Raphaël a vingt et quelques années.*

5. L'adverbe **casi,** *presque, à peine :*

> **Tiene *casi* dos años.** *Il a presque deux ans.*

EXERCICES

D. Remplacez par les adjectifs escaso **et** largo **les expressions** más de... **et** menos de...

1. Vinieron a la boda más de trescientas personas.
2. Esa película dura más de tres horas.
3. El hijo pequeño de los López tiene menos de tres años.
4. Con menos de medio kilo de harina puedes hacer el pastel.
5. Llovió más de doce litros por metro cuadrado.
6. Había en la manifestación más de cincuenta mil personas.
7. Ese chico fuma más de un paquete de tabaco al día.
8. En esta clase somos menos de veinte alumnos.
9. Hoy he tardado menos de veinte minutos en llegar de casa a la oficina.
10. Las obras del ascensor estarán terminadas en menos de tres meses.

E. Remplacez y pico **par la locution** y tantos

1. Gabriel debe de tener ochenta años y pico.
2. El incendio destruyó cincuenta y pico hectáreas de bosque.
3. Para terminar ese trabajo tengo que leer veinte documentos y pico.
4. Ese archipiélago tiene setenta y pico islas.
5. Este disco debe costar mil trescientas cincuenta y pico pesetas.
6. Hace veinte días y pico que no hemos recibido ninguna noticia de tu hermana.
7. Ese vestido te está largo. Tienes que subírtelo veinte centímetros y pico por lo menos.
8. Te estamos esperando desde hace treinta y pico minutos.

F. Traduisez

1. La fiesta se terminó a eso de las cinco de la mañana.
2. El director dijo que volvería sobre las seis de la tarde.
3. Ya son más de las once. Nos tenemos que marchar porque es tarde.
4. Tu amigo vino alrededor de las siete de la tarde.
5. Vimos el accidente a las dos y pico.
6. El cóctel tendrá lugar como a las ocho.

17. Les indéfinis

Les indéfinis **algo/nada** *et* **alguien/nadie**

> **algo** : *quelque chose*; **nada** : *rien*
> **alguien** : *quelqu'un*; **nadie** : *personne*

Lorsque les indéfinis négatifs (**nada, nadie**) sont placés devant le verbe, ils suffisent à exprimer la négation. S'ils sont placés derrière le verbe, celui-ci doit être précédé de la négation **no** ou d'un autre mot négatif (cf. p. 328) :

> *Nadie* ha venido esta mañana. *Personne n'est venu ce matin.*
> *No* veo *nada* (= *Nada* veo). *Je ne vois rien.*

1. Ils sont employés comme pronoms :

> Vas a ver *algo* bueno. *Tu vas voir quelque chose de bon.*
> No había *nada* interesante. *Il n'y avait rien d'intéressant.*
> ¿*Alguien* sabe *algo*? *Quelqu'un sait quelque chose?*
> ¿*Nadie* ha llamado? *Personne n'a téléphoné?*

Remarque : lorsqu'ils sont compléments directs, **alguien** et **nadie** doivent être précédés de la préposition **a** :

> No he visto *a* nadie. *Je n'ai vu personne.*

2. Algo et **nada** peuvent être employés comme adverbes avec un verbe, un adjectif ou un autre adverbe. Ils deviennent alors des quantitatifs et signifient : **algo**, *un peu*; **nada**, *pas du tout, nullement.*

> Esperé *algo*. *J'ai attendu un peu.*
> No ha cambiado *nada*. *Il n'a pas changé du tout.*
> Estaban *algo* cansadas. *Elles étaient un peu fatiguées.*
> No estoy *nada* enfadado. *Je ne suis pas fâché du tout.*
> Eso no está *nada* bien. *Cela n'est pas bien du tout.*

Remarque : suivis d'un complément de nom, **algo** et **nada** prennent respectivement le sens de *un peu de* + nom et *pas du tout de* + nom :

> Dame *algo de* dinero. *Donne-moi un peu d'argent.*
> No tengo *nada de* ganas. *Je n'ai pas du tout envie.*

Locutions avec **nada** :

> nada de eso, *pas question.*
> nada de nada, *rien du tout.*
> nada más + infinitif, *dès que...*
> nada más, *c'est tout.*

EXERCICES

A. Transformez les phrases en employant l'indéfini de sens contraire

1. Hoy no viene nadie.
2. No es nada importante.
3. Me gusta mucho ese vestido.
4. Hoy hay algo interesante.
5. Ha llamado alguien.
6. ¿Conoces a alguien?
7. No hemos encontrado a nadie.
8. No estamos nada lejos.

B. Transformez les phrases en changeant de place l'indéfini

1. Nadie ha llamado.
2. Nada te puedo dar.
3. No quiere venir nadie.
4. Nada ha cambiado.
5. Nadie lo sabe.
6. No pudimos comprar nada.

C. Formulez les questions qui correspondent à ces réponses en utilisant un indéfini

1. No. No me des nada más.
2. No. No estamos esperando a nadie.
3. No. No estoy nada enfadada.
4. No. No quiero nada más.
5. No. No es nada nervioso.
6. No. No estuve con nadie.
7. No. Nadie me trajo.

D. Traduisez

1. Je ne vois rien.
2. Ce n'est pas du tout compliqué.
3. Pas question !
4. Dès qu'il entre, il allume la télé.
5. Veux-tu un peu plus de viande ?
6. Il n'y a rien à voir.
7. Je ne veux rien du tout.
8. C'est tout.
9. Elle était un peu ridicule.
10. Il n'aime pas du tout ça.
11. Quelqu'un va le dire.

Les indéfinis **alguno, ninguno...**

> **algún(o), alguna, algunos, algunas,** *quelque, quelques*
> **ningún(o), ninguna, ningunos, ningunas,** *aucun,*
> *aucuns*

1. Adjectifs : les indéfinis s'accordent avec le nom. Les formes masculines s'apocopent devant un nom masculin singulier, **algún, ningún** (cf. p. 46) :

> No nos queda *ninguna* botella de leche.
> *Il ne nous reste aucune bouteille de lait.*
> Si tienes *algún* problema, ven a verme.
> *Si tu as un problème quelconque, viens me voir.*

— Au singulier, **algún, alguna** peut équivaloir à l'article indéfini **un, una,** mais l'ajectif indéfini a une valeur d'indétermination dont l'article est exempt.

> ¿Sabe Vd. si hay *algún* banco por aquí ?
> *Pouvez-vous me dire s'il y a une banque par ici*
> (n'importe quelle banque) *?*
> ≠ Estoy buscando *una* dirección.
> *Je cherche une adresse* (une adresse précise).

— Au pluriel, l'indéfini **algunos, algunas** est équivalent à l'article indéfini **unos, unas,** *quelques* (cf. p. 22) :

> Se oían gritos. *On entendait des cris.*
> = Se oían *unos* (algunos) gritos. *On entendait quelques cris.*

Remarques : dans une phrase à sens négatif, **alguno, alguna,** placés après le nom, prennent le sens de ninguń(a), *aucun(e) :*

> Eso no tiene sentido *alguno* (= ningún sentido).
> *Cela n'a aucun sens.*
> No tengo intención *alguna* de ir a ese sitio.
> = No tengo ninguna intención de ir a ese sitio.
> *Je n'ai aucune intention d'aller dans cet endroit.*

Devant un nom attribut, **ningún(-a, -os, -as)** renforce la négation *(pas du tout, loin de là...) :*

> No son *ningunos* genios. *Ils sont loin d'être des génies.*

2. Le pronom **alguno** (-a, -os, -as), appliqué aux personnes, désigne un ou plusieurs individus d'un collectif et, de ce fait, est moins indéterminé que **alguien :**

> ¿Viste a *alguien* ? *As-tu vu quelqu'un ?*
> ¿Viste a *alguno* (de ellos) ?
> *As-tu vu quelqu'un d'entre eux ?*

EXERCICES

E. Choisissez entre les trois formes celle qui convient

1. ¿ No le queda ...... ?
   ninguno / un / algún
2. ¿ Me puede decir si hay ...... farmacia por aquí ?
   alguna / alguno / ninguna
   Sí, allí en la esquina hay...
   ninguna / alguna / una
3. No, esta tarde no hay ......
   algún / ninguno / alguno
4. Déjame ...... hojas.
   alguna / algunos / unas
   No tengo ......
   alguna / algunas / ninguna
5. ¿ Has leído ...... libro de Cortázar ?
   un / algún / alguno
   Sí, ... he leído.
   algún / alguno / un
   Pues yo no he leído ......
   alguno / uno / ninguno
6. No tiene ...... oportunidad.
   alguna / ninguna / ningunas

F. Complétez les phrases avec l'indéfini qui convient

1. ¿ Has ido ...... vez a España ?
2. ¿ Has visto ...... película de Saura ?
   No, no he visto ......
3. Andaban ...... chicos jugando.

G. Transformez les phrases en changeant de place l'indéfini

1. No había hotel alguno en ese pueblo.
2. Sobre ese punto no hubo discusión alguna.
3. No encontramos persona alguna que nos informara.
4. No tengo vestido alguno que ponerme.

H. Traduisez

1. Quelqu'un a téléphoné.
2. Quelqu'un d'entre vous sait-il répondre ?
3. J'en voudrais quelques-uns.
4. Je n'en ai trouvé aucune.
5. Il a quelques disques de lui.

L'indéfini distributif **cada**

1. Cada, *chaque*, est un adjectif invariable lorsqu'il est utilisé devant un nom au singulier ou au pluriel. Lorsqu'il est précédé d'un numéral, il signifie alors *tous les, toutes les* :

> *Cada* casa tenía un jardín. *Chaque maison avait un jardin*.
> Iba *cada* quince días a ver a sus padres.
> *Il allait tous les quinze jours voir ses parents*.

2. Cada, en composition avec **uno, una** ou **cual**, est un pronom : *chacun, chacune*. **Cada cual**, cependant, ne peut pas être accompagné d'un complément partitif :

> *Cada uno* de los miembros se pronunció positivamente.
> *Chacun des membres s'est prononcé positivement*.
> Que *cada cual* atienda a su juego.
> *Que chacun s'occupe de son jeu*.

3. Cada peut avoir une valeur intensive dans des phrases exclamatives :

> ¡Cuenta *cada* historia! *Il raconte de ces histoires !*

L'indéfini **cualquiera**

Cualquiera, et son pluriel, moins usité, **cualesquiera**, *quelconque, n'importe quel(le), n'importe qui*, est adjectif ou pronom. Adjectif, il s'apocope devant un nom singulier, masculin ou féminin : **cualquier** (cf. p. 46) :

> Dame *cualquier* lápiz.
> *Donne-moi n'importe quel crayon*.
> Eso lo puede hacer *cualquiera*.
> *N'importe qui peut faire ça*.

Remarques : employé dans une phrase exclamative, **cualquiera** exprime le doute ou l'ignorance :

> ¡*Cualquiera* sabe! *Qui sait !*

Un **cualquiera** signifie *un homme de rien*.

L'indéfini **todo**

Todo, a, os, as, *tout*, adjectif ou pronom, s'accorde avec le nom qu'il qualifie ou auquel il se rapporte :

> *Todos* los días traen algo nuevo.
> *Tous les jours apportent quelque chose de nouveau*.
> ¿Encontraste *todas* las que buscabas?
> *Tu as trouvé toutes celles que tu cherchais ?*

EXERCICES

I. Transformez les phrases en remplaçant cada par todo lorsque c'est possible
1. Cada día va a hacer el mercado.
2. Aprovecha cada ocasión que se le presenta.
3. Nos vemos cada quince días.
4. Cada fin de semana dedica un rato a la pintura.
5. Tiene que ir al médico cada dos meses.
6. Cada uno tenía las mismas oportunidades.
7. Cada discusión que tenían empeoraba la situación.

J. Transformez les phrases en remplaçant todo par cada
1. Todos trajeron lo que se les había pedido.
2. Todos los días cuenta una historia diferente.
3. Todos los habitantes de ese país tienen un televisor.
4. Todas las leyendas tienen algo de verdad.
5. Ha leído todos los libros de esa época.

K. Complétez les phrases avec les formes de l'indéfini cualquiera qui conviennent
1. ¡ ...... se lo dice !
2. ...... pretexto es bueno.
3. ...... otra persona me trataría mejor que tú.
4. Pasa por casa en un momento ...... que tengas libre.
5. Dame un plato ......
6. Esa persona no tiene dignidad. Es un ......
7. En ...... momento me canso y me voy.
8. Coge ...... carne. Todas sirven para ese plato.
9. No se necesita ningún especialista. ...... puede hacer ese trabajo.
10. Les pedí consejo, pero me dieron un vino ......

L. Traduisez
1. Il a de ces manies !
2. Qui aurait pu l'imaginer !
3. Il nous rend visite tous les deux mois.
4. Chaque élève doit apporter un livre.
5. Je te le dis en toute franchise.
6. La lettre a été envoyée à chacun des propriétaires.
7. Il y a une révision tous les trois ans.
8. Chacun de nous doit faire un effort.

1. Lorsque **todo**, pronom neutre invariable, est complément d'objet direct, le verbe est accompagné de l'article neutre **lo** :

    Ellas *lo* han hecho *todo. Elles ont tout fait.*

2. Lorsque **todo** est sujet dans une phrase attributive, le verbe peut s'accorder avec lui et se mettre au singulier ou, plus fréquemment, s'accorder avec l'attribut du sujet :

    Aquí todo *es* discusiones. *Ici tout n'est que disputes.*

    Todo *son* problemas. *Tout est problème.*

Remarques : employé comme pronom invariable, **todo** peut prendre une valeur adverbiale, avec la signification de *complètement, totalement, tout à fait* :

    Ella estaba *todo (toda)* agitada. *Elle était tout agitée.*

Todo, devant un nom au pluriel, signifie *ne... que* :

    Eras *todo* quejas con él. *Tu n'étais que plaintes avec lui.*

3. *Tout* n'est pas traduit par **todo** dans les cas suivants :

— Lorsqu'il renforce un gérondif :

    Se lo prometió sabiendo que no lo haría.

    Il le lui promit, tout *en sachant qu'il ne le ferait pas.*

— Devant des adverbes de lieu ou de manière, il est traduit par **muy**, *très* :

    Vive *muy* cerca de aquí. *Il habite* tout *près d'ici.*

    Pronunció *muy* bajo su declaración.

    Il prononça tout *bas sa déclaration.*

— Dans quelques expressions :

    tous les deux, los dos (ambos)

    tout autre, muy distinto

    tout seul, completamente solo

L'indéfini varios, varias

Varios, varias, *plusieurs*, adjectif ou pronom, s'accorde avec le nom qu'il remplace ou auquel il se rapporte :

    Te están esperando *varias* personas.

    Plusieurs personnes t'attendent.

    Varios me lo han dicho. *Plusieurs me l'ont dit.*

Les indéfinis otro, demás

Otro, -a, -os, -as, *autre, autres* est adjectif ou pronom. Contrairement au français, **otro(a)** s'emploie au singulier sans l'article indéfini (cf. p. 24) :

    Dame *otro* café. *Donne-moi un autre café.*

    Vinieron *otros. D'autres sont venus.*

EXERCICES

M. Complétez les phrases avec todo, varios, cualquiera **et** otro

1. No quiero esta manzana, dame ......
2. No había mucha gente, sólo ...... personas.
3. Estoy ...... preocupada porque tus hermanos tardan.
4. No es este color el que busco, es ...... más claro.
5. Lo que pides no es muy difícil. ...... es capaz de resolver ese problema.
6. Doctor, le están esperando ...... personas en la consulta.
7. Tu amiga está ...... cambiada desde que ha vuelto.
8. Este trabajo no me interesa, me gustaría encontrar ......
9. Desde que estamos aquí, ... son alegrías.
10. ...... esas construcciones nuevas van equipadas con energía solar.

N. Traduisez

1. La habitación está muy oscura.
2. Se fueron ambos al mismo tiempo.
3. Está completamente trastornado con el accidente.
4. Está muy cerca. Puede ir a pie.
5. Otros se irán después.
6. Te lo he dicho varias veces.
7. Cada uno de vosotros debe responsabilizarse un poco más.
8. Todas estaban muy tristes con la noticia.
9. En la oficina todo son historias.

O. Traduisez

1. Il est tout peiné par ce malheur.
2. Venez tous les deux.
3. Il m'interrompt toutes les cinq minutes.
4. Vous avez tout acheté?
5. Raconte cela à d'autres.
6. Elle est toute bouleversée.
7. Je voudrais une autre bière, s'il vous plaît.

1. Dans la corrélation *l'un... l'autre*, **otro** est précédé de l'article défini :

> De las dos, una es buena ; *la* otra no me gusta.
> *Des deux, l'une est bonne ; je n'aime pas l'autre.*

Lorsque *les uns... les autres* mettent en corrélation deux termes au pluriel, **unos... otros** sont généralement employés sans article :

> *Unos* hablan y *otros* no. *Les uns parlent, les autres, non.*

Remarque : *l'un et l'autre* peut être traduit par **uno y otro, ambos, los dos** (cf. p. 60).

> *Uno y otro (ambos, los dos)* me lo han dicho.
> *L'un et l'autre me l'ont dit.*

2. Otro, -a, -os, -as doit être placé devant tous les numéraux, devant l'indéfini **varios**, ainsi que devant les quantitatifs **tanto, cuanto, más, poco** et **mucho** :

> Pónganos *otros* dos kilos. *Mettez-nous deux autres kilos.*
> Vinieron *otros* varios. *Plusieurs autres sont venus.*

Remarque : avec **poco, tanto** et **más**, **otro** donne lieu à des locutions :

> otro poco, *un peu plus, encore un peu*
> otros pocos, *quelques autres*
> otro tanto, *autant, autant de*
> otros tantos, *autant d'autres*
> otro más, *encore un*
> otros más, *quelques autres*

3. Demás, adjectif ou pronom invariable, est employé avec l'article défini pluriel : **los (las) demás,** *les autres,* et signifie *tous (toutes) les autres.* Précédé de l'article défini neutre (**lo demás**), il équivaut à *le reste, tout le reste* :

> *Los demás* tienen que esperar. *Les autres doivent attendre.*
> Coge la ropa necesaria y deja *lo demás.*
> *Prends les vêtements nécessaires et laisse le reste.*

L'indéfini tal, tales

Avec un nom commun, **tal -es,** *tel, telle, tels, telles,* n'est jamais précédé de l'article indéfini (cf. p. 24).

> No vayas a *tal* sitio. *Ne va pas dans un tel endroit.*

Cependant, avec un nom propre de personne, **tal** précédé de l'article indéfini signifie *un certain, une certaine* :

> Ha venido una *tal* Carmen. *Une certaine Carmen est venue.*

EXERCICES

P. Complétez les phrases avec otro **à la forme et à la place qui conviennent**

1. ¿Quieres …… poco …… más?
2. …… muchos …… compañeros piensan lo mismo que tú.
3. Quedan …… varias …… botellas.
4. …… treinta …… personas han resultado heridas por accidente este fin de semana.
5. Se han ido …… pocos …… espectadores.
6. Esta semana hemos recibido …… tres …… pedidos.
7. Déjame …… seis …… huevos y te devolveré …… tantos ……

Q. Complétez les phrases avec otro **ou** demás

1. No son estos expedientes, son los …… de más allá.
2. Pon esas botellas con las ……
3. Los primeros no se quejaban, los …… de más allá protestaron un poco y los …… decían que no veían.
4. Estas plantas son más bonitas que esas ……
5. No quiero estas gafas, tráeme las ……
6. Por fin, los …… dos que pensaban venir, no vinieron.
7. Tienes que trabajar en este proyecto. Todo lo …… corre menos prisa.
8. Trescientas personas han sido evacuadas. Las …… esperan que lleguen los nuevos refuerzos.

R. Complétez les phrases avec tal

1. Con …… ideas no vas a ningún lado.
2. …… Sr. García ha llamado preguntando por Vd.
3. …… problemas no se volverán a presentar.
4. …… D. Juan quiere verte.
5. …… horrores no son posibles.

S. Traduisez

1. Plusieurs autres voyageurs attendent une réponse.
2. Je voudrais encore une livre de cerises.
3. Merci, mais l'un est trop foncé et l'autre trop cher.
4. L'un et l'autre étaient d'accord.
5. Un certain Lopez doit m'apporter quelque chose.
6. Laisse la lettre dans le tas avec les autres.
7. Le patronat ne savait pas quoi faire devant une telle grève.

1. Adjectif ou pronom, sa signification peut être proche de celle des démonstratifs :

> *Tales* eran las condiciones. *Telles étaient les conditions.*
> No creas *tales* historias. *Ne crois pas ces histoires-là.*

2. La référence à plusieurs substantifs se fait par l'intermédiaire de : **tal y/o tal, tal y/o tal otro** ou **tal y/o cual** :

> Teníamos que leer *tal y tal* libro.
> *Nous devions lire tel et tel livre.*
> Me dijo que tenía que conocer a *tal* persona *y tal* otra.
> *Il m'a dit que je devais connaître telle et telle personne.*

Remarques : compléments de nom, **de Tal... de Cual** équivalent au français *Untel... Untel* :

> Estaban allí los señores *de Tal* y la señora *de Cual*.
> *Il y avait MM. Untel et Mme Untel.*

Fulano, Mengano, Zutano (complétés éventuellement par **de Tal**), *Untel,* remplacent de manière générale les noms propres de personne que l'on ne nomme pas :

> Me estuvo hablando de *Fulano* y de *Mengano* que yo no conocía.
> *Il m'a parlé d'Untel et d'Untel que je ne connaissais pas.*

3. **Tal** introduit une comparaison d'égalité en corrélation avec **como** ou une proposition de conséquence en corrélation avec **que** (cf. p. 318) :

> La casa era *tal como* la había imaginado.
> *La maison était telle que je l'avais imaginée.*
> La dificultad era *tal que* no supo qué hacer.
> *La difficulté était telle qu'il n'a pas su quoi faire.*

Locutions :

> con tal (de) que, *pourvu que, si*
> tal vez, *peut-être*
> tal para cual, *l'un vaut l'autre.*
> ... y tal y cual, *etc., etc.*
> ¿Qué tal? *Ça va ?*

> ¿Qué tal + verbe? *Comment + verbe ?*

> ¿Qué tal + substantif? sous-entend une appréciation :
> *¿Qué tal* las vacaciones? *Tu as passé de bonnes vacances ?*

EXERCICES

T. Remplacez les démonstratifs par tal
1. No quiero acordarme de aquella época.
2. No vuelvas a mencionarme a esa gente.
3. Nos habló de lo que vio en esos pueblos.
4. Aquella situación no podía repetirse más.
5. En esos lugares no sueles encontrar nunca nada.
6. Es mejor evitar a esos clientes.
7. No me gustan esos planes.
8. No se puede ir por esas carreteras.
9. Si les dices esas cosas no es extraño que se enfaden.
10. Era la única política para ese contexto económico.
11. Nos hablaba siempre de ése y de aquél.
12. Esas amistades no te convienen.

U. Complétez les phrases avec como ou que
1. Las presiones fueron tales ...... tuvimos que ceder.
2. Sigue mis indicaciones tal ...... te he explicado.
3. Tal ...... pensaba, ha vuelto a llover.
4. Ponen tales condiciones ...... es imposible llegar a un acuerdo.
5. La distribución de beneficios se produjo tal ...... preveíamos.
6. La circulación era tal ...... tuvimos que parar en el camino a esperar a que se mejorara.
7. Tal ...... imaginaba, hemos perdido.
8. Tal ...... te conozco, volverás a hacer lo mismo.
9. Hace tales preguntas ...... nadie puede contestarlas.
10. Bebe tales cantidades ...... un día va a acabar mal.

V. Traduisez
1. Ta famille va bien ?
2. Comment vas-tu ?
3. Peut-être.
4. Je serai content, pourvu qu'il fasse bien son travail.
5. Il y avait Untel, Untel et Untel.
6. Les uns valent les autres.
7. Ton ami est tel que je l'avais imaginé.
8. Un type t'attend dehors.
9. Il gère la société d'Untel et Untel.
10. Il parle toujours de tel et tel voyage, de tel et tel hôtel.

18. La corrélation

Pour traduire la corrélation entre deux propositions, l'espagnol utilise les indéfinis **cuanto** et **tanto** qui s'accordent en genre et en nombre lorsqu'ils sont employés avec un nom :

1. *Plus... plus*; *moins... moins* : cette corrélation se traduit par cuanto más (menos) ...... más (menos) :

> *Cuantos más* millones ganes, *más* impuestos pagarás.
> *Plus tu gagneras de millions, plus tu paieras d'impôts.*

Remarque : **cuanto** peut être remplacé par **mientras** :

> *Mientras más* lo pienso, *menos* lo entiendo.
> *Plus j'y pense, moins je comprends.*

2. *D'autant plus (moins)... que* : cette corrélation se traduit par tanto más (menos) ...... cuanto más (menos) :

> Se producen *tantos más* accidentes *cuantos más* coches hay.
> *Il se produit d'autant plus d'accidents qu'il y a plus de voitures.*

Remarques : la 2ᵉ proposition est introduite par **cuanto que** si elle ne comporte pas d'élément de comparaison :

> Es *tanto más* interesante *cuanto que* lo ignorábamos.
> *C'est d'autant plus intéressant que nous l'ignorions.*

D'autant plus que introduisant une explication est traduit par tanto más que ou cuanto más que :

> Tengo que irme, *tanto/cuanto más que* me esperan.
> *Je dois m'en aller, d'autant plus que l'on m'attend.*

3. *Autant que, autant de... que* : cette corrélation se traduit par tanto... como (cf. le comparatif, pp. 50-52) :

> Ha trabajado *tanto como* era necesario.
> *Il a travaillé autant qu'il le fallait.*
>
> Tengo *tantos* amigos *como* él. *J'ai autant d'amis que lui.*

Remarque : la corrélation tanto... cuanto est plus littéraire :

> Tiene *tantas* joyas *cuantas* desea.
> *Elle a autant de bijoux qu'elle en désire.*

4. *Autant... autant* : cette corrélation se traduit par **cuanto... tanto** qui s'apocopent devant un adjectif ou un adverbe :

> *Cuantos* hombres, *tantos* pareceres.
> *Autant d'hommes, autant d'avis.*
>
> *Cuan* morena es la mayor, *tan* rubia es la menor.
> *Autant l'aînée est brune, autant la plus jeune est blonde.*

EXERCICES

A. Complétez les phrases suivantes

1. ...... más duermo, ... sueño tengo.
2. El camino era ...... más agradable ...... hacía sol.
3. ...... veces me lo digas, menos te escucharé.
4. ...... mejor lo hagas, ... será para ti.
5. Estuvo ...... más sorprendida ...... no esperaba a nadie.
6. Las cosas ...... rápidas, mejor.
7. No cuentes con nosotros, ... tiene una avería el coche.
8. ...... contento está hoy, tan triste estaba ayer.
9. Ha hecho ...... viajes ...... yo.
10. Cuanto lo querían sus hijos, ... lo temían.
11. ...... más se pinta, ... ridícula resulta.
12. No me gusta .... pensaba.

B. Transformez les phrases suivant le modèle :

Si llovía mucho, salía poco.
→ *Cuanto más llovía, menos salía.*

1. Si una estrella es muy lejana, brilla poco.
2. Si teníamos mucho dinero, gastábamos mucho.
3. Si lo piensas mucho, lo comprenderás bien.
4. Si estudiáis poco, sabréis poco.
5. Si habla mucho, se lía mucho.
6. Si bebía mucho, tenía muchas ganas de cantar.

C. Traduisez

1. Plus tu cries, moins on t'écoute.
2. Il n'a pas lu autant de romans qu'il le prétend.
3. Je suis d'autant plus déçu que je comptais sur toi.
4. Autant j'aime la mer, autant j'ai horreur de la plage.
5. Plus nous montions, plus le sentier était étroit.
6. Nous arriverons vite, d'autant plus que la route est bonne.
7. Plus j'y pense, moins je suis d'accord.
8. Je suis d'autant plus content que je peux voyager plus.
9. J'en sais autant que lui.
10. Il y eut d'autant moins de monde qu'il pleuvait.

19. Les possessifs

Les adjectifs possessifs

1. Formes atones

SINGULIER		PLURIEL	
mi	*mon, ma*	mis	*mes*
tu	*ton, ta*	tus	*tes*
su	*son, sa, votre*	sus	*ses, vos*
nuestro, -a	*notre*	nuestros, -as	*nos*
vuestro, -a	*votre*	vuestros, -as	*vos*
su	*leur, votre*	sus	*leurs, vos*

Ces adjectifs se placent *devant* le nom avec lequel ils s'accordent :

> *mi* primo, *mon cousin*; *vuestros* amigos, *vos amis*
> *mis* primas, *mes cousines*; *vuestras* amigas, *vos amies*

Remarque : à la troisième personne, où il y a un risque d'équivoque avec la formule de politesse, il convient de préciser le possesseur et d'employer la tournure **de** + pronom personnel :

> **Su (La)** casa *de Vd.* es más grande.
> *Votre maison est plus grande.*
> ≠ **La** casa *de ellos* es más moderna.
> *Leur maison est plus moderne.*

Ils sont beaucoup moins employés qu'en français : l'article remplace le possessif :

— s'il n'y a pas de doute sur le possesseur :

> Debido al tráfico, he venido sin *el* coche.
> *À cause de la circulation, je suis venu sans ma voiture.*

— si le verbe est à la forme réfléchie :

> *Me* pongo *la* mano en *el* bolsillo.
> *Je mets ma main dans ma poche.*
> Suéna*te las* narices y séca*te las* lágrimas.
> *Mouche ton nez et sèche tes larmes.*

(cf. aussi la tournure pronominale, p. 260)

Hispanisme :

> *el* condenado de *mi* hermano, *mon damné de frère.*

EXERCICES

A. Remplacez les éléments entre parenthèses par un possessif

1. No sabe qué hacer con ...... (de él) hijo.
2. ¿Por qué no has traído ...... (de ti) apuntes?
3. ...... (de nosotros) puntos de vista coinciden.
4. No me quiero meter en ...... (de ellos) negocios.
5. ...... (de vosotros) razones no me convencen.
6. No te consiento que uses ...... (de mí) coche.
7. Déme ...... (de Vd.) dirección y ...... (de Vd.) teléfono.
8. Reconozco que ...... (de Vds.) ideas son buenas.
9. Hoy no ceno con ...... (de mí) padres.
10. ...... (de él) pretensión era exagerada.

B. Complétez les phrases avec un possessif ou un article

1. He dejado ...... impermeable en la oficina.
2. El señor director está en ...... despacho.
3. Me he aprendido bien ...... lección.
4. Mi mujer vivía con ...... tíos antes de casarnos.
5. Mire Vd., señora, se me acaba ...... paciencia.
6. ¿A qué hora llega ...... avión de Vds.?
7. ¿Me permite Vd. que utilice ...... pluma?
8. Cuida de que no se te enfríen ...... pies.
9. Mis primos suelen pasar las vacaciones con ...... padres.
10. Le robaron ...... bolso en el tren.

C. Traduisez

1. Cette jeune fille vient de perdre sa mère.
2. Nous faisons notre lit tous les jours.
3. Les gens parlent toujours de leurs problèmes.
4. Il passe son temps à lire.
5. Ta maison a besoin de réparations.
6. Acceptez-vous notre invitation, monsieur?
7. Il dit qu'il a oublié tous ses livres.
8. Elle s'entend mal avec son idiote de cousine.
9. Ses amis lui demandèrent s'il avait dîné.
10. Il fait froid, mets ton manteau.

2. Formes toniques

SINGULIER	PLURIEL	
mío, -a	míos, -as	*à moi*
tuyo, -a	tuyos, -as	*à toi*
suyo, -a	suyos, -as	*à lui, elle, vous*
nuestro, -a	nuestros, -as	*à nous*
vuestro, -a	vuestros, -as	*à vous*
suyo, -a	suyos, -as	*à eux, elles, vous*

Ces adjectifs se placent *derrière* le nom avec lequel ils s'accordent et s'emploient:

— comme attributs du verbe **ser**, *être*:
> **El diccionario es *mío*.** *Le dictionnaire est à moi.*
> **Esa corbata es *suya*.** *Cette cravate est à lui (à vous).*

— lorsque le nom est précédé d'un autre déterminant:
> **Los** juguetes *suyos* **están muy estropeados.**
> *Ses jouets sont très abîmés.*
> **Estas tierras *nuestras*,** *ces terres qui sont à nous.*

Remarque : si le déterminant est un article indéfini, ils peuvent avoir le sens de *un de mes*, etc.:
> **Acaba de llegar *un* amigo *suyo*.**
> *Un de ses amis vient d'arriver.*

— au vocatif et dans les phrases exclamatives:
> **¡Tú también, hijo *mío*!** *Toi aussi, mon fils!*
> **¡Qué pesadilla, Dios *mío*!**
> *Quel cauchemar, mon Dieu!*

Les pronoms possessifs

Ils sont constitués des formes toniques de l'adjectif précédées:

— de l'article défini:
> **Este proyecto es *el tuyo*.** *Ce projet est le tien.*

— de l'article neutre: **lo mío**, *ce qui est à moi, me concerne*:
> **Toma *lo tuyo* y dame *lo mío*.**
> *Prends ce qui est à toi et donne-moi ce qui est à moi.*
> **No se meta en *lo nuestro*.**
> *Ne vous mêlez pas de nos affaires.*

EXERCICES

D. Choisissez la réponse adéquate

1. Lo vimos en la plaza con ...... novia.
   a) *suya*   b) *la suya*   c) *su*

2. No puedes comportarte así con un familiar ......
   a) *tuyo*   b) *tu*   c) *el tuyo*

3. ...... es comer y vivir bien.
   a) *el suyo*   b) *lo suyo*   c) *suyo*

4. Hoy he podido terminar todo ...... trabajo.
   a) *mío*   b) *mi*   c) *lo mío*

5. Le acompañaba una hermana ......
   a) *su*   b) *la suya*   c) *suya*

E. Complétez les phrases avec le possessif qui convient

1. Éste es don Antonio; ...... hijo ...... emigró a América.

2. ¡Otra vez hiciste mal ...... trabajo ......, ... hijo ......!

3. Han llegado cinco ...... amigos ......, ¿ lo sabíais ?

4. ...... muy señor ......: Acabo de recibir ...... documentación ......

5. Creo que varios ...... objetivos ...... no son buenos, señor.

F. Remplacez les mots en italique par un pronom possessif

Esta pluma es *de Carmen*.   Esta maleta es *mía*.

Este sombrero es *mío*.   Estos libros son *de tus amigos*.

Este abrigo es *tuyo*.   Esta casa es *de Vd*.

Aquellos lápices son *tuyos*.   Estas medias son *tuyas*.

Estas carteras son *de Vds*.   Estas bufandas son *de ellos*.

G. Traduisez

1. Il a ses idées et moi j'ai les miennes.

2. Cette maison a été à nous il y a longtemps.

3. Cet enfant a encore fait des siennes.

4. Ces livres sont à vous mais les disques sont à nous.

5. Je ne crois pas que ce manteau soit le vôtre, madame.

6. N'emporte pas ce parapluie, c'est le mien.

7. Une de mes sœurs vient de se marier avec un ingénieur.

8. Cette valise doit être à vous, monsieur.

9. Elle encourageait chaleureusement les siens.

10. Que chacun s'occupe de ses affaires.

20. Les démonstratifs

Les démonstratifs situent les objets par rapport aux personnes du discours **yo/tú/él** et aux adverbes de lieu **aquí/ahí/allí**.

Les pronoms portent l'accent écrit sauf les pronoms neutres.

ADJECTIFS

	Yo-aquí *(ici)*		Tú-ahí *(là)*		Él-allí *(là-bas)*	
	sing.	pl.	sing.	pl.	sing.	pl.
Masc.	**este**	**estos**	**ese**	**esos**	**aquel**	**aquellos**
Fém.	**esta**	**estas**	**esa**	**esas**	**aquella**	**aquellas**

PRONOMS

Masc.	**éste**	**éstos**	**ése**	**ésos**	**aquél**	**aquéllos**
Fém.	**ésta**	**éstas**	**ésa**	**ésas**	**aquélla**	**aquéllas**
Neu.	**esto** *ceci*		**eso** *cela*		**aquello** *cela*	

> **Toma** *este* **libro.** *Prends ce livre.*
> **Dame** *esa* **taza.** *Donne-moi cette tasse.*
> ***Aquella*** **casa del fondo es de Eduardo.**
> *Cette maison-là, au fond, est à Édouard.*

La situation dans l'espace et dans le temps

Les trois séries de démonstratifs permettent d'indiquer un éloignement progressif dans l'espace et dans le temps :

> ***Estos*** **discos que están aquí.** *Ces disques qui sont ici.*
> ***Esas*** **señoras que viven ahí.** *Ces dames qui habitent là.*
> ***Aquellas*** **montañas, allí.** *Ces montagnes, là-bas.*
> **Esta semana,** *cette semaine-ci.*

La différence entre **esa** et **aquella** dans *esa / aquella película que vimos, ce film que nous avons vu*, est dans un éloignement plus ou moins grand dans le temps.

La désignation des objets

1. Les objets appartenant aux personnes **yo** et **tú** sont distingués obligatoirement par l'opposition **este / ese** :

> *¿**Esos** zapatos son tuyos? Porque **éstos** son míos.*
> *Ces chaussures sont à toi ? Parce que celles-ci sont à moi.*

EXERCICES

A. Mettez au pluriel
1. Este pantalón es blanco.
2. Aquel piso era pequeño.
3. Ese vestido me gusta.
4. Aquella señora no es muy vieja.
5. Esa ventana es grande.
6. Esta revista no es interesante.
7. Esa calle es estrecha.
8. Ese color te sienta bien.
9. Aquel edificio es nuevo.
10. Esa carretera es peligrosa.

B. Mettez au singulier
1. Aquellos balcones eran bonitos.
2. Esos coches antiguos no iban rápido.
3. Aquellos cristales estaban sucios.
4. Estos almacenes modernos son prácticos.
5. Esas chicas son muy simpáticas.
6. Estos dolores no se me quitan.
7. Estas habitaciones están limpias.
8. Aquellas casas son muy típicas.
9. Esos niños son rubios.
10. Aquellos discursos eran interminables.

C. Complétez les phrases avec les formes qui conviennent
1. (Ese) niña vestida de azul es la hija de María.
2. (Este) pañuelos de seda son más bonitos.
3. (Aquel) mesa del fondo está bien.
4. (Éste) de la derecha es mi madre.
5. (Ese) discos que escuchamos en tu casa.
6. (Este) pequeño es mi hermano.
7. (Aquel) paraguas de la derecha es el mío.
8. Toma (este) flores que te he traído.
9. Sí, hombre, (aquel) chicos que conocimos hace un mes.
10. (Este) semana no puedo.
11. (Ése) que vienen ahí son Ángel y Eva.
12. ¿(Éste) es Juan?
13. (Ese) señores ya no viven aquí.
14. ¿Están libres (ese) sillas?

2. Les démonstratifs de la première série **este**... peuvent s'opposer aussi bien à ceux de la deuxième **ese**... qu'à ceux de la troisième **aquel**... :

>**Este** sillón es mucho más cómodo que *ése* (ou *aquél*).
>*Ce fauteuil est beaucoup plus confortable que celui-là.*

Remarque : dans la correspondance, surtout commerciale, les féminins **ésta, ésa** désignent respectivement la ville de celui qui écrit et la ville de son correspondant :

>Le escribo de *ésta. Je vous écris d'ici.*

La situation dans le discours

1. La référence à deux objets déjà nommés se fait par l'opposition **éste**... / **aquél**... :

>Te mando un paquete y una carta, *aquél* es para Paco y *ésta* para ti.
>*Je t'envoie un paquet et une lettre, celui-là est pour Paco et celle-ci est pour toi.*

2. Les pronoms neutres ne peuvent pas se rapporter à un nom masculin ou féminin. Ils s'emploient pour :

— faire référence à un concept précédemment énoncé :

>Cuéntame *eso. Raconte-moi cela.*

— reprendre une phrase :

>No estoy de acuerdo con *eso* que acabas de decir.
>*Je ne suis pas d'accord avec ce que tu viens de dire.*

— introduire une déclaration ou une énumération :

>Sólo diré *esto... Je dirai seulement ceci...*

Valeurs particulières

Tous les adjectifs démonstratifs peuvent être placés derrière les substantifs, précédés de l'article défini :

>la máquina *esta* (*esta* máquina), *cette machine*

Placés ou non derrière le substantif, les démonstratifs de la deuxième série, **ese**..., peuvent prendre une valeur péjorative. Les démonstratifs de la troisième série, **aquel**..., peuvent prendre valeur laudative :

>El chico *ese* no trabaja nada.
>*Ce garnement ne travaille pas du tout.*
>**Aquella** señora era muy elegante.
>*Cette dame-là était très élégante.*

EXERCICES

D. Choisissez entre les trois formes celle qui convient

1. Mira los libros ...... que tengo aquí.
   aquellos / esos / estos
2. Déjame ...... cenicero.
   esto / ese / este
3. He venido a traerte ...... paquete.
   aquel / eso / este
4. Mira, te voy a presentar : ...... es mi amiga Lucía.
   ésa / ésta / aquélla
5. Antes vivía en el piso ...... que está ahí al lado.
   este / esto / ese
6. ¿No te acuerdas de ...... chicos que conocimos el verano pasado?
   estos / aquellas / aquellos
7. ...... abrigo es tuyo.
   aquello / ese / este
8. Ahí te dejo dos cartas y varias tarjetas. ...... son para tu padre. Aquéllas son de tu hermano.
   éstas / ésas / aquéllas
9. Todo ...... que ves es la propiedad de los Martínez.
   esta / esto / este
10. ...... que ves ahí, al fondo del pasillo, es Jesús.
    éste / ése / aquél

E. Complétez les phrases avec le démonstratif qui convient

1. Dame ...... pantalones que he dejado ahí.
2. Tenga. Mi dirección es ......
3. Mira el señor ......, allá lejos.
4. No me interesa ...... que me cuentas.
5. ¿Ves ...... farmacia ahí al lado?
6. No quiero ...... vestido de ahí, sino ...... rojo del fondo.

F. Traduisez

1. Les marchandises arriveront là-bas jeudi.
2. Cette affaire d'hier ne me paraît pas claire.
3. Je me souviens de ces contes anciens.
4. Rappelle-toi ceci.
5. Cette revue que tu viens de me montrer est très jolie.
6. C'était à cette époque-là, au début du siècle.
7. Laisse-moi à ce carrefour qui est en face.

21. *Voici, voilà*

Selon les contextes dans lesquels ils sont employés, *voici, voilà* sont rendus par :

1. les pronoms démonstratifs **éste, ése, aquél** suivis du présent du verbe **ser**, *être* à la 3ᵉ personne. Il en est ainsi dans les présentations :

> *Éste es Manuel. Voici Manuel.*
> *Ésa es mi casa. Voilà ma maison.*
> *Aquél es mi vecino. Voilà mon voisin.*

2. le verbe **tener**, *avoir* :

— Employé à l'impératif pour donner une adresse, un numéro de téléphone : **tenga, ten...** :

> *Tenga mi número de teléfono, señor Pérez.*
> *Voici mon numéro de téléphone, monsieur Perez.*

— Précédé des adverbes **aquí**, *ici* ; **ahí**, *là*, le verbe **tener** est employé au présent de l'indicatif : **aquí tiene, ahí tiene...**

> *Aquí tiene la vuelta, señora.*
> *Voici votre monnaie, madame.*

3. Les adverbes **aquí**, *ici* ; **ahí**, *là* (rarement **allí**, *là*) suivis du présent du verbe **estar**, *être,* permettent de montrer en situant :

> *Aquí está el libro que me pediste.*
> *Voici le livre que tu m'avais demandé.*

Remarques : le verbe **estar** peut être remplacé par **ir**, *aller* ; **venir**, *venir* ; **llegar**, *arriver* ; **entrar**, *entrer* ; **salir**, *sortir...* pour souligner une idée de mouvement :

> *Ahí va tu hermano. Voilà ton frère.*
> *Aquí llega el autobús. Voilà l'autobus qui arrive.*

L'idée de mouvement est rendue par les mêmes verbes précédés de l'adverbe de temps **ya**, *déjà* :

> *Ya llegan los primeros corredores.*
> *Voilà les premiers coureurs qui arrivent.*

La tournure invariable **he aquí, he ahí**, avec le verbe **haber**, *avoir,* est relativement peu employée aujourd'hui dans la langue parlée :

> *He aquí cómo terminó el debate parlamentario.*
> *Voici comment a pris fin le débat parlementaire.*

EXERCICES

A. Transformez selon le modèle :
Tu amigo Javier viene por ahí → *Ahí viene tu amigo Javier*
1. El autocar está llegando.
2. Luis viene por aquí.
3. El tren sale por ahí.
4. Tus padres van por ahí.
5. El metro pasa por ahí.
6. Juan baja por aquí.

B. Transformez avec aquí et le verbe tener
1. Tenga la dirección de nuestra sucursal en Barcelona.
2. Toma el número de teléfono que me habías pedido.
3. Tomad una tarjeta mía.
4. Tengan las señas de nuestros corresponsales en provincias.
5. Ten el número del apartado de Correos.
6. Te voy a dar el nuevo número de telecopia de la Sociedad.
7. Copia las indicaciones del camino de la casa de campo.

C. Transformez en employant éste et le verbe ser
1. Aquí están las llaves que estabas buscando.
2. Te voy a presentar a mi prima Mª Luisa.
3. Mis padres son ésos que están ahí.
4. El encargado de la fábrica está ahí.
5. Aquí, mi nuevo socio, Joaquín Almudia.
6. No sé si conoces a Elena.
7. Yo vivo en esa casa.

D. Traduisez
1. Voici tes amis qui viennent te chercher.
2. Messieurs, voilà l'addition.
3. Voici mon collaborateur, dont je vous ai tant parlé.
4. Voici ma nouvelle adresse à Barcelone, monsieur.
5. Voici le carrefour que nous cherchions.
6. Voilà les nouveaux locaux. Ils sont là, à gauche.
7. Voici Pierre. C'est un collègue.
8. Voilà, monsieur, votre paquet.
9. Voilà les voisins qui arrivent.
10. Voilà le document que je ne trouvais pas.
11. Voici comment le gouvernement a été mis en minorité.
12. Voilà les conséquences de la nouvelle loi.

22. Les adverbes de lieu

> **aquí (acá)**, *ici*
> **ahí**, *là*
> **allí (allá)**, *là, là-bas*

Ven *aquí*. *Viens ici* (où je me trouve).
Espérame *ahí*. *Attends-moi là* (où tu es).
Espérame *allí*. *Attends-moi là-bas* (où tu sais).

Remarque : **acá** et **allá**, employés dans l'espagnol d'Amérique de préférence à **aquí** et **allí**, sont plus imprécis que ceux-ci. On peut les employer avec les quantitatifs **muy**, *très*, **tan**, *si, aussi*, **más**, *plus*, ce qui est impossible avec **aquí, ahí, allí**.
Ven *acá*. *Viens par ici*. **Iban** *allá*. *Ils allaient par là*.
Esa calle está *más allá*. *Cette rue est plus loin*.
no *demasiado acá, pas trop près*.

1. Tous ces adverbes peuvent être accompagnés des prépositions **de**, *de* ; **desde**, *depuis* ; **hacia**, *vers* ; **hasta**, *jusqu'à* ; **por**, *par* :
De (desde) **aquí** *a (hasta)* **allí**... *D'ici à là-bas*...

2. Selon le contexte, le sens de ces adverbes peut être temporel :
Hasta *aquí (ahora)* **no he dicho nada**.
Jusqu'ici (jusqu'à maintenant) je n'ai rien dit.
Hasta *allí (entonces)* **no hubo problemas**.
Jusque-là (jusqu'alors) il n'y eut pas de problèmes.

3. Ils peuvent être accompagnés d'autres adverbes :
allá *lejos, là-bas au loin* ; **aquí** *cerca, ici tout près*

Remarque : employés avec **por**, les adverbes **aquí, ahí, allí** situent avec moins de précision dans le lieu. Avec des verbes de mouvement (**salir**, *sortir* ; **ir**, *aller* ; **pasear**, *se promener*...), **por ahí** prend le sens de *quelque part* :
Vamos *por ahí. Allons par là (quelque part)*.

Locutions :
de acá para allá, *d'un endroit à un autre, çà et là*
no muy allá = no muy bueno, *pas très bon, pas très bien*
hacerse (para) allá, *s'écarter*
allá tú, él, ..., *libre à toi, à lui*...

EXERCICES

A. Choisissez entre les trois formes celle qui convient

1. Dame ese libro que está ......
   aquí / ahí / acá
2. ¿Ves aquella casa? ...... vivimos varios años.
   allí / aquí / ahí
3. Ven un poco más ......
   aquí / acá / allá
4. No vayas tan ......
   aquí / allí / allá
5. Esa calle está mucho más ......
   aquí / ahí / allá
6. ¿Correos? Sí, está ...... cerca.
   aquí / allí / allá
7. Desde que empezó a trabajar hasta ...... no tenemos nada
   que reprocharle.
   allá / ahí / aquí
8. Seguro que las llaves están ...... cerca.
   allá / por allí / por aquí
9. ¿Ves aquellas montañas, ... lejos?
   aquí / ahí / allá
10. Si quieres, salimos a dar una vuelta ......
    por aquí / por allí / por ahí

B. Complétez les phrases avec l'adverbe qui convient

1. Ese chico que está ...... es mi hermano.
2. Lo siento, pero las servilletas no están ......, en este cajón.
3. Sí, esa calle está todavía lejos, mucho más ......
4. Acércate un poco más ......
5. ¿Dónde estuviste ayer? — Estuve de paseo, por ......
6. No, no está ...... en mi mesa; estará ......, en la tuya.
7. Deja todos los paquetes ...... al lado.
8. ¿Ves ese edificio alto, ... a la derecha?

C. Complétez les phrases avec l'expression qui convient

1. Haz lo que quieras, ...
2. He pasado el día ......
3. Déjame sitio, ...
4. Este tejido no es de muy buena calidad, no es ......

cerca, *près*	**lejos,** *loin*
delante, *devant*	**detrás,** *derrière*
arriba, *en haut*	**abajo,** *en bas*
encima, *au-dessus*	**debajo,** *dessous*
dentro, *dedans*	**fuera,** *dehors*
enfrente, *en face*	**alrededor,** *autour*

La parada del autobús está muy *cerca (lejos)*.
L'arrêt de l'autobus est très près (loin).
Ponlo *delante (detrás)*. *Mets-le devant (derrière).*
Busca *dentro (fuera)*. *Cherche dedans (dehors).*

Remarque : tous ces adverbes, employés avec la préposition **de**, *de*, deviennent des locutions prépositives (cf. p. 134) :

Los zapatos están *debajo de* la cama.
Les chaussures sont sous le lit.
Las camisas están *encima de* la cómoda.
Les chemises sont sur la commode.

adelante, *plus loin, en avant*	atrás, *en arrière, derrière*
adentro, *dedans, à l'intérieur*	afuera, *dehors*

Afuera hace frío. *Dehors il fait froid.*
Todos están *adentro*. *Tous sont à l'intérieur.*

Remarque : ces adverbes n'admettent pas la construction avec **de**. De préférence avec un verbe de mouvement, l'espagnol place ces adverbes, ainsi que **arriba** et **abajo**, derrière le nom pour indiquer une direction :

Iba calle *arriba*. *Il montait la rue.*

Locutions :

junto a = al lado de, *à côté de*
al principio (de), *au début (de)*
en medio (de), *au milieu (de)*
al final (de), *au bout (de)*
a través de, *au travers de*
encima (de) = además (de), *en plus (de)*
arriba de = más de, *plus de*

EXERCICES

D. Exprimez le contraire en changeant l'adverbe

1. Están adentro.
2. El gato está debajo de la mesa.
3. Mariano está arriba.
4. El coche está dentro.
5. Los libros están abajo.
6. Puedes ponerlo encima.
7. El jardín está delante de la casa.
8. Va hacia adelante.
9. La casa está detrás del edificio blanco.
10. Está al principio de la calle.

E. Transformez les phrases suivant le modèle :

> Andaba por la calle → *Iba calle adelante*

1. Están subiendo la montaña.
2. La barca bajaba por el río.
3. Iba metiéndose por el bosque.
4. Bajaban por el camino tranquilamente.
5. Iba subiendo las escaleras.
6. Retrocedió unos pasos.
7. Ese pueblo lo encontrará si sigue por esta carretera.
8. Corrían por el campo.

F. Traduisez

1. Je suis en haut.
2. Est-ce que la gare est loin ?
3. Je l'ai laissé sur la table.
4. Le garage est derrière la maison.
5. Il vient de très loin.
6. Ils attendent en bas.
7. Il est dehors.
8. La chemise est sur la commode.
9. Ce sont les voisins d'en haut.
10. Ils sont devant la télé.
11. Il est toujours à côté d'elle.
12. La voiture s'est arrêtée au milieu de la rue.
13. La banque est au bout de l'avenue.
14. Au début, je ne voulais pas.
15. Il faut passer par derrière.

23. Les adverbes de temps

ayer, *hier* **anteayer**, *avant-hier* **anoche**, *hier soir* **anteanoche**, *avant-hier soir*	**hoy**, *aujourd'hui*	**mañana**, *demain* **pasado mañana**, *après-demain*
antaño, *jadis,* *autrefois*	**hogaño**, *de nos* *jours* (peu usité)	
antes, *avant* **entonces**, *alors*	**ahora**, *maintenant* **ya**, *déjà*	**después**, *après* **luego**, *après*
enseguida, *tout de* *suite* **pronto**, *tôt, bientôt* **temprano**, *tôt, de* *bonne heure*		**tarde**, *tard*
	siempre, *toujours* **nunca, jamás,** *jamais* **todavía, aún,** *encore*	

Remarque : les adverbes de temps ne peuvent séparer l'auxiliaire du participe passé dans les temps composés :

> **Todavía no ha llegado.** *Il n'est pas encore arrivé.*

1. Hoy, *aujourd'hui*, donne lieu à quelques locutions :

> **hoy (en) día**, *de nos jours*
> **de hoy en adelante**, *dorénavant, désormais*
> **hoy por hoy**, *actuellement, à présent*

2. Mañana, *demain*, est aussi un substantif : **la mañana**, *le matin*. Il donne lieu à des locutions adverbiales :

> **por la mañana**, *le matin*
> **mañana por la mañana**, *demain matin*
> **de mañana**, *de bonne heure le matin*

3. Antes, *avant*, **después**, *après* et **luego**, *après, ensuite,* employés avec la préposition **de**, deviennent des locutions prépositives :

> **después del** trabajo, *après le travail*

EXERCICES

A. Transformez les phrases suivantes avec l'adverbe de temps qui convient

1. La fiesta fue antes de ayer por la noche.
2. En la actualidad el problema del hambre no está todavía resuelto.
3. Ayer llegó al amanecer.
4. Vino ayer por la noche.
5. Hace años los coches no existían.
6. A partir de este momento las cosas van a cambiar.

B. Transformez les phrases suivantes en utilisant l'adverbe ou la locution prépositive de sens contraire

1. He venido *antes* pero ya no estaba.
2. *Nunca* me ha interesado.
3. Se acuesta *temprano*.
4. Lo hizo *después*.
5. *Siempre* he vivido aquí.
6. Nos duchamos *después* del partido.
7. Nos fuimos *antes* del final de la película.

C. Traduisez

1. Estaba más tranquilo después de la visita del médico.
2. Anoche fuimos al cine.
3. Pasado mañana es la reunión anual con los representantes.
4. Eso lo veremos pasado mañana.
5. Tome dos comprimidos antes de las comidas.
6. Nunca está en casa por las mañanas.
7. Después de la votación tomaremos una decisión.

D. Traduisez

1. Nous l'avons vu avant-hier soir.
2. Le matin ils n'étaient pas encore venus.
3. Nous irons demain matin.
4. Aujourd'hui je ne sors pas.
5. Hier soir je n'étais pas à la maison.
6. Il part après-demain.
7. Avant l'accident, il n'était pas comme cela.
8. Actuellement les résultats sont satisfaisants.
9. Demain il se lève de bonne heure.
10. Nous nous verrons plus tard.

Remarque : **luego**, outre sa valeur adverbiale, peut être employé aussi comme conjonction de conséquence, *par conséquent, donc, alors* (cf. p. 320) :

> *Luego* **veremos.** *Nous verrons plus tard.*
> *Luego* **es verdad.** *Donc, c'est vrai.*

Locutions avec **luego** :

> **hasta luego** (hasta pronto), *à bientôt, à plus tard*
> **desde luego,** *bien sûr, évidemment*
> **luego que** (= tan pronto como, littéraire), *dès que* :
> *Luego que* **entró, empezó a gritar.**
> *Dès qu'il est entré, il a commencé à crier.*

4. Ahora, *maintenant,* donne lieu à quelques expressions :
— **Ahora mismo,** forme emphatique de **ahora,** insiste sur l'aspect immédiat de l'action et équivaut à **enseguida,** *tout de suite* : *Ahora mismo* **llego.** *J'arrive tout de suite.*
Locutions :

> **de ahora en adelante,** *dorénavant*
> **por ahora,** *pour le moment*

5. Ya peut avoir plusieurs significations :
— *Déjà, maintenant,* si le verbe est au passé composé ou au présent :

> *Ya* **ha terminado** (ha terminado *ya*). *Il a déjà fini.*

— *Bientôt, plus tard,* employé avec des verbes au futur :

> *Ya* **te lo diré.** *Je te le dirai plus tard.*

— *Tout de suite,* si le temps utilisé est le présent employé comme futur immédiat :

> *Ya* **voy.** *J'arrive.*
> *Ya* **viene.** *Il vient tout de suite.*

— *Ne... plus* dans des phrases négatives (ya... no) :

> *Ya* **no sabes qué decir.** *Tu ne sais plus quoi dire.*

— **Ya** sert à renforcer les verbes **saber,** *savoir* et **ver,** *voir* :

> *Ya* **veo.** *Je vois.*
> *Ya* (lo) **sé.** *Je le sais (bien).*

6. Pronto, *tôt, bientôt,* peut être employé comme adjectif :

> una *pronta* respuesta. *une réponse rapide*

En tant qu'adverbe, **pronto** est invariable :

> Se levanta *pronto*. *Il se lève tôt.*

EXERCICES

E. Transformez les phrases suivantes avec l'adverbe ou la locution de temps qui convient

1. Después será tarde.
2. Claro, esto no puede seguir así.
3. No viene más por aquí.
4. Voy inmediatamente.
5. Esa persona ha dejado de trabajar aquí.

F. Transformez les phrases suivantes en utilisant l'adverbe de sens contraire

1. Todavía no hemos terminado.
2. Lo he comprado antes.
3. Lo haremos después.
4. Llegamos tarde al aeropuerto.
5. No lo sé todavía.

G. Traduisez

1. Ahora mismo les sirvo.
2. Ya veo que no tienes ganas de acompañarme.
3. Ya no sabe qué hacer para hacerse perdonar.
4. Por ahora no hemos decidido nada.
5. Ya te contaré después.

H. Traduisez

1. Nous examinerons cette affaire immédiatement.
2. Je vois.
3. On verra plus tard.
4. Ils arrivent.
5. Je sais, je sais.
6. Il n'habite plus là.
7. Tout va changer dorénavant.
8. J'y vais.
9. Sortons tout de suite.
10. Après la classe, il rentre à la maison.
11. As-tu déjà fini ?
12. Pour le moment nous ne savons rien.
13. Nous le vendrons après notre arrivée.
14. Je ne sais plus ce qu'il m'a dit.
15. Viens avant lui, si tu veux.
16. À bientôt.

Remarque : **temprano,** *tôt, de bonne heure,* peut être également employé comme adjectif :

> una lluvia *temprana, une pluie précoce*
> fruta *temprana,* verdura *temprana, des primeurs*

Locutions avec **pronto**

> de pronto, *soudain*
> al pronto, *tout d'abord*
> por lo pronto, *pour le moment*
> tan pronto como, *aussitôt que, dès que*
> más pronto o más tarde, *tôt ou tard*
> hasta pronto, *à plus tard, à bientôt*

7. Tarde, *tard,* est aussi un substantif : **la tarde,** *l'après-midi (le soir),* qui donne lieu à des locutions adverbiales :

> por la tarde, *l'après-midi (le soir) :*
> Ayer *por la tarde* no te vi. *Je ne t'ai pas vu hier soir.*
> a la tarde, *ce soir :*
> Veremos eso *a la tarde. Nous verrons ça ce soir.*
> de tarde en tarde, *de loin en loin*
> tarde o temprano, *tôt ou tard*

8. Nunca, et **jamás,** *jamais,* placés derrière le verbe, exigent la négation **no** ou un mot négatif devant le verbe (cf. p. 328) :

> *No* lo he visto *nunca* (*Nunca* lo he visto).
> *Je ne l'ai jamais vu.*
> *Nadie* lo ha visto *jamás. Personne ne l'a jamais vu.*

— **Jamás** donne lieu à des expressions avec **nunca** et **siempre** :

> para siempre jamás, *à tout jamais :*
> Mariana se fue *para siempre jamás.*
> *Marianne est partie à tout jamais.*
> nunca jamás, *jamais de la vie ; au grand jamais :*
> No lo dirás *nunca jamás. Tu ne le diras jamais, au grand jamais.*

9. Aún est synonyme de **todavía,** *encore,* tandis que *aun,* sans accent écrit, équivaut à **hasta, incluso,** qui traduisent l'adverbe *même* :

> *Aún* no sabemos nada. *Nous ne savons encore rien.*
> ≠ *Aun (hasta, incluso)* sin argumentos sigue discutiendo.
> *Même sans arguments il continue à discuter.*

EXERCICES

I. Transformez les phrases suivantes en employant l'adverbe ou la locution de temps qui convient

1. No he venido aquí en mi vida.
2. Aún se queja, con la suerte que tiene.
3. Incluso con la mejor intención, lo que hizo no estaba bien.
4. No he estado en un sitio como éste ninguna vez.
5. Luego que salgas, cierra la puerta.
6. Ya verás cómo acaba aceptando dentro de más o menos tiempo.
7. De repente, me dijo que no quería.
8. Todavía tiene ganas de seguir pilotando.

J. Transformez les phrases suivantes en utilisant l'adverbe ou la locution de sens contraire

1. No vengas muy pronto.
2. Siempre me ha traído flores.
3. Ya estamos al tanto de lo que pasa.
4. Las nieves fueron tardías aquel año.
5. Esa cartera siempre la he visto ahí.
6. El resultado apareció bastante tarde.
7. Nos vemos con mucha frecuencia.

K. Traduisez

1. De pronto, se sobresaltó.
2. Te lo traigo tan pronto como pueda.
3. Por lo pronto, esto no podré solucionarlo, porque me voy varios días al extranjero.
4. Aún pretende convencerme.
5. Quiere hablar aun sin conocer el tema.
6. Tarde o temprano ya verás cómo tenemos una inspección.
7. Nunca jamás volveré allí.

L. Traduisez

1. Tôt ou tard il finira par céder.
2. Il travaille toujours là?
3. Dès qu'il est arrivé, il a commencé à téléphoner.
4. Il se leva soudain.
5. Nous nous voyions de loin en loin.
6. Tu dois dire un mot à la réunion, ce soir.
7. À plus tard.

24. Les adverbes de manière

Adverbes de manière en -mente

1. Formés sur la forme féminine (ou unique) de l'adjectif ou du participe passé, à laquelle s'ajoute le suffixe -**mente** :

sencill**a** → sencill**amente**, *simplement*
natural → natural**mente**, *naturellement*
descuidad**a** → descuidad**amente**, *négligemment*

Remarques : l'adjectif conserve son accent, écrit ou non :

fácil → fácilmente, *facilement*
llana → llanamente, *simplement*

La terminaison -**mente** peut s'adjoindre à la forme féminine du superlatif absolu de l'adjectif :

facil*ísima* → facil*ísimamente*, *très facilement*

Les indéfinis **otro**, *autre* ; **ninguno**, *aucun* ; **tal**, *tel* et les numéraux ordinaux n'admettent pas la terminaison -**mente** :

de ningún modo, *aucunement*
en segundo lugar, *deuxièmement*

Primeramente, *premièrement* et **últimamente**, *dernièrement*, constituent des exceptions.

Mismamente, *même*, est d'un emploi exclusivement populaire.

2. Omission de la terminaison : lorsque plusieurs adverbes se suivent, la terminaison -**mente** ne s'ajoute qu'au dernier, ceux qui précèdent demeurant à la forme féminine de l'adjectif, s'il en a une, ou à sa forme unique.

Trepan lent**a**, difícil y call**adamente**.
Ils escaladent lentement, difficilement et silencieusement.

Adjectifs employés comme adverbes de manière

— De même qu'en français, certains adjectifs, devenus des adverbes, s'emploient au masculin singulier :

No hables tan *bajo*. *Ne parle pas si bas.*
Ven *rápido*. *Viens vite.*

— L'adjectif accordé accompagnant un verbe peut prendre un sens adverbial :

Viven *tranquilos*. *Ils vivent tranquillement.*

Remarque : il existe un grand nombre de locutions adverbiales de manière introduites par les prépositions **a, en, de** ou **con** :

a escondidas, en cachette ; *en serio, sérieusement* ;
de veras, vraiment ; *con gusto, volontiers, etc.*

EXERCICES

A. Formez les adverbes en -mente

cortés	estupendo
igual	general
seguro	único
magnífico	feliz
difícil	común

B. Complétez les phrases suivantes

1. Tienes que ponerte a trabajar (inmediato) ……
2. Son unos señores (total) …… y (pleno) …… responsables.
3. No hables tan (alto) ……, están durmiendo los niños.
4. Hay que dialogar (calmado) …… y no discutir (acalorado).
5. Así es como debes hacer; (otro) …… no te saldrá bien.
6. La muchacha iba tan (ligero) …… como (elegante) …… vestida.
7. Suelen hacerlo (rápido) ……, (fácil) …… y (sencillo) ……
8. Este chico pega (fuerte) ……
9. Ahora lo veo todo (clarísimo) …… y (evidentísimo) ……
10. Todo se hizo (humano) …… y (hábil) ……
11. Entonces la mujer supo (definitivo) ……lo que debía hacer.
12. Resultaron (grave) …… o (mortal) …… heridos.
13. Contestó (sereno) …… e (inteligente) ……
14. Estaba triste y suspiró (profundo) …… y (pesado).
15. Las niñas esperaban (quieto) …… a la maestra.

C. Traduisez

1. Ils étudient constamment, mais pas sérieusement.
2. Certains événements se sont produits récemment.
3. Il convient de procéder autrement.
4. Ils se sont conduits parfaitement et merveilleusement bien.
5. Cette terre est purement et simplement stérile.
6. Elle courait avec légèreté parmi les fleurs.
7. La question qu'il me pose ne me gêne nullement.
8. Réponds-moi brièvement, mais clairement et distinctement.
9. Il parle si doucement que personne ne l'écoute.
10. Les voitures circulaient lentement, très lentement.

25. Les prépositions **a** et **en**

En espagnol, la préposition **a** est employée devant le complément d'objet direct de personne (cf. p. 136) :

> **He conocido** *a* **tu primo.** *J'ai connu ton cousin.*

Les prépositions a et en *dans les compléments de lieu*

1. A, *à, en, dans, sur,* est utilisé avec des verbes de mouvement pour indiquer la destination, quel que soit le lieu :

> **Este verano vamos** *a* **Italia.** *Cet été nous allons en Italie.*
> **Bajó** *a* **la calle.** *Il est descendu dans la rue.*

Remarques : le verbe **ir a** suivi de l'infinitif exprime un futur immédiat (cf. p. 276) :

> **Van** *a* **comprar los regalos.** *Ils vont acheter les cadeaux.*
> **Voy** *a* **pensarlo.** *J'y penserai.*

Avec les autres verbes de mouvement, **a** exprime une finalité (cf. p. 146) :

> **Bajamos** *a* **comprar el periódico.**
> *Nous sommes descendus acheter le journal.*

2. En, *en, à, dans, sur,* situe dans le lieu et s'emploie avec des verbes qui n'expriment pas le mouvement :

> **Trabaja** *en* **Londres.** *Il travaille à Londres.*

Remarques : les prépositions ou locutions prépositives **sobre**, **encima de**, *sur*, et **dentro de**, *dans*, apparaissent lorsqu'il est nécessaire de préciser le lieu :

> **La maleta está** *encima del* **armario.**
> *La valise est sur l'armoire.*
> **Las gafas están** *dentro de la* **cómoda.**
> *Les lunettes sont dans la commode.*

En est utilisé avec les verbes qui supposent l'idée d'introduction : **entrar**, *entrer* ; **meter**, *introduire* ; **ingresar**, *entrer, rentrer...* (cf. p. 140) :

> **Se metió el pañuelo** *en* **el bolsillo.**
> *Il a mis son mouchoir dans sa poche.*
> **Le han ingresado** *en* **el hospital.** *Il a été hospitalisé.*

Les prépositions a et en *dans les compléments de temps*

1. A, *à,* sert à situer le moment précis de l'action :

> *a* **las dos,** *à deux heures*

EXERCICES

A. Complétez les phrases avec les prépositions qui conviennent

1. Ayer fuimos ...... las afueras ...... ver ...... unos amigos.
2. Pasamos el verano ...... la finca de mis padres.
3. Vamos ...... la casa de campo ...... descansar.
4. Dentro de un mes tengo que ir ...... la Argentina.
5. No metas la carta ...... el cajón. Déjala ...... la mesa.
6. Tengo que llevar ...... los niños ...... la peluquería ...... que les corten el pelo.
7. Después de muchos esfuerzos, Carlos Gil ingresó ...... la Escuela Diplomática.
8. El domingo que viene estamos todos ...... casa. Ven ...... vernos si quieres.
9. Vivimos de momento ...... Madrid, pero nos vamos ...... trasladar ...... Bilbao dentro de poco.
10. El hijo de Cristina está estudiando ...... Sevilla.
11. Acércate un momento ...... la panadería.
12. Ponme el traje ...... la cama.
13. Si tienes que ir ...... Palencia, no dejes de ir ...... ver ...... los tíos, que dicen que nunca vas ...... verlos.
14. Enciérralo ...... el armario para que nadie lo toque.
15. Quédate ...... casa sin moverte.

B. Traduisez

1. Regarde, ton livre est tombé par terre.
2. Je vais garder ces documents dans un lieu sûr.
3. Assieds-toi à table une fois pour toutes.
4. Pierre est allé chez le médecin parce qu'il était malade.
5. J'ai déposé l'argent à la banque ce matin.
6. Je monte chercher le dictionnaire.
7. La secrétaire a laissé le rapport sur ton bureau.
8. Elle a des difficultés dans son travail.
9. Mets la nappe sur la table.
10. Jaime habite en Catalogne, à Tarragone, je crois.
11. Il est entré dans un couvent.
12. Viens ici me le dire !
13. Je sors un instant chercher le journal.
14. Nous sommes à Madrid en ce moment.

Remarques : avec le verbe **estar,** *être,* employé à la première personne du pluriel, **a** indique la date (cf. p. 482) :

Estamos *a* 12 de junio. *Nous sommes le 12 juin.*

A est utilisé avec l'article défini suivi d'un complément de temps pour exprimer une action future :

Se fueron *a los dos días.* *Ils sont partis deux jours après.*

Précédée d'une expression quantitative, la préposition **a,** suivie d'un complément de temps déterminé, exprime la périodicité :

Hace tres viajes *al año.* *Il fait trois voyages par an.*

Locutions :

al día siguiente, *le lendemain*
a principios de, *au début de*
a mediados de, *au milieu de, à la mi-...*
a fines de, a finales de, *à la fin de*

2. En, *à, dans, de, en,* situe l'action dans le temps ou exprime une durée :

En **mi juventud no pasaba eso.**
Cela n'arrivait pas dans ma jeunesse.
Lo hizo *en* un momento. *Il l'a fait en un instant.*

Autres contenus des prépositions a *et* en

1. Comme en français, **a** peut indiquer le prix de l'unité :

¿A **cuánto están las peras?** *A combien sont les poires ?*
A doscientas pesetas el kilo. *À deux cents pesetas le kilo.*

2. Un certain nombre de verbes transitifs admettent également une construction intransitive introduite par la préposition **en** (pensar en, *penser à;* confiar en, *avoir confiance en;* **creer en,** *croire à;* bajar en, *baisser de;* aumentar en, *augmenter de...*) :

Creo lo que dices. *Je crois ce que tu dis.*
≠ **Creo *en* su palabra.** *Je crois à sa parole.*
Este año la tasa de paro ha disminuido *en* un dos por ciento. *Cette année le taux de chômage a baissé de 2%.*

Locutions :

a que..., *je te parie que...*
en voz baja, *à voix basse;* **en voz alta,** *à haute voix*
en contra de, *contre;* **a favor de,** *en faveur de*
en serio, *sérieusement;* **en broma,** *pour rire*
en cambio, *en revanche;* **a cambio,** *en échange*

EXERCICES

C. Complétez les phrases avec les prépositions a ou en selon le cas

1. La Constitución española fue aprobada ...... 1978.
2. Volveremos ...... vernos ...... primavera ...... finales de abril.
3. Esas cosas ya no ocurren ...... la actualidad, no es como antes, ... otras épocas.
4. ¿...... cuántos estamos hoy? — Hoy me parece que estamos ...... veinticinco.
5. Puede quedarse a prueba este producto y, si no le gusta, nos lo devuelve ...... los treinta días.
6. ¿... qué estás pensando? — ...... nada de particular.
7. ...... los tres días de llegar ya estaba diciendo que quería marcharse.
8. Te lo digo ...... serio. Puedes confiar ...... mí.
9. ...... abril, aguas mil.
10. Termino esto ...... un momento y nos vamos.
11. El paro ha disminuido ...... febrero ...... un uno por ciento.
12. Recibirá el nombramiento ...... principios de verano.
13. Hoy estamos ...... martes, ¿no? — Sí, creo que es martes.
14. Ha puesto muchas esperanzas ...... el nuevo negocio.
15. Aunque estaban hablando ...... voz baja, los oí claramente.
16. La asamblea se manifestó ...... contra de la huelga.

D. Traduisez

1. Le lendemain il invita à dîner sa mère et son frère.
2. Ils se sont connus dans un moment difficile pour les deux.
3. Je ne le savais pas à cette époque-là.
4. Je partirai à la mi-juillet.
5. Il y a moins d'injustices de nos jours.
6. Une semaine après l'avoir acheté, le lave-vaisselle ne fonctionnait plus.
7. Je pense à toi tous les jours.
8. Je ne crois plus au Père Noël.
9. Les prix ont augmenté de trois pour cent.
10. Il s'est prononcé en faveur du candidat le mieux placé.
11. Nous verrons au début de l'année.
12. Votre costume sera prêt à l'instant.

26. La préposition **de**

Principales valeurs de la préposition **de** :

1. L'origine, la provenance, *de* :
    el chico *de* Jaén, *le garçon de Jaén*

2. La possession, l'appartenance, *de* :
    la casa *de* mis padres, *la maison de mes parents*

Remarque : employé avec **ser**, *être*, il correspond au *à* français :
    Este jersey es *de* mi hermano. *Ce pull est à mon frère.*

3. La matière, *en*, *de* :
    Este juguete es *de* plástico. *Ce jouet est en plastique*
    un soldadito *de* plomo, *un soldat de plomb*

4. La caractérisation des personnes ou des objets, *à*, *de* :
    un hombre de palabra, *un homme de parole*
    una chica de pelo largo, *une fille aux cheveux longs*

5. La préposition de introduit un infinitif complément du nom ou de certains adjectifs :
    la máquina *de* coser, *la machine à coudre*
    Este plano es complicado *de* realizar.
    Ce plan est compliqué à réaliser.

Remarque : lorsque l'infinitif est sujet, complément d'objet direct ou attribut de la proposition espagnole, l'équivalent du *de* français disparaît en espagnol (cf. p. 224).
    Me parece difícil saberlo (= Saberlo me parece difícil).
    Il me semble difficile de le savoir.
    Decidió irse. *Il a décidé de partir.*
    Mi intención era preguntárselo.
    Mon intention était de le lui demander.

6. La préposition de introduit un complément circonstanciel :
— de temps :
    No se ve nada *de* noche. *On ne voit rien la nuit.*
— de manière :
    Andaba *de* puntillas. *Il marchait sur la pointe des pieds.*
— de cause :
    Lloraba *de* alegría. *Il pleurait de joie.*

EXERCICES

A. Traduisez

1. Voy a dar de merendar a los niños.
2. Sí, acuérdate, la señora de luto que vino ayer.
3. Tal como la cuentas, esa anécdota es difícil de creer.
4. Esta chaqueta es de mi amigo Manuel.
5. Es una nueva máquina de escribir.
6. Eso sería muy largo de contar.
7. Este pañuelo es de seda natural.
8. Es obligatorio tomar una decisión.
9. Acaba de venir de San Sebastián toda la familia.
10. Fabián estaba muerto de cansancio.
11. Ha estado aquí otra vez el señor del otro día, el de la voz tan rara.
12. ¿Qué hay hoy de comer?
13. María se ha comprado un abrigo de piel.
14. Es imposible circular por la ciudad.

B. Complétez les phrases avec de lorsque c'est nécessaire

1. El jefe nos propuso ...... salir media hora antes a cambio de trabajar el sábado, pero nos negamos.
2. Ése sí que sería un proyecto interesante ...... hacer.
3. Hemos decidido ...... reconciliarnos y ...... volver a empezar otra vez.
4. ¿No le sería posible ...... arreglarme el coche para la semana que viene?
5. Es imprescindible ...... preparar todo antes de que lleguen los invitados.
6. Hay que tener cuidado con este producto. Es peligroso ...... manejar.
7. Eso es fácil ...... comprobar.
8. Es importante ...... luchar contra este tipo de enfermedad.
9. Observen bien ese retrato y estarán de acuerdo en que es ...... notar la influencia italiana.
10. Sería necesario ...... comprobar esos resultados en el laboratorio.
11. Le prometió ...... hacerlo pronto.

Locutions :

— de temps (utilisées avec **ser** cf. p. 266) :
> de día, *le jour*; de tarde, *le soir*
> de noche, *la nuit*; de madrugada, *à l'aube*
> de mañana, *le matin de bonne heure*
> de niño, joven, ... *quand je, tu, ... étais enfant.*
> *De* viejo era insoportable.
> *Quand il était vieux il était insupportable.*

— de manière :
> de frente (de cara), de espaldas, *de face, de dos*
> de cara a, *face à...*

Autres locutions :

> de verdad, *vraiment*; de mentira, *pour rire*
> de broma, *pour blaguer*

7. Avec les verbes estar, *être* et ir, *aller*, la préposition de donne lieu à de nombreuses expressions (cf. p. 268) :
> *estar de* (vacaciones, paso, ...),
> *être (en vacances, de passage, ...)*
> Ese actor *está de* moda. *Cet acteur est à la mode.*
> *Vamos de* paseo. *Nous allons nous promener.*

Remarque : de introduit souvent un nom de profession et équivaut au français *comme* :
> Está *de* enfermera. *Elle travaille comme infirmière.*
> Trabaja *de* empleado. *Il travaille comme employé.*

8. La construction de + lo + adjectif (ou participe) + que... (ou de + nom + que), *tellement*, introduit une proposition consécutive. Dans ce cas, l'adjectif ou le participe s'accorde toujours avec le nom.
> Me fui *de lo* aburrida *que* era la película.
> *Je suis parti tellement le film était ennuyeux.*
> *De* la prisa *que* tenía, salió sin comer.
> *Il est parti sans manger, tellement il était pressé.*

9. De suivi d'un infinitif équivaut à une proposition conditionnelle (cf. p. 302) :
> *De saberlo*, no habría venido.
> *Si j'avais su, je ne serais pas venu.*

EXERCICES

C. Traduisez

1. Ha salido de fin de semana con unos amigos.
2. De niño él solía pasear por el bosque con el perro de mis abuelos.
3. De estudiar, él habría hecho la carrera de Derecho.
4. Me dormí enseguida de lo cansada que estaba.
5. No veo muy bien de noche.
6. Llamé a la vecina del segundo pero estaba de guardia en el hospital.
7. Doy clases de mañana y de tarde.
8. ¿Te has enterado de que María está de secretaria en el Ministerio?
9. No creas lo que te dijo, estaría de bromas.
10. Iremos de caza el mes que viene.

D. Traduisez

1. Nous lui avons promis d'aller le voir.
2. Il n'est pas là, il est parti en week-end.
3. Il travaille comme informaticien parce qu'il n'a pas trouvé de travail dans sa branche.
4. Si j'avais écouté ses conseils étant jeune, je ne travaillerais pas comme ouvrier.
5. Sur la photo, c'est celui qui est de dos devant Jean.
6. J'ai dû rentrer en vitesse, tellement j'avais froid.
7. Vraiment, tu ne l'as pas vue?
8. Pour voyager dans de bonnes conditions, il faudrait partir à l'aube.
9. Tout ce qu'il a dit, c'était pour rire.
10. Henri a trouvé du travail comme journaliste.
11. Quand il était enfant, sa mère lui racontait des contes.
12. La minijupe est de nouveau à la mode.
13. Tu ne le trouveras pas au bureau. Il est en déplacement.
14. Ton père est parti faire des courses.
15. Il raconte des blagues tout le temps.

27. La préposition con

1. Con, *avec, de,* introduit un complément de manière :
> **Ese empleado trabaja con pocas ganas.**
> *Cet employé travaille avec peu d'entrain.*

Remarques : par opposition à la préposition **de**, qui introduit un complément de nom qui caractérise la personne ou l'objet, la préposition **con** introduit un complément qui présente un aspect accidentel :
> **¿Has visto esa señora de tez muy pálida?**
> *As-tu vu cette dame à la peau très pâle ?*
> ≠ **Estaba vestida con un vestido rojo.**
> *Elle était vêtue d'une robe rouge.*

Les compléments de manière, introduits en français par la préposition *de,* ou construits directement, sont introduits en espagnol par la préposition **con** :
> *d'une voix (grave, aiguë),* **con** una voz (grave, aguda)
> *d'un air (triste...),* **con** una actitud (triste...)
> *d'un geste (froid...),* **con** un gesto (displicente...)
> *les bras croisés,* **con** los brazos cruzados...

2. Con, *avec,* introduit un complément de moyen :
> **Corta el pan con la mano.** *Il coupe le pain avec la main.*

3. Con, *avec,* permet de traduire l'accompagnement :
> **Ese chico trabaja con nosotros.**
> *Ce garçon travaille avec nous.*

Remarque : il existe des formes particulières avec les pronoms personnels compléments **mí, ti, sí** : **conmigo, contigo, consigo** :
> **¿Vienes conmigo?** *Tu viens avec moi ?*

4. Con peut introduire une proposition de cause :
> **No oigo nada con el ruido que hay.**
> *Je n'entends rien à cause du bruit (qu'il y a).*

5. La préposition con, suivie de l'infinitif, peut introduire une proposition subordonnée :

— concessive : **con** + infinitif = **aunque, a pesar de que,** *bien que, même si* (cf. p. 324) :

EXERCICES

A. Complétez les phrases avec les prépositions de ou con selon les cas

1. Podemos volver a intentar el trabajo ...... otros métodos.
2. ¿ ...... quién vas a ir ...... vacaciones? — ...... unos amigos ...... mi primo Julián.
3. Cuando llegábamos, todo el mundo nos hacía señas ...... la mano para saludarnos.
4. ...... ser tan listo, le han suspendido ya dos veces en el examen de ingreso.
5. La chica ...... azul viene hoy ...... vaqueros y ...... un peinado muy moderno.
6. Tu hijo se ha presentado en casa ...... los abuelos tranquilamente ...... las manos en los bolsillos.
7. Salió corriendo ...... el pelo despeinado y ...... toda la ropa deshecha.
8. Esta carta está escrita ...... una máquina ...... escribir electrónica.
9. ...... no cambiar completamente de política, no se va a ganar nada ...... destituir al nuevo director.
10. He visto a Dª Margarita. Iba ...... luto riguroso, completamente vestida ...... negro.
11. Nos ha recibido ...... su aire de suficiencia característico.
12. Ha heredado una casa en La Rioja ...... varias hectáreas de viñedos.

B. Traduisez

1. Bien qu'il soit si malade, il continue à s'occuper de son entreprise.
2. À Noël dernier la tante Charlotte est venue à la maison, les bras pleins de cadeaux.
3. J'aimerais sortir avec toi.
4. Il nous a annoncé d'un ton calme la décision fatale.
5. Excuse-moi, mais je viens les mains vides.
6. Avec lui, on ne peut jamais savoir ce qui est vrai.
7. Nathalie s'est fâchée avec tout le monde.
8. Il est très malheureux à cause de ses problèmes de travail.
9. Il se promenait les mains dans les poches.
10. Il a fait cela avec une mauvaise intention.

>Con ser tan caro, el tratamiento es ineficaz.
>*Bien qu'il soit très cher, le traitement est inefficace.*

— conditionnelle : **con** + **infinitif** = *pourvu que* :

>Con vender la casa, evitas ese problema.
>*Pourvu que tu vendes la maison, tu évites ce problème.*

6. La préposition **con** a donné lieu à des locutions qui servent à introduire des propositions :

— conditionnelles (cf. p. 304) : **con que, con tal (de) que,** *pourvu que, si* :

>Con que salgas a las dos, llegarás a tiempo.
>*Si tu sors à deux heures, tu arriveras à temps.*
>Con tal (de) que termine pronto, estaré satisfecho.
>*Pourvu qu'il finisse tôt, je serai satisfait.*

— consécutives : **conque,** *par conséquent, donc, alors* :

>¡ Conque no quiere pagar las facturas !
>*Alors il ne veut pas payer les factures !*

Emplois idiomatiques de con

Dans la tournure idiomatique **con** + **lo** + adjectif (ou adverbe) + **que** ou **con** + **lo** + **que,** la préposition **con** introduit une proposition à valeur concessive :

>Tengo que salir esta noche, *con lo* cansada *que* estoy.
>*Je dois sortir ce soir, bien que je sois très fatiguée.*
>Ya no la quiero, ¡ *con lo que* yo la quería !
>*Je ne l'aime plus, moi qui l'aimais tant !*

Locutions :

>con todo (y con eso), *malgré tout cela* :
>Con todo y con eso sigue haciendo lo mismo.
>*Malgré tout cela, il continue à faire la même chose.*
>con (mucho) gusto, *(très) volontiers, avec grand plaisir*

Quelques verbes construits avec con

>soñar con, *rêver de*
>contar con, *compter sur, compter avec*
>contentarse con, conformarse con, *se contenter de*
>basta con + infinitif, *il suffit de* + infinitif
>basta con que + subjonctif, *il suffit que...* :
>Basta con que me lo diga, para que lo haga.
>*Il suffit qu'il me le dise pour que je le fasse.*

EXERCICES

C. Transformez les phrases en utilisant con lo... que
1. Este vestido es muy bonito, pero no lo puedo comprar.
2. La fiesta está muy divertida, pero tengo que irme ahora.
3. No es extraño que ese chico tenga un accidente porque conduce muy deprisa.
4. A pesar de que la ampliación de capital es necesaria, los socios no acaban de ponerse de acuerdo para realizarla.
5. Tengo que esperar a un cliente, a pesar de que estoy muy apurado.
6. Estos zapatos no los puedo llevar, a pesar de que son muy cómodos, porque están rotos.
7. No me sorprende que Mariana haya perdido la cartera porque es muy despistada.
8. Aunque la circulación está hoy muy mal, tengo que ir al centro.
9. Tienes que terminarlo pronto porque es muy fácil.
10. Aunque el problema es muy complicado, lo ha resuelto.

D. Transformez les phrases en remplaçant la subordonnée par con **suivi de l'infinitif**
1. No vas a adelantar nada aunque vayas por ese camino.
2. Si consultaras con un abogado, te evitarías esos problemas.
3. Aunque se discutan las condiciones de trabajo, no se va a solucionar el conflicto.
4. Aunque es muy inteligente, a él también le han engañado.
5. No adelantarías nada si lo supieras.

E. Traduisez
1. Il suffit que tu me le dises pour que je le fasse très volontiers.
2. Il nous a annoncé la nouvelle d'un air satisfait.
3. Messieurs, nous comptons sur vous tous pour la campagne.
4. Il suffit d'appuyer sur ce bouton.
5. Gabrielle rêvait d'être peintre.
6. Il s'est contenté de faire ce qu'il pouvait.
7. Il suffit que la secrétaire tape la lettre.
8. Je le ferais très volontiers.
9. Malgré tout cela, il persiste à dire la même chose.
10. Alors ils vont vendre leur maison!

28. Les prépositions **por** et **para**

Principales valeurs de la préposition por

1. Devant un complément de lieu ou de temps :

— **Por**, *dans, en*, exprime un déplacement dans un lieu :
   Estuve corriendo *por* **el parque.** *J'ai couru dans le parc.*
   Están viajando *por* **España.**
   Ils sont en train de faire un voyage en Espagne.

— **Por**, *par*, exprime le lieu par lequel on passe :
   Pasa *por* **aquí.** *Passe par ici.*

— **Por** exprime la durée et équivaut à **durante**, *pendant* :
   Me voy a quedar *por* **unos días.**
   Je vais rester pendant quelques jours.

Remarques : por peut être suivi d'une autre préposition ou d'une locution prépositive :
   El túnel pasa *por debajo del* **río.**
   Le tunnel passe sous le fleuve.

Por, *vers*, situe d'une manière imprécise dans le lieu :
   Eso está *por* **el centro.** *Cela se trouve vers le centre.*

Por, *vers*, situe d'une manière imprécise dans le temps :
   Nos volveremos a ver *por* **Navidad.**
   Nous nous reverrons vers Noël.

Locutions temporelles

   por la mañana, *le matin* ; **por la tarde**, *l'après-midi, le soir*
   por la noche, *le soir, la nuit*
   por ahora, por lo/de pronto, *pour le moment*

2. Por introduit d'autres compléments :

— d'agent, *par*, dans une phrase passive :
   Esta casa fue construida *por* **Luis Puig.**
   Cette maison a été construite par Luis Puig.

— de moyen, *par* :
   No mandes el paquete *por* **tren ; mándalo** *por* **avión.**
   N'envoie pas le paquet par le train ; envoie-le par avion.

— de cause, *pour, de* :
   Gracias *por* **los regalos.** *Merci pour les cadeaux.*

EXERCICES

A. Traduisez

1. Cuando nos encontramos por la calle el otro día, al principio no te conocí.
2. Esa empresa está por las afueras.
3. Si te parece, podemos reservar una habitación por un par de días.
4. El avión volaba por encima de las nubes.
5. Por ahora estoy en paro, pero estoy buscando trabajo.
6. La ambulancia circulaba por entre los coches.
7. Volveremos por Semana Santa.
8. Estuvimos trabajando sin parar desde por la mañana hasta por la tarde.
9. Se estuvieron hablando por la ventana.
10. Esta máquina se la podemos dejar a prueba por dos semanas como máximo.

B. Même exercice

1. Parece ser que los ladrones entraron por el balcón.
2. Venga dentro de un poco. El Sr. Pérez tiene trabajo por un rato todavía.
3. Le gustaba andar solo por la ciudad.
4. Eso pasaba por mayo, cuando empieza el calor.
5. Estos encargos conviene que los mandemos por correo.

C. Traduisez

1. Monsieur le directeur vous recevra demain matin à neuf heures.
2. Vous trouverez cette rue vers la Grande Place.
3. Nous nous sommes promenés dans le bois.
4. Pour le moment, rien n'est encore décidé.
5. Entre par la porte de droite, au fond du couloir.
6. Les enfants se faufilaient entre les arbres.
7. Nous nous reverrons vers Noël.
8. Docteur, je ne peux pas dormir la nuit.
9. Ne passe pas devant les personnes âgées.
10. Excusez-moi, madame, pour le dérangement.
11. Cette nouvelle a été diffusée par plusieurs journaux.
12. La nuit, quand il fait beau, je vais faire un tour sur le port.
13. Nous cherchons une maison dans le sud de l'Espagne.
14. Tu trouveras peut-être ce disque si rare au Marché aux Puces.

Remarques : la préposition **por** introduit en espagnol des compléments qui, bien que rendus en français par la préposition *pour*, correspondent à des compléments de cause et traduisent la motivation et non pas la finalité :

> Hizo muchas cosas *por* mi familia. (mi familia = motivation)
> *Il a fait beaucoup de choses pour ma famille.*
> ≠ Hizo muchas cosas *para* mi familia. (mi familia = destinataire)
> *Il a fait beaucoup de choses pour ma famille.*

3. Por, *pour*, traduit l'échange :

> Perdona, pero te había tomado *por* otro.
> *Excuse-moi, mais je t'avais pris pour quelqu'un d'autre.*
> Venden una moto *por* doscientas mil pesetas.
> *On vend une moto pour deux cent mille pesetas.*

4. Por peut précéder un adjectif ou un infinitif pour indiquer :
— la cause :

> Eso le pasa *por* tonto.
> *Il lui arrive cela parce qu'il est bête.*

— la finalité, *pour*, devant un infinitif :

> Haces todo *por* molestar. *Tu fais tout pour gêner.*

Remarque : por est beaucoup moins courant que **para** avec cette valeur.

— l'action à réaliser, *à* :

> Tengo un informe *por* terminar. *J'ai un rapport à finir.*

Locutions :

> estar por, *être partisan de..., être favorable à..., avoir envie de...* :
> Estoy *por* dejar el negocio.
> *Je suis partisan de laisser l'affaire.*
> ir por..., *aller chercher...*
> por cierto..., *au fait...*
> por fin, por último, *finalement, pour finir*
> por descontado, por supuesto, *évidemment*
> por poco, *de peu, pour peu, faillir* + infinitif :
> *Por poco* me caigo. *J'ai failli tomber.*
> por si acaso, *au cas où*
> por lo general = en general, *en général*
> por más (mucho, muy), *avoir beau* (cf. p. 324)

EXERCICES

D. Complétez les phrases avec por ou para

1. Si no quieres hacerlo ...... mí, hazlo ...... tus hijos que te están mirando.
2. Este libro lo he comprado ...... tu padre, porque me lo ha encargado.
3. Compré el libro ...... tu padre, porque me lo aconsejó.
4. He traído este regalo ...... tu marido ...... su cumpleaños.
5. Ha trabajado ...... esa empresa durante veinte años.
6. Sigue trabajando en esa empresa ...... dinero.
7. Toma, mil pesetas ...... ti y mil ...... tu hermano.
8. ¡Una limosna, ... amor de Dios!
9. Este encargo no es ...... mí, es ...... la vecina de enfrente.

E. Traduisez

1. Este vestido lo compré por 5 000 pts. en las rebajas.
2. ¿Me tomas por un idiota?
3. Muchas gracias por todos los detalles que has tenido conmigo durante estos días.
4. Cambio piso de dos habitaciones por casa en las afueras.
5. Por poco nos salimos de la carretera.
6. Por cierto, perdona por lo que dije el otro día, pero no me di cuenta.
7. Lleva un abrigo, por si acaso hace frío.
8. Por fin te has decidido tú solo.
9. Por supuesto que puede interesarte ese asunto.
10. Estoy por la modernización del tejido industrial.
11. Todavía me quedan por entregar varios pedidos.

F. Traduisez

1. Cette route est coupée à cause de travaux.
2. L'accident s'est produit à cause du brouillard.
3. Fermé pour cause d'inventaire.
4. Le roman a eu le prix pour l'originalité du sujet.
5. Je n'ai pas pu venir avant à cause de la circulation.
6. La grève a été décidée à la majorité des voix.
7. Je serais favorable à une séparation définitive.
8. Nous avons acheté ce tableau uniquement pour sa valeur affective et non pas pour ses qualités.
9. Il est allé chercher le journal.
10. Il a failli avoir un accident à cause de la grêle.

Principales valeurs de la préposition para

1. Para, *pour,* exprime la finalité, le but, la destination :

> **Te vas *para* no volver.**
> *Tu t'en vas pour ne plus revenir.*
> **Te he traído estas flores. Son *para* ti.**
> *Je t'ai apporté ces fleurs. Elles sont pour toi.*

Remarque : **para** peut être traduit par la préposition *à* en français :

> **¿*Para* qué sirve ese aparato?** *À quoi sert cet appareil ?*

2. Devant un complément de lieu, **para**, *pour, vers,* indique le lieu vers lequel on se dirige :

> **Íbamos *para* el norte.** *Nous allions vers le nord.*

3. Devant un complément de temps, **para**, *pour,* situe une action dans le futur :

> **Creo que vienen *para* el mes que viene.**
> *Je crois qu'ils viennent pour le mois prochain.*

Remarque : la préposition **para** permet également d'exprimer une durée approximative :

> **Le cedieron la presidencia *para* un año.**
> *On lui céda la présidence pour un an.*

4. La préposition **para**, *pour,* exprime le point de vue :

> ***Para mí* es un detalle sin importancia.**
> *Pour moi c'est un détail sans importance.*

Locutions :

> **estar para + infinitif :** *être sur le point de... :*
> ***Estaba para* acostarme, cuando me llamaste.**
> *J'étais sur le point de me coucher, quand tu m'as appelé.*

> **no estar para + infinitif** indique l'inopportunité de l'action exprimée par l'infinitif :
> *No **estábamos para** salir.*
> *Ce n'était pas le moment pour nous de sortir.*
> **para con...,** *vis-à-vis de...*

EXERCICES

G. Traduisez
1. Este botón es para poner en funcionamiento la máquina.
2. Su intervención está prevista para el quince de junio.
3. Salimos para Barcelona a finales de mes.
4. Mira, es el regalo que he encontrado para el cumpleaños de Andrés.
5. Este aparato no sirve para nada.
6. No estoy para ver a nadie.

H. Complétez les phrases avec por **ou** para
1. Dice que no piensa trabajar en esa empresa ...... mucho dinero que le paguen.
2. Ha sido designado Vd. ...... el cargo de director comercial ...... méritos propios.
3. Muchas gracias ...... todo lo que has hecho ...... mí.
4. Han pagado ...... el piso más de treinta millones.
5. Estoy ...... no decir nada y así no hay problemas.
6. Ven ...... casa ...... tomar una copa.
7. ¿ ...... quién vas a votar ?
8. Han preguntado ...... Vd. ...... saber si podía ir mañana a la reunión.
9. No diremos nada ...... ahora hasta que las cosas se calmen un poco.
10. Lo eligen ...... para febrero.
11. Me callé ...... no preparar un escándalo.

I. Traduisez
1. Excusez-moi, je vous ai pris pour quelqu'un d'autre.
2. Donne cet argent aux enfants. C'est pour eux, pour leurs notes de fin d'année.
3. Ils m'ont dit que nous recevrons la facture pour le quinze janvier.
4. Ce frigo ne sert à rien. Il faut le jeter.
5. Surtout ne le fais pas pour moi. Si tu le fais, c'est pour le plaisir.
6. La secrétaire est en train de préparer les deux contrats pour vos clients.
7. J'étais sur le point de lui dire quelque chose.
8. Cette affaire n'a aucune importance pour eux.
9. J'ai apporté des fruits pour le dessert.

29. Les autres prépositions

Les prépositions **desde, hacia, hasta, sin**

1. Desde, *de, depuis, dès*, indique :
— une origine temporelle ou spatiale, toujours déterminée :
> **Estoy** aquí *desde* **el martes.** *Je suis là depuis mardi.*
> **Te llamo** *desde* **mi casa.** *Je t'appelle de la maison.*

— une durée inachevée. La préposition est suivie obligatoirement de la forme impersonnelle du verbe **hacer,** *faire*, au présent, ou à l'imparfait dans un contexte passé :
> **Te busco** *desde hace* **un rato.**
> *Je te cherche depuis un moment.*
> **Lo sabíamos** *desde hacía* **un año.**
> *Nous le savions depuis un an.*

2. Hacia = *vers* :
> **Vamos** *hacia* **Soria.** *Nous allons vers Soria.*

3. Hasta = *jusqu'à* :
> *hasta* **ahora,** *jusqu'à maintenant*

Remarque : devant un nom ou un pronom sujet, **hasta** = *même*.

4. Sin = *sans* :
> **Está** *sin* **trabajo.** *Il est sans travail.*

La préposition **según**

1. Según, devant un nom ou pronom, signifie *selon, d'après* :
> **Lo hace** *según* **tus deseos.** *Il le fait selon tes désirs.*

2. Según, devant un verbe (généralement à l'indicatif), signifie *comme, tel(s, le, les) que* et a comme synonymes **según y como, según como, conforme, como, tal como** :
> **Deja todo** *según* **estaba.** *Laisse tout tel que c'était.*

3. Según, introduisant une proposition temporelle, signifie *à mesure que* (cf. p. 310) et a comme synonymes les locutions **conforme, a medida que** :
> **Entraban** *según* **llegaban.**
> *Ils entraient à mesure qu'ils arrivaient.*

Remarque : avec cette valeur de **según**, la tournure progressive **ir** + gérondif apparaît fréquemment (cf. p. 236) :
> **Va** *clasificando* **las facturas según** *van llegando.*
> *Il classe les factures à mesure qu'elles arrivent.*

EXERCICES

A. En faisant les transformations nécessaires, exprimez la durée avec desde hace **ou** desde hacía

1. Hace un mes que no vamos al cine.
2. Hacía media hora que la máquina estaba funcionando cuando se paró.
3. Hacía un año que las empresas estaban negociando ese acuerdo.
4. Hace tres días que llueve sin parar.
5. ¿Hace mucho tiempo que no los ves?
6. Hace media hora que estoy intentando hablar con él, pero no contesta nadie.
7. Hacía meses que estaba pidiendo ese aumento de sueldo.

B. Complétez les phrases avec desde **ou** desde hace (desde hacía) **selon le cas**

1. Estábamos esperando esa contestación ...... un mes.
2. Está roto ...... el día que lo compré y así sigue.
3. Lleva solicitando esa plaza ...... el año pasado.
4. Maruja y Ramón siguen enfadados ...... aquella tarde en que discutieron tanto.
5. ...... el mes que viene te aseguro que se va a portar mejor.

C. Traduisez

1. El carpintero construyó el mueble según las indicaciones que le dieron.
2. Hágales entrar según van llegando.
3. Vete colocando los libros según te los voy dando.
4. Según iba pasando el tiempo, Sebastián se iba dando cuenta de su error.
5. Según parece, las cosas se van mejorando.

D. Traduisez

1. Depuis l'année dernière, elle agit suivant tes conseils.
2. La maison était restée telle que nous l'avions laissée depuis la dernière fois.
3. Nous sommes sans nouvelles de lui depuis un mois.
4. Selon moi, il n'y a pas d'autre solution.

4. Según ou **según que** devant un verbe au subjonctif, a une valeur conditionnelle et signifie *selon, selon que, si* :

> **Ya lo veré *según (que)* tenga tiempo o no.**
> *Je le verrai si j'ai le temps.*

Remarque : **según, según y como, según y conforme** peuvent constituer à eux seuls des réponses, avec le sens de *ça dépend, c'est selon* :

> **¿Me comprarás lo que te he pedido? — *Según.***
> *Est-ce que tu m'achèteras ce que je t'ai demandé? — Ça dépend.*

5. Según, suivi de verbes tels que **ir,** *aller* ; **venir,** *venir* ; **entrar,** *entrer* ; **salir,** *sortir*..., situe dans l'espace et peut être traduit par le participe présent français :

> **Compra pan *según sales* del colegio.**
> *Achète du pain en sortant du collège.*

La préposition **contra**

1. Contra et **en contra de** = *contre* :

> **Toda la plantilla reaccionó *contra* los despidos.**
> *Tout le personnel a réagi contre les licenciements.*

Remarque : lorsque **contra** et **en contra de** sont employés avec un pronom personnel (**mí, ti,**...), ce dernier peut être remplacé par la forme tonique du possessif, obligatoirement au féminin (**mía, tuya,**...), précédée de **en contra** :

> **Estaban todos *en contra de ti*** = **Estaban todos *en contra tuya.***
> *Tous étaient contre toi.*

2. Contra = *en face de, vers* :

> **La casa está *contra* el sur.** *La maison est face au sud.*

3. Contra et **en contra de** + **lo** + participe passé = *contre ce que (qui), contrairement à ce que (qui)* :

> **Estoy *en contra de lo decidido* esta mañana.**
> *Je suis contre ce qui a été décidé ce matin.*
> ***En contra de lo previsto,*** **las ventas han disminuido.**
> *Contrairement à ce qui avait été prévu, les ventes ont diminué.*

EXERCICES

E. Traduisez

1. Todo el mundo le tiene rencor y lógicamente se pone en contra suya.
2. La gente empezó a llegar hacia las nueve de la noche.
3. — ¿Vas a aceptar el puesto?
   — Según y conforme.
4. Encontrarás una farmacia a la derecha según sales de casa.
5. Compré flores según venía.
6. Contra lo acordado, la filial española empieza a vender en Portugal.
7. Se ve que ha tomado esa decisión contra su voluntad.
8. Aquellos militantes descubrieron de repente que la Dirección estaba en contra suya.
9. Según lo atacas, parece que te haya hecho algo.
10. Te traeré lo que me has pedido según que pase por Madrid.
11. Iban controlando los productos según los fabricaban.
12. Dame las maletas según las vas sacando del coche.
13. Escribe según te voy dictando.

F. Remplacez les pronoms personnels par des possessifs

1. Hoy se han manifestado en contra de Vd.
2. Parece ser que en la reunión todos opinaron en contra de ti.
3. Van a reaccionar contra vosotros.
4. Los testigos declararon en contra de él.
5. Si dices eso, se van a poner contra ti.
6. La decisión se tomó en contra de ellos.
7. Tú dices eso contra mí.

G. Traduisez

1. Nous resterons là jusqu'à samedi prochain.
2. Le climat change vers le nord.
3. Pour aller jusqu'à Séville, tu dois prendre vers le sud.
4. Fais-le dès maintenant.
5. Nous avons un long trajet de Santiago jusqu'à Barcelone.
6. C'est une personne sans ressources économiques.
7. Selon toi, nous devons prendre à droite en sortant.
8. Je ne sais pas, c'est selon.
9. J'y passerai selon l'heure à laquelle je finirai.

Les locutions de lieu

Elles sont formées par les adverbes de lieu **delante,** *devant;* **detrás,** *derrière;* **debajo,** *sous;* **encima,** *sur,* suivis de la préposition **de,** *de* (cf. p. 102).

Está *delante de* la casa. *Il est devant la maison.*

Les prépositions **ante, tras, bajo, sobre**

Ante, tras, bajo et **sobre** sont des variantes littéraires (ou savantes) des locutions de lieu:

ante = delante de, *devant*
bajo = debajo de, *sous, au-dessous de*
sobre = encima de, *sur, au-dessus de*
tras = detrás de, *derrière*
Descansaron unos minutos *bajo* los árboles.
Ils se sont reposés quelques minutes sous les arbres.

Au sens figuré, toutes ces prépositions sont obligatoires:

1. Ante = *devant:*

Ante tal situación no supo qué hacer.
Devant une telle situation, il n'a pas su quoi faire.

Remarque: utilisé devant **todo, ante** = *avant:*

ante todo, avant tout

2. Tras = *après:*

tras las ilusiones, *après les illusions*

Remarque: employé avec **estar** ou un verbe de mouvement, **tras** signifie *après, à la poursuite de, à la recherche de:*

Está *tras* un empleo. *Il est à la recherche d'un emploi.*

3. Bajo = *sous:*

bajo la autoridad de su tío, *sous l'autorité de son oncle*

4. Sobre = *sur:*

No tengo nada que decir *sobre* esa cuestión.
Je n'ai rien à dire sur cette question.

Remarque: **sobre** = *à peu près, environ* lorsqu'il précède un numéral ou une quantité. Toutefois, **sobre** n'a jamais une valeur distributive (uno de cada dos, *un sur deux*):

Serían *sobre* las nueve. *Il était à peu près neuf heures.*

Locutions:

sobre todo, *surtout*
sobre seguro, *à coup sûr*
sobre aviso, *sur ses gardes*

EXERCICES

H. Complétez les phrases avec les prépositions qui conviennent

1. El ministro habló ...... la situación económica.
2. Pasamos mucho frío porque hacía quince grados ...... cero.
3. ...... tales amenazas, tuvo que dejar todo lo que tenía.
4. Emilio actúa así ...... la influencia de sus superiores.
5. Se veían las nubes ...... las montañas.
6. Debemos reaccionar con prudencia ...... ciertos cambios tecnológicos.
7. La guerra continuó ...... el fracaso de las negociaciones y ...... un avance progresivo de tropas.
8. Hizo fortuna rápidamente ...... una serie de operaciones en las que tuvo mucha suerte.
9. Andaba escribiendo un libro ...... la deuda internacional.
10. ...... su obstinación, no insistimos más.
11. García andaba ...... ese puesto en el extranjero desde hacía bastante tiempo y por fin se lo han dado.
12. Cuesta ...... 2 000 pts., más o menos.
13. ...... muchas discusiones, llegaron a un acuerdo.
14. No pudimos hacer nada, porque cuando llegamos ya estaban ...... aviso.
15. Hace un calor insoportable : treinta grados ...... cero.

I. Traduisez

1. Nous avons reçu deux réponses sur trois.
2. Devant ces difficultés, il a dû fermer son entreprise.
3. Il y avait à peu près cinquante personnes.
4. Surtout ne fais rien.
5. Ces hommes-là allaient à la poursuite d'un idéal.
6. Il est constamment sur ses gardes.
7. Après ces événements, la situation était plus calme.
8. Je ne sais pas pourquoi il était après cette fille.
9. Il a eu un accident parce qu'il était sous les effets de l'alcool.
10. Cela se passait sous la dictature de Franco.
11. Messieurs, avant tout je veux vous remercier.
12. Sa vie fut une course après la liberté.
13. Il a cédé sous les menaces.

30. Le complément direct

Les compléments directs qui désignent une personne déterminée sont précédés de la préposition **a**, tandis que tous les autres
sont construits sans préposition. Mais cette règle générale
connaît des exceptions.

*Le complément direct de personne construit avec la pré-
position* **a**

La préposition **a** apparaît devant :

1. les noms propres de personne :

¿ **Conoces** *a* **Pedro ?** *Tu connais Pierre ?*

2. les noms d'animal ou de chose personnifiés :

Hemos visto *a* **Dan, el perro de los vecinos.**
Nous avons vu Dan, le chien des voisins.
Está bañando *a* **la muñeca.** *Elle baigne sa poupée.*

3. les pronoms démonstratifs, personnels, indéfinis et relatifs
s'ils font référence à une personne :

No soporto *a* **ésos.** *Je ne supporte pas ceux-là.*
Os estoy buscando *a* **vosotros y no** *a* **ellos.**
C'est vous que je cherche et pas eux.
No encontramos *a* **nadie.** *Nous n'avons trouvé personne.*
Contrataron *a* **la que tenía más títulos.**
On a engagé celle qui avait le plus de diplômes.

4. les noms communs de personne s'ils sont déterminés de
façon à être individualisés :
— par l'article défini, le possessif ou le démonstratif :

Llamamos *al* **médico.** *Nous avons appelé le médecin.*
Acompaña *a* **esa chica.** *Accompagne cette fille.*
Está mimando *a* **su hijo.** *Il gâte son fils.*

— par l'article indéfini ou le numéral, lorsque le nom est
déterminé par un complément qui le singularise :

Necesitamos *a* **una persona con experiencia.**
Nous avons besoin d'une personne avec de l'expérience.
Buscamos *a* **dos niños que se han perdido.**
Nous cherchons deux enfants qui se sont égarés.

*Le complément direct de personne construit sans la pré-
position* **a**

Le complément direct de personne est construit sans préposition :

1. s'il est indéterminé : l'absence de préposition indique alors

EXERCICES

A. Complétez les phrases avec la préposition a devant le complément direct lorsqu'elle est nécessaire

1. Encontró ...... un empleo rápidamente.
2. Había muchas personas, pero sólo conocí ...... algunas de las que me hablaste y no ...... las otras.
3. Saludé ...... D. Luis y ...... su mujer.
4. D. Quijote montaba ...... Rocinante.
5. Le temo ...... ése que viene ahí con la moto.
6. Aquí no admitimos ...... nadie en esas condiciones.
7. Por fin descubrí ...... unos verdaderos especialistas en la cuestión.
8. En esa ciudad fronteriza vimos ...... soldados y ...... policía por todas partes.
9. Os llevo ...... todos si queréis.
10. Ya han elegido ...... presidente.
11. Están contratando ...... obreros en aquella obra.
12. Llama ...... los niños para que vengan a cenar.
13. Detesto ...... ése de pelo rubio que no sé cómo se llama.
14. Estoy esperando ...... mis amigos.
15. No molestes ...... esos señores.

B. Traduisez

1. Il a photographié des personnalités de la mode, des acteurs et des actrices.
2. Préviens celui qui est arrivé hier.
3. Je n'ai fait que transporter des passagers toute ma vie.
4. Je ne comprends pas tes parents.
5. Mademoiselle, appelez M. Durand.
6. Il demande une nouvelle secrétaire depuis un mois.
7. Je vous mets en retard, toi et ta femme.
8. Il n'aime personne, sauf lui-même.
9. J'ai trouvé un plombier qui n'est pas très cher.
10. Nous avons préparé Cécile pour son examen.
11. On ne sert pas ceux qui arrivent en retard.
12. Appelle n'importe qui pour ça.
13. Je n'en ai connu aucun de ce nom.
14. Le dictateur emprisonna femmes et enfants.
15. Je n'apprécie pas beaucoup cette personne.

que le nom de personne — accompagné ou non d'un complément — renvoie à une catégorie générale :

> **Esa mujer necesita un hijo.**
> *Cette femme a besoin d'un enfant.*
> **Se precisan vendedores y representantes.**
> *On cherche des vendeurs et des représentants.*

2. quand le verbe a deux compléments de personne, direct et indirect, le complément direct construit sans préposition suit immédiatement le verbe pour éviter l'ambiguïté :

> **Dejó el hijo mayor *a* su padre.** *Il laissa l'aîné à son père.*

Les compléments directs non personnels construits avec la préposition a

Les compléments directs non personnels sont construits sans préposition :

> **Quiero un helado.** *Je veux une glace.*

Toutefois, celle-ci peut être employée :

1. devant les noms des villes, des pays ou des régions, s'ils ne sont pas déterminés.

> **Veo *a* Madrid cada vez mejor.**
> *Je vois Madrid de mieux en mieux.*
> ≠ **Admiro el viejo Madrid.** *J'admire le vieux Madrid.*

2. avec des verbes qui énoncent une comparaison :

> **Prefiero el té *al* café.** *Je préfère le thé au café.*

3. avec certains verbes, habituellement employés avec un complément direct de personne, tels que **llamar**, *appeler* : **acompañar**, *accompagner* ; **atender**, *s'occuper de* ; **temer**, *craindre*...

> **Temo *a* las tormentas.** *Je crains les orages.*

4. avec des verbes qui, comme **seguir**, *suivre* ; **preceder**, *précéder*, etc., pourraient introduire une ambiguïté entre le sujet et le complément si celui-ci n'était pas précédé de **a** :

> **A la ceremonia siguió un discurso.**
> *Un discours suivit la cérémonie.*

5. avec des verbes dont le contenu est marqué par l'idée de direction, tels que **alcanzar**, *atteindre* ; **atacar**, *attaquer* ; **mirar**, *regarder*... :

> **Miramos *al* monte.** *Nous regardons la montagne.*

EXERCICES

C. Complétez les phrases avec la préposition a lorsque c'est nécessaire

1. Estuve visitando ...... Las Alpujarras.
2. Necesitamos urgentemente ...... representantes para la zona Norte con coche propio.
3. Invitaron ...... unas cincuenta personas.
4. Este vino puede acompañar muy bien ...... estos mariscos.
5. Le temo como ...... la peste.
6. El turismo está matando ...... la corrida de toros.
7. Recomendé ...... tu amigo ...... mi hermano, el de Madrid.
8. Estuvimos atendiendo ...... excursionistas y ...... turistas toda la tarde sin parar un momento.
9. Cogió ...... los niños ...... su padre.
10. Miro ...... esos campos desolados para encontrar algún recuerdo de mi infancia.
11. Recibimos ...... tus cartas sin que faltara ninguna.
12. Llamé ...... los cielos y no me oyeron.
13. Mandé ...... la pequeña ...... mis tíos.
14. Esperaban ...... mucha gente y no vino nadie.
15. Enseñaba ...... niños pequeños en una escuela.

D. Traduisez

1. Elle préfère ce garçon à Daniel.
2. J'ai dû présenter le nouveau à tout le monde.
3. Nous avons loué cet appartement à plusieurs personnes.
4. Ce maire a aidé ce village comme personne ne l'avait fait jusqu'alors.
5. Je déteste ces animaux car ils sont sales.
6. Les nuages précèdent toujours les orages.
7. Hier les voisins ont conduit ton neveu chez le dentiste.
8. J'ai ouvert un nouveau magasin cet été.
9. Vous aviez gardé de bons amis à Buenos Aires, monsieur.
10. La dame a puni son chien.
11. Il rassure tout le monde.
12. Il accusa la fatigue pour expliquer sa mauvaise humeur.
13. Ici nous appelons ce plat d'un autre nom.
14. Les troupes ont attaqué la capitale.
15. Appelle un policier.

31. Les compléments de lieu et de temps

Ils sont toujours introduits par une préposition.

Le complément de lieu

1. Pour indiquer l'intériorité et la localisation sans mouvement, on emploie :
— la préposition **en**, *à, en, dans, sur* :
> **Nació *en* Madrid.** *Il est né à Madrid.*
> **El gato está *en* el tejado.** *Le chat est sur le toit.*

Remarque : avec le verbe **entrar**, *entrer*, et les verbes qui expriment une idée d'intériorisation, on utilise la préposition **en** :
> **Ha ingresado *en* la Universidad.** *Il est entré à l'Université.*

— diverses locutions qui précisent la situation dans le lieu, telles que **delante de**, *devant* ; **cerca de**, *près de*, etc. (cf. p. 102).

2. Pour indiquer la localisation avec mouvement, on emploie :
— la préposition **a**, *à, en, dans, sur* :
> **Vamos *a* España.** *Nous allons en Espagne.*
> **Salgo *a* la calle.** *Je sors dans la rue.*

Remarque : en dehors de toute idée de mouvement, la préposition *a* situe par rapport à une limite :
> **La casa está *a* orillas del mar.**
> *La maison est au bord de la mer.*

— les prépositions **para**, *à, pour* ; **hacia**, *vers* ; **hasta**, *jusqu'à* :
> **Salgo *para* Sevilla.** *Je pars pour Séville.*
> **Iré *hasta* Cádiz.** *J'irai jusqu'à Cadix.*
> **Iban *hacia* el norte.** *Ils allaient vers le nord.*

3. Pour indiquer le lieu par où l'on passe ou un déplacement dans un lieu, on emploie la préposition **por**, *par, dans* :
> **Pasaremos *por* Segovia.** *Nous passerons par Ségovie.*
> **Paseamos *por* el parque.**
> *Nous nous promenons dans le parc.*

4. Pour indiquer le lieu d'origine, on emploie les prépositions **de**, *de*, et **desde**, *de, depuis* :
> **Carmen es *de* Toledo.** *Carmen est de Tolède.*
> **Nos llamó *desde* Londres.** *Il nous a appelés de Londres.*

Remarque : en corrélation, **de... a** ou **desde... hasta**, indiquent un mouvement d'un lieu à un autre :
> **de/ desde París a/ hasta Roma**, *de Paris à Rome*

EXERCICES

A. Complétez les phrases suivantes avec les prépositions a ou en

1. Viven ...... la capital.
2. Alguien te espera ...... la entrada.
3. Dejó el dinero ...... la mesa.
4. Paquita no está ...... casa ahora.
5. Se fue ...... casa.
6. Llevo la cartera ...... el bolsillo.
7. La Universidad se halla ...... la salida de la ciudad.
8. Íbamos ...... misa los domingos.
9. España ha ingresado ...... la CEE.
10. El pueblo está ...... 15 kilómetros de la ciudad.

B. Complétez les phrases avec les prépositions nécessaires

1. Se circula ...... la ciudad con dificultad.
2. Suele viajar a menudo ...... Madrid .:.... Barcelona.
3. Regresó ...... Francia en tren.
4. Salieron ayer ...... Bruselas y todavía no han llegado.
5. ...... esta zona no ha llovido nada.
6. Esto no ocurre ...... otros países.
7. Al ir ...... Sevilla pasaron ...... Granada.
8. ¿Son Vds. ...... Andalucía?
9. La lámpara está ...... la mesa.
10. Pasaremos ...... delante de tu casa.

C. Traduisez

1. Il travaille dans une banque.
2. Les enfants courent vers la plage.
3. Il vient de partir pour son bureau.
4. Quand je suis arrivé, ils n'étaient pas à la gare.
5. Ils sont allés en voiture jusqu'à Madrid.
6. Nous sommes passés par Londres la semaine dernière.
7. L'Espagne est au sud des Pyrénées.
8. Il est entré chez lui par la fenêtre.
9. Il y a quelqu'un à la porte.
10. De ma fenêtre on aperçoit le château.

Le complément de temps

1. Pour situer dans le temps ou exprimer une durée, on emploie :

— la préposition **en**, *en* :

Vivió *en* la Edad Media. *Il vécut au Moyen Âge.*
Lo hice *en* una hora. *Je l'ai fait en une heure.*

— les prépositions **durante**, *pendant*; **de**, *de* :

Ha nevado *durante* dos días. *Il a neigé pendant 2 jours.*
Trabaja *de* noche. *Il travaille de nuit.*

2. Pour indiquer le moment précis d'une action, on emploie la préposition **a**, *à* :

El tren sale *a* las tres. *Le train part à 3 heures.*

3. Pour situer une action dans le futur, on emploie :

— les prépositions **para**, *pour*, et **hasta**, *jusqu'à*, qui indiquent une limite temporelle :

Hizo un pedido *para* el sábado.
Il a fait une commande pour samedi.
Te espero *hasta* las 4. *Je t'attends jusqu'à 4 heures.*

— les prépositions **en, dentro de**, *dans*; **al cabo de**, *au bout de*, qui marquent l'aboutissement :

El tren sale *en/dentro de* dos minutos.
Le train part dans deux minutes.
Volvió *al cabo de* una hora.
Il est revenu au bout d'une heure.

4. Pour exprimer un temps approximatif, on emploie les prépositions **por, sobre, hacia**, *vers* :

Llegarán *sobre/ hacia* las dos.
Ils arriveront vers 2 heures.

5. Pour indiquer la durée inachevée, on emploie la préposition **desde**, *depuis* : seule si l'origine de l'action est datée ; suivie de la forme impersonnelle de **hacer**, *faire*, si l'action est considérée dans sa durée (cf. p. 130) :

Llueve *desde* ayer. *Il pleut depuis hier.*
Está aquí *desde hace un año. Il est ici depuis un an.*

Remarque : en corrélation, **de... a** ou **desde... hasta**, indiquent un laps de temps ; **de... en**, le point de départ dans le temps :

Desde las 5 *hasta* las 8. *De 5 heures à 8 heures.*
De hoy *en* 15 días. *D'ici 15 jours.*

EXERCICES

D. Complétez les phrases suivantes avec les prépositions a ou en

1. Se casó ...... agosto.
2. Acabó el trabajo ...... dos días.
3. ...... los 18 años ya tenía el carnet de conducir.
4. Lo arreglaré ...... un par de horas.
5. Llegaron ...... las 7 de la tarde.
6. Este pintor vivió ...... el Siglo de Oro.
7. Aprendieron a leer ...... pocos meses.
8. ¿ ...... cuántos estamos?
9. ...... los pocos minutos estábamos de vuelta.
10. Estará allí ...... una semana.

E. Complétez les phrases avec les prépositions nécessaires

1. Suele nevar ...... Navidad.
2. El informe ha de estar listo ...... el día 2.
3. Nos veremos ...... una semana.
4. Esto lo haremos ...... la tarde.
5. Están abiertos ...... día y cierran ...... noche.
6. Acabará el libro ...... hoy ...... dos meses.
7. Te he esperado ...... las 5 ...... las 6.
8. El señor director llegará ...... una hora.
9. Aquí sólo trabajan ...... lunes ...... viernes ...... las mañanas.
10. No lo he vuelto a ver ...... las últimas vacaciones.

F. Traduisez

1. Ils sont partis au bout de trois ans.
2. Je suis passé te voir vers dix heures.
3. Heures de consultation : de 9 heures à 13 heures.
4. Je veux que tout soit prêt pour demain.
5. La guerre civile s'est terminée en 1939.
6. Il a dû garder le lit jusqu'à aujourd'hui.
7. Ils se sont connus à 20 ans.
8. Ne partez pas ; je vous sers dans une minute, madame.
9. Je ne l'ai pas appelé depuis trois jours.
10. Au mois de juillet, nous serons en voyage.

32. Les compléments de cause, d'agent et de but

Le complément de cause

1. La préposition **por**, *pour, à cause de,* introduit le complément de cause :

— devant un nom :

> He tardado un poco *por* el tráfico.
> *Je suis arrivé un peu en retard à cause de la circulation.*

— devant un adjectif ou un infinitif :

> No le hablan *por* antipático.
> *On ne lui parle pas parce qu'il est antipathique.*
> Se enfada *por* tener que levantarse pronto.
> *Il se fâche parce qu'il doit se lever tôt.*

Remarque : employés avec un adjectif, les verbes **ser** ou **estar** sont sous-entendus. **Por** équivaut alors à **porque**, *parce que* :

> Siempre llega tarde *por* perezoso (= *porque* es perezoso).
> *Il arrive toujours en retard parce qu'il est paresseux.*

2. La tournure **por lo** + adjectif (adverbe) + **que** + verbe = **porque** + verbe :

> Compré el vestido *por* lo barato *que* era.
> *J'ai acheté la robe parce qu'elle était très bon marché.*
> Le hizo un regalo *por* lo bien *que* trabajaba.
> *Il lui a fait un cadeau parce qu'il travaillait très bien.*

3. Autres locutions de cause :

— Les noms compléments de cause peuvent être introduits par d'autres locutions : **a causa de, por causa de, por culpa de, debido a,** *à cause de* :

> La nacional II está cerrada *debido al* mal tiempo.
> *La nationale 2 est fermée à cause du mauvais temps.*

— **De puro,** *tellement,* locution toujours suivie d'un adjectif ou d'un participe passé employé comme adjectif :

> No hablan *de puro* tímidas.
> *Elles ne parlent pas tellement elles sont timides.*
> No podía moverse *de puro* cansado.
> *Il ne pouvait pas bouger tellement il était fatigué.*

EXERCICES

A. Transformez les phrases suivantes en employant la préposition por

1. Te lo doy porque me caes simpático.
2. Estaba contento porque se iba de vacaciones al día siguiente.
3. No pude comprar aquel cuadro porque me quedé sin dinero en el último momento.
4. Tuve que tirar varios trajes porque me estaban estrechos.
5. Cerraron la circulación al tráfico porque se produjo un accidente muy grave.
6. Le tocó pagar un suplemento porque traía exceso de equipaje.
7. Se pusieron en huelga porque las condiciones de trabajo eran malas.
8. No hubo aumento de plantilla debido a la restricción del presupuesto.
9. Le suspendieron porque trabajaba poco.
10. Le estoy muy agradecido porque me ha hecho muchos favores.
11. Se tuvieron que volver a casa porque no había entradas en el cine.
12. Establecimiento cerrado al público por causa de vacaciones anuales.

B. Traduisez

1. Je ne vois rien à cause du soleil.
2. Il est très mal vu à cause de ses opinions politiques.
3. Le bâtiment a dû être démoli parce qu'il ne respectait pas les normes de sécurité.
4. Il a eu ce poste parce que c'est un opportuniste.
5. Il ne viendra pas parce qu'il fait froid.
6. Je vais toujours à ce garage parce qu'ils sont sérieux.
7. Personne ne lui adresse la parole tellement il est désagréable.
8. Elle a été licenciée parce qu'elle arrivait toujours en retard.
9. Daniel a eu une promotion pour son dévouement et ses qualités personnelles.
10. Tout le monde le trompe tellement il est ingénu.

Le complément d'agent

Il est précédé de la préposition **por**, *par* :

La propuesta fue aprobada *por* **la mayoría.**
La proposition fut approuvée par la majorité.

Comme en français, le complément d'agent peut également être précédé de la préposition **de** :

Es bien conocido *de* **todos que nada va a cambiar.**
Il est bien connu de tous que rien ne va changer.

Le complément de but

1. Le complément de but est introduit :

— par la préposition **para**, *pour* :

No necesito tu ayuda *para* **ese trabajo.**
Je n'ai pas besoin de ton aide pour ce travail.

2. Bien qu'elle ne soit pas très utilisée avec cette valeur, la préposition **por** peut également introduire un complément de but :

Se dio prisa *por* **no llegar tarde.**
Il s'est dépêché pour ne pas arriver en retard.

3. Les verbes qui expriment une destination sont construits avec la préposition **a**, qui introduit un complément de but ou une proposition finale :

Salieron *a* **recibirnos a la estación.**
Ils sont sortis pour nous accueillir à la gare.
Vienen *a* **que les solucionemos el problema.**
Ils viennent pour que nous résolvions leur problème.

4. Les verbes **ir**, *aller* ; **venir**, *venir* ; **salir**, *sortir* ; **mandar**, *envoyer*..., construits avec la préposition **por**, équivalent au français *aller chercher*, *aller prendre* :

Ahora *voy* **por unas sillas.**
Je vais tout de suite chercher des chaises.
Ha salido *por* **pan y estará aquí en un momento.**
Il est sorti acheter du pain et sera là dans un instant.

Remarque : cette construction apparaît très fréquemment dans la langue parlée sous la forme **ir a por**. Elle est considérée comme incorrecte :

Voy a por el traje a la tintorería.
Je vais chercher le costume chez le teinturier.

EXERCICES

C. Complétez les phrases avec por ou para

1. Están arreglando todo ...... la fiesta del pueblo.
2. Hemos terminado tarde ...... culpa de Juan.
3. Toma un poco más. Esto es bueno ...... la salud.
4. Fue condenado ...... el tribunal a pagar una indemnización ...... daños y perjuicios.
5. Este producto puede servir también ...... la limpieza de la casa.
6. No te molestes. Yo puedo ir ...... las entradas.
7. Es una persona que puede ser muy útil ...... ese tipo de negociaciones.
8. No pudimos hacer la entrega en los plazos previstos ...... un retraso en el aprovisionamiento.
9. Gracias ...... tus consejos, pero no los necesito ...... nada.
10. Toma algo de dinero ...... el fin de semana.
11. Necesitamos dos ingenieros más ...... el proyecto.
12. Se presentó ...... propia iniciativa.
13. Podemos alquilar un coche ...... esa visita de inspección a provincias.
14. Han sido destruidas doscientas hectáreas ...... el fuego.

D. Traduisez

1. Je sors un instant chercher le journal.
2. Il se fait construire une maison sur la côte pour sa retraite.
3. Nous devons faire les courses pour le dîner.
4. Je vais demander un crédit pour le financement des nouveaux équipements.
5. J'ai été impressionné par la pauvreté de ce pays.
6. Je vais faire les valises pour le voyage.
7. Pour une raison ignorée de nous tous, il changea complètement de caractère.
8. Tout avait été préparé par le service du personnel pour l'arrivée du nouveau directeur.
9. La famille s'était réunie pour l'anniversaire du petit.
10. Je viens te dire quelque chose d'important.
11. La décision a été prise par le président.
12. Descends acheter un litre de lait.

33. Le complément de manière

1. Quelle que soit la tournure française, la préposition **con**, *avec*, introduit généralement le complément de manière en espagnol et permet de traduire :
— la manière proprement dite :
>   **Andaba *con* dificultad.** *Il marchait avec peine.*

Remarque : le complément de manière se construit sans l'article indéfini, même si le nom est accompagné d'un adjectif :
>   **Nos recibió *con* gran alegría.**
>   *Il nous a reçus avec une grande joie.*

— l'instrument ou le moyen :
>   **Se hirió *con* un cuchillo.** *Il s'est blessé avec un couteau.*

— l'accompagnement :
>   **Vino *con* su familia.** *Il est venu avec sa famille.*

— l'attitude, la manière d'être :
>   **Iba *con* las manos en los bolsillos.**
>   *Il allait les mains dans les poches.*

Remarque : s'il s'agit d'une caractéristique essentielle, on emploie la préposition **de** (cf. Les prépositions p. 116) :
>   **Una chica *de* pelo rubio.** *Une fille aux cheveux blonds.*

2. Certains compléments de manière sont introduits par la préposition **en**, *en*, notamment ceux qui expriment un moyen de locomotion :
>   **La fábrica está *en* huelga.** *L'usine est en grève.*
>   **He venido *en* coche.** *Je suis venu en voiture.*

Exceptions :
>   ir **a** pie, *aller à pied*
>   montar **a** caballo, *monter à cheval*

3. Certains compléments de manière peuvent être introduits par la préposition **a**, *à* :
>   **Puso la radio *a* todo volumen.**
>   *Il a mis la radio à plein volume.*
>   **Me gusta la merluza *a* la romana.**
>   *J'aime le colin à la romaine.*

4. Omission de la préposition **con** : si le complément de manière est exprimé par un adjectif ou un participe passé construits directement, ceux-ci doivent obligatoirement précéder le nom :
>   **Se presentó, *alta la cabeza*, ante el tribunal.**
>   *Il a comparu, la tête haute, devant le tribunal.*

EXERCICES

A. Complétez les phrases avec les prépositions nécessaires

1. Dormía ...... los ojos abiertos.
2. ¿Estás hablando ...... serio o ......broma?
3. No iremos ...... pie; iremos ...... autobús.
4. La máquina ...... coser está estropeada.
5. ¿Te gusta el café ...... leche?
6. Iré disfrazada ...... gitana ...... un vestido alquilado.
7. ...... paciencia llegará a ser rico.
8. Se venden pisos ...... 3 ó 4 habitaciones.
9. Supongo que vendrán ...... avión.
10. Se limpió los zapatos ...... una bayeta.

B. Même exercice

1. Vive ...... otras dos chicas de su edad.
2. Sabe montar ...... caballo y se niega a ir ...... mula.
3. Me miró ...... mucha atención.
4. Usa una plancha ...... vapor.
5. Se pusieron ...... orden ......fila india.
6. Le gritó ...... todas sus fuerzas.
7. Les ruego hablen Vds. ...... voz baja.
8. ¿Por qué no actúas ...... lógica?
9. Escriba los datos ...... máquina o ...... letra de imprenta.
10. Hemos visto a unas japonesas ...... quimono.

C. Traduisez

1. Les enfants écrivent au stylo.
2. Sois certain qu'ils ne viendront pas les mains vides.
3. Il est parti à Rome en auto-stop.
4. Il parle avec un fort accent allemand.
5. Il entra dans l'église la tête nue.
6. Tout cela, il faudra le démontrer par des exemples.
7. Fais les choses avec soin.
8. Dans cette boutique on vend des cuisinières à gaz.
9. La porte du garage s'ouvre avec une commande à distance.
10. Il veut à tout prix que je conduise.

34. Les pronoms personnels sujets

Les formes

	singulier	pluriel
1.	**yo,** *je*	**nosotros (-as),** *nous*
2.	**tú,** *tu*	**vosotros (-as),** *vous*
3. masculin :	**él,** *il*	**ellos,** *ils*
féminin :	**ella,** *elle*	**ellas,** *elles*
neutre :	**ello,** *cela*	
vouvoiement :	**usted**	**ustedes**

Remarques : les pronoms personnels sujets peuvent être placés devant ou derrière les formes verbales :

> **Eso te lo digo** *yo. C'est moi qui te le dis.*

Le tutoiement collectif est rendu par les pronoms **vosotros** (-as), suivis de la deuxième personne du pluriel du verbe :

> **Niños, ¿ sabéis algo** *vosotros ?*
> *Vous, les enfants, est-ce que vous savez quelque chose ?*

Les deux premières personnes du pluriel ont un féminin en espagnol : **nosotras, vosotras** :

> *Vosotras* **las morenas no tenéis esos problemas.**
> *Vous les brunes, vous n'avez pas ces problèmes.*

Le vouvoiement en espagnol s'effectue à la troisième personne du singulier ou du pluriel à l'aide des pronoms **usted** et **ustedes**. Les abréviations écrites sont respectivement **Vd. (Ud.), Vds. (Uds.)** :

> **Señorita, ¿ quiere** *Vd.* **venir ?**
> *Mademoiselle, voulez-vous venir ?*
> **Señoritas, ¿ quieren** *Vds.* **venir ?**
> *Mesdemoiselles, voulez-vous venir ?*

Vosotros (-as), tutoiement collectif uniquement, est une deuxième personne du pluriel.

Parlez-vous espagnol ?
$\left\{ \begin{array}{l} \text{¿ Habla usted español ?} \\ \text{(vouvoiement individuel)} \\ \text{¿ Hablan ustedes español ?} \\ \text{(vouvoiement collectif)} \\ \text{¿ Habláis español ?} \\ \text{(tutoiement collectif)} \end{array} \right.$

EXERCICES

A. Répondez négativement avec des pronoms
1. ¿Lo hicisteis vosotros?
2. ¿Fuiste tú?
3. ¿Sube Vd.?
4. ¿Estuviste tú ayer?
5. ¿Viene Vd.?
6. ¿Sabíais dónde estaba?
7. ¿Lo sabía Vd.?
8. ¿Ibas tú ayer con Julio?
9. ¿Vais a verlo vosotras?
10. ¿Tienes billete?

B. Transformez les phrases en vouvoyant
1. Entonces, ¿vais mañana?
2. ¿Puedes traerme ese libro?
3. ¿Cuándo pensáis venir?
4. ¿Sabéis algo?
5. ¿Quieres pasar por casa?
6. ¿No estáis esta tarde en casa?
7. ¿Comprendes lo que digo?
8. Tenéis que perdonarme.
9. ¿Podéis salir esta noche?
10. Ayer hablabas en otro tono.

C. Formulez les questions correspondant aux réponses en vouvoyant dans chaque cas
1. No, no era yo.
2. No, nosotros no fuimos.
3. No, nosotros no estábamos allí cuando pasó.
4. No, no sabíamos nada.
5. No, yo no se lo dije.
6. No, nosotros no le vimos ayer.
7. No, yo no estaba al tanto.

D. Traduisez
1. Madame, pouvez-vous me montrer le costume qui est en vitrine?
2. Monsieur Garcia, vous me donnerez votre réponse demain.
3. Mademoiselle, vous m'inquiétez beaucoup.
4. Si tu veux, nous y allons ensemble.
5. Si elle ne m'aime pas, je suis perdu.

Ello, pronom neutre de la troisième personne, synonyme du démonstratif **eso**, *cela*, reprend une phrase ou un concept précédemment énoncé (cf. p. 96) :

> **La casa es pequeña, pero *ello* tiene ventajas.**
> *La maison est petite, mais cela a des avantages.*

Les pronoms sujets peuvent être précédés des prépositions et adverbes **según**, *selon*; **hasta** (aun, incluso), *même*; **excepto** (salvo, menos), *sauf (excepté)* et **entre**, *entre* :

> **Hasta tú lo sabes.** *Même toi tu le sais.*
> **Según él, habría que renunciar al proyecto.**
> *Selon lui, il faudrait renoncer au projet.*

Omission des pronoms personnels sujets

1. Les pronoms personnels sujets sont généralement omis, car la terminaison du verbe indique clairement, dans la plupart des cas, la personne :

> **¿Sales pronto mañana? — Sí, salgo a la una.**
> *Tu sors de bonne heure demain ? — Oui, je sors à une heure.*

Les pronoms sujets apparaissent, par conséquent :
— lorsque la première et la troisième personne du verbe ont la même terminaison :

> **Yo decía lo contrario.** *Je disais le contraire.*
> ≠ **Él decía lo contrario.** *Il disait le contraire.*
> ≠ **Vd. decía lo contrario.** *Vous disiez le contraire.*

— lorsqu'il y a une insistance particulière sur le sujet : *c'est moi, toi, ... qui* :

> **¿Lo has hecho *tú*?** *C'est toi qui l'as fait ?*
> **Yo eso no lo hago.** *Moi, je ne fais pas cela.*

— ou pour marquer une opposition :

> ***Tú* puedes salir, si quieres. *Yo*, en cambio, no pienso ir.**
> *Tu peux sortir, si tu veux. Moi, par contre, je n'ai pas l'intention d'y aller.*

2. Nosotros, vosotros et **Vds.** peuvent être omis en espagnol lorsqu'ils font référence à un collectif :

> **Los españoles *somos* así.**
> *Nous, les Espagnols, nous sommes comme cela.*
> **Los hombres *sois* todos iguales.**
> *Les hommes, vous êtes tous pareils.*

EXERCICES

E. Complétez les phrases avec des pronoms personnels lorsqu'ils sont nécessaires

1. Anoche ...... llegamos tarde.
2. No, ... soy Antonio Marcos.
3. ...... los empleados de esta empresa trabajamos mucho.
4. Ya lo sabíamos ......
5. No, ... somos de Bilbao.
6. Eso lo habíamos dicho ...... antes que tú.
7. Te lo digo ......
8. Si quieres ......, nos vamos ......
9. ......, al contrario, no lo soporto.
10. Señora, ... decía antes lo contrario.
11. ...... los andaluces somos un poco trágicos.
12. Bueno, luego ...... paso por tu casa.
13. No, te aseguro que no he sido ......
14. ......, las dos niñas del fondo, venid un momento.
15. De ninguna manera, esto lo pagamos ......
16. ......, desde luego, no estamos de acuerdo.

F. Traduisez

1. C'est nous qui l'avons fait.
2. Moi, par contre, je ne suis pas d'accord.
3. Ce n'est pas moi. C'est toi.
4. Eux, ils le savaient.
5. Cela a des inconvénients.
6. Ce n'est pas moi qui l'ai dit.
7. Vous, monsieur, vous avez raison.
8. Je croyais que tu n'étais pas là.
9. C'est vous qui le dites.
10. C'est toi qui l'as voulu.
11. Monsieur, vous oubliez votre parapluie.
12. Avant, toi et ton amie vous veniez plus souvent.
13. Nous avons parlé tout l'après-midi.
14. Madame, que m'avez-vous demandé?
15. Il ne savait rien.
16. Entre toi et moi il s'est passé quelque chose de grave.
17. Même moi, je peux le faire.
18. Sauf vous, monsieur, les autres peuvent passer.
19. Selon eux il n'y a pas d'autre solution.

35. Les pronoms personnels compléments sans préposition

		Complément direct		Complément indirect	
1.		**me**	*me*	**me**	*me*
2.		**te**	*te*	**te**	*te*
3.	masc.	**lo (le)**	*le*		
	fém.	**la**	*la*	**le**	*lui*
	neutre	**lo**	*le*		
	Usted	**lo (le) / la**	*vous*		
1.		**nos**	*nous*	**nos**	*nous*
2.		**os**	*vous*	**os**	*vous*
3.	masc.	**los (les)**	*les*		
	fém.	**las**	*les*	**les**	*leur*
	Vds.	**los (les) / las**	*vous*		

Pronoms personnels de la 3ᵉ personne

1. Complément direct :

— Au masculin, le pronom est **lo, los** pour les choses et les personnes ; cependant, pour les personnes, la forme **le, les** est fréquente :

> Este castillo, ya *lo* visité. *Ce château, je l'ai déjà visité.*
> A Juan, *lo (le)* vi ayer. *Jean, je l'ai vu hier.*
> ¿ Recibís a vuestros padres a cenar ? Sí, *los (les)* esperamos.
> *Vous recevez vos parents à dîner ? Oui, nous les attendons.*

— Au féminin, le pronom est **la, las**, qu'il désigne une chose ou une personne :

> Esta película, *la* vimos ayer. *Ce film, nous l'avons vu hier.*
> A Juana, *la* avisaré mañana.
> *Jeanne, je la préviendrai demain.*
> ¿ Conoces a mis primas ? No, preséntame*las*.
> *Connais-tu mes cousines ? Non, présente-les-moi.*

— Si le pronom désigne un vous de politesse, on emploie **lo, los** au masculin et **la, las** au féminin ; toutefois, l'usage de **le, les** est très fréquent au masculin :

> *Lo (le)* llamo mañana, señor.
> *Je vous appelle demain, monsieur.*
> Señores, *los (les)* acompaño.
> *Messieurs, je vous accompagne.*
> ≠ *La* invito a Vd., señora. *Je vous invite, madame.*
> Señoras, *las* felicito. *Mesdames, je vous félicite.*

EXERCICES

A. Répondez affirmativement en remplaçant le complément par un pronom personnel

1. ¿ Tiene Vd. mucha prisa ?
2. ¿ Hay natillas ?
3. ¿ Conoces a este señor ?
4. ¿ Venden Vds. discos ?
5. ¿ Has terminado la carrera ?
6. ¿ Habéis visto la última película de Saura ?
7. ¿ Fuiste a ver a tus amigos ?
8. ¿ Tienen teléfono tus padres ?
9. ¿ Admiran Vds. a Salvador Dalí ?

B. Complétez les phrases suivantes avec un pronom personnel

1. Estoy buscando a Pablo ; ¿ ...... has visto ?
2. ¿ No sabes poner un clavo ? Yo ...... pondré.
3. No quiero esta revista, ya ...... he leído.
4. Las entradas para el fútbol, ¿ dónde ...... venden ?
5. A tus amigos sólo ...... conocimos ayer.
6. Todavía no ...... has saludado a tus tías.
7. ¿ Trajiste el transistor ? — No, ... dejé en casa.
8. No recuerdo cuándo ...... he visto a tus primos.
9. ...... invitaron a cenar a Alicia pero estaba enferma.
10. Esta palabra no ...... pronuncia Vd. bien.

C. Traduisez

1. Cette ville m'enchante.
2. Jusqu'à aujourd'hui, personne ne vous attendait, monsieur.
3. M'écoutes-tu ? — Oui, je t'écoute.
4. Tu connais la nouvelle ? — Non, je ne la connais pas.
5. Ce livre nous intéresse beaucoup.
6. Apportes-tu le pain ? — Oui, je l'apporte.
7. Je l'ai vu quand il garait sa voiture.
8. Ces maisons, je les ai visitées la semaine dernière.
9. La fumée te gêne-t-elle ? — Non, elle ne me gêne pas.
10. As-tu lu sa lettre ? — Non, je ne l'ai pas lue.

— Au neutre, la forme **lo** reprend un élément de la phrase ou, plus généralement, une idée, un concept :

> **Esto no *lo* sabía.** *Ça, je ne le savais pas.*
> ***Lo* comprendo, pero no *lo* acepto.**
> *Je le comprends, mais je ne l'accepte pas.*

2. Complément indirect : on emploie la forme **le, les** sans distinction de genre :

> ***Le* traje un regalo.** *Je lui ai apporté un cadeau (à lui/à elle).*
> ***Les* doy las gracias, señoras.** *Je vous remercie, mesdames.*

Ordre des pronoms personnels compléments

1. Quand il y a plusieurs pronoms, le complément indirect précède toujours le complément direct :

> ***Te lo* diré mañana.** *Je te le dirai demain.*
> ***Nos lo* anunció ayer.** *Il nous l'a annoncé hier.*

2. Si deux pronoms de la 3e personne sont employés simultanément, le pronom complément indirect **le, les** devient **se** :

> *Se lo* digo $\Big\langle$ **a él/ellos** = *je le lui/leur dis*
> **a Vd./Vds.** = *je vous le dis*

Emploi des pronoms personnels compléments

1. Si le complément direct ou indirect est placé devant le verbe, il doit être repris par un pronom personnel :

> **El niño rompió el vaso → el vaso *lo* rompió el niño.**
> *L'enfant a cassé le verre.*
> **Entregué la llave al portero → al portero *le* entregué la llave.**
> *J'ai remis la clef au concierge.*

Remarque : le pronom personnel indirect peut toujours, en espagnol, annoncer le complément indirect placé derrière le verbe (emploi redondant très fréquent) :

> ***Le* entregué la llave al portero.** *J'ai remis la clef au concierge.*
> ***Le* dije a tu madre que viniera a casa.**
> *J'ai dit à ta mère qu'elle vienne à la maison.*

2. Si le complément direct ou indirect est un pronom précédé de la préposition **a**, il doit être annoncé ou repris par un pronom complément :

> ***Me lo* ha dicho a mí.** *Il me l'a dit à moi.*
> **A ella no *la* conozco.** *Elle, je ne la connais pas.*

EXERCICES

D. Choisissez la réponse adéquate

1. Este bolso .... regaló Juan a Carmen.
    a) *se le*   b) *le lo*   c) *se lo*

2. ...... gustó mucho la película a mis amigas.
    a) *les*   b) *los*   c) *las*

3. Había oído hablar de él, pero no .... habían presentado.
    a) *lo me*   b) *me le*   c) *me lo*

4. Trajo muchos libros, pero no .... dejó leer.
    a) *los se*   b) *se los*   c) *se les*

5. Había tenido un accidente, pero no .... había dicho a nadie.
    a) *se lo*   b) *se le*   c) *les lo*

E. Complétez avec les pronoms personnels nécessaires

1. ¿De dónde tienes estas revistas? .... han regalado.
2. El cuadro que vende este pintor es malo. ¡No .... compre!
3. ¿Dónde está mi pipa? No ...... sé.
4. ...... ofrecieron un buen empleo, pero no ...... aceptó.
5. Miguel no conoce el chiste, ¿...... ...... contamos?
6. Si queréis la casa para las vacaciones, ... dejamos.
7. ¡No digan Vds. nada! .... ruego.
8. Este reloj que llevas, ¿a cuánto .... vendieron?
9. ...... dices a tus padres que no se preocupen.
10. Creía que sus problemas eran graves, pero no ...... eran.

F. Traduisez

1. Il ne fera aucun effort si tu ne le lui demandes pas.
2. Nous pardonnes-tu? — Oui, je vous pardonne.
3. Il manque une roue à cette bicyclette.
4. Il ne comprend pas le sujet bien que je le lui aie expliqué.
5. Messieurs, si vous voulez un formulaire, je vous le donnerai.
6. Ce livre, je l'ai vu dans une boutique et je l'ai acheté.
7. Le lui avez-vous dit? — Oui, nous le lui avons dit.
8. Bien qu'elle ait l'air autoritaire, elle ne l'est pas.
9. Nous emmenons ma petite sœur chez le médecin.
10. Mesdames, je vous offre ces places pour le concert.

36. Les pronoms personnels compléments précédés d'une préposition

1.		**mí**	*moi*
2.		**ti**	*toi*
3.	masc.	**él**	*lui*
	fém.	**ella**	*elle*
	neutre	**ello**	*cela*
	Vd.	**usted**	*vous*
1.		**nosotros, -as**	*nous*
2.		**vosotros, -as**	*vous*
3.	masc.	**ellos**	*eux*
	fém.	**ellas**	*elles*
	Vds.	**ustedes**	*vous*

1. À l'exception des 1re et 2e personnes du singulier, les formes des pronoms personnels compléments précédés d'une préposition sont celles des pronoms sujets :

> Lo conoce desde hace 15 años y tiene confianza en *él*.
> *Il le connaît depuis 15 ans et il a confiance en lui.*
> La acompaño a *Vd.* hasta la parada del autobús.
> *Je vous accompagne jusqu'à l'arrêt d'autobus.*
> Estamos encantados de salir con *vosotros* esta noche.
> *Nous sommes ravis de sortir avec vous ce soir.*

2. Aux 1re et 2e personnes du singulier, on emploie les formes **mí** et **ti** :

> Tengo que irme, ¿ tenéis necesidad de *mí*?
> *Je dois m'en aller, avez-vous besoin de moi ?*
> ¿Por qué piensas que hablamos de *ti*?
> *Pourquoi penses-tu que nous parlons de toi ?*

Cependant, après les prépositions **según**, *selon* ; **excepto, menos** et **salvo**, *sauf, excepté* ; **incluso, hasta** et **aun**, *même* ; **entre**, *entre*, on emploie les formes des pronoms sujets **yo** et **tú** :

> Según *yo*, este chico no dice la verdad.
> *Selon moi, ce garçon ne dit pas la vérité.*
> Entre *tú* y *yo*, no hay ningún problema.
> *Entre toi et moi, il n'y a aucun problème.*

Remarque : l'expression **entre mí** signifie *en moi-même* :

> Así pensaba *entre mí. Je pensais ainsi en moi-même.*

EXERCICES

A. Transformez les phrases suivantes selon le modèle :

Es tuyo → *Es para ti*

1. Es de Alberto.
2. Es mío.
3. Es de Juan y María.
4. Es vuestro.
5. Es suyo (de Vd.)
6. Es nuestro.
7. Es de Juana.
8. Es de Vds.
9. Es de Luis y mío.

B. Complétez les phrases suivantes avec un pronom personnel

1. Esta carta es para ...... (tú).
2. Dice que se acuerda mucho de ...... (yo).
3. Me habló muy bien de ...... (Felipe y Pilar).
4. Nunca ha habido problemas entre ...... (tú) y ...... (yo).
5. No he sabido nada de ...... (María y Carmen) últimamente.
6. Para ...... (yo), Italia es un país muy atractivo.
7. Precisamente nos referíamos a ...... (tú) y a ...... (él).
8. Lo hice por ...... (Vd.)
9. Siento mucho marcharme sin ...... (Paquita).
10. Todos, salvo ...... (yo), se fueron a la playa.

C. Traduisez

1. Ces fleurs sont pour toi.
2. Il a été dénoncé par lui.
3. Il n'y a personne derrière vous, mes enfants.
4. Sans toi, j'étais perdu.
5. Selon moi, ce film est sans intérêt.
6. Il ne pense plus à eux.
7. Il ne peut pas vivre loin d'elle.
8. Excepté toi, il n'y eut aucun blessé.
9. J'étais devant vous, madame.
10. Tout le monde est d'accord, sauf toi et moi.

3. Avec la préposition **con**, *avec*, il existe deux formes particulières, **conmigo**, *avec moi* et **contigo**, *avec toi* :

> **Prefiero que vengas *conmigo*.**
> *Je préfère que tu viennes avec moi.*
> **Mañana iré *contigo* al cine.**
> *Demain, j'irai au cinéma avec toi.*

4. Ces pronoms, précédés de la préposition **a**, servent à renforcer un pronom personnel complément, direct ou indirect. On les emploie :

— pour souligner une opposition ou pour insister :

> **¿ Te ha gustado esta película? *A mí*, en absoluto.**
> *Est-ce que ce film t'a plu ? À moi, pas du tout.*
> **A *él* no le importa conducir de noche.**
> *Lui, cela ne le gêne pas de conduire de nuit.*

— pour éviter toute ambiguïté :

> **Se lo dije *a Vd*. Je vous l'ai dit.**
> ≠ **Se lo dije *a él*. Je le lui ai dit.**

— dans les formules de politesse :

> **Le deseo *a Vd*. un buen viaje, señor.**
> *Je vous souhaite un bon voyage, monsieur.*
> **Señoras, les agradecemos *a Vds*. su visita.**
> *Mesdames, nous vous remercions de votre visite.*

— en général pour accompagner un complément indirect :

> **A *mí me* encanta la música española.**
> *Moi, j'adore la musique espagnole.*
> **A *ti te* lo digo porque eres mi amiga.**
> *Je te le dis à toi parce que tu es mon amie.*

5. Le pronom neutre **ello**, *cela*, ne peut reprendre qu'un mot neutre, une phrase ou un concept précédemment énoncés :

> **Deseo que no hablemos más de *ello*.**
> *Je souhaite que nous ne parlions plus de cela.*
> **Para *ello*, tendremos que estar de acuerdo.**
> *Pour cela, il faudra que nous soyons d'accord.*

EXERCICES

D. Complétez les phrases suivantes avec un pronom personnel

1. Lo he visto en la calle con ...... (tú).
2. No te preocupes; está con ...... (yo).
3. Tengo cita con ...... (él) a las diez.
4. ¿Queréis venir con ...... (nosotros)?
5. Antonio no se lleva bien con ...... (yo).
6. ¿Me permitís que me siente con ...... (vosotros)?
7. ¿Se marchó con ...... (tú)?
8. Estaba hablando con ...... (ellos).
9. No me gusta viajar con ...... (tú).
10. ¿Por qué no vienes con ...... (yo) al cine?

E. Même exercice

1. Le advierto a ......, señora, que no sé nada.
2. A ...... no le habíamos dicho nada.
3. A ...... no nos gustan las riñas.
4. ¿Te lo ha contado todo a ......?
5. Chicas, ¿os encantan las fresas a ......?
6. A ...... les compré muchos libros.
7. A ...... estas cosas no me parecen bien.
8. Señorita, le pregunto a ...... si ha llamado alguien.
9. A ...... me preocupa mucho este asunto.
10. ¿A ...... te regalaron algo tus padres?

F. Traduisez

1. Il est venu en courses avec moi.
2. Toi, il t'admire beaucoup.
3. J'irai avec toi s'il le faut.
4. Tais-toi; je ne veux pas penser à tout cela.
5. Tu étais derrière moi et je ne te voyais pas.
6. Je n'aime pas beaucoup la corrida. Et toi?
7. Nous regardions devant nous avec beaucoup d'intérêt.
8. Il a toujours été très aimable avec moi.
9. Je vous remercie de votre visite, monsieur.
10. Je dînerai avec vous demain, madame.

37. Les pronoms personnels réfléchis

sans préposition	avec préposition
1. **me** *me*	
2. **te** *te*	
3. **se** *se*	**sí** *soi, lui, elle, vous*
1. **nos** *nous*	
2. **os** *vous*	
3. **se** *se*	**sí** *soi, eux, elles, vous*

Remarque : avec la préposition **con**, *avec*, il existe une forme particulière, **consigo**, *avec soi, lui, elle, vous ; avec soi, eux, elles, vous :*

> No lleva dinero *consigo*. *Il n'a pas d'argent sur lui.*
> Llevaban perros *consigo*.
> *Ils emmenaient des chiens avec eux.*

1. Comme en français, le pronom réfléchi représente la personne qui est sujet du verbe, en tant que complément :

> *Me* lavo las manos. *Je me lave les mains.*
> *Nos* vestimos en seguida.
> *Nous nous habillons tout de suite.*

2. Comme en français, le pronom réfléchi pluriel peut exprimer la réciprocité :

> Tú y yo *nos* vemos mañana.
> *Toi et moi nous nous voyons demain.*
> Los chicos *se* pelearon. *Les garçons se sont battus.*

3. Certains verbes, qui ne sont pas pronominaux en français, le sont en espagnol :

> **atreverse**, *oser*   **olvidarse**, *oublier*
> **despedirse**, *prendre congé*   **parecerse**, *ressembler*
> **moverse**, *bouger*   **quedarse**, *rester,* etc.
> No *se* atrevió a decírtelo. *Il n'a pas osé te le dire.*
> *Me* olvidé de tu recado. *J'ai oublié ta commission.*

Inversement, certains verbes, pronominaux en français, ne le sont pas en espagnol :

> **descansar**, *se reposer ;* **exclamar**, *s'exclamer*
> **recordar**, *se rappeler,* etc.
> Los niños descansan. *Les enfants se reposent.*
> Recuerdo tu visita. *Je me rappelle ta visite.*

(Cf. aussi la tournure pronominale, p. 258)

EXERCICES

A. Complétez les phrases suivantes avec les pronoms réfléchis

1. …… corta el pelo una vez al mes.
2. Está loco, se escribe postales a …… mismo.
3. …… preocupáis demasiado.
4. …… levantan a las siete todos los días.
5. Aquellos señores …… odiaban a muerte.
6. Cuando voy al campo, …… aburro muchísimo.
7. De niños, …… peleábamos por cualquier motivo.
8. …… marchó de casa hace dos años.
9. Si hacéis esto, algún día …… arrepentiréis.
10. Este muchacho siempre habla con …… mismo.

B. Mettez le pronom réfléchi là où il est nécessaire

1. No …… acuerdo de tu dirección.
2. No …… recordaba dónde había dejado el coche.
3. …… acordaron volver a reunirse dentro de dos semanas.
4. Entró y …… sentó para leer el periódico.
5. Un café después de comer siempre …… sienta bien.
6. Ya no tiene fiebre y …… siente mucho mejor.
7. …… sentimos mucho que Vd. no nos haya esperado.
8. …… hemos decidido que iríamos a la boda.
9. Si no …… decides a hablarle hoy, no lo harás nunca.
10. …… quedó un día en Madrid y …… salió para Sevilla.

C. Traduisez

1. Je m'en vais tout de suite.
2. Vous aimez-vous beaucoup?
3. Nous nous douchions tous les matins.
4. Quand partez-vous, messieurs?
5. Quand elle le vit, elle resta stupéfaite.
6. Cet enfant se conduit très mal.
7. Nous nous levions et nous nous couchions très tard.
8. Elle s'habille avec élégance.
9. Ils se sont complètement ruinés.
10. Il a passé son examen d'histoire ce matin.

4. L'emploi de la forme réfléchie *sí* , souvent suivie de **mismo**, -a, -os, -as, *même*, est obligatoire lorsque le pronom représente la même personne que le sujet du verbe :

No es muy simpático ; siempre habla de *sí*.
Il n'est pas très sympathique ; il parle toujours de lui (-même).
Rompió un vaso y se enfadó *consigo misma*.
Elle cassa un verre et s'en voulut à elle-même.

5. Les pronoms réfléchis sont souvent employés pour souligner la participation volontaire ou non du sujet à l'action :

Me he comido todos los pasteles.
J'ai mangé tous les gâteaux.
Los niños *se* durmieron hasta las once.
Les enfants ont dormi jusqu'à onze heures.
Vete a dormir, *te* caes de sueño.
Va te coucher, tu tombes de sommeil.

Remarque : avec les verbes pronominaux ou employés de façon pronominale, le pronom personnel complément d'objet indirect se place entre le pronom réfléchi et le verbe (Cf. la tournure pronominale, p. 260) :

En invierno, *se me hace* largo el tiempo.
En hiver, le temps me semble long.
Se le ha olvidado llamar a su casa.
Il a oublié d'appeler chez lui.

6. La forme réfléchie exprime fréquemment une idée de possession (Cf. la tournure pronominale, p. 260) :

¿ *Te* has puesto el impermeable ?
As-tu mis ton *imperméable ?*
Con mis amigos, *nos* pasamos el tiempo riendo.
Avec mes amis, nous passons notre *temps à rire.*

7. A la 3e personne, la forme réfléchie peut remplacer une forme passive employée sans complément d'agent (Cf. le passif, p. 256) :

Se inaugurará mañana la exposición.
(= será inaugurada)
L'exposition sera inaugurée demain.
Estos coches *se fabrican* en España. (= son fabricados)
Ces voitures sont fabriquées en Espagne.

EXERCICES

D. Choisissez la réponse adéquate

1. Delante de ...... tenía una vista maravillosa.
 a) *ellos*   b) *sí*   · c) *se*

2. Se llevó los guantes con ......
 a) *sigo*   b) *ella*   c) *sí*

3. Estuve con ...... algunos meses.
 a) *sí*   b) *ellos*   c) *sigo*

4. Antonio sólo trabaja para ...... mismo.
 a) *él*   b) *sigo*   c) *sí*

5. Le llamaron a ...... por teléfono.
 a) *sí*   b) *se*   c) *él*

E. Complétez les phrases suivantes

1. ...... metimos en un taxi y llegamos en media hora.
2. .... perdió la llave y no podía entrar.
3. No te he traído el reloj ; ....olvidó
4. ¿...... has enterado de las últimas noticias?
5. El gato ...... ha bebido toda la leche.
6. Ya ...... lo sospechaba yo.
7. ¿...... habéis puesto el impermeable?
8. ¿...... das cuenta de lo que dices?
9. Hablas bien pero .... nota a veces el acento francés.
10. ...... estuvieron quietos durante toda la conferencia.

F. Traduisez

1. Elle a toujours vécu pour elle.
2. Cette idée nous est venue hier à l'esprit.
3. Tout ça, je le sais par cœur.
4. Il regardait fixement devant lui.
5. À force de boire, vous allez vous rendre malades, mes enfants.
6. Il était hors de lui.
7. Ce n'est pas ce que je voulais dire ; ça m'a échappé.
8. Hier il est resté toute la journée dans sa chambre.
9. Il a oublié de fermer la porte.
10. Ils ne s'entendent pas bien entre eux.

38. L'enclise

1. Les pronoms personnels, directs, indirects ou réfléchis, sont placés devant toutes les formes conjuguées du verbe à l'indicatif, au subjonctif ou au conditionnel.

> **Lo** he visto. *Je l'ai vu.*
> No **lo** cojas. *Ne le prends pas.*
> **Lo** diría si **lo** supiera. *Il le dirait s'il le savait.*

2. Ces pronoms personnels sont placés obligatoirement derrière l'impératif, l'infinitif ou le gérondif utilisés isolément. Les pronoms sont alors soudés au verbe. C'est ce que l'on appelle l'enclise.

> ¡ **Cóge**lo ! *Prends-le !* ¡ **Dáme**lo ! *Donne-le-moi !*
> ¿ **Qué** quieres ? — **Ver**lo. *Que veux-tu ? — Le voir.*

Remarques : l'impératif des verbes pronominaux subit quelques modifications : le **-s** de la première personne du pluriel et le **-d** de la deuxième personne du pluriel disparaissent :

> **Senté**mo(s)nos → senté**monos**. *Asseyons-nous.*
> **Senta**(d)os → senta**os**. *Asseyez-vous.*

Les formes verbales suivies d'un ou de plusieurs pronoms constituent un seul mot auquel s'appliquent les règles de l'accent écrit. Ainsi convient-il d'ajouter un accent écrit lorsque l'on adjoint un ou deux pronoms enclitiques à la forme verbale :

> **Compra el juguete.** → **Cómpralo.**
> *Achète le jouet.* → *Achète-le.*

3. Si l'infinitif et le gérondif sont employés avec un verbe conjugué, le ou les pronoms peuvent être placés devant celui-ci ou, sous forme d'enclise, être attachés derrière l'infinitif ou le gérondif :

> **Tenías que haber**lo **hecho antes.**
> = **Lo tenías que haber hecho antes.**
> *Tu aurais dû le faire avant.*
> **Estamos diciéndo**lo = **Lo estamos diciendo.**
> *Nous sommes en train de le dire.*

Remarques : en aucun cas le ou les pronoms ne peuvent être placés entre le verbe conjugué et l'infinitif ou le gérondif.

> **Lo tengo que ver** = **Tengo que ver**lo. *Je dois le voir.*

EXERCICES

A. Transformez en ordres les défenses suivantes
1. No lo cojas del cajón.
2. No me digas eso.
3. No los traigas rápido.
4. No lo pongas ahí encima.
5. No os quitéis los abrigos.
6. No le hagas caso.
7. No te arrepientas de eso.
8. No te vayas enseguida.
9. No te duches con agua fría.
10. No lo dejes.
11. No lo cuentes.
12. No lo pongas ahí.
13. No lo vuelvas a decir.

B. Transformez les phrases suivantes en faisant l'enclise
1. Lo debes analizar con cuidado.
2. Se va a enfadar.
3. ¿Le puedo hablar un momento?
4. Nos está discutiendo el precio.
5. Le vas a escribir.
6. Lo tengo que estudiar.
7. Me sigue molestando.
8. Lo anda diciendo por ahí.
9. Os quiero devolver el dinero.
10. Te vas a aburrir.
11. Os lo voy a contar.
12. Les tengo que decir una cosa.

C. Traduisez
1. Je viens te demander un service.
2. Couchez-vous, les enfants. Il est tard.
3. Laisse-le parler. Il veut le dire.
4. Il vient de l'apporter.
5. Il vient m'apporter un paquet.
6. Je vais le voir.
7. Dors vite.
8. Réfléchis bien.
9. Ne le fais pas!
10. Tais-toi!

À l'infinitif passé et au gérondif composé, le pronom est toujours placé après l'auxiliaire **haber**.

> ¡ De haber*lo* sabido... ! *Si je l'avais su... !*
> Habiéndo*lo* dicho, no vas a arreglar nada.
> *En l'ayant dit, tu ne vas rien arranger.*

L'ordre des pronoms

Lorsque le verbe a deux pronoms compléments, ceux-ci sont placés devant ou derrière les formes verbales selon l'ordre suivant :

1. Le pronom complément indirect précède toujours le pronom complément direct :

> No *te lo* vendo. *Je ne te le vends pas.*
> No *os lo* dejo. *Je ne vous le prête pas.*

2. Dans la combinaison de pronoms de troisième personne, les pronoms **le, les** deviennent **se** devant **lo(s), la(s),** *le, la, les* :

> Se *lo* he dado. *Je le lui ai donné.*
> Se *la* hemos comprado. *Nous la leur avons achetée.*

Remarques : les pronoms compléments indirects **le, les** sont également employés pour le vouvoiement singulier et pluriel (cf. p. 156), ce qui donne les combinaisons suivantes :

> se lo, *le lui, le leur, vous le*
> se la, *la lui, la leur, vous la*
> se los (las), *les lui, les leur, vous les*
> No *se lo* digas. *Ne le lui dis pas.*
> Yo *se lo* traigo, señor. *Je vous l'apporte, monsieur.*

Se, faisant référence par conséquent à **él, ella, ellos, ellas, Vd., Vds.,** l'ambiguïté possible disparaît en explicitant **se** :

> Se lo has dado *a él. Tu le lui as donné (à lui).*
> Se la mandamos *a Vd.* el mes pasado.
> *Nous vous l'avons envoyée le mois dernier (à vous).*

3. Se, pronom réfléchi, employé dans des constructions impersonnelles ou pronominales, précède l'autre pronom complément (cf. p. 164) :

> ¿*Se os* ocurre una idea? *Avez-vous une idée ?*
> Ya *se le* contestó a Vd. la semana pasada.
> *On vous a déjà répondu la semaine dernière.*

EXERCICES

D. Remplacez les compléments par des pronoms
1. Dale los discos a tu hermano.
2. Le he dicho a tu amigo que venga cuando quiera.
3. Puedes contar esa historia a todo el mundo.
4. El jefe no deja tranquilos a los empleados.
5. Tienes que traducir ese texto sin diccionario.
6. No haber despertado a los niños tan temprano.
7. No cojas ese autobús.
8. Tenemos que entregar este informe a la Dirección.
9. Quiero que le lleves ese recuerdo de mi parte.
10. Podemos pedir información a esa señorita.
11. Nos sugiere a todos otra táctica.
12. Ese médico le aconsejó que parara unos días.

E. Transformez les phrases en employant l'impératif
1. Se lo tienes que contar a Gabriel.
2. Te la tienes que aprender.
3. Se lo tiene Vd. que pensar.
4. Se lo tenéis que prohibir.
5. Me lo tienes que dejar.
6. Se la tiene Vd. que sacar.
7. Nos tenemos que acostar pronto.
8. Me la tienes que enseñar.
9. Nos tenemos que marchar.
10. Lo tienes que leer.
11. Me la tienes que presentar.
12. Nos lo tienes que decir.

F. Traduisez
1. Il a eu l'idée de partir sans dire au revoir.
2. Je le leur ai dit plusieurs fois.
3. Prête-les-moi.
4. Après l'avoir acheté il ne l'utilisait pas.
5. Je viens de te le dire.
6. Il voulait la lui offrir.
7. Donne-le-leur.
8. Il devait nous accompagner ; il a dû l'oublier.
9. Reposons-nous un moment.
10. Essaie ce modèle.
11. Après s'être réveillé, il se leva.

39. Les pronoms-adverbes *en* et *y*

Ces pronoms-adverbes n'existent pas en espagnol. Si le sens de la phrase l'exige, il convient de les traduire par des tournures équivalentes :

1. Idée de lieu :

— *en* se traduit en général par **de allí**, *de là* :

> Vengo *de allí*. J'en viens.

— *y* se traduit par un adverbe de lieu approprié :

> **Aquí** estoy y **aquí** me quedo. J'y suis, j'y reste.
> **Allá** voy. J'y vais.

Remarques : si l'antécédent est nettement indiqué, *y* se traduit plutôt par un pronom personnel précédé d'une préposition :

> Es su sillón ; está a gusto *en él*.
> C'est son fauteuil ; il s'y sent bien.

Y ne se traduit pas si le sens de la phrase ne l'exige pas :

> Si preguntan por mí, diga Vd. que no estoy.
> Si on me demande, dites que je n'y suis pas.

2. *En* et *y* remplacent un nom ou une idée déjà exprimés : on emploie un pronom, personnel ou démonstratif, précédé s'il y a lieu d'une préposition :

— *en* :

> ¿ Llevas gafas ? — Sí, *las* llevo.
> Portes-tu des lunettes ? — Oui, j'en porte.
> Ha conocido a un chico y está loca *por él*.
> Elle a connu un garçon et elle en est folle.
> No quiero saberlo ; no me hables más *de eso*.
> Je ne veux pas le savoir ; ne m'en parle plus.

Remarque : si *en* est complément d'un nom et a un sens possessif, on emploie l'adjectif possessif :

> Conozco esta ciudad y también conozco *sus* alrededores.
> Je connais cette ville et j'en connais aussi les environs.

— *y* :

> No está bien que pienses demasiado *en ello*.
> Il n'est pas bon que tu y penses trop.
> No es así como *lo* conseguirás.
> Ce n'est pas ainsi que tu y parviendras.

EXERCICES

A. Répondez affirmativement sans répéter le complément

1. ¿ Necesitas ayuda ?
2. ¿ Te habló de tus amigos ?
3. ¿ Sacó Vd. entradas ?
4. ¿ Piensa Vd. en sus hijos ?
5. ¿ Te alegras de volver a verle ?
6. ¿ Fueron a España ?
7. ¿ Pasa mucha gente por estas calles ?
8. ¿ Estás en tu habitación ?
9. ¿ Venís de la playa ?
10. ¿ Están Vds. a gusto en este pueblo ?

B. Complétez les phrases suivantes

1. ¿ Irán Vds. a San Sebastián ? Sí, ... vamos a veranear.
2. No conozco a su padre pero me habla mucho ......
3. Tengo muchos libros, mi casa está llena ......
4. ¿ Tienes alguna duda de ello ? Pues no ...... dudes.
5. Cómprame guantes, ... necesito.
6. No sabíamos lo sucedido porque no quería hablarnos ......
7. Es una mentirosa, no te fíes ......
8. Pienso ir a la boda y me visto para asistir ......
9. ¿ Penas ? ¡ Quién no ...... tiene !
10. Necesita gritar, se siente obligado ......

C. Traduisez

1. Te souviens-tu d'elle ? — Oui, j'y pense souvent.
2. Où vas-tu ? — Au marché. — J'en viens.
3. Asseyez-vous, monsieur, je vous en prie.
4. Il aime sa femme et il en est aimé.
5. Aimes-tu Barcelone ? — Oui, j'y suis allé plusieurs fois.
6. Je suis allé en Espagne et j'en connais la capitale.
7. Connaissez-vous ces gens ? On m'en a parlé.
8. Je ne resterai que trois jours ici, je m'y ennuie.
9. Viens-tu te promener ? — Oui, j'y vais avec toi.
10. Il a reçu mes lettres, mais il n'y a pas répondu.

3. Idée de quantité :

— *en*, suivi d'un quantitatif ou d'un numéral, ne se traduit pas :
> **No quiero leche, tengo mucha.**
> *Je ne veux pas de lait, j'en ai beaucoup.*
> **Si hay huevos, póngame seis.**
> *S'il y a des œufs, mettez-m'en six.*

— *en*, employé seul, se traduit par un pronom personnel ou un indéfini de substitution :
> — ¿ **Tienes discos?**   — **Sí, *los* tengo.**
> — *As-tu des disques?*   — *Oui, j'en ai.*
>   — **Sí, tengo *algunos*.**
>   — *Oui, j'en ai (= quelques-uns).*
>   — **No, no tengo *ninguno*.**
>   — *Non, je n'en ai pas*
>   *(= aucun).*

— *Il y en a* se traduit par **lo, la, los, las** suivis du verbe **haber**, *avoir*, à la forme impersonnelle :
> **Tráigame queso si *lo hay*.**
> *Apportez-moi du fromage s'il y en a.*
> ***Los hay* que viajan mucho.**
> *Il y en a qui voyagent beaucoup.*
> ¿ **Cometas? *Las había* de todos los colores.**
> *Des cerfs-volants? Il y en avait de toutes les couleurs.*

— *en... autant* se traduit par **otro tanto**, les deux adjectifs indéfinis s'accordant avec le nom repris en français par *en* :
> **Hemos recorrido 100 km. y todavía nos quedan *otros tantos*.**
> *Nous avons fait 100 km et il nous en reste encore autant.*

Remarque : lorsqu'elle ne se réfère pas à une quantité, cette tournure peut également se traduire en espagnol par ***lo mismo*** :
> **Tiene Vd. suerte; yo no puedo decir *lo mismo*.**
> *Vous avez de la chance; je ne peux pas en dire autant.*

— *en... autant que* se traduit par **tanto como**, tanto s'accordant avec le nom repris en français par *en* :
> **Si te gustan los sellos, te mandaré *tantos como* quieras.**
> *Si tu aimes les timbres, je t'en enverrai autant que tu voudras.*

EXERCICES

D. Choisissez la réponse adéquate

1. ¿Tienes hermanos? — Sí, tengo ......
   a) *dos*   b) *los dos*   c) *dos de ello*
2. Tengo libros muy divertidos, te prestaré ......
   a) *algunos*   b) *ninguno*   c) —
3. Tu hermano se ha marchado; no me hables ......
   a) *él*   b) *de él*   c) *lo*
4. Ocho personas fueron detenidas y se condenó ......
   a) *tres*   b) *a las tres*   c) *a tres*
5. ¿Ha estado Vd. en Madrid? — No, nunca ......
   a) *lo estuve* b) *he estado*   c) *la estuve*
6. ¿Hay leche fresca? — No, no ......
   a) *la hay*   b) *le hay*   c) *lo hay*
7. ¿Quiere Vd. acompañarme al parque? No, ... vengo.
   a) —   b) *de ello*   c) *de allí*
8. No quiero pensar más ......
   a) *esto*   b) *en esto*   c) *a esto*
9. Te escuché con paciencia pero ya no ...... tengo.
   a) *le*   b) *la*   c) *lo*
10. Tengo un microordenador y ...... uso mucho.
    a) *ello*   b) —   c) *lo*
11. Te compraré fresones si ...... hay.
    a) *lo*   b) *las*   c) *los*
12. Una casa como la suya, no hay ......
    a) *ninguna*   b) *alguna*   c) *ella*

E. Traduisez

1. Ils n'ont plus de voiture; avant ils en avaient deux.
2. Des amis? J'en ai autant que lui.
3. Une valise ne suffisait pas, il en fallut une autre.
4. Donne-moi de ses nouvelles quand tu en auras.
5. Parmi mes amis, il y en a qui vivent en Espagne.
6. Veux-tu un bonbon? — Non, j'en ai assez mangé.
7. Il me donna mille pesetas et m'en promit autant le lendemain.
8. Tu avais alors 14 ans, et moi j'en avais 20.
9. Il y a des chambres à 9 000 pesetas et il y en a à 5 000.

40. Le présent de l'indicatif

Formation

Il est formé sur le radical du verbe :

habl-ar, *parler*	com-er, *manger*	viv-ir, *vivre*
1. **hablo**, *je parle*	**como**, *je mange*	**vivo**, *je vis*
2. **habl**as	**com**es	**viv**es
3. **habl**a	**com**e	**viv**e
1. **habl**amos	**com**emos	**viv**imos
2. **habl**áis	**com**éis	**viv**ís
3. **habl**an	**com**en	**viv**en

Remarques : seules les 1re et 2e personnes du pluriel diffèrent entre les verbes en **-er** et ceux en **-ir**.
L'accent tonique est sur le radical, sauf aux 1re et 2e personnes du pluriel.

Irrégularités

1. Trois verbes ont une conjugaison entièrement irrégulière :
- haber, *avoir* → he, has, ha, hemos, habéis, han
- ser, *être* → soy, eres, es, somos, sois, son
- ir, *aller* → voy, vas, va, vamos, vais, van

2. Verbes irréguliers à la 1re personne du singulier :

saber, *savoir* → **sé**	caber, *tenir dans* → **quepo**
ver, *voir* → **veo**	dar, *donner* → **doy**
poner, *mettre* → **pongo**	estar, *être* → **estoy**
tener, *avoir* → **tengo**	oír, *entendre* → **oigo**
valer, *valoir* → **valgo**	decir, *dire* → **digo**
caer, *tomber* → **caigo**	venir, *venir* → **vengo**
hacer, *faire* → **hago**	salir, *sortir* → **salgo**
traer, *apporter* → **traigo**	asir, *saisir* → **asgo**

ainsi que *tous les composés* de ces verbes.

— Verbes en **-acer**, **-ecer**, **-ocer**, **-ucir** : c → zc
conocer, *connaître* → conozco

Exceptions : **mecer**, *bercer* → **mezo** ; **cocer**, *cuire* → **cuezo**
yacer, *gésir* → **yazco**, **yazgo** ou **yago**

— Modifications orthographiques (cf. p. 344)

EXERCICES

A. Conjuguez à la 1re personne (sing. et plur.) de l'indicatif présent

preguntar	traer	distinguir
responder	proteger	hacer
saber	ver	leer
lucir	oír	vencer
caer	nacer	conducir
haber	llegar	dar
merecer	caber	

B. Complétez à l'aide du présent de l'indicatif

1. Hoy (nosotros - ir) ...... de excursión.
2. (Yo - tener) ...... una gran biblioteca.
3. ¿ (Reconocer) ...... Vd. estas fotografías ?
4. (Vosotros - ser) ...... muy simpáticos.
5. (Yo - poner) ...... siempre la mesa.
6. Este árbol (producir) ...... mucha fruta.
7. Este reloj (valer) ...... un dineral.
8. Le (yo - agradecer) ...... su visita.
9. Sus padres (estar) ...... enfermos.
10. Los niños (obedecer) ...... a sus padres.

C. Traduisez

1. Les feuilles tombent des arbres.
2. Nous courons à travers champs.
3. Je traduis du français à l'espagnol.
4. Il écrit un nouveau roman.
5. Les ordinateurs s'introduisent dans le pays.
6. Pourquoi n'ouvres-tu pas la fenêtre ?
7. Il frappe à la porte.
8. Je te dis la vérité.
9. Vous montez une côte.
10. Je viens de la gare.

3. Diphtongaison : lorsqu'elles sont accentuées, les voyelles **e** et **o** de la dernière syllabe du radical de certains verbes en **-ar** et **-er** donnent respectivement les diphtongues **ie** et **ue** :

cerr-ar,	*fermer*	encontr-ar,	*trouver*
c**ie**rro	cerramos	enc**ue**ntro	encontramos
c**ie**rras	cerráis	enc**ue**ntras	encontráis
c**ie**rra	c**ie**rran	enc**ue**ntra	enc**ue**ntran

Remarques : à l'initiale, ces diphtongues s'écrivent **ye** et **hue** :
errar, *se tromper* → **ye**rro ; oler, *sentir* → **hue**lo

Le verbe **jugar**, *jouer*, diphtongue : j**ue**go, *je joue*.

4. Verbes en **-ir** : tous ceux dont la dernière voyelle du radical est un **e** sont irréguliers et se conjuguent comme **sentir** (diphtongaison) ou comme **pedir** (alternance e/i) :

sent-ir,	*sentir*	ped-ir,	*demander*
s**ie**nto	sentimos	p**i**do	pedimos
s**ie**ntes	sentís	p**i**des	pedís
s**ie**nte	s**ie**nten	p**i**de	p**i**den

Remarques : se conjuguent comme **sentir**, les verbes terminés en **-entir** (mentir, *mentir*) ; **-erir** (preferir, *préférer*) ; **-ertir** (convertir, *changer*) ; et les verbes **hervir**, *bouillir ;* **concernir**, *concerner ;* **discernir**, *discerner.*
Tous les autres se conjuguent comme **pedir**.

Les verbes **dormir**, *dormir ;* **morir**, *mourir ;* **adquirir**, *acquérir ;* **inquirir**, *enquêter,* diphtonguent :
d**ue**rmo, *je dors ;* adqu**ie**ro, *j'acquiers*

5. Verbes en **-uir** : un **y** s'insère entre le radical et la terminaison, sauf si celle-ci commence par **i** tonique :
huir, *fuir* → hu**y**o, hu**y**es, hu**y**e, hu**í**mos, hu**í**s, hu**y**en

Remarque : le verbe **oír**, *entendre*, présente la même irrégularité, sauf à la 1ʳᵉ personne : oigo, o**y**es, o**y**e, o**í**mos, o**í**s, o**y**en.

6. Verbes en **-iar** et **-uar** : le **i** et le **u** de certains d'entre eux portent un accent écrit aux personnes accentuées sur le radical :
guiar, *guider* → gu**í**o, gu**í**as, gu**í**a, gu**i**amos, gu**i**áis, gu**í**an
≠ odiar, *haïr* → **o**dio, **o**dias, **o**dia, **o**diamos, **o**diáis, **o**dian

EXERCICES

D. Conjuguez à la 2ᵉ personne (sing. et plur.) de l'indicatif présent

querer	dormir
adquirir	tener
mostrar	concluir
concebir	poder
distribuir	seguir
enviar	actuar

E. Donnez l'infinitif des verbes suivants

aprieto	cuelgas
dices	instruyen
gobiernan	viene
elijo	inquieres
atribuyo	visten

F. Complétez à l'aide du présent de l'indicatif

1. Cada año se (acrecentar) …… su caudal.
2. Los ladrones (huir) …… de la policía.
3. Paco (almorzar) …… diariamente conmigo.
4. ¿Cuándo (pensar) …… Vd. marcharse?
5. Juan y yo (contar) …… contigo.
6. Las clases (comenzar) …… a las nueve.
7. El niño (jugar) …… con su cochecito.
8. Las empresas (invertir) …… mucho.
9. El ruido me (impedir) …… dormir bien.
10. ¿Quién (construir) …… este edificio?

G. Traduisez

1. Pourquoi répètes-tu toujours la même question?
2. Ce garçon ment effrontément.
3. Je rêve de partir en voyage.
4. Les orages détruisent les récoltes.
5. Les enfants goûtent à six heures.
6. Combien mesurez-vous, monsieur?
7. Le chien de notre voisin mord.

Emploi

1. Le présent de l'indicatif sert, d'abord, à exprimer un fait qui se déroule au moment précis où l'on parle :

> **Veo** un tren que *entra* en la estación.
> *Je vois un train qui entre en gare.*

Remarque : le déroulement de l'action est souvent exprimé en espagnol par le verbe estar, *être*, suivi du gérondif (cf. la forme progressive p. 236) :

> **Veo** un tren que *está entrando* en la estación.

2. Le présent de l'indicatif sert également à énoncer :

— la durée : ***Trabaja*** **en una empresa privada.**
> *Il travaille dans une entreprise privée.*

— des vérités générales ou des définitions :
> **La tierra *es* redonda.** *La terre est ronde.*

Remarque : avec cette valeur, il est généralement utilisé dans les proverbes :

> **A quien *madruga* Dios le *ayuda*.**
> *Aide-toi, le Ciel t'aidera.*

— des faits habituels ou répétés :
> ***Bebo*** **vino en las comidas.**
> *Je bois du vin pendant les repas.*

— des ordres ou des instructions :
> **Cuando yo hablo, tú *te callas*.**
> *Quand moi je parle, toi tu te tais.*

3. Il sert à *actualiser* des faits qui appartiennent :

— au futur : **Mañana *nos vemos*.**
> *Demain nous nous voyons.*

— au passé :
> **En 1492 Cristóbal Colón *descubre* América.**
> *En 1492, Christophe Colomb découvre l'Amérique.*

Remarques : cet emploi du présent de l'indicatif, qui suppose une plus grande participation de la personne qui parle, est particulièrement fréquent dans la langue parlée.

Avec cette valeur, le présent de l'indicatif est utilisé dans les récits au passé pour rendre plus vivants les événements racontés : c'est le présent de narration.

EXERCICES

H. Transformez les phrases suivantes en employant le présent de l'indicatif lorsque cela est possible

1. Estoy escuchando la radio.
2. Pasado mañana te lo diré.
3. Todos estábamos asustados y en eso se abrió la puerta.
4. Te estoy hablando y no me estás prestando atención.
5. Eso que estás afirmando es una tontería.
6. A mí no me harás creer esas mentiras.
7. La próxima semana empezaremos el nuevo curso.
8. Casi me rompí una pierna cuando intenté limpiar la araña.
9. Últimamente está trabajando con mucho interés.
10. La próxima vez no abriré la boca y así no te enfadarás.
11. Dentro de poco serán los exámenes y todavía me estoy preguntando si me presentaré o no.

I. Même exercice

1. Ya estábamos de acuerdo y de repente dijo que quería irse.
2. Cruzarás la avenida, seguirás todo recto y llegarás a casa.
3. El coche en el que está viajando el Presidente se está acercando al lugar donde le está esperando el Primer Ministro.
4. Haz lo que te han dicho y sin protestar.
5. Si me dices qué día tendré que hacerlo, yo mismo iré y entregaré tu trabajo.
6. Mira, ve y dile lo que quieres hacer.
7. Cuando termines el dibujo, me lo regalarás, ¿verdad?
8. Llámame por teléfono y dime cuándo podrás pasar por casa.
9. Renuncia a ese dinero; dámelo a mí y yo te lo agradeceré.

J. Traduisez

1. L'eau bout à 100 degrés.
2. Dans les grandes villes, beaucoup de gens se sentent seuls.
3. Nous allons partir au Maroc le mois prochain.
4. Je prends mon café avec du sucre.
5. Qui ne dit mot consent.
6. Depuis 5 ans je passe mes vacances en Espagne.

41. Le présent du subjonctif

Formation

Il est formé sur la 1re personne du singulier du présent de l'indicatif en observant l'alternance suivante :

verbes en **-ar** → terminaisons en **e**
verbes en **-er** et **-ir** → terminaisons en **a**

	hablar, *parler*	comer, *manger*	vivir, *vivre*
1. habl-o →	**hable**	com-o → **coma**	viv-o → **viva**
2.	**hables**	**comas**	**vivas**
3.	**hable**	**coma**	**viva**
1.	**hablemos**	**comamos**	**vivamos**
2.	**habléis**	**comáis**	**viváis**
3.	**hablen**	**coman**	**vivan**

Remarque : comme au présent de l'indicatif, l'accent tonique est sur le radical, sauf aux 1re et 2e personnes du pluriel.

Irrégularités

1. Verbes dont le radical est irrégulier :

> haber, *avoir* → haya, hayas, haya, hayamos, hayáis, hayan
> ser, *être* → sea, seas, sea, seamos, seáis, sean
> ir, *aller* → vaya, vayas, vaya, vayamos, vayáis, vayan
> saber, *savoir* → sepa, sepas, sepa, sepamos, sepáis, sepan

2. Étant donné sa formation sur la 1re personne du singulier du présent de l'indicatif, toute irrégularité du radical à cette personne entraîne celle de toutes les personnes du présent du subjonctif (cf. le présent de l'indicatif p. 174-176) :

— Verbes dont la 1re personne du singulier est irrégulière :

> hacer, *faire* → hago → haga, hagas, haga, hagamos, hagáis, hagan
> oír, *entendre* → oigo → oiga, oigas, oiga, oigamos, oigáis, oigan, etc.

Exceptions : les verbes dar, *donner*, et estar, *être* :

> dar → doy ≠ dé, des, dé, demos, déis, den
> estar → estoy ≠ esté, estés, esté, estemos, estéis, estén

EXERCICES

A. Conjuguez à la 1re personne (sing. et plur.) du subjonctif présent

beber	valer
haber	asir
ver	saber
hacer	caer
decir	oír
caber	venir
traer	tener
estar	salir
poner	actuar
avisar	ser

B. Complétez les phrases à l'aide du présent du subjonctif

1. Espero que no te (molestar) ...... que (yo - ir) ...... contigo.
2. Mis padres me prohíben que (- fumar) ......
3. Necesito que me (dar) ...... Vd. consejos.
4. Os recomiendo que (ver) ...... esa película.
5. Diles que me (esperar) ...... si llego un poco tarde.
6. Prefiero que me (acompañar) ...... mi hermano.
7. Hace falta que (nosotros - estar) ...... en casa a las 8.
8. Está prohibido que (vosotros - hacer) ...... ruido.
9. Nos alegramos de que (venir) ...... Vds. con nosotros.
10. ¿Te apetece que (nosotros - ir) ...... a tomar algo?

C. Traduisez

1. Je veux que tu m'apportes du pain.
2. Ils ne permettent pas que je lise ces romans.
3. Je regrette que tu n'aimes pas voyager.
4. Il craint que nous ne sachions pas venir.
5. Pourquoi es-tu surpris que je sois là?
6. Souhaites-tu que nous lui disions la vérité?
7. Il est nécessaire que vous passiez l'examen, mademoiselle.
8. Dis-lui qu'il sorte immédiatement.
9. Je ne suis pas sûr que nous rentrions tous dans la voiture.
10. Je ne crois pas qu'il fasse tout.

— **Verbes en -acer, -ecer, -ocer, -ucir** :
   conocer, *connaître* → conozco → conozca, conozcas,
   conozca, conozcamos, conozcáis, conozcan

— **Verbes en -uir** :
   huir, *fuir* → huyo → huya, huyas, huya, huyamos, huyáis,
   huyan

3. Diphtongaison : comme au présent de l'indicatif, la diphtongaison a lieu sous l'accent tonique :

cerrar, *fermer*		encontrar, *trouver*	
cierre	cerremos	encuentre	encontremos
cierres	cerréis	encuentres	encontréis
cierre	cierren	encuentre	encuentren

4. Verbes en **-ir** :
— Les verbes du type **sentir** diphtonguent aux personnes
accentuées sur le radical et le **e** du radical devient **i** aux 1re et
2e personnes du pluriel. Les verbes du type **pedir** sont irréguliers
à toutes les personnes :

sentir, *sentir*		pedir, *demander*	
sienta	sintamos	pida	pidamos
sientas	sintáis	pidas	pidáis
sienta	sientan	pida	pidan

Remarques : le **o** du radical des verbes **dormir**, *dormir* et **morir**,
mourir, devient **u** aux 1re et 2e personnes du pluriel :
   dormir → duerma, duermas, duerma, durmamos,
   durmáis, duerman

Le verbe **jugar**, jouer, diphtongue : **juega, juegas,** etc.

5. Modifications orthographiques (cf. p. 344).

Emploi

L'emploi du mode subjonctif est beaucoup plus répandu en
espagnol qu'en français. En effet, si l'indicatif est le mode de
l'objectivité, le subjonctif est le mode de la subjectivité ou de
l'éventualité. On l'emploie, par conséquent, dans la proposition
indépendante, suivant le contexte, et surtout dans les propositions subordonnées où le choix du mode se fait en fonction du
verbe principal et du fait qui est exprimé (cf. p. 206-212).

EXERCICES

D. Conjuguez à la 2ᵉ personne (sing. et plur.) du subjonctif présent

almorzar	perder
jugar	colgar
morir	perseguir
tocar	torcer
mentir	servir
oler	proteger
advertir	volver
buscar	preferir
impedir	pensar
consentir	merendar
concluir	merecer

E. Complétez les phrases suivant le modèle :

(Seguir) el camino → *Me dicen que siga el camino.*

1. (Contar) un chiste.
2. (Pagar) las facturas.
3. (Transferir) las divisas.
4. (Comenzar) el trabajo.
5. (Tocar) el piano.
6. (Repetir) la frase.
7. (Encerrar) a los perros.
8. (Adquirir) participaciones.
9. (Atender) a los clientes.

F. Traduisez

1. Ils souhaitent que je puisse aller les voir.
2. Il est nécessaire que nous demandions la permission.
3. J'attends que vous dormiez, mes enfants.
4. Je ne connais personne qui comprenne ce qu'il dit.
5. Je suis surpris qu'il joue si bien au tennis.
6. Je doute que la conférence commence à l'heure.
7. Il refuse que j'allume le chauffage.
8. Je vous prie de vous asseoir, madame.
9. Veux-tu que nous rentrions à la maison ?
10. Je ne pense pas que vous le regrettiez, ton frère et toi.

42. L'imparfait de l'indicatif

Formation

Il est formé sur le radical du verbe :

habl-ar, *parler*	com-er, *manger*	viv-ir, *vivre*
1. habl*aba*, *je parlais*	com*ía*, *je mangeais*	viv*ía*, *je vivais*
2. habl*abas*	com*ías*	viv*ías*
3. habl*aba*	com*ía*	viv*ía*
1. habl*ábamos*	com*íamos*	viv*íamos*
2. habl*abais*	com*íais*	viv*íais*
3. habl*aban*	com*ían*	viv*ían*

Remarques : les terminaisons sont identiques pour les verbes en -**er** et en -**ir**.
La première syllabe de la terminaison est toujours accentuée.

Irrégularités

3 verbes ont un imparfait irrégulier :

> ser, *être* → era, eras, era, éramos, erais, eran
> ir, *aller* → iba, ibas, iba, *í*bamos, ibais, iban
> ver, *voir* → veía, veías, veía, veíamos, veíais, veían

Emploi

1. Comme en français, l'imparfait s'emploie
— pour évoquer une durée dans le passé :

> Aquel día *nevaba* mucho.
> *Ce jour-là, il neigeait beaucoup.*

— pour décrire dans le passé :

> Mi casa *tenía* un gran balcón.
> *Ma maison avait un grand balcon.*

— pour exprimer une action habituelle ou répétée dans le passé :

> *Iba* a la playa cada día. *J'allais tous les jours à la plage.*

2. Autres valeurs de l'imparfait :
— Il permet d'atténuer une affirmation (imparfait de politesse) :

> *Quería* hacerle una pregunta (≠ quiero).
> *Je voulais vous poser une question.*

— Dans la langue parlée, il peut avoir une valeur de conditionnel :

> Si pudiera, me *iba* de vacaciones (≠ iría).
> *Si je le pouvais, je partirais en vacances.*

(Cf. aussi les temps du passé, p. 194)

EXERCICES

A. Conjuguez à la 1re personne du singulier et du pluriel

temblar	hacer
servir	poder
reír	jugar
dar	mover
saber	estar

B. Mettez les phrases suivantes à l'imparfait

1. Bebemos cerveza en las comidas.
2. ¿Oyes lo que te dice?
3. Vais demasiado al cine.
4. Nos escribe todas las semanas.
5. Almuerzan y cenan muy tarde.
6. ¿A quién esperas en la estación?
7. Somos todavía muy jóvenes.
8. Se quieren mucho los dos.
9. ¿Qué hacen Vds. allí?
10. Por la tarde los niños meriendan.
11. Sois novios, ¿verdad?
12. Lo veo cada día al salir de casa.
13. ¿Tienes mucha hambre?
14. Los sábados solemos ir al campo.
15. Salgo cada día a pasear.

C. Traduisez

1. Il prenait le train tous les lundis.
2. L'été je me levais à 9 heures.
3. Tous ses amis allaient avec lui à la piscine.
4. Nous nous perdions à chaque fois que nous venions.
5. Avant, ils se voyaient tous les jours.
6. Il lisait beaucoup quand il était petit.
7. L'après-midi, Jeanne et toi preniez le thé, non?
8. Quelle heure était-il? — Il était 10 heures.
9. Si je le pouvais, je te donnerais tout de suite la permission.
10. Nous allions toujours au restaurant le dimanche.

43. Le passé simple

Formation

Il est formé sur le radical du verbe :

habl-ar, *parler*	com-er, *manger*	viv-ir, *vivre*
1. habl**é**, *je parlai*	com**í**, *je mangeai*	viv**í**, *je vécus*
2. habl**aste**	com**iste**	viv**iste**
3. habl**ó**	com**ió**	viv**ió**
1. habl**amos**	com**imos**	viv**imos**
2. habl**asteis**	com**isteis**	viv**isteis**
3. habl**aron**	com**ieron**	viv**ieron**

Remarques : les verbes en **-er** et **-ir** ont les mêmes terminaisons.
À la 1re personne du pluriel, les terminaisons des verbes en **-ar**
et **-ir** sont identiques à celles du présent de l'indicatif.
Le passé simple régulier est toujours accentué sur la terminaison.

Irrégularités

1. ser, *être* ⟩
       ir, *aller* ⟩ fui, fuiste, fue, fuimos, fuisteis, fueron
       dar, *donner* → di, diste, dio, dimos, disteis, dieron

2. Verbes irréguliers à la 3e personne du singulier et du pluriel :

— Verbes en **-ir** : si la dernière voyelle du radical est un **e**
(modèles **sentir** et **pedir**), celle-ci devient **i** :

   sentir, *sentir* → s**i**ntió ; s**i**ntieron
   pedir, *demander* → p**i**dió ; p**i**dieron

Remarque : le **o** du radical des verbes **dormir**, *dormir* et **morir**,
mourir, devient **u** : d**u**rmió ; d**u**rmieron — m**u**rió ; m**u**rieron.

— Verbes en **-uir, -oír, -aer, -eer, -oer** : le **i** de la terminaison
devient **y** :

   concluir, *conclure* → conclu**y**ó ; conclu**y**eron
   leer, *lire* → le**y**ó ; le**y**eron

— Verbes en **-eír, -eñir, -ullir** : chute du **i** de la terminaison :

   reír, *rire* → rió, ri**eron**
   reñir, *se disputer* → riñó, riñ**eron**

EXERCICES

A. Conjuguez à la 1ʳᵉ et à la 3ᵉ personne du singulier

pasar	pagar
recibir	meter
creer	oír
empezar	competir
sustituir	concluir
servir	buscar
caer	decidir
mentir	deber
advertir	freír
tocar	reservar

B. Mettez les phrases suivantes au passé simple

1. Sales a las diez y llegas a las doce.
2. Aquello requiere la mayor atención.
3. Julio y Carlos riñen con Julita.
4. Se viste en seguida y se va al mercado.
5. Prefiero quedarme en casa.
6. El mendigo pide limosna.
7. Los niños corren por la calle y cruzan sin mirar.
8. Los vemos en el metro.
9. Luisa entra y cierra la puerta.
10. Los esquiadores se caen por el suelo.

C. Traduisez

1. Les propriétaires m'ont consenti un délai d'un mois.
2. Il s'est repenti trop tard.
3. Es-tu allé en courses hier?
4. Il a choisi la meilleure solution.
5. Ils ont dormi jusqu'à midi.
6. Je suis en train de lire les livres que tu m'as donnés.
7. Pourquoi ne l'avez-vous pas cru, madame?
8. Ils ont pris congé de leurs amis et sont partis.
9. Hier j'ai déjeuné chez mon oncle.
10. Quand ces maisons ont-elles été construites?

3. Les passés simples irréguliers ou *parfaits forts* se caractérisent par :

— un radical différent de celui de l'infinitif ;

— l'accent tonique sur le radical aux 1re et 3e personnes du singulier (pas d'accent écrit) ;

— une conjugaison spécifique qui est la même pour tous :

querer, *vouloir* → quise	
qui*se*	quis*imos*
quis*iste*	quis*isteis*
qui*so*	quis*ieron*

Ces verbes sont :

haber, *avoir* → hube
poder, *pouvoir* → pude
poner, *mettre* → puse
saber, *savoir* → supe
tener, *avoir* → tuve
traer, *apporter* → traje
caber, *tenir dans* → cupe
ainsi que *tous les composés.*

querer, *vouloir* → quise
hacer, *faire* → hice
decir, *dire* → dije
venir, *venir* → vine
andar, *marcher* → anduve
estar, *être* → estuve

Tous les verbes en -ducir : conducir, *conduire* → conduje.

Remarque : Si la dernière consonne du radical est un j, le i de la terminaison de la 3e personne du pluriel disparaît :

> decir, *dire* → dijeron ; traer, *apporter* → trajeron
> conducir, *conduire* → condujeron (ainsi que les verbes en -ducir)

4. Modifications orthographiques (cf. p. 344)

Emploi

Contrairement au français qui utilise presque exclusivement le passé composé, l'espagnol utilise le passé simple pour exprimer une action entièrement accomplie dans le passé :

> **Ayer** *fuimos* al cine. *Hier, nous sommes allés au cinéma.*

(Cf. les temps du passé, p. 194)

EXERCICES

D. Mettez les phrases suivantes au passé simple

1. ¿Cuándo se lo traéis?
2. Salgo a la calle y ando unos pasos.
3. Estamos paseando un rato antes de volver a casa.
4. El director les quiere recibir en su despacho.
5. No comprendo lo que traducen los intérpretes.
6. Me molesta el poco caso que hacen de mí.
7. Queremos ir al cine pero no podemos.
8. Los policías detienen a los atracadores.
9. Los incendios forestales producen pérdidas incalculables.
10. El público se echa a reír y cae el telón.

E. Même exercice

1. Hace tanto frío que no podemos salir.
2. Pocos se atienen a las instrucciones.
3. No caben tantas maletas en el coche.
4. ¿Por qué no me lo dices de una vez?
5. Hago cuanto puedo para ayudarte.
6. ¿Venís al mismo tiempo que vuestros padres?
7. Hay mucha gente en el parque.
8. Todos los partidos se oponen a esta decisión.
9. Muchos van al extranjero y conducen sus coches.
10. Eres el único que puedes hacerlo.

F. Traduisez en employant le passé simple

1. J'ai su par hasard ce qui s'est passé.
2. Nous avons beaucoup marché avant d'arriver.
3. As-tu mis la table pour six?
4. Carmen m'a apporté ce disque hier.
5. Pourquoi n'avez-vous pas voulu entrer, les enfants?
6. Ils ont fait le nécessaire.
7. Il n'a pas su me le dire.
8. Est-ce vous qui avez traduit ce roman, monsieur?
9. Tous m'ont dit la même chose.
10. Je n'ai pas eu le temps car j'ai été malade.

44. L'imparfait du subjonctif

Formation

Il y a en espagnol deux imparfaits du subjonctif qui sont formés sur la 3ᵉ personne du pluriel du passé simple :

hablar, *parler*		comer, *manger*	
1.	habl*ara* ou habl*ase*	com*iera* ou com*iese*	
2.	habl*aras* habl*ases*	com*ieras* com*ieses*	
3.	habl*ara* habl*ase*	com*iera* com*iese*	
1.	habl*áramos* habl*ásemos*	com*iéramos* com*iésemos*	
2.	habl*arais* habl*aseis*	com*ierais* com*ieseis*	
3. habl*aron*	habl*aran* habl*asen*	com*ieron* com*ieran*	com*iesen*

Remarques : la formation est la même pour les verbes en **-ir** :
vivir, *vivre* : viv*ieron* → viv*iera* ou viv*iese*

La 1ʳᵉ personne du pluriel porte toujours un accent écrit.

Irrégularités

Il résulte de la formation de ce temps que toute irrégularité de la 3ᵉ personne du pluriel du passé simple entraîne celle des deux formes de l'imparfait du subjonctif à toutes les personnes (cf. le passé simple de l'indicatif, pp. 186-188) :
sentir, *sentir* : s**i**ntieron → s**i**ntiera ou s**i**ntiese
pedir, *demander* : p**i**dieron → p**i**diera ou p**i**diese
querer, *vouloir* : qu**i**sieron → **quis**iera ou **quis**iese, etc.

Emploi

L'imparfait du subjonctif, contrairement au français, est d'un emploi courant en espagnol où l'on observe la concordance des temps à l'oral comme à l'écrit. En général, on peut employer l'une ou l'autre de ces deux formes :
Quería que *vinieras* ou *vinieses*.
Je voulais que tu viennes.

Remarque : la forme en **-ra** des verbes **querer**, *vouloir* ; **poder**, *pouvoir* ; **haber**, *avoir* et **deber**, *devoir*, remplace souvent le conditionnel :
Quisiera un kilo de naranjas.
Je voudrais un kilo d'oranges.

(Cf. la concordance des temps, pp. 214-216)

EXERCICES

A. Conjuguez à la 1re personne du singulier (2 formes)

cerrar	abrir
concluir	reñir
caber	hacer
escribir	decir
ver	deducir
haber	ayudar
sorprender	leer
traducir	romper
poner	sentir
andar	morir

B. Complétez les phrases avec l'imparfait du subjonctif

1. No le gustaba que (nosotros - reírse) ......
2. Quería que (tú - oír) ...... esta canción.
3. Les dije que nos (avisar) ...... de su llegada.
4. No lo aceptaría aunque me lo (pedir) ...... Vd.
5. Le rogué que (él - ir) ...... a ver a sus abuelos.
6. Antes de que (vosotros - venir) ...... limpié la casa.
7. Deseaba que (nosotros - producir) ...... un buen efecto.
8. Pasó mucho tiempo sin que (él - saber) ...... dónde vivíamos.
9. No me atreví a hablarles por si acaso no (ser) ...... ellos.
10. Nos deseó que (nosotros - dormir) ...... bien.

C. Traduisez

1. Il était nécessaire que nous lui donnions des conseils.
2. Le gouvernement a recommandé que les entreprises investissent.
3. Je lui ai conseillé de conduire plus lentement.
4. Il voudrait aller en Espagne l'été prochain.
5. Je cherchais un appartement qui ait un ascenseur.
6. Il m'a demandé hier de lui apporter mon rapport.
7. J'ai beaucoup regretté que tu n'ailles pas à l'étranger.
8. Peut-être pourrais-tu t'inscrire à l'université.
9. Ils ne croyaient pas que nous puissions le faire.
10. C'était avant que vous ne soyez ici, monsieur.

45. Les temps composés

Formation

L'auxiliaire **haber**, *avoir*, sert à former les temps composés de tous les verbes à la forme active :

	Verbe transitif cantar, *chanter*	Verbe intransitif salir, *sortir*	Verbe pronominal levantarse, *se lever*
INDICATIF	*he* cantado *j'ai chanté* *había* cantado *hube* cantado *habré* cantado	*he* salido *je suis sorti(e)* *había* salido *hube* salido *habré* salido	me *he* levantado *je me suis levé(e)* me *había* levantado me *hube* levantado me *habré* levantado
	habría cantado	*habría* salido	me *habría* levantado
SUBJONCTIF	*haya* cantado *hubiera* cantado *hubiese* cantado	*haya* salido *hubiera* salido *hubiese* salido	me *haya* levantado me *hubiera* levantado me *hubiese* levantado

Emploi

1. Comme en français, les temps composés marquent une antériorité par rapport aux temps simples :

> **Descansan un poco porque *han trabajado* mucho.**
> *Ils se reposent un peu parce qu'ils ont beaucoup travaillé.*
> **Vivían en España donde *habían comprado* una casa.**
> *Ils vivaient en Espagne où ils avaient acheté une maison.*
> **Cuando lleguen ya *habremos cenado*.**
> *Lorsqu'ils arriveront nous aurons déjà dîné.*

2. Le participe passé employé avec **haber** est toujours invariable :

> **Las novelas que *he leído* últimamente son buenas.**
> *Les romans que j'ai lus dernièrement sont bons.*
> **Los niños *se han bañado* todo el día.**
> *Les enfants se sont baignés toute la journée.*

3. Contrairement au français, l'auxiliaire et le participe passé ne doivent pas être séparés :

> **Ya te lo *he dicho* = Te lo *he dicho ya*.**
> *Je te l'ai déjà dit.*

EXERCICES

A. Complétez les phrases suivantes

1. Para la semana que viene (solucionarse) ...... el problema.
2. Este verano (nosotros - visitar) ...... muchos museos.
3. Apenas (él - comer) ......, se acostó.
4. Cuando les veamos, ya (ellos - recibir) ...... nuestra carta.
5. Hoy (vosotros - ir) ...... a la playa.
6. Tengo que mandar las postales que (yo - escribir) ......
7. Cuando le proponía una nueva idea, él ya la (estudiar) ......
8. Cuando llegué a tu casa, ya (tú - salir) ......
9. Esta mañana (nosotros - ver) ...... a Paco.
10. Este mes (nosotros - hacer) ...... tres viajes.
11. El sábado próximo (yo - cobrar) ...... mi sueldo.
12. Decía que cuando llegaran (nosotros - terminar) ......

B. Transformez les phrases suivant le modèle :

Esperamos que hayan comido →
Esperábamos que hubieran (hubiesen) comido
(et inversement)

1. No creo que hayan llegado aún.
2. Me sorprende mucho que os hayáis casado.
3. No podía imaginar que hubieras terminado la carrera.
4. No estoy seguro de que haya leído este libro.
5. Se alegraba de que hubiésemos ganado.
6. Es sorprendente que haya venido tanta gente.

C. Traduisez

1. Ce jour-là, vous vous étiez déjà couchés, les enfants.
2. Je ne crois pas qu'ils m'aient trompé.
3. J'ai tout oublié.
4. À sa place, je serais venu seul.
5. Nous avons merveilleusement dormi dans cet hôtel.
6. Pour demain, j'aurai préparé votre commande.
7. Les fleurs s'étaient toutes fanées.
8. Il vaudrait mieux qu'il ne l'ait pas connu.
9. Je n'ai toujours pas reçu de réponse.
10. Dès qu'il eut fini son discours, il se retira.

46. Les temps du passé

Emploi de l'imparfait

L'imparfait a une valeur essentiellement durative et s'emploie pour évoquer :

— des faits durables du passé (imparfait descriptif) ou des actions qui se déroulent dans le passé (imparfait narratif) :

> La casa *era* grande y *daba* a la calle ; todos *dormían*.
> *La maison était grande et donnait sur la rue ; tout le monde dormait.*

— des actions habituelles ou répétées dans le passé :

> *Bebíamos* cerveza en las comidas.
> *Nous buvions de la bière pendant les repas.*

Remarque : contrairement au présent, l'imparfait sert à exprimer tout ce qui a cessé d'être d'actualité :

> Antes *vivía* en Madrid ; ahora *vivo* en París.
> *Avant je vivais à Madrid ; maintenant je vis à Paris.*

Emploi du passé simple

À la différence du français, qui a substitué presque totalement l'emploi du passé composé à celui du passé simple, l'espagnol utilise le passé simple pour exprimer des actions :

— qui ont été accomplies dans le passé ;
— qui sont perçues dans leur globalité ;
— qui ne concernent plus le moment présent :

> El profesor *habló* durante hora y media.
> *Le professeur a parlé pendant une heure et demie.*
> Los *vimos* en el metro con unos amigos.
> *Nous les avons vus dans le métro avec des amis.*
> *Vivieron* en Buenos Aires cuando *se casaron*.
> *Ils ont vécu à Buenos Aires quand ils se sont mariés.*

Remarque : contrairement à l'imparfait qui exprime la durée ou le caractère habituel d'une action, le passé simple souligne son aspect ponctuel et achevé :

> Aquella mañana *llovía* mucho.
> *Ce matin-là il pleuvait beaucoup.*
> ≠ Aquella mañana *llovió* mucho.
> *Ce matin-là il a beaucoup plu.*

EXERCICES

A. Mettez les verbes à l'imparfait ou au passé simple

1. Antes (nosotros - tomar) ...... un café después de comer.
2. Cuando (yo - llegar) ...... a Madrid, (yo - tener) ...... 20 años.
3. En aquel momento nadie (mencionar) ...... este problema.
4. Entonces (tú - ser) ...... muy niño.
5. La policía lo (seguir) ...... durante tres días y él no lo (notar) ......
6. Siempre (ocurrir) ...... lo mismo cuando (yo - ir) ...... a verla.
7. El otro día (yo - soñar) ...... que (arder) ...... la casa.
8. (Él - soler) ...... cantar mientras (él - ducharse) ......

B. Complétez le texte avec l'imparfait et le passé simple

Una vez un joven (ir) ...... a ver una película que le (interesar) ...... mucho. La sala de cine (estar) ...... casi llena y el joven (encontrar) ...... un asiento libre detrás de dos señoras ancianas que (hablar) ...... en voz alta. La película (comenzar) ...... pero las dos señoras no (parar) ...... de hablar. El joven no (poder) ...... oír nada de la película, pero por educación (callarse) ...... hasta que, por fin, les (decir) ...... tímidamente a las señoras que no (conseguir) ...... entender nada. La mayor de ellas (indignarse) ...... y le (contestar) ...... al joven que su conversación (ser) ...... privada.

C. Même exercice

El presidente de una pequeña república (querer) ...... saber hasta qué punto le (apreciar) ...... su pueblo. (Disfrazarse) ...... con un bigote y unas gafas y (salir) ...... a la calle. (Andar) ...... unos pasos comprobando que nadie lo (reconocer) ...... y (decidir) ...... entrar en un cine. En las noticias, (aparecer) ...... el propio presidente. La gente inmediatamente (ponerse) ...... a aplaudir, menos él que (permanecer) ...... sentado y (disfrutar) ...... de la popularidad de que (gozar) ...... entre su pueblo. Pero, de pronto, el vecino le (decir) ...... que (tener) ...... que aplaudir si no (querer) ...... que los llevasen a todos a la cárcel.

Juan D. Luque Durán, *Narraciones españolas.*

Emploi du passé composé

Le passé composé indique qu'une action, commencée dans le passé, est considérée par celui qui parle comme liée au présent :

> **Han empezado** las obras del metro y se circula mal.
> *Les travaux du métro ont commencé et on circule mal.*
> La policía **ha abierto** una investigación.
> *La police a ouvert une enquête.*
> **Nos hemos reunido** esta mañana para hacer un balance.
> *Nous nous sommes réunis ce matin pour faire un bilan.*

Remarque : l'emploi du passé composé est nécessaire lorsque l'action se situe dans une période de temps qui n'est pas encore achevée :

> **Hemos recibido** muchas cartas.
> (hoy/esta mañana/este año...)
> *Nous avons reçu beaucoup de lettres.*
> *(aujourd'hui/ce matin/cette année...)*
> ¿**Has visto** a Luis?
> (hoy/esta semana/últimamente...)
> *As-tu vu Louis ?*
> *(aujourd'hui/cette semaine/dernièrement...)*

Autres temps du passé

— Le plus-que-parfait exprime une antériorité par rapport à une situation ou une action passée :

> Eran las tres y no **habían llegado**.
> *Il était trois heures et ils n'étaient pas arrivés.*
> Cuando llamó, ya **habíamos cenado**.
> *Lorsqu'il a appelé, nous avions déjà dîné.*

Remarque : il peut être remplacé par le passé simple :

> Vendió la casa que **compraron** sus padres.
> *Il a vendu la maison que ses parents avaient achetée.*

— Le passé antérieur, d'un usage surtout littéraire, est généralement remplacé par le passé simple :

> Cuando **hubo terminado,** se marchó.
> → Cuando **terminó...**
> *Quand il eut terminé, il s'en alla.*

EXERCICES

D. Mettez les verbes au passé simple ou au passé composé

1. El lunes pasado (amanecer) ...... nublado.
2. Lo sé porque (yo - leer) ...... esta mañana en el periódico.
3. Este año mis ingresos (ser) ...... superiores.
4. El sábado pasado (nosotros - ir) ...... a la sierra.
5. Ayer (venir) ...... a verte tus amigos.
6. Hoy (vosotros - estar) ...... demasiado tiempo al sol.
7. Te (yo - ver) ...... muchas veces con él últimamente.
8. Cuando la (conocer) ......, éramos estudiantes.
9. Las grandes mujeres (luchar) ...... mucho para llegar a serlo.
10. Anoche (él - llegar) ...... a casa y (acostarse) ...... sin cenar.

E. Mettez les verbes à l'imparfait, au passé simple ou au plus-que-parfait (il y a parfois plusieurs possibilités)

1. (Nosotros - salir) ...... aquel día muy temprano porque (tener) ...... que hacer unas compras y el jefe nos (dar) ...... permiso.
2. El herido (gemir) ...... débilmente. ¿Por qué (gemir) ...... así? No (yo - conseguir) ...... nunca saberlo.
3. Ya (ellos - recibir) ...... la noticia cuando (yo - llegar) ......
4. (Ser) ...... las siete de la tarde y ya (anochecer) ......
5. Cuando (yo - regresar) ...... a casa ayer, no (haber) ...... nadie.
6. Este libro, ya lo (yo - leer) ......, pero no (yo - acordarse) ......

F. Traduisez

1. Son influence a été grande chez les romanciers contemporains.
2. La semaine dernière mon fils a été malade.
3. Nous avons pris trois fois le métro aujourd'hui.
4. J'ai défendu ces principes pendant toute ma vie.
5. La guerre civile espagnole a commencé en 1936.
6. Je regrette, mais il n'est pas encore arrivé.
7. On lui a volé sa voiture hier au soir.
8. Je te l'ai expliqué il y a cinq minutes et tu ne le sais pas.
9. Cette année-là, la pluie a tout détruit.

47. Le futur et le conditionnel

Formation

1. Le futur simple et le conditionnel présent se forment sur l'infinitif du verbe auquel s'ajoutent les terminaisons du présent et de l'imparfait de l'indicatif de l'auxiliaire **haber**, avoir :

Haber Présent	Hablar, *parler* Futur		Haber Imparfait	Hablar, *parler* Conditionnel	
1. he	→	hablar*é*	hab*ía*	→	hablar*ía*
2. has	→	hablar*ás*	hab*ías*	→	hablar*ías*
3. ha	→	hablar*á*	hab*ía*	→	hablar*ía*
1. h*emos*	→	hablar*emos*	hab*íamos*	→	hablar*íamos*
2. hab*éis*	→	hablar*éis*	hab*íais*	→	hablar*ías*
3. han	→	hablar*án*	hab*ían*	→	hablar*ían*

Remarque : toutes les personnes portent un accent écrit à l'exception de la 1re personne du pluriel du futur.

2. *Irrégularités :* certains verbes présentent une altération de l'infinitif auquel s'ajoutent les mêmes terminaisons :

— Chute du *e* de l'infinitif :

      haber, *avoir* → ha*bré* ; ha*bría*
      saber, *savoir* → sa*bré* ; sa*bría*
      poder, *pouvoir* → po*dré* ; po*dría*
      querer, *vouloir* → que*rré* ; que*rría*
      caber, *tenir dans* → ca*bré* ; ca*bría*

— Adjonction d'un **d** :

      tener, *avoir* → ten*dré*, ten*dría*
      poner, *mettre* → pon*dré*, pon*dría*
      valer, *valoir* → val*dré*, val*dría*
      venir, *venir* → ven*dré*, ven*dría*
      salir, *sortir* → sal*dré*, sal*dría*

— Altération plus importante :

      decir, *dire* → *diré* ; *diría*
      hacer, *faire* → *haré* ; *haría*

Remarque : ces irrégularités se retrouvent dans la conjugaison des composés de ces verbes ; seuls ceux du verbe **decir** sont réguliers :

      maldecir, maudire → mal*deciré*, mal*deciría*.

EXERCICES

A. Conjuguez les verbes au futur et au conditionnel

1. El profesor (explicar) ...... el problema.
2. (Tú - tomar) ...... una cerveza.
3. (Él - comer) ...... en casa.
4. Su hermana (vivir) ...... en Sevilla.
5. (Nosotros - enviar) ...... muchas cartas.
6. (Ellos - traer) ...... regalos.
7. Vds. (recibir) ...... a sus amigos.
8. (Yo - pagar) ...... la cuenta.
9. (Vosotros - volver) ...... a España.
10. Vd. (divertirse) ...... mucho.

B. Même exercice

1. (Yo - decir) ...... la verdad.
2. El tren (salir) ...... de la estación del norte.
3. (Nosotros - venir) ...... a visitarte.
4. (Tú - poner) ...... la mesa.
5. Vosotras no (caber) ...... en el coche.
6. Este reloj (valer) ...... mucho.
7. Vds. (tener) ...... mucho dinero.
8. Ellas (saber) ...... arreglárselas.
9. Vosotras (hacer) ...... un pastel.
10. Vd. (querer) ...... a sus hijos.
11. Ella no (poder) ...... salir de noche.
12. Vd. (haber) ...... vivido en Venezuela.

C. Traduisez

1. Tu pourrais m'écrire plus souvent.
2. Je viendrai te voir dès que possible.
3. Dans deux semaines, nous serons en voyage.
4. Il m'a promis qu'il le ferait tout de suite.
5. Je croyais que nous arriverions plus tôt.
6. Notre ingénieur étudiera le projet.
7. Le bateau partira de Barcelone.
8. Les enfants sauront lire très vite.

3. Les temps composés sont formés de l'auxiliaire *haber*, au futur et au conditionnel présent, suivi du participe passé invariable du verbe :

  Habré hablado. *J'aurai parlé.*
  Habría hablado. *J'aurais parlé.*

Emploi

1. Expression d'une action future
— dans le présent : on emploie les temps du futur :
  Llamarán dentro de dos días.
  Ils appelleront dans deux jours.
  El sábado próximo **habré acabado**.
  Samedi prochain j'aurai fini.

Remarque : dans les propositions subordonnées, pour traduire l'aspect d'éventualité exprimé par le futur en français, l'espagnol emploie le présent du subjonctif :
  Cuando **llegues** a Madrid, avísame. (temps)
  Lorsque tu arriveras à Madrid, préviens-moi.
  Vístete como **quieras**. (manière)
  Habille-toi comme tu voudras.
  Te seguiré por donde **vayas**. (lieu)
  Je te suivrai où tu iras.
  Haré lo que tú **digas**. (relative)
  Je ferai ce que tu diras.
(Cf. aussi l'emploi du subjonctif, p. 212)

— dans le passé : on emploie les temps du conditionnel :
  Ayer dijo que **vendría** mañana.
  Hier il a dit qu'il viendrait demain.
  Dijo que a las dos **se habría marchado**.
  Il a dit qu'à deux heures il serait parti.

2. Expression de la probabilité
— dans le présent : on emploie le futur simple :
  Estará en casa. *Il doit être à la maison.*

— dans le passé : on emploie le futur antérieur et les temps du conditionnel :
  Habrá estado en casa. *Il a dû être à la maison.*
  Estaría en casa. *Il devait / il a dû être à la maison.*
  Habría estado en casa. *Il avait dû être à la maison.*
(Cf. aussi la probabilité, p. 220)

EXERCICES

D. Mettez les verbes au futur ou au conditionnel

1. Nos dijeron que nos (llamar) …… al llegar.
2. Juan y yo (ir) …… a despedirles al aeropuerto mañana.
3. En la reunión de ayer (estar) …… presentes unas 25 personas.
4. ¿Qué hora (ser) ……? Tengo que darme prisa.
5. Dijo que no había podido hacerlo, pero que sí lo (hacer) ……
6. Se fue a Londres y de allí (regresar) …… tres años después.
7. No contesta al teléfono, (salir) ……
8. Tu hermana (venir) …… el mes que viene.
9. Mañana, tú y yo, (tener) …… una explicación.
10. ¿Con quién (hablar) …… Carmen anoche?

E. Traduisez

1. Tendrá unos 17 años.
2. Habría mucha gente en la fiesta.
3. El lunes que viene, lo habré terminado todo.
4. Pensaban que no sucedería nada.
5. Habrán perdido el avión.
6. Esta tarde iré a la playa.
7. Serían las once cuando llegaron.
8. Me entregará Vd. su informe mañana.
9. Seguramente habría vivido en Argentina.
10. ¿En qué pensarías?

F. Traduisez

1. Nous n'avons pas votre livre, nous l'aurons demain.
2. Il a dû venir, mais il ne nous aura pas attendus.
3. Que ferais-tu sans moi?
4. Il m'avait dit qu'il m'emmènerait au parc.
5. Je ne suis pas encore sorti; je sortirai dans deux heures.
6. Il pensait que nous resterions à Madrid.
7. Comme c'est samedi, ils ont dû aller au cinéma.
8. Il devait être tard quand il a appelé.
9. Où pouvait-il être de si bonne heure?
10. Il m'a dit qu'à huit heures il serait revenu.

48. L'impératif - L'ordre et la défense

Formation de l'impératif

1. L'impératif possède 5 formes en espagnol :

— 2 formes servant au tutoiement, la 2e personne du singulier et du pluriel ;
— 2 formes servant au vouvoiement, la 3e personne du singulier et du pluriel ;
— la 1re personne du pluriel :

	Habl-ar, *parler*	com-er, *manger*	viv-ir, *vivre*
Tú	habl*a, parle*	com*e, mange*	viv*a, vis*
Vd.	habl*e*	com*a*	viv*a*
Nosotros	habl*emos*	com*amos*	viv*amos*
Vosotros	habl*ad*	com*ed*	viv*id*
Vds.	habl*en*	com*an*	viv*an*

Remarques : la terminaison de la 2e personne du singulier est **-a** pour les verbes en **-ar**, et **-e** pour les verbes en **-er** et **-ir**.
La 2e personne du pluriel, formée sur l'infinitif du verbe, est régulière pour tous les verbes.
Les autres formes sont empruntées au présent du subjonctif.

2. *Irrégularités :* les verbes dont le radical est modifié aux présents de l'indicatif et du subjonctif, connaissent la même modification à l'impératif (cf. indicatif et subjonctif présent) :

> cerrar, *fermer* → ci**e**rra ; pedir, *demander* → p**i**de
> encontrar, *trouver* → enc**ue**ntra ; oír, *entendre* → o**y**e

L'impératif possède 8 formes irrégulières à la 2e personne du singulier :

> hacer, *faire* → haz ; venir, *venir* → ven
> poner, *mettre* → pon ; salir, *sortir* → sal
> tener, *avoir* → ten ; decir, *dire* → di
> ser, *être* → sé ; ir, *aller* → ve

Remarques : les composés de ces verbes présentent la même irrégularité, sauf ceux de **decir** : predecir, *prédire* → pre**d**ice.
Le verbe **ir** a une 1re personne du pluriel irrégulière : **vamos**.

EXERCICES

A. Conjuguez à la 2ᵉ personne (sing. et plur.) de l'impératif

conducir	romper
abrir	decir
hacer	aprender
jugar	despertar
subir	salir
ir	contar
poner	obedecer
leer	sentir
huir	tener
venir	recordar

B. Conjuguez les verbes à la forme requise de l'impératif

1. Tú : (Oler) ...... estas flores.
2. Vds. : (Probar) ...... el gazpacho.
3. Vosotros : (Empezar) ...... a comer.
4. Vd. : (Encender) ...... la luz.
5. Tú : (Ser) ...... bueno, hijo.
6. Nosotras : (Hacer) ...... la cama.
7. Vd. : (Repetir) ...... esta frase.
8. Tú : (Seguir) ...... leyendo.
9. Nosotros : (Tener) ...... cuidado.
10. Vds. : (Traducir) ...... el texto.

C. Traduisez

1. Reviens à dix heures.
2. Sortez immédiatement, messieurs.
3. Choisissez un fruit, les enfants.
4. Va chercher ton frère.
5. Dites ce que vous pensez, monsieur.
6. Allons en courses.
7. Viens me voir demain.
8. Suivons la manifestation.
9. Parlez plus fort, monsieur.
10. Fais ce que je t'ai dit.

Expression de l'ordre

1. Il est exprimé par l'impératif :

¡*Escucha*, tengo una gran idea!
Écoute, j'ai une idée superbe !
Pase Vd. por la oficina antes de las doce.
Passez au bureau avant midi.
¡*Coged* vuestras cosas y *salid*!
Prenez vos affaires et sortez !

2. Le ou les pronoms compléments sont toujours enclitiques :

¡*Levánta*te, son ya las 7 y media!
Lève-toi, il est déjà 7 heures et demie !
¡*Díga*melo Vd.! *Dites-le moi.*
Traéd*selo. Apportez-le lui.*

3. Aux 1re et 2e personnes du pluriel des verbes pronominaux, la consonne finale disparaît devant le pronom enclitique :

Levantemo**s** + nos → levanté**monos**. *Levons-nous.*
Levanta**d** + os → levanta**os**. *Levez-vous.*

Seule exception : i**d** + os → *Idos. Allez-vous-en.*

4. Lorsque l'ordre s'adresse à une collectivité que l'on tutoie, il peut être exprimé par un infinitif, éventuellement précédé de la préposition **a** :

Senta**ros**. *Asseyez-vous.* ¡**A callar**! *Taisez-vous !*

Expression de la défense

1. Elle est toujours exprimée par le présent du subjonctif précédé d'une négation ou d'un mot négatif :

No frecuentes este tipo de amigos.
Ne fréquente pas ce genre d'amis.
Nada temáis, para esto estoy aquí.
Ne craignez rien, je suis là pour ça.

2. Le ou les pronoms compléments sont devant le verbe :

No *te* muevas de aquí antes de que regrese.
Ne bouge pas d'ici avant que je revienne.
No *se lo* digas a nadie, es un secreto.
Ne le dis à personne, c'est un secret.

3. L'infinitif précédé de **no** peut exprimer la défense collective :

No *escupir. Ne crachez pas.* No *fumar. Ne fumez pas.*

EXERCICES

D. Mettez les ordres suivants à la forme négative

decidlo	vestíos
escríbanselo	pruébatelo
cómpramelo	envíeselo

E. Mettez les défenses suivantes à la forme affirmative

no te lo quites	no se lo haga
no os lo pongáis	no nos durmamos
no lo limpiéis	no se lo den
no nos vayamos	no os sentéis

F. Complétez les phrases suivantes

1. (Saber) ......, señor, que eso es mentira.
2. (Escuchar) ...... las explicaciones, niños.
3. No (moverse) ...... de allí, señores.
4. (Lavarse) ...... los dientes, Elena.
5. (Irse) ...... por pan, nena.
6. (Salir) ...... nosotros de aquí.
7. ¡Cuidado !, señores, no (caerse) ......
8. (Estarse) ...... quietos, niños.
9. No (mentir) ......, Paco.
10. No (tener) ...... miedo, hijo.

G. Traduisez

1. Appelez-moi demain au bureau, monsieur.
2. Éteins la lumière et dors.
3. Ne viens pas demain, viens après-demain.
4. Mets ton manteau et allez-vous-en tout de suite.
5. Croyez-moi, madame, j'en suis sûr.
6. Écoute ce que je te dis et fais-le.
7. Suivez cette rue, monsieur, puis tournez à gauche.
8. Asseyez-vous et attendez, les enfants.
9. Garçon, apportez-moi l'addition et payez-vous.
10. Ne restons pas ici, allons-nous-en.

49. L'emploi du subjonctif

Emplois obligatoires du subjonctif

1. Le subjonctif est obligatoire dans les propositions indépendantes ou principales :

— À certaines personnes de l'impératif : vouvoiement singulier et pluriel (**Vd.** et **Vds.**) et première personne du pluriel (**nosotros-as**) :

> **Vuelva Vd. mañana.** *Revenez demain.*
> **¡Salgamos de aquí!** *Sortons d'ici!*

— À toutes les personnes lorsqu'il s'agit d'une défense :

> **No volváis vosotros.** *N'y retournez pas.*

— Avec **ojalá**, *pourvu que, si seulement,* ainsi qu'avec toutes les expressions qui expriment un souhait ou un regret :

> **¡Ojalá lo traiga!** *Pourvu qu'il l'apporte!*
> **¡Que te mejores!** *Meilleure santé! (Porte-toi mieux!)*
> **¡Que tengas suerte!** *Bonne chance!*
> **¡Que aproveche!** *Bon appétit!*

2. Le subjonctif, comme en français, est obligatoire dans certaines subordonnées :

— après **para que**, *pour que* (ou **a que** après un verbe de mouvement) ; **sin que**, *sans que;* **antes de que**, *avant que :*

> **Lo digo para que lo sepa.**
> *Je le dis pour qu'il le sache.*
> **Vengo a que me lo des.**
> *Je viens pour que tu me le donnes.*

— après les verbes exprimant la volonté, le désir, la crainte, le regret et l'étonnement :

> **Queremos que te portes un poco mejor.**
> *Nous voulons que tu te comportes un peu mieux.*
> **Siento que no venga.** *Je regrette qu'il ne vienne pas.*

— après les expressions impersonnelles exprimant une possibilité, une obligation ou un sentiment : '

> **Es posible que yo invierta en ese negocio.**
> *Il est possible que j'investisse dans cette affaire.*

EXERCICES

A. Mettez le verbe au subjonctif à la personne qui convient

1. Dame tu número de teléfono para que *quedar* (nosotros) para mañana.
2. Lamento mucho que no *poder* asistir (Vd.) esta mañana a la reunión.
3. Me da mucha pena que no *venir* (tú) mañana con nosotros.
4. Sube al piso de arriba a que *darte* un poco de harina.
5. Me extraña mucho que tu hermano no *llegar* todavía.
6. ¡Ojalá *hacer* buen tiempo mañana y no *llover*!
7. Vamos a ver al dentista antes de que te *seguir doliendo* a ti más la muela.
8. Alberto sigue en ese empleo sin que *gustarle* ni *interesarle* verdaderamente.
9. Te he comprado este vestido para que *ponérselo*.
10. ¡No *salir* tú así!
11. Me han devuelto el dinero sin que *pedirlo* yo.
12. Pon la comida en el horno para que *calentarse*.
13. Llevo buscando un rato sin que *acordarse* del nombre de ese chico de gafas.
14. Es imposible que las cosas *seguir* así.
15. No hay derecho a que *tratarme* así tú.

B. Traduisez

1. Ils m'aident sans que je le leur demande.
2. Je suis désolé que tu ne viennes pas demain.
3. Mademoiselle, sortez un instant, s'il vous plaît.
4. Je vais à l'agence de voyages pour qu'on me change le billet d'avion.
5. Paquito, ne cours pas si vite!
6. Je suis content que ton père soit sorti de l'hôpital.
7. Ne sois pas en retard pour que nous puissions dîner tous ensemble.
8. Je souhaite que tu trouves rapidement un appartement.
9. Monte, pour que ta mère te donne le journal.
10. Je lui ai écrit plusieurs lettres sans qu'elle me réponde.
11. Venez, messieurs, que je vous raconte ce qui s'est passé.
12. Je lui ai acheté ce jouet pour qu'il s'amuse.

— après les verbes exprimant un ordre, une défense, une demande ou une prière :

> **La Dirección exige que los empleados *entren* a las ocho.**
> *La Direction exige que les employés entrent à huit heures.*
> **Dice que nos *demos* prisa.** *Il nous dit de nous dépêcher.*

Remarques : les verbes exprimant un ordre (sauf **decir que**, *dire de*), une défense et certains autres, tels que **permitir** et **dejar**, *permettre*, peuvent être construits avec un infinitif lorsque leur complément est un pronom personnel (**me, te, le, nos, os, les**), lequel devient le sujet de l'infinitif :

> **Nos impide *trabajar*.** *Il nous empêche de travailler.*

Ces mêmes verbes peuvent être construits avec un infinitif s'ils n'ont pas de complément :

> **Mandó *desalojar* la calle.** *Il a ordonné d'évacuer la rue.*

Dans cette construction, l'infinitif espagnol n'est jamais précédé de la préposition de (cf. p. 116).

Remarque : contrairement au français, le complément du superlatif est exprimé en espagnol à l'indicatif s'il s'agit d'un fait réel (cf. p. 56) :

> **Es el asunto más importante que *he tenido*.**
> *C'est l'affaire la plus importante que j'aie eue.*

3. Le subjonctif espagnol traduit un infinitif français :

— pour exprimer des remerciements ou formuler des excuses :

> **Te agradezco que *hayas venido*.**
> *Je te remercie d'être venu.*
> **Perdona que *llegue* tarde.** *Excuse-moi d'être en retard.*

— après les verbes qui exigent la préposition a, tels que **invitar**, *inviter ;* **persuadir**, *persuader ;* **obligar**, *obliger*... :

> **Nos invita a que *pasemos* el fin de semana en su casa.**
> *Il nous invite à passer le week-end chez lui.*
> **Me obliga a que le *pague*.** *Il m'oblige à le payer.*

Remarque : ces verbes peuvent être construits, comme en français, avec l'infinitif :

> **Pedro nos invita a *cenar*.** *Pierre nous invite à dîner.*

EXERCICES

C. Mettez le verbe au subjonctif lorsque c'est nécessaire

1. Puede que este verano ...... *ir* (nosotros) al sur de España.
2. Les ruego ...... *pasar* Vds.
3. Mis amigos me invitan ...... *ir* con ellos de vacaciones.
4. Le ruego ...... *facturar* el equipaje lo antes posible.
5. Es una lástima ...... esta casa ...... *ser* tan cara.
6. Me dicen siempre ...... *conducir* (yo) despacio.
7. No hace falta ...... *salir* (tú) pronto.
8. Aquí nos prohíben ...... *comunicar* cualquier información fuera del servicio.
9. Mis padres me obligan ...... *llegar* a las diez.
10. Es una pena que, con lo inteligente que es, ... *trabajar* tan poco.
11. Pili siempre me encarga ...... *comprarle* libros.
12. El médico me recomienda ...... no *hacer* esfuerzos, ... *descansar* y ...... *dormir* mucho.
13. El Presidente pide a la Asamblea ...... *votar* a favor de la moción gubernamental.
14. El juez ordena ...... los primeros testigos ...... *presentarse*.
15. Los profesores dicen a mi hijo ...... *estudiar* más.

D. Traduisez

1. Il n'est pas possible que cette voiture consomme autant d'essence.
2. Il me recommande de tout fermer avant de partir.
3. Excusez-nous, messieurs, de ne pas vous avoir prévenus avant.
4. Je te remercie beaucoup de m'avoir appelé.
5. Il est important que cette lettre arrive avant lundi.
6. Marie nous oblige à l'accompagner chez elle tous les jours.
7. Il nous propose de le payer en trois fois.
8. Je vous prie, monsieur, de ne pas m'interrompre.
9. Il est inadmissible que l'assurance ne nous rembourse pas.
10. Je leur dis de traverser toujours sur les passages piétons.
11. Mes avocats me conseillent de ne pas porter plainte.
12. Tout le monde m'a suggéré de ne rien dire.
13. Le chef veut que tout soit terminé avant qu'il parte.
14. Monsieur, vous permettez que j'ouvre la fenêtre?

4. Le subjonctif est toujours utilisé en espagnol :

— dans les propositions conditionnelles introduites par les conjonctions et locutions **como, con tal (de) que, siempre que...** (cf. p. 304) :

> **Lo compraré siempre que *tenga* dinero.**
> *Je l'achèterai si j'ai de l'argent.*

— dans les propositions conditionnelles hypothétiques introduites par **si**, qui exigent l'imparfait du subjonctif ou le plus-que-parfait du subjonctif (cf. p. 302) :

> **Si *volvieras* pronto, podríamos salir.**
> *Si tu rentrais de bonne heure, nous pourrions sortir.*

— après **como si**, *comme si*, l'espagnol emploie obligatoirement l'imparfait du subjonctif :

> **Lo exige como si *fuera* suyo.**
> *Il le réclame comme si c'était à lui.*

Emplois du subjonctif ou de l'indicatif

Le subjonctif souligne le caractère éventuel ou improbable d'une action par rapport à l'indicatif :

1. Dans les propositions indépendantes introduites par des adverbes de doute :

> Doute renforcé : **Tal vez no *sepa* nada.**
> *Il ne sait peut-être rien.*
> ≠ Doute atténué : **Tal vez *ha venido*.**
> *Il est peut-être venu.*

Remarque : la locution de doute **a lo mejor**, *peut-être*, exige toujours l'indicatif (cf. p. 222) :

> **A lo mejor *llega* en el avión de las siete.**
> *Peut-être arrive-t-il dans l'avion de sept heures.*

2. Dans les propositions subordonnées introduites par :
— des verbes qui expriment le doute ou l'ignorance. L'emploi du subjonctif est pratiquement général après les verbes de doute :

> **No creo que tu amigo *cambie* de opinión.**
> *Je ne crois pas que ton ami changera d'avis.*

Remarque : cependant, les verbes qui expriment l'ignorance permettent une gradation dans l'incertitude, rendue par l'opposition entre l'indicatif et le subjonctif :

EXERCICES

E. Mettez le verbe à l'imparfait du subjonctif à la personne qui convient

1. Insiste como si *servir* para algo.
2. Me miras como si no *acordarse* de mí.
3. Vuelve siempre como si *ser* la primera vez.
4. Siguen trabajando como si no *tener* dinero.
5. Hace un tiempo como si *estar* en invierno.
6. Lo repite como si *conseguir* algún resultado.
7. Nos tratan como si no *conocernos*.
8. Viven como si *ser* millonarios.
9. Le hablan en un tono como si *hacerles* algo a ellos.
10. Me lo repite como si no *entender*.

F. Traduisez

1. S'il ne pleut pas, il faudra arroser les plantes.
2. Vous craignez qu'il ne vienne ce soir; donc nous ne pouvons pas partir avant qu'il arrive.
3. Je te le demande comme si c'était pour moi.
4. Il ne croit pas que nous gagnerons beaucoup d'argent avec cette affaire.
5. J'ignorais qu'il pleuvait autant dans cette région.
6. Il se plaint toujours comme s'il allait mourir.
7. C'est la seule ville que nous n'ayons pas visitée.
8. Si tu savais ce qui s'est passé l'autre jour...

G. Employez la forme correspondante de l'indicatif quand c'est possible

1. Quizás no *haya* nadie en casa.
2. No sabía que *estuvieras* aquí.
3. No creo que hoy *salgamos* más tarde que ayer.
4. Se hablan como si se *conocieran* de siempre.
5. Tal vez no lo *sepa* y metemos la pata.
6. Es una pena que no *tenga* las cualidades para ese trabajo.
7. En el banco dudan mucho de que esas acciones *sigan* subiendo.
8. ¡ Ojalá *obtenga* el trabajo que buscaba !
9. No me obligues a que se lo *diga* otra vez.

No sabía que las cosas *estaban* así.
Je ne savais pas que les choses étaient comme ça.
≠ **No sabía que las cosas *estuvieran* así.**
Je ne savais pas que les choses pouvaient être comme ça.

— des verbes qui expriment la crainte. Le verbe de la proposition subordonnée est habituellement au subjonctif :

Tengo miedo de que *sea* un viaje muy largo.
J'ai peur que le voyage ne soit très long.

Remarque : les verbes de crainte, comme les verbes qui expriment l'ignorance, permettent la même gradation dans l'incertitude, rendue par l'opposition entre l'indicatif et le subjonctif :

Me temo que Juan *viene* a vernos esta noche.
J'ai bien peur que Jean ne vienne nous voir ce soir.
≠ **Me temo que ella *se vaya*. J'ai peur qu'elle ne parte.**

3. Dans les propositions relatives, temporelles ou concessives :
— le subjonctif est obligatoire pour traduire un futur hypothé-tique français dans les propositions relatives et temporelles. Il indique que l'action exprimée par la subordonnée est éven-tuelle et non réalisée :

— dans les relatives :
Compraré los libros que me *pidas*.
J'achèterai les livres que tu me demanderas.
≠ **Compraré el libro que me *pides*.**
J'achèterai le livre que tu me demandes.

— dans les temporelles :
Lo haré cuando *pueda*. Je le ferai quand je pourrai.
≠ **Lo hago cuando *puedo*. Je le fais quand je peux.**

— dans les propositions concessives, le subjonctif signale le caractère purement éventuel de l'action, par opposition à l'indicatif, qui indique un fait réel :

Vamos al campo aunque *haga* mal tiempo.
Nous allons à la campagne même s'il fait mauvais.
≠ **Vamos al campo aunque *hace* mal tiempo.**
Nous allons à la campagne bien qu'il fasse mauvais.

EXERCICES

H. Mettez les verbes en italique à l'indicatif ou au subjonctif

1. Aunque te *parecer* una persona muy conservadora, cuando le conoces te das cuenta de que no lo es.
2. El otro día estuvimos paseando hasta que *ponerse* el sol.
3. Es la persona más amable que *ver* en mi vida.
4. Aguantaremos esta situación hasta que *poder* salir adelante.
5. De ahora en adelante haremos lo que nos *mandar* vosotros.
6. Aunque esta muela no *doler me* mucho todavía, prefiero ir al dentista cuanto antes.
7. Anteayer aparqué el coche donde *poder,* porque estaba todo lleno.
8. Nos bañaremos cuando *encontrar* un sitio donde no *haber* mucha gente.
9. Mira a ver si nos puedes alquilar una casa que *ser* barata y que no *estar* muy lejos del mar.
10. Ayer cuando *llegar* (nosotros), ya estaban todas las tiendas cerradas.
11. Cuando *estar* cansado, me lo dices y nos vamos.
12. Estuvo en aquel pueblo de médico hasta que *cansarse* y venirse a la ciudad.
13. Cuando *tener* nosotros un barco, podremos hacer un crucero por la costa.
14. Por mucho que *insistir,* no lograrás convencerme.
15. Mira, te he traído los encargos que me *pedir.*
16. Mira, cuando *terminar* (yo) este trabajo, iremos adonde te *apetecer,* siempre que el sitio no *estar* muy lejos.

I. Traduisez

1. Achète ce médicament dans la première pharmacie que tu trouveras.
2. Quand il sera grand il choisira le sport qui lui plaira.
3. Je lui répondrai dès que j'aurai un peu de temps.
4. Nous avons laissé le message à la personne que tu nous avais indiquée.
5. Le médecin craint que ce ne soit un problème d'estomac.
6. Il avait beau déclarer son innocence, personne ne le croyait.
7. Bien que ses explications soient claires, je ne le comprends pas.

50. Les temps du subjonctif
La concordance des temps

Les temps du subjonctif dans les propositions indépendantes

1. Avec les adverbes de doute **quizá(s)**, **tal vez**, **acaso**, *peut-être* :
— le présent du subjonctif sert à énoncer un doute dans le moment présent ou dans le futur :

> Quizá no *quiera* hablar ahora.
> *Il ne veut peut-être pas parler maintenant.*
> Quizá no *tenga* tiempo mañana.
> *Demain je n'aurai peut-être pas le temps.*

— le subjonctif passé exprime le doute dans le passé :

> Tal vez lo *hayas conocido* en otro momento.
> *Tu l'as peut-être connu à un autre moment.*

— l'imparfait du subjonctif (et le plus-que-parfait du subjonctif) permettent de renforcer la notion de doute :

> Quizá lo *supiera*, pero se le ha olvidado.
> *Il l'a peut-être su, mais il l'a oublié.*

2. Avec **ojalá**, *pourvu que, si seulement* :
— le présent et le passé du subjonctif permettent d'énoncer un simple souhait :

> ¡ Ojalá no *llueva* ni hoy ni mañana !
> *Pourvu qu'il ne pleuve ni aujourd'hui ni demain !*
> ¡ Ojalá *haya hecho* bien el examen !
> *Pourvu qu'il ait bien fait son examen !*

— l'imparfait du subjonctif souligne le caractère improbable de la réalisation du souhait énoncé :

> ¡ Ojalá *fuera* rico ! *Si seulement j'étais riche !*

— le plus-que-parfait du subjonctif exprime le regret :

> ¡ Ojalá os *hubiera hecho* caso !
> *Ah, si seulement je vous avais écouté !*

Les temps du subjonctif dans la proposition subordonnée

Ils dépendent du temps employé dans la proposition principale et de la nature de la subordination :

1. Si le temps dans la proposition principale est au présent ou au futur :
— le temps dans la subordonnée est au présent du subjonctif :

EXERCICES

A. Transformez les phrases en employant l'imparfait du subjonctif

1. Quizá no nos *pudo* avisar.
2. Tal vez *se acuerda*.
3. ¡ Ojalá *quiera* trabajar un poco más !
4. Quizá *servía* para algo pero ya no se utiliza.
5. Tal vez *prefirió* quedarse en casa.
6. ¡ Ojalá *haga* un poco más fresco !
7. Quizás *se sintió* mal. Ya sabes que no anda muy bien.
8. ¡ Ojalá *elija* pronto y *terminemos* de una vez !
9. ¡ Ojalá no me lo *pida* con tanta frecuencia !
10. Acaso se lo *devolvieron* en otro momento.
11. Quizá *no estaba* enterado del asunto y por eso no *dijo* nada.
12. Quizá el coche *estaba* estropeado y por eso ocurrió el accidente.
13. Quizá no *sabía* nada.

B. En transformant les phrases suivantes, exprimez le regret avec ojalá

1. Me arrepiento de haberme mostrado tan severo con él.
2. Lamento mucho que lo interpretaras así.
3. No tendría que haberme puesto tan nervioso.
4. Lástima que la cosecha fuera tan mala aquel año precisamente.
5. Es inadmisible que la Dirección se volviera tan dura en las negociaciones.
6. Me sentó muy mal que no me concedieran el crédito cuando lo pedí.
7. Es una lástima que el Gobierno no resolviera la situación social cuando la coyuntura era favorable.
8. Me resultó muy desagradable asistir a aquella reunión.
9. Tengo un pésimo recuerdo de aquel viaje que hice con Jesús.
10. Fue un error que devaluaran la moneda en aquel momento.
11. Me arrepiento de haber comprado ese coche.
12. No te puedes imaginar lo descontento que estoy de haber aceptado el traslado.

● après un verbe de volonté, de désir, d'ordre, de prière, de conseil, etc.

> **Me pide que le *lleve* a su casa.**
> *Il me demande de l'amener chez lui.*
> **Te ruego que no me *digas* esas cosas.**
> *Je te prie de ne pas me dire ces choses-là.*

● dans les propositions introduites par **para que**, *pour que* :

> **Te traigo este vino para que lo *bebas* a mi salud.**
> *Je t'apporte ce vin pour que tu le boives à ma santé.*

— tous les temps du subjonctif sont possibles dans les autres cas de subordination et dépendent du moment où se situe l'action de la proposition subordonnée :

● le subjonctif passé :

> **Siento que *haya cometido* el mismo error esta semana.**
> *Je regrette qu'il ait commis la même erreur cette semaine.*
> **Me voy sin que *hayan terminado* todavía su trabajo.**
> *Je pars sans qu'ils aient encore fini leur travail.*

● l'imparfait du subjonctif :

> **Es posible que la *conocieras* en otro momento.**
> *Il est possible que tu l'aies connue à un autre moment.*

● le plus-que-parfait du subjonctif :

> **Es una lástima que no *se hubiera dado* cuenta entonces.**
> *C'est dommage qu'il ne se soit pas rendu compte alors.*

2. Si le temps de la principale est au passé ou au conditionnel, la concordance des temps exige alors dans toutes les subordonnées l'imparfait du subjonctif ou le subjonctif plus-que-parfait qui suppose une antériorité par rapport à l'action exprimée par le verbe principal :

> **Me pidió que me *fuera*. Il m'a demandé de partir.**
> **Lamentaron que te *hubieras marchado* tan pronto.**
> *Ils ont regretté que tu sois parti si tôt.*

Remarque : si le passé composé est employé dans la proposition principale, il permet une double concordance dans la subordonnée avec le présent du subjonctif ou l'imparfait du subjonctif :

> **Te han dicho que *estudies*, pero no haces caso.**
> *On t'a dit d'étudier, mais tu n'écoutes pas.*
> ≠ **Te han dicho que *estudiaras*, pero no has hecho caso.**
> *On t'a dit d'étudier, mais tu n'as pas écouté.*

EXERCICES

C. Traduisez

1. Je leur avais suggéré de partir un peu plus tôt pour que nous puissions arriver à l'heure.
2. Il nous remercia de l'avoir aidé à ce moment-là.
3. Je voudrais que vous me montriez les autres services de l'entreprise.
4. Cela te dirait que nous allions au cinéma ensemble ?
5. Je lui avais demandé de tirer lui-même les conclusions qui s'imposaient.
6. Il m'avait demandé si j'étais libre samedi prochain.
7. Tu n'as pas peur que l'on exige de toi d'autres qualifications pour le poste que tu demandes ?
8. C'est dommage que ces terres soient si pauvres.
9. Pourvu qu'il sorte de la situation où il se trouve !
10. Il serait intéressant d'acheter ces actions maintenant.

D. Mettez la subordonnée au temps du subjonctif qui convient

1. Le sugerí que *pensarlo* bien y que no *cometer* una locura tomando una decisión precipitada.
2. No hace falta que *venir* Vd. mañana. Ya me las arreglaré como *poder* (yo).
3. Sería conveniente que *convencerle* (tú) de que no *hacer* esa tontería.
4. ¡ Ojalá *hacerte* caso yo cuando aún estaba a tiempo !
5. Me hubiera gustado que *conocer* (tú) a Gustavo hace unos años. Entonces nos queríamos como si *ser* hermanos.
6. No quiere ir para que no *obligarle* (vosotros) a que *quedarse* todo el fin de semana.
7. Me pidió que *seguir* en el puesto unos meses más hasta que me *encontrar* un sustituto.
8. No creía que *trabajar* (tú) hasta el año pasado en esa empresa.
9. Yo te aconsejaría que *incluir* todo en el informe.
10. Le rogué que no *insistir* y que me *dejar* tranquilo.
11. Yo le pediría que *quedarse* (él) unos días más, para que *poder* estar todos juntos.
12. El médico me ha obligado a que *hacer* ejercicio.

51. Le souhait et le regret

Expression du souhait

1. Il s'exprime toujours au subjonctif :

¡ **Bienvenido** *seas* ! *Sois le bienvenu !*

¡ **Que** *descanses* ! *Repose-toi bien !*

2. Il est généralement introduit par la conjonction **que**, *que*, ou **ojalá**, *pourvu que, ah, si…* :

¡ *Que* tengan Vds. un buen viaje, señoras !
Faites un bon voyage, mesdames !

¡ *Ojalá* llegues a tiempo a clase !
Pourvu que tu arrives à l'heure en classe !

Remarque : l'emploi de l'imparfait du subjonctif indique un degré de probabilité de réalisation plus faible qu'avec le présent du subjonctif :

¡ Ojalá *tuviéramos* suerte ! *Ah, si nous avions de la chance !*

≠ ¡ Ojalá *tengamos* suerte ! *Pourvu que nous ayons de la chance !*

3. **Quién**, suivi de la 3ᵉ personne du singulier de l'imparfait du subjonctif, exprime le souhait *personnel* :

¡ *Quién fuera* millonario ! *Ah, si j'étais millionnaire !*

¡ *Quién pudiese* viajar ! *Ah, si je pouvais voyager !*

Expression du regret

1. Il se rend par **ojalá**, *si seulement*, suivi du plus-que-parfait du subjonctif :

¡ Ojalá *hubiesen venido* a nuestra fiesta !
Si seulement ils étaient venus à notre fête !

2. Il est rendu par le verbe **sentir que**, *regretter que*, ou des expressions telles que **es una lástima que…, es una pena que…, c'est dommage que…**, suivis du subjonctif :

Siento que no estés aquí conmigo.
Je regrette que tu ne sois pas là avec moi.

Es una lástima que no venga mañana.
C'est dommage qu'il ne vienne pas demain.

Fue una pena que lo hicieras así.
C'est dommage que tu l'aies fait comme ça.

(Cf. aussi l'emploi du subjonctif, p. 214.)

EXERCICES

A. Complétez les phrases suivantes

1. ¡ Que Vd. (mejorarse) ...... !
2. ¡ Quién (tener) ...... dieciocho años ahora !
3. ¡ Ojalá (venir) ...... Pedro con sus amigos !
4. ¡ Que (aprovechar) ......, señor !
5. ¡ Ojalá tu hermano y tú (llegar) ...... a tiempo !
6. ¡ Ojalá (dejar) ...... de llover !
7. ¡ Maldita (ser) ...... ! ¡ Qué mala suerte tengo !
8. ¡ Buenas noches, nena ! Que (soñar) ...... con los angelitos !
9. ¡ Que no me (enterar) ...... de que has hecho una faena !
10. ¡ Ojalá esta señora (decidirse) ...... a comprar !

B. Traduisez

1. ¡ Ojalá encontremos entradas !
2. ¡ Que os divirtáis !
3. ¡ Ojalá hubiesen detenido al asesino !
4. ¡ Quién pudiera dejarlo todo y marcharse !
5. Es una lástima que se pierdan tanta fruta.
6. ¡ Ojalá supiera conducir !
7. ¡ Ojalá terminen las huelgas !
8. Siente que no hayas aprobado el examen.
9. ¡ Ojalá me toque el premio gordo !
10. Sentimos mucho que se fuera Vd.

C. Traduisez

1. Pourvu que tu puisses m'accompagner !
2. Je regrette qu'il n'ait pas le temps de m'appeler.
3. Si seulement nous avions connu plus tôt cet endroit !
4. Pourvu qu'il ne me demande pas mon passeport !
5. Si seulement tu me l'avais dit avant !
6. Ah, si je savais parler toutes les langues !
7. Pourvu qu'elle revienne vite !
8. Si seulement tu m'avais écouté !
9. Bonsoir, mes enfants ! Dormez bien !
10. Ah, s'il n'y avait pas de guerres !

52. La probabilité et le doute

1. La probabilité, rendue en français par les verbes « devoir » et « pouvoir », est exprimée en espagnol par le futur et le conditionnel d'hypothèse, conformément à la concordance temporelle suivante :

Probabilité au présent → futur simple
Probablemente _está_ enfermo = _**estará**_ enfermo.
Il doit être malade.

Probabilité au passé composé → futur antérieur
Probablemente _ha estado_ enfermo = _**habrá estado**_ enfermo.
Il a dû être malade.

Probabilité { à l'imparfait
{ au passé simple → conditionnel présent
Probablemente _estaba/estuvo_ enfermo = _**estaría**_ enfermo.
Il devait / il a dû être malade.

Probabilité au plus-que-parfait → conditionnel passé
Probablemente _había estado_ enfermo = _**habría estado**_ enfermo.
Il avait dû être malade.

2. La probabilité peut être exprimée par le verbe **deber**, *devoir*, suivi de la préposition **de** et de l'infinitif :

> **_Deben_ de ser las 9.** *Il doit être 9 heures.*

Remarque : dans la langue actuelle, **deber** est parfois indûment employé avec la valeur de **deber de**.

3. Les principaux adverbes de doute sont **quizás** (ou **quizá**), **tal vez**, **acaso**, *peut-être*. Ils sont employés avec l'indicatif *ou* le subjonctif suivant le degré d'incertitude exprimée :

Moins d'incertitude   Plus d'incertitude
Quizá(s) _está_ aquí. ≠ **Quizá(s) _esté_ aquí.**
Peut-être est-il là.
Tal vez lo _sabían_. ≠ **Tal vez lo _supieran_.**
Peut-être le savaient-ils.

Remarques : l'antéposition de l'adverbe de doute conditionne souvent l'emploi du subjonctif bien qu'il ne soit pas obligatoire :

Quizás _venga_ mañana. ≠ **Quizás _vendrá_ mañana.**
Peut-être viendra-t-il demain.

EXERCICES

A. Complétez les phrases avec le futur ou le conditionnel d'hypothèse

1. Anoche, (yo - acostarse) …… sobre las doce.
2. El cuarto (medir) …… unos 20 metros cuadrados.
3. No encontraba el paraguas, lo (perder) ……
4. (Vosotros - estar) …… allí cuando estalló la tormenta.
5. Los estantes son muchos, pero todos los libros no (caber) ……
6. (El - recibir) …… unas diez cartas esta mañana.
7. No sé cuantos años tiene, pero (tener) …… unos cuarenta.
8. (Ser) …… las ocho cuando vino.
9. (Yo - caminar) …… unos 3 km. diarios cuando iba al colegio.
10. (Haber) …… en la fiesta de ayer alrededor de cien personas.

B. Complétez les phrases (il y a parfois plusieurs solutions)

1. Quizás (llover) …… el próximo fin de semana.
2. Acaso tú lo (ver) …… más a menudo.
3. Este señor (ser) …… tal vez millonario, pero no lo parece.
4. Quizás Carmen y yo (salir) …… a dar un paseo.
5. Pablo (estudiar) …… quizás más que su hermano.
6. Quizás Juana (venir) ……, pero no la he visto.
7. Tal vez tus amigos no (conocer) …… el camino.
8. Acaso (creer) ……, señor, que no digo la verdad.
9. Tal vez no (valer) …… la pena molestarse por ello.
10. No (ser) …… cierto quizás, pero te creo.

C. Traduisez

1. Maintenant, il doit être chez lui.
2. Ils te rendront peut-être visite demain.
3. Peut-être sont-ils en voyage.
4. Il devait être dans son bain lorsque j'ai appelé.
5. Ils doivent être très riches.
6. Tu verras peut-être mieux en te penchant à la fenêtre.
7. Peut-être n'a-t-il pas autant de livres qu'il le dit.
8. Il a dû se renseigner ce matin.
9. Peut-être voulez-vous ce journal, madame.
10. Ils avaient dû prendre un taxi.

Par contre, lorsque l'adverbe de doute est placé derrière le verbe, l'incertitude étant atténuée, le verbe est à l'indicatif :

> Los niños *duermen* quizás. *Les enfants dorment peut-être.*

La locution adverbiale a lo mejor, *peut-être*, est toujours suivie de l'indicatif :

> A lo mejor no *se acuerda* de la cita.
> *Peut-être ne se souvient-il pas du rendez-vous.*
> A lo mejor no *estarán* en casa cuando llegues.
> *Peut-être ne seront-ils pas chez eux quand tu arriveras.*
> A lo mejor lo *dijo* y no lo *oímos*.
> *Peut-être l'a-t-il dit et ne l'avons-nous pas entendu.*

4. La proposition complétive introduite par **puede que**, *il se peut que, peut-être*, ou par des expressions telles que **es probable que**, *il est probable que*, **es posible que**, *il est possible que*, ou encore par un verbe introduisant une idée de doute, est toujours au subjonctif :

> **Puede que** *llueva* por la tarde.
> *Il se peut qu'il pleuve cet après-midi.*
> **Es probable que** *llame* a casa.
> *Il est probable qu'il appellera à la maison.*
> **Dudo que** *acepten* nuestra invitación.
> *Je doute qu'ils acceptent notre invitation.*

Remarque : les verbes introduisant une supposition ou une croyance, tels que **suponer**, *supposer*, **creer**, *croire*, **pensar**, *penser*, sont suivis de l'indicatif à la forme affirmative :

> **Supongo que** *volverán*. *Je suppose qu'ils reviendront.*
> **Pienso que** *habrá llegado*. *Je pense qu'il a dû arriver.*
> ≠ **No creo que** *venga*. *Je ne crois pas qu'il vienne.*

5. Traduction de *à moins que..., à moins de...* : cette expression se traduit par les tournures : **a no ser que..., a menos que...** ou **salvo que...**, toujours suivies du subjonctif :

> No llegaremos a tiempo *a no ser que cojamos* un taxi.
> *Nous n'arriverons pas à l'heure à moins de prendre un taxi.*
> Dijo que vendría *a menos que haya* huelga.
> *Il a dit qu'il viendrait à moins qu'il y ait une grève.*

EXERCICES

D. Complétez les phrases suivantes

1. Dudo que (él - atreverse) ...... a decirlo.
2. Puede que le (ellos - conceder) ...... el visado.
3. A lo mejor (nosotros - ir) ...... a España el año próximo.
4. Es posible que esta película (tener) ...... mucho éxito.
5. Supongo que (tú - estar) ...... trabajando en casa mañana.
6. Puede que (yo - llegar) ...... tarde mañana.
7. Es probable que él (dirigir) ...... el concierto el domingo.
8. A lo mejor ya (vosotros - oír) ...... hablar de él.
9. ¿Será posible que (ellos - coincidir) ...... otra vez?
10. Podría ser que (él - ganar) ...... el concurso.

E. Traduisez

1. Tal vez la semana que viene salga el barco.
2. — ¿Cree Vd. que está enfadado? — Lo estará.
3. El director tendría unos 60 años cuando se jubiló.
4. Habrá salido vivo de la catástrofe.
5. Acaso reciba Vd. noticias nuestras pronto.
6. Me dijo que estaría aquí a las diez y ya ve...
7. No habré sabido expresarme bien el otro día.
8. No sé; quizás te haga caso a ti.
9. Quizá no vengas más por aquí.
10. A lo mejor piensa que las cosas pueden seguir así.

F. Traduisez

1. Il est probable qu'il ne nous reverra pas.
2. Peut-être ne savait-il pas que tu partais aujourd'hui.
3. Nous ne croyons pas qu'il ait fait le nécessaire.
4. À quelle heure est-il arrivé? — Il devait être 10 heures.
5. Il est peu probable qu'ils se souviennent de nous.
6. Sa famille ne pense pas qu'il réussira si facilement.
7. Il se peut que finalement tout s'arrange.
8. Je serais surpris qu'ils signent le contrat.
9. Où pouvais-je avoir mis mon sac?
10. Il était probable qu'il ne nous recevrait pas.

53. L'infinitif

L'infinitif peut occuper les mêmes fonctions que le nom :

1. Sujet ou attribut du sujet : il est toujours construit sans préposition et l'enclise est obligatoire :

> **Es fácil *criticarlo* todo.** *Il est facile de tout critiquer.*
> **Lo importante es *empezar*.** *L'important est de commencer.*

2. Complément d'objet direct :

— On utilise l'infinitif comme complément d'objet direct lorsque son sujet est le même que celui du verbe principal :

> **Queremos *comer* en seguida.** *Nous voulons manger tout de suite.*
> **Prometió *pagar* los gastos.** *Il a promis de payer les frais.*

Remarque : cependant, avec les verbes de perception, la construction avec l'infinitif est fréquente même si le sujet de l'infinitif est différent de celui du verbe principal :

> **He visto *pasar* a un niño = He visto a un niño *que* pasaba.** *J'ai vu passer un enfant.*
> **Te oí *llamar* a la puerta = Oí *que* llamabas a la puerta.** *Je t'ai entendu frapper à la porte.*

— Après les verbes exprimant une demande, un ordre, une défense, un conseil ou une prière, on remplace l'infinitif français par une proposition complétive au subjonctif (cf. p. 208) :

> **Me piden *que venga*.** *Ils me demandent de venir.*
> **Te digo *que vayas* al colegio.** *Je te dis d'aller à l'école.*
> **Le mandó *que se callara*.** *Il lui ordonna de se taire.*

Remarque : toutefois, certains de ces verbes tels que **mandar**, *ordenar, ordonner* ; **recomendar**, *recommander* ; **permitir**, *permettre* ; **prohibir**, *interdire* ; **impedir**, *empêcher*, ainsi que les verbes **hacer**, *faire* et **dejar**, *laisser*, peuvent également être construits avec l'infinitif lorsque leur complément d'objet est un pronom personnel ou qu'ils sont employés sans complément :

> **Le recomiendan *descansar* = Le recomiendan *que descanse*.** *On lui recommande de se reposer.*
> **Mandó *preparar* la cena = Mandó *que se preparara* la cena.** *Il ordonna de préparer le dîner.*
> **La hizo *venir* a Madrid = Hizo *que viniera* a Madrid.** *Il la fit venir à Madrid.*

EXERCICES

A. Transformez les phrases suivant le modèle :

Es peligroso que fumes → *fumar es peligroso.*

1. Es bueno que sepamos de todo.
2. Es necesario que durmáis lo suficiente.
3. Es malo que hables demasiado.
4. Es asombroso que podamos volar.
5. Es indispensable que trabajemos para comer.
6. Es increíble que no sepas escribir.

B. Complétez les phrases avec l'infinitif ou une proposition complétive (deux solutions sont parfois possibles)

1. Nos mandaron (nosotros - llevar) ...... este paquete.
2. ¿Me permite Vd. (yo - abrir) ...... la ventana?
3. Queremos (tú - participar) ...... en la fiesta.
4. Les dejé (ellos - hacer) ...... lo que quisieran.
5. La huelga nos impidió (nosotros - ir) ...... a trabajar.
6. Permítame (yo - explicar) ...... a Vd. lo ocurrido.
7. Nos dijeron (nosotros - ir) ...... de compras.
8. Te prohíbo (tú - salir) ...... esta tarde.
9. Procuraron (ellos - llegar) ...... puntuales.
10. Te aconsejo (tú - quedarse) ...... con nosotros.
11. Les oía (ellos - lamentarse) ...... por el mal tiempo.
12. Le ordenó a Carmen (ella - apagar) ...... la luz.

C. Traduisez

1. Je pense que voyager est la meilleure façon d'apprendre.
2. Demande au garçon de nous apporter deux bières.
3. Ils ont préféré partir avant la nuit.
4. Je vous prie de m'envoyer une information détaillée, monsieur.
5. Je les ai vus se promener dans le parc.
6. Ils ne nous ont pas laissés entrer dans l'église.
7. Le médecin m'a ordonné de marcher une demi-heure par jour.
8. Il est interdit de marcher sur la pelouse.
9. Il aime être le premier en tout.
10. On ne peut pas comprendre ce qu'il dit.

3. Complément d'objet indirect : il peut être introduit par diverses prépositions :

> Voy *a* dormir. *Je vais dormir.*
> Hablan *de* viajar. *Ils parlent de voyager.*
> Sueña *con* ir a Grecia. *Il rêve d'aller en Grèce.*

4. Constructions particulières : dans toutes ces constructions, si le sujet de l'infinitif est exprimé, il est toujours postposé :

● **Al** suivi de l'infinitif marque la simultanéité de deux actions :

> *Al llegar ellos*, todo se alteró.
> *Lorsqu'ils arrivèrent, tout changea.*

● **Con** suivi de l'infinitif équivaut, selon le contexte, à un gérondif ou à une proposition concessive ou conditionnelle :

> *Con pulsar* este botón se enciende la luz.
> *En appuyant sur ce bouton on allume la lumière.*
> ≠ *Con ser* muy rico, es muy avaro.
> *Bien qu'il soit très riche, il est très avare.*

● **De** suivi de l'infinitif ou d'une proposition infinitive équivaut à une proposition conditionnelle :

> *De saberlo*, te lo diría = *si lo supiera*, te lo diría.
> *Si je le savais, je te le dirais.*

Remarque : l'infinitif peut parfois être précédé de la préposition *a* :

> *A juzgar* por su acento, es extranjero.
> *À en juger par son accent, il est étranger.*

● **Por** suivi de l'infinitif introduit une proposition causale ou finale, ou bien indique qu'une action reste à accomplir (cf. p. 126) :

> Se cayó *por correr*. *Il est tombé parce qu'il courait.*
> ≠ Aún me quedan varias cosas *por hacer*.
> *Il me reste encore plusieurs choses à faire.*

Remarque : l'infinitif peut également être précédé de **que**, en corrélation avec les verbes **haber** ou **tener**, pour indiquer qu'une action doit être accomplie :

> Tengo varias cosas *que hacer*. *J'ai plusieurs choses à faire.*

5. Infinitif substantivé : précédé ou non d'un déterminatif, il devient un véritable substantif :

> *El hacerlo tú* es imprescindible.
> *Il est indispensable que tu le fasses toi-même.*
> ¡ Qué *sonreír* más hermoso el de esta mujer !
> *Quel beau sourire que celui de cette femme !*

EXERCICES

D. Remplacez les éléments en italique par un infinitif

1. *Aunque viene de buena familia,* es un mal educado.
2. *Cuando empecé,* no sabía cuáles eran las costumbres.
3. *Si corriera más,* ganaría el primer premio.
4. Esto te ha ocurrido *porque eres testarudo.*
5. *Cuando la miró,* se dio cuenta de que había llorado.
6. No pude encontrarle *porque llegué tarde.*
7. *Si fueses más prudente,* no pasarías tantos apuros.
8. *Aunque llegó muy atrasado,* no se quedó sin cenar.
9. *Cuando nos vio entrar,* el hombre se calló.
10. *Si llevarais el paraguas,* no os mojaríais.

E. Traduisez

1. De ser rica se compraría un abrigo de pieles.
2. Quedaba un grave problema por discutir.
3. Con ser millonario, mi padre seguiría gastando poco.
4. Al pasar a mi lado no me saludó.
5. Lo han castigado por haber mentido.
6. De tener el traje de baño, podríamos ir a la piscina.
7. Lo hice porque no había tiempo que perder.
8. El accidente ocurrió al llegar a Roma.
9. De estar menos impacientes, haríais mejor las cosas.
10. Con tener muchas ideas, habla poco.

F. Traduisez

1. Il s'est mis à pleurer lorsqu'il a entendu la nouvelle.
2. Bien que je sois venu tôt, le temps m'a paru court.
3. Je ne sais pas, tout est encore à décider.
4. Ils ont cessé de s'écrire depuis longtemps.
5. Il s'est blessé en ouvrant une boîte de conserve.
6. N'as-tu rien à me dire ?
7. Si nous allions à pied nous arriverions plus vite.
8. Je viens d'apprendre qu'il y a une grève demain.
9. L'obligation de travailler la nuit le fatiguait beaucoup.
10. Même si tu pleures, tu ne me feras pas changer d'avis.

54. Le participe passé

La formation du participe passé

1. Formation régulière : les participes réguliers sont formés à partir du radical du verbe auquel s'ajoute **-ado** si le verbe finit en **-ar** ou **-ido** si la terminaison du verbe est **-er** ou **-ir** :

> hablar, *parler* → habl*ado* ; com-er, *manger* → com*ido*
> viv-ir, *vivre* → viv*ido*

2. Verbes dont le participe passé est irrégulier : les verbes dont la terminaison est **-olver** et **-scribir** ont un participe passé irrégulier en **-uelto** et **-scrito** respectivement :

> v-*olver*, *retourner, revenir* → v*uelto*
> e-*scribir*, *écrire* → e*scrito*

3. Autres participes passés irréguliers :

abrir, *ouvrir* → abierto	cubrir, *couvrir* → cubierto
decir, *dire* → dicho	hacer, *faire* → hecho
morir, *mourir* → muerto	poner, *mettre, poser* → puesto
romper, *rompre* → roto	ver, *voir* → visto
satisfacer, *satisfaire* → satisfecho	

Remarque : tous les verbes composés à partir de ces verbes, à l'exception de **bendecir**, *bénir*, **maldecir**, *maudire,* et **proveer**, *pourvoir*, présentent la même irrégularité (cf. p. 362) :

> descubrir, *découvrir* → descubierto
> desdecir(se), *se dédire* → desdicho
> prever, *prévoir* → previsto

4. Verbes ayant un double participe passé : certains verbes ont un double participe, l'un régulier qui sert à la formation des temps composés et de la forme passive, et l'autre irrégulier, employé seulement comme adjectif :

> absorber, *absorber* → absorbido / absorto
> bendecir, *bénir* → bendecido / bendito
> maldecir, *maudire* → maldecido / maldito
> despertar, *réveiller* → despertado / despierto
> imprimir, *imprimer* → imprimido / impreso
> freír, *frire* → freído / frito
> proveer, *pourvoir* → proveído / provisto...

> **Está abstraído por la novela.** *Il est absorbé par le roman.*
> ≠ **Es un cuadro abstracto.** *C'est un tableau abstrait.*

EXERCICES

A. Transformez les phrases avec les participes des verbes en italiques

1. Está en contra de mí → Está *indisponer* contra mí.
2. Está contento con su trabajo → Está *satisfacer* con su trabajo.
3. La casa ya está acabada → La casa está *hacer*.
4. La mesa está instalada → La mesa está *poner*.
5. El coche está estropeado → El coche está *romper*.
6. Este expediente está estudiado → Este expediente está *ver*.
7. La puerta no está cerrada → La puerta está *abrir*.
8. El discurso ya está pronunciado → El discurso ya está *decir*.
9. Esa persona ya no vive → Esa persona está *morir*.
10. El niño no duerme → El niño está *despertar*.

B. Employez la forme du participe passé qui convient

1. Estoy *despertar* desde las cinco de la mañana.
2. Las nuevas instalaciones fueron *bendecir* por el obispo.
3. Es una casa bien *proveer* de todo tipo de comodidades.
4. No logro poner en marcha esta *maldecir* máquina.
5. La cocina andaluza utiliza mucho el pescado *freír*.
6. Me han *despertar* los ruidos de la obra de al lado.
7. Daniel está completamente *absorber* por su trabajo.
8. Han circulado por la ciudad unas hojas *imprimir* contra la central nuclear.
9. Es un problema bastante *abstraer* y todavía no *resolver*.
10. ¡ *Bendecir* tiempos aquellos !

C. Traduisez

1. Ce matin nous nous sommes réveillés de bonne heure.
2. C'est un enfant très éveillé.
3. Toute la montagne est couverte de neige.
4. J'ai mis les clefs sur la commode.
5. Nous sommes satisfaits de son travail.
6. Nous l'avons vu ce soir.
7. La terre a absorbé toute l'eau tombée pendant la nuit.
8. Il a dit qu'il viendrait.
9. Il a cassé tous les jouets.
10. Nous avons imprimé dix mille exemplaires.

Emploi du participe passé

1. Le participe passé — toujours invariable — est employé avec l'auxiliaire **haber** pour former les temps composés (cf. p. 192) :

> Siempre *hemos vivido* en esta ciudad.
> *Nous avons toujours vécu dans cette ville.*
> No me gusta la exposición que *he visto*.
> *Je n'aime pas l'exposition que j'ai vue.*

2. Le participe passé s'accorde toujours avec :

— le sujet lorsque le verbe est employé avec **ser** et **estar** (cf. p. 272) :

> Esta cuestión ya ha sido estudi*ada*.
> *Cette question a déjà été étudiée.*
> Los jugadores estaban cans*ados* al final del partido.
> *Les joueurs étaient fatigués à la fin du match.*

— le sujet ou le complément direct des verbes semi-auxiliaires (cf. p. 274) :

> Anda muy preocup*ada*. *Elle est très préoccupée.*
> ¿ Tiene Vd. planch*adas* las camisas ?
> *Les chemises sont-elles déjà repassées ?*

Remarque : dans la proposition participe, le participe passé est toujours placé en tête de phrase et s'accorde avec le sujet, qui doit le suivre immédiatement :

> *Hechas* las gestiones, se fue de la ciudad.
> *Les démarches une fois terminées, il quitta la ville.*

3. Participes qui changent de signification : certains participes passés, lorsqu'ils sont employés comme attributs du verbe **ser**, prennent un sens actif :

aburrir, *ennuyer*	→ aburrido, *ennuyeux*
callarse, *se taire*	→ callado, *silencieux*
cansar, *fatiguer*	→ cansado, *fatigant*
considerar, *considérer*	→ considerado, *attentionné*
desprender, *détacher*	→ desprendido, *généreux*
entender, *comprendre*	→ entendido, *connaisseur*
leer, *lire*	→ leído, *instruit*
mirar, *regarder*	→ mirado, *soigneux*, etc.

> *Estás* muy cansado. *Tu es très fatigué.*
> ≠ *Eres* muy cansado. *Tu es très fatigant.*

EXERCICES

D. Transformez les phrases suivantes en employant le passé composé
1. No *dispone* nunca de tiempo suficiente.
2. Se *callan* y no *dicen* nada.
3. Nunca *vuelvo* tarde a casa.
4. Esta televisión la *arreglan* con frecuencia, pero se *vuelve* a estropear.
5. Se *imponen* nuevos horarios a partir del lunes.
6. No se *preocupa* de nada y por eso no lo *prevé*.
7. Se *descubre* un nuevo medicamento cada cierto tiempo.
8. ¿*Devolviste* el dinero que te *prestaron*?
9. *Pongo* la compra en el frigorífico.
10. *Satisfacemos* todas las condiciones exigidas.
11. Me *agradecen* mucho lo que *hago* por ellos.
12. Estos paseos tan largos que *damos* le *cansan* mucho.

E. Complétez les phrases avec les verbes ser ou estar selon le sens
1. Felipe es una persona muy generosa. ...... muy desprendido.
2. Después de jugar es normal que los niños ...... cansados.
3. ¿Todos estos libros ya ...... leídos?
4. Antonio viene a verme todos los sábados. Ese chico ...... muy considerado.
5. No habla mucho. ...... más bien callado.
6. Esa señora ...... muy mirada para todo lo que se refiere a la etiqueta.
7. Tu amigo siempre cuenta lo mismo. ...... bastante cansado.
8. Vamos a consultar a D. Luis que sabe muchas cosas. Ya verás cómo ...... muy leído.
9. Aquí el personal ...... bien considerado.
10. Los niños ...... dormidos y por eso ...... callados.

F. Traduisez
1. L'appareil s'est cassé ce soir.
2. Où as-tu mis les revues que je t'ai prêtées aujourd'hui ?
3. Il a dit qu'il les avait vues cette semaine.
4. Ses parents sont morts dans un accident cette année.
5. Les difficultés ont été aplanies très vite.
6. Les études réalisées, ils ont commencé aujourd'hui les travaux.

55. Le gérondif

Formation

Il est formé sur le radical du verbe :

habl-ar, *parler*	com-er, *manger*	viv-ir, *vivre*
habl**a**ndo	com**ie**ndo	viv**ie**ndo

Remarques : le gérondif composé est formé de l'auxiliaire **haber**, au gérondif, suivi du participe passé invariable du verbe :

> **habiendo hablado,** *ayant parlé*
> **habiendo salido,** *étant sorti(e/s/es).*

Il est toujours invariable.

Irrégularités

1. Verbes en **-ir** : si la dernière voyelle du radical est un **e**, celle-ci devient **i** :

> **sentir,** *sentir* → s**i**ntiendo ; **pedir,** *demander* → p**i**diendo

Remarque : le **o** du radical des verbes **dormir**, *dormir*, **morir**, *mourir* et **poder**, *pouvoir*, devient **u** :

> **du**rmiendo, **mu**riendo, **pu**diendo

2. Verbes en **-uir**, **-oír**, **-aer**, **-eer**, **-oer** : le **i** de la terminaison devient **y** :

> **huir,** *fuir* → hu**y**endo ; **caer,** *tomber* → ca**y**endo

Remarque : il en est de même pour le verbe **ir**, *aller* → **y**endo

3. Verbes en **-eír**, **-eñir**, **-ullir** : le **i** de la terminaison disparaît :

> **reír,** *rire* → ri**e**ndo ; **bullir,** *bouillir* → bull**e**ndo

Emploi

1. Fonctionnant comme un adverbe, le gérondif indique la manière, c'est-à-dire comment s'effectue l'action exprimée par le verbe :

> **Viene *corriendo*.** *Il vient en courant.*
> **Llegó *cantando*.** *Il est arrivé en chantant.*

Remarques : au gérondif, l'enclise est obligatoire :

> **Entró en la sala *riéndose*.** *Il est entré dans la salle en riant.*

Il correspond parfois à l'infinitif français précédé de *à* :

> **Se pasa el tiempo *durmiendo* o *leyendo*.**
> *Il passe son temps à dormir ou à lire.*

EXERCICES

A. Conjuguez les verbes suivants au gérondif

andar	servir
corregir	venir
morir	trabajar
volver	vestir
construir	traer
creer	decidir
freír	roer
repetir	conseguir
destruir	querer
escribir	seguir

B. Mettez les verbes au gérondif

1. (Ver) ...... la televisión.
2. (Decir) ...... la verdad.
3. (Entrar) ...... en la habitación.
4. No (poder) ...... más.
5. (Conducir) ...... un camión.
6. (Hacer) ...... pasteles.
7. (Mentir) ...... como un sacamuelas.
8. (Viajar) ...... por el extranjero.
9. (Medir) ...... con la vista.
10. (Pedir) ...... un favor.

C. Traduisez

1. Je me lave en chantant.
2. Ils sont arrivés en se disputant.
3. Il est parti en fuyant.
4. Nous rêvons en dormant.
5. Je me repose en écoutant de la musique.
6. Il fumait en marchant.
7. En entendant un bruit, il a pris peur.
8. Tu bois trop en mangeant.
9. L'accident est arrivé en allant au cinéma.
10. Il est tombé en sortant du lycée.

2. Il indique la simultanéité de deux actions :

> *Diciendo* esto, se levantó para irse.
> *En disant cela, il se leva pour s'en aller.*

Remarque : la simultanéité, cependant, est souvent rendue en espagnol par al suivi de l'infinitif (voir l'infinitif, p. 226) :

> *Al decir* esto, se levantó para irse.
> *En disant cela, il se leva pour s'en aller.*

3. Souvent placé en tête de phrase, il peut avoir diverses valeurs (conditionnelle, causale, concessive) :

> *Pudiéndolo* hacer, lo haré con mucho gusto.
> *Si je peux le faire, je le ferai avec plaisir.*
> No tuve miedo, *estando* el perro conmigo.
> *Je n'ai pas eu peur parce que le chien était avec moi.*
> Aun *estando* mala, grita todo el día.
> *Bien qu'elle soit malade, elle crie toute la journée.*

Remarque : dans une proposition gérondive, il doit toujours être placé devant son propre sujet :

> *Habiendo llegado el profesor*, la clase empezó.
> *Le professeur étant arrivé, le cours commença.*

4. Il complète le sujet de la phrase auquel il est apposé :

> El niño, *viendo* el coche, dio un paso atrás.
> *L'enfant, voyant la voiture, fit un pas en arrière.*

Remarque : il peut, éventuellement, compléter le complément d'objet d'un verbe de perception :

> He visto a Carmen *llorando* en su habitación.
> *J'ai vu Carmen pleurant dans sa chambre.*

Cependant, lorsque le gérondif sert de qualificatif à un nom, il doit obligatoirement être traduit par une proposition relative :

> Los niños *que salen* de clase deberán apresurarse.
> *Les enfants sortant de l'école devront se dépêcher.*
> He recibido un paquete *que contiene* libros.
> *J'ai reçu un paquet contenant des livres.*

EXERCICES

D. Complétez avec un gérondif ou une proposition relative

1. (Asomarse) ...... a la azotea, verás pasar el desfile.
2. Ha venido un señor (preguntar) ...... por Vd.
3. (Ver) ...... que estaba abierto, decidí entrar.
4. (Estar) ...... él de acuerdo, lo estarán todos.
5. Oyeron el reloj de la iglesia (dar) ...... las cuatro.
6. Ha salido una ley (prohibir) ...... la venta de drogas.
7. Él sigue con sus ideas (desoír) ...... todos los consejos.
8. Celebraron la victoria (bailar) ...... y (beber) ...... mucho.
9. (Saber) ...... que eres tú, te haré este favor.
10. El tren, (salir) ...... del túnel, chocó con otro.

E. Même exercice

1. Nadie conocía al profesor (hablar) ...... de las nuevas teorías.
2. (Llegar) ...... a tiempo, podrás verlo.
3. Hallaron a los bomberos (apagar) ...... el incendio.
4. Los estudiantes (aprobar) ...... el examen no protestaron.
5. (Ser) ...... tan intenso el tráfico, prefiero ir en metro.
6. Los empleados (vivir) ...... en las afueras no han venido.
7. He comprado un libro (tratar) ...... de física.
8. Búscate una secretaria (escribir) ...... a máquina.
9. Le escribió (pedirle) ...... explicaciones.
10. Oía la voz del orador (hacerse) ...... cada vez más clara.

F. Traduisez

1. En allant au marché, elle rencontra sa tante.
2. Comme ils ne connaissaient personne, ils se sont ennuyés.
3. Il passait sa journée à écrire des romans policiers.
4. Si tu te dépêches, tu arriveras à l'heure.
5. Il s'est foulé la cheville en jouant au football.
6. Les touristes désirant aller en excursion devront s'inscrire.
7. Comme le train part ce soir, nous ne pouvons pas le prendre.
8. Nous avons connu plusieurs employées travaillant au ministère.
9. On pourrait agrandir la pièce en abattant la cloison.
10. Les ouvriers étant en grève, l'usine est fermée.

56. L'expression de la durée et la forme progressive

La durée et la progression sont rendues par un verbe semi-auxiliaire suivi d'un gérondif ou d'un participe passé :
Semi-auxiliaire + gérondif

Le gérondif exprime une idée générale de durée, mais chaque semi-auxiliaire y ajoute des nuances significatives.

1. Estar + gérondif souligne :

— la durée : *être en train de...*
> Yo **estaba leyendo**. *J'étais en train de lire.*

— un aspect progressif si le verbe indique une action habituelle :
> Últimamente **está saliendo** mucho.
> *Dernièrement il sort beaucoup.*

— la répétition si le verbe exprime une action momentanée :
> Te **he estado llamando** toda la mañana.
> *Je t'ai téléphoné toute la matinée.*

2. Ir + gérondif :
Le verbe **ir** renforce le caractère progressif ou l'aspect répétitif de l'action :
> **Va diciendo** a todos lo mismo.
> *Il dit à tout le monde la même chose.*

Remarque : la tournure **ir** + gérondif apparaît fréquemment avec des expressions de durée, telles que **cada vez más**, *de plus en plus ;* **poco a poco**, *petit à petit, peu à peu ;* **a medida que, según**, *à mesure que :*
> La situación **se va mejorando** poco a poco.
> *La situation s'améliore peu à peu.*

3. Venir + gérondif :
Le verbe **venir** traduit la progression de l'action tout en soulignant son commencement. L'origine de l'action, sous la forme **desde, desde hace**, *depuis*, est souvent énoncée :
> **Viene solicitando** ese empleo desde enero.
> *Il sollicite cet emploi depuis le mois de janvier.*

4. Andar + gérondif est employé en particulier avec des verbes qui expriment un déplacement ou une action répétée :

EXERCICES

A. Transformez les phrases avec estar + gérondif

1. Nos *hemos escrito* durante un año.
2. Ahora *viven* en las afueras.
3. *Salen* juntos desde hace unos meses.
4. *Usamos* unas nuevas máquinas para el envasado.
5. *Bajaba* la escalera cuando oí el teléfono.
6. *Hemos pedido* créditos en varios bancos.
7. Te *recordaron* durante una buena temporada.
8. Este aparato *hace* un ruido muy raro últimamente.
9. Lo *deciden* en estos momentos.
10. Ahora *construyen* mucho por esta zona.

B. Transformez les phrases en employant ir + gérondif

1. La temperatura *subía* de manera anormal y paramos todo.
2. Estos últimos días me *duele* menos que antes.
3. *Aprieta* poco a poco esta tuerca hasta que *disminuya* la presión.
4. *Haz* las facturas según *mandes* los pedidos.
5. Esta actriz *actúa* cada vez mejor.
6. *Dice* por todos lados que ese asunto no le interesa.
7. *Llena* la botella lentamente mientras *traigo* otras vacías.
8. *Devuelven* en pequeñas cantidades lo que debían.
9. En esa fábrica *despiden* poco a poco a la mayor parte de los obreros.
10. Según *pasa* el tiempo *tiene* mejores notas.
11. A medida que *nos metemos* en el invierno, *hace* cada vez más frío.

C. Transformez les phrases avec venir + gérondif

1. Desde anteayer *notamos* ciertos cambios.
2. Últimamente *falta* con frecuencia al trabajo.
3. De un tiempo a esta parte me *insiste* para que trabaje con él.
4. Desde que arreglé el coche *gasta* menos gasolina.
5. Desde hacía tiempo *imponía* su criterio a todo el mundo.
6. Desde el lunes *se presenta* todos los días.
7. De un tiempo a esta parte *notamos* cierta mejoría.
8. Desde enero las ventas *están bajando*.

Anda viajando por el sur. *Il voyage dans le sud.*
Anda contando a todo el mundo que se va.
Il raconte à tout le monde qu'il part.

5. Llevar + gérondif :

Le verbe **llevar**, accompagné d'un complément de temps, traduit
une durée :

Llevo buscándote una hora.
Je te cherche depuis une heure.

Remarques : le gérondif n'est pas toujours exprimé ; notamment
le verbe **estar** peut n'être que sous-entendu :

¿Llevas aquí mucho tiempo? — Sí, *llevo* aquí un año.
*Tu es là depuis longtemps? — Oui, je suis là depuis
un an.*

Llevar sin + infinitif + complément de temps : cette construction, qui souligne la durée, est traduite en français par un verbe
à la forme négative :

Llevamos un año *sin* ir de vacaciones.
Nous ne prenons pas de vacances depuis un an.

6. Seguir + gérondif souligne la continuité de l'action :

Sigue viviendo en Madrid. *Il habite toujours à Madrid.*

Remarque : **seguir sin** + infinitif est traduit en français par un
verbe à la forme négative :

Sigue sin tener noticias de su familia.
Il n'a toujours pas de nouvelles de sa famille.

7. Quedarse + gérondif souligne également la continuité de
l'action :

Me quedé todo el sábado *trabajando.*
Je suis resté tout le samedi à travailler.

Semi-auxiliaire + participe passé

1. Seguir suivi d'un participe passé exprime la continuité.
L'expression est équivalente à **estar** + participe passé + **todavía** :

¿Esas chicas siguen enfadadas con vosotros?
Ces filles sont-elles toujours (encore) fâchées avec vous?

2. Llevar, suivi d'un participe passé, à la place de l'auxiliaire
haber, souligne l'origine de l'action et son terme final :

Llevo recorrida la mitad del camino.
J'ai parcouru la moitié du chemin.

EXERCICES

D. Transformez les phrases selon le modèle :
   Habla desde hace media hora
   → *Lleva hablando media hora*

1. *Le estoy esperando* desde hace un buen rato.
2. *Está* de viaje desde hace varios días.
3. *Intentaba* yo arrancar el coche desde hacía cinco minutos.
4. Hace un par de años que *está perfeccionando* ese modelo.
5. *Está* de vendedor en esa tienda desde hace cinco meses.
6. *Estoy* en este pueblo desde que me casé.
7. *Estoy arreglando* la casa desde esta mañana.
8. Hace un año que *están instalando* las líneas de teléfono.
9. *Estamos* en Londres desde hace quince años.
10. *Estamos* juntos desde hace doce años.

E. Transformez les phrases selon le modèle :
   No lo veo desde hace un mes
   → *Llevo un mes sin verlo*

1. Desde hace un mes no *me llama* por teléfono.
2. No *encuentra* trabajo desde hace seis meses.
3. Desde hace por lo menos un año no *salimos* con ellos.
4. No *voy* a trabajar desde hace quince días.
5. *Estamos* sin ascensor desde hace ya una semana.
6. Desde hace quince días no *llueve* nada.
7. No *sale* de casa desde hace tres días.
8. No nos *visitan* desde hace unos días.
9. *Estoy* sin noticias suyas desde hace por lo menos un año.

F. Traduisez

1. Elle est toujours inquiète pour son fils ?
2. Je suis resté à faire ma déclaration d'impôts.
3. Il voyage encore beaucoup pour des raisons de travail.
4. Dans ce pays les trains continuent à avoir du retard.
5. Ça fait un mois que je ne fume plus.
6. Depuis l'année dernière, j'ai déjà vu plusieurs cas.
7. Il continue à avoir les mêmes opinions politiques.
8. Elle habite toujours dans la même rue.
9. Nous n'avons toujours pas pris de décision.
10. Je continue à préférer le train à l'avion.

57. L'itération et l'habitude

La répétition de l'action verbale

La répétition de l'action verbale, exprimée en français par des préfixes (*re-*) ou des locutions (*à nouveau...*), est rendue en espagnol par :

1. Le semi-auxiliaire **volver** suivi de la préposition **a** devant l'infinitif :

> Me gustaría *volver a* ver a esa chica.
> *J'aimerais revoir cette fille.*

2. Les expressions **de nuevo** et **otra vez**, *de nouveau, à nouveau*, peuvent être employées seules ou avec la tournure **volver a** + **infinitif** :

> Tengo que *volver a* salir *otra vez. Je dois ressortir.*

3. Le préfixe **re-** n'existe en espagnol que pour un groupe très réduit de verbes :

reanudar, *renouer*	**reaparecer**, *réapparaître*
recaer, *rechuter*	**recalentar**, *réchauffer*
recomenzar, *recommencer*	**recomponer**, *racommoder*
reconstruir, *reconstruire*	**reconquistar**, *reconquérir*
rehacer, *refaire*	**rellenar**, *remplir*
renacer, *renaître*	**revivir**, *revivre*, etc.

L'action habituelle

L'action habituelle est rendue par :

1. Le verbe **soler** + infinitif, employé normalement au présent ou à l'imparfait :

> Antes *solíamos* comer todos juntos.
> *Avant nous déjeunions généralement ensemble.*

2. Le verbe **acostumbrar(se) a** ou **tener costumbre de** + infinitif, *prendre l'habitude de, avoir l'habitude de...* :

> Se ha *acostumbrado a* mentirme.
> *Il a pris l'habitude de me mentir.*

3. Les adverbes **generalmente**, *généralement*; **frecuentemente**, *souvent* et les expressions **con frecuencia**, *souvent*; **de costumbre**, *d'habitude*; **por lo general, en general**, *en général...* :

> Te lo digo *con frecuencia,* pero no me haces caso.
> *Je te le dis souvent mais tu ne m'écoutes pas.*

EXERCICES

A. Transformez les phrases en employant soler + infinitif

1. Antes *venía* mucho por aquí.
2. *Se acuesta* normalmente muy pronto.
3. En esta región *llueve* generalmente mucho en primavera.
4. Al lado de esta fábrica siempre *huele* muy mal.
5. En este restaurante por lo general *sirven* rápido.
6. *Me encuentro* casi todos los veranos con los Martínez.
7. No *me acuerdo* casi nunca de su nombre.
8. Yo *prefiero* por lo general el café al té.
9. Generalmente *nos vamos* al campo el fin de semana.

B. Transformez les phrases en employant volver a + infinitif

1. Me *pidieron* los mismos documentos que la semana pasada.
2. Cada vez que lo veo me *cuenta* el mismo chiste.
3. Esta vez no *he cometido* el mismo error.
4. Se *ha puesto* enfermo de nuevo y lo *han ingresado* en el hospital.
5. *Siembran* lo mismo cada año.
6. ¿Le *han dolido* de nuevo las muelas?
7. *Se equivocó* una vez más en su análisis de la situación.
8. Este año *se produjo* la misma cantidad que otros años.
9. Este mes *ha sacado* otra vez malas notas en matemáticas.
10. No me lo *repitas* otra vez que ya lo he entendido.

C. Traduisez

1. Nous avons pris l'habitude de dîner tard et cela ne nous gêne pas.
2. À cette heure-ci il est généralement dans son bureau.
3. Il ne s'est pas remis à fumer depuis son accident.
4. Mademoiselle, comme d'habitude, vous êtes à nouveau en retard.
5. Il a dit qu'il ne le refera plus.
6. En général, il rentre tard de son travail.
7. Ce plat a été réchauffé.
8. Depuis la dernière fois, il n'a pas réapparu.
9. Il m'a dit qu'il repasserait.

58. La traduction de *on*

Le *on* français n'a pas d'équivalent strict en espagnol.

On = 3e personne du pluriel

On est traduit par la 3e personne du pluriel lorsque le sujet (collectif ou individuel) exclut la personne qui parle.

1. La 3e personne du pluriel peut faire référence à un sujet collectif, en particulier avec les verbes **decir**, *dire ;* **contar**, *raconter ;* **hablar**, *parler...* :

> *Dicen* que la situación ha empeorado.
> *On dit que la situation a empiré.*

2. Le sujet indéterminé, énoncé par la 3e personne du pluriel, peut également être un sujet individuel :

> ***Llaman*** a la puerta. *On frappe à la porte*
> (sujet inconnu).
> **Me lo *han dejado*.** *On me l'a prêté* (sujet omis).

On = se + 3e personne du singulier ou du pluriel

Le pronom réfléchi **se**, suivi de la 3e personne du singulier ou du pluriel du verbe, exprime une action habituelle ou générale. La personne qui réalise l'action du verbe est alors incluse dans la généralité exprimée par la construction impersonnelle :

> En esta ciudad *se* vive bien. *Dans cette ville on vit bien.*
> *Se* distingu**en** los detalles. *On distingue les détails.*

1. *On* = **se** suivi de la 3e personne du singulier avec :

— les verbes intransitifs :

> *Se* está muy bien aquí. *On est très bien ici.*

— les verbes transitifs accompagnés d'un complément direct déterminé de personne, précédé de la préposition **a** :

> *Se* oye a los niños. *On entend les enfants.*

Remarque : si le complément direct est repris par un pronom masculin, celui-ci ne peut être que **le, les** :

> ¿*Se* ve el camino ? — Sí, *se le* ve desde aquí.
> *On voit le chemin ? — Oui, on le voit d'ici.*
> *Se les* escucha atentamente. *On les écoute attentivement.*

2. *On* = **se** suivi de la 3e personne du singulier ou du pluriel avec un verbe transitif, car celui-ci s'accorde avec le complément direct français, qui devient sujet en espagnol :

EXERCICES

A. Rendez l'impersonnalité par la troisième personne du pluriel selon le modèle :

Mariana te mira → *Te miran*

1. Federico está esperándote abajo.
2. Amalia vino a verte ayer por la tarde.
3. Tu mujer te llama por teléfono.
4. Antonio me ha dicho que los tipos de interés van a seguir en alza.
5. Me lo ha traído Elisa de Venecia.
6. Me lo dijo ayer Emilio.
7. Juan pregunta por ti.
8. Me lo ha contado Rafael como algo seguro.
9. Juan ha venido a avisarte.

B. Rendez l'impersonnalité avec se selon le modèle :

Luis no encuentra trabajo → *No se encuentra trabajo.*

1. Los turistas siguen viniendo a la Costa del Sol.
2. ¿Sabéis ya lo que ha pasado?
3. El director decía que los obreros trabajaban mal en esas condiciones.
4. Mis amigos buscan un piso céntrico que no sea muy caro.
5. Felipe escucha al profesor distraídamente.
6. Mi amigo vende de todo en la tienda.
7. Vicente necesita un contable y dos secretarias.
8. La policía encontró a los ladrones rápidamente.
9. Arturo compra todos los terrenos disponibles.
10. Carlos traspasa estos negocios.

C. Traduisez

1. On ne m'a pas laissé entrer.
2. On me l'a offert pour mon anniversaire.
3. On m'a dit qu'il vient ce soir.
4. On le considère très bien dans son travail.
5. On achète de l'or.
6. On a besoin de trois nouveaux postes.
7. On raconte que le dollar va encore augmenter.
8. On ne peut pas supporter ça.
9. On liquide tous les stocks.

> *Se* compr*a* material. *On achète du matériel.*
> *Se* venden casas. *On vend des maisons.*
> *Se* busca (un) representante. *On cherche un représentant.*

Remarque : si le complément personnel est indéterminé, il n'est pas précédé de la préposition *a* (cf. p. 136).

On = uno, una

1. *On* est traduit par le pronom **uno** (**una** s'il s'agit d'une femme) si le sujet indéfini exprime la généralisation d'une action individuelle ou personnelle :

> *Uno* no sabe qué decir. *On ne sait pas quoi dire.*

Remarques : particulièrement employés dans la langue familière, **uno, una** désignent exclusivement la personne qui parle :

> A mis años, *uno* sabe lo que hace.
> *À mon âge, je sais ce que je fais (on sait ce que l'on fait).*

Précédés d'une préposition, **uno, una** correspondent à l'emploi impersonnel de *vous* en français :

> Siempre le dicen lo mismo *a uno.*
> *On vous dit toujours la même chose.*

2. Uno est la seule traduction possible du pronom *on :*

— lorsque le verbe est pronominal, car l'emploi de **se** pour rendre l'impersonnalité devient alors impossible :

> *Uno* debe presentarse pronto. *On doit se présenter tôt.*

— lorsque le verbe a un complément précédé d'un adjectif possessif de la troisième personne :

> *Una* tiene *sus* preocupaciones. *On a ses propres soucis.*

On = *1re personne du pluriel*

Lorsque l'indéfini *on* est employé dans le sens de *nous,* il faut le traduire par la première personne du pluriel :

> *Vamos* juntos si quieres. *On y va ensemble, si tu veux.*

On = *2e personne du singulier*

La 2e personne du singulier peut avoir un sens impersonnel dans la langue familière lorsqu'on s'adresse à quelqu'un :

> En ese mercado *encuentras* de todo.
> *Dans ce marché on trouve de tout.*

Remarque : cette tournure est particulièrement fréquente dans une phrase déjà impersonnelle :

> *Trabajas* y te pagan mal. *On travaille et on est mal payé.*

EXERCICES

D. Exprimez l'impersonnalité avec uno ou avec se lorsque cela est nécessaire

1. Podríamos hacerlo de otra forma.
2. Yo tengo que saber pararme.
3. Me lo pasé bien en Valencia
4. No sé qué pensar en esos casos.
5. No podemos conducir a esa velocidad.
6. Nos divertimos bastante aquí.
7. Me entretengo con cualquier cosa.
8. No deben jactarse de lo que no tienen.
9. No puedo tolerar que las cosas sigan así.
10. En invierno los niños se duermen pronto.

E. En faisant les transformations nécessaires, remplacez dans les phrases les pronoms personnels par l'indéfini uno

1. Yo lo hice con la mejor intención del mundo.
2. Me aburren todas estas historias.
3. Yo estoy obligado a hacerlo.
4. Me ocurre lo que a ti.
5. A mí me gustan las cosas claras.
6. No me interesa cambiar de trabajo en estos momentos.
7. No me importa.
8. ¿Qué quieres que haga? Me caen mal.
9. Me sienta mal la grasa.
10. Que no cuenten conmigo para eso.

F. Traduisez

1. On m'a prévenu au dernier moment.
2. Alors on se rappelle le bon vieux temps.
3. On se rend compte à ce moment-là que ce n'est pas possible.
4. Si tu veux, on peut se voir la semaine prochaine.
5. Dans mon pays, on se marie très jeune.
6. Décidément, on ne se comprend pas.
7. On commence par céder un peu et on donne tout.
8. On ne peut pas dire cela de vous.
9. On se demande si c'est faux.

59. L'expression de l'impersonnalité

1. L'impersonnalité est rendue par :

— des verbes qui ne s'emploient qu'à la 3ᵉ personne du singulier avec un sujet indéterminé. La plupart se réfèrent à des phénomènes atmosphériques :

Llueve mucho. *Il pleut beaucoup.* **Está nevando.** *Il neige.*

— des verbes employés à la forme impersonnelle, ou des locutions impersonnelles, souvent formées avec le verbe **ser** :

importa, *il importe*	**es útil**, *il est utile*
parece, *il semble*	**es difícil**, *il est difficile*
basta (con), *il suffit*	**es preciso**, *il faut*, etc.

Ces verbes et locutions impersonnelles sont suivis de :

— l'infinitif qui sert de sujet à la phrase et se construit toujours sans préposition (cf. l'infinitif, p. 224) :

Conviene *prepararse* para la recepción.
Il convient de se préparer pour la réception.
Es indispensable *saberlo* de antemano.
Il est indispensable de le savoir à l'avance.

— une proposition complétive avec **que**, dont le verbe est à l'indicatif s'il s'agit d'un fait réel, ou au subjonctif dans le cas contraire (cf. le subjonctif, p. 206) :

Es seguro que *llega*. *Il est sûr qu'il arrive.*
≠ **Es probable que** *venga*. *Il est probable qu'il viendra.*

Remarque : si le verbe à la forme impersonnelle est suivi d'un nom en français, il est toujours accordé avec celui-ci en espagnol :

Aquí *pasan* cosas. *Il se passe des choses ici.*

2. Traduction de *c'est :*

— le démonstratif *ce (c')* ne se traduit pas et l'on emploie toujours le verbe **ser**, *être :*

Es aquí. *C'est ici.* **Es** tu libro. *C'est ton livre.*

Exceptions : **está** bien, *c'est bien ;* **está** mal, *c'est mal ;* **está** claro, *c'est clair.*

Toutefois, **claro** peut être employé avec le verbe **ser** dans le sens de *il est clair que...*, *il est évident que... :*

Claro *es* que si no viene es porque no puede.
Il est clair que s'il ne vient pas, c'est parce qu'il ne peut pas.

EXERCICES

A. Transformez les phrases suivant le modèle :
Necesito que me ayudes → *Es necesario que me ayudes.*

1. Preferiría que me lo enviaran a casa.
2. Me extraña que no hayan dicho nada.
3. Me molesta que empujen en el metro.
4. Me sorprendió mucho que estuviera cerrado.
5. No me explicaba cómo podías dormir tanto.
6. Te deseo que no envejezcas nunca.
7. No creía que nos hicieran tal faena.

B. Complétez les phrases avec l'indicatif ou le subjonctif

1. Es imprescindible que lo (ellos - averiguar) ......
2. Estaba claro que no me (él - reconocer) ......
3. Es una lástima que no (vosotros - poder) ...... acompañarnos.
4. Es preciso que (tú - seguir) ...... las instrucciones.
5. Más vale que Vd. (irse) ...... ahora.
6. Es evidente que no (ellos - hablar) ...... español.
7. Fue una pena que no lo (yo - comprar) ...... entonces.
8. Es obligatorio que Vds. (firmar) ...... estos papeles.
9. Es hora de que (vosotros - levantarse) ......
10. Sería necesario que (nosotros - cambiar) ...... de coche.
11. Es cierto que (él - faltar) ...... mucho a clase.
12. Entonces era normal que la gente (tener) ...... pocas comodidades.

C. Traduisez

1. Il était impossible de le convaincre.
2. Il est très étonnant qu'ils parlent si peu.
3. Ce n'est pas très intéressant de faire ces recherches.
4. Il est clair qu'il préfère vivre seul.
5. Qui a cassé le verre hier ? C'est toi ? — Non, c'est elle.
6. Il était impensable que nous restions plus longtemps.
7. Est-ce ici que l'on passe le dernier film de Bunuel ?
8. Il semble que les deux frères s'entendent bien.
9. Il est arrivé deux lettres pour vous, madame.
10. C'est difficile d'admettre la vérité.

— le verbe **ser** s'accorde toujours avec le sujet :

Soy yo. *C'est moi.* **Eres** tú. *C'est toi.* **Es** él. *C'est lui...*
Son mis amigos. *Ce sont mes amis.*

Remarque : dans l'expression de l'heure, le verbe **ser** s'accorde avec le numéral :

Es la una.   **Son** las nueve.
Il est une heure.   *Il est neuf heures.*

— contrairement au français, le verbe **ser** est obligatoirement employé au temps exigé par le contexte :

— ¿ Quién *llamó?* — *Fui* yo.
— *Qui a appelé ?* — *C'est moi.*

(Cf. la tournure emphatique : *c'est ... qui ; c'est ... que*, p. 298)

3. Traduction de *il y a :*

— pour traduire l'existence, *il y a* est rendu en espagnol par les formes impersonnelles du verbe **haber** *(hay, había, hubo, habrá, habría)* :

No *hay* nadie. *Il n'y a personne.*
Había ruido. *Il y avait du bruit.*

Remarque : l'expression française *il y a ... à*, qui exprime l'obligation, a pour équivalent en espagnol la forme impersonnelle de **que** suivie de que et de l'infinitif :

Siempre *había* mucho *que* hacer.
Il y avait toujours beaucoup à faire.

— pour traduire la durée, *il y a* est rendu en espagnol par les formes impersonnelles du verbe **hacer** :

Hace mucho. *Il y a longtemps.*
Hacía años que no venías a vernos.
Il y avait des années que tu ne venais pas nous voir.

Remarques : lorsque la préposition *depuis* exprime la durée, elle se traduit par **desde hace, desde hacía,** etc., suivant le contexte :

Estaba enfermo *desde hacía* una semana.
Il était malade depuis une semaine.

La durée peut également être rendue par le verbe **llevar** suivi d'un complément de temps et généralement du gérondif :

Lleva tres años en esta empresa.
Il y a trois ans qu'il est dans cette entreprise.
Llevaba diez minutos *esperando* el autobús.
Il y avait dix minutes que j'attendais l'autobus.

EXERCICES

D. Complétez les phrases avec haber **ou** hacer

1. ¿Dónde ...... un cenicero?
2. Nos conocimos ...... un año.
3. ...... dos meses que no iba al cine.
4. ¿Cuántos kilómetros ...... entre Madrid y Sevilla?
5. Se marchó ...... un par de horas.
6. Ha dejado de nevar ...... un día.
7. No sabía lo que ...... en ese cajón.
8. En enero suele ...... muchas rebajas.
9. ...... una semana que habían estrenado la película.
10. ¿...... alguna pregunta?

E. Transformez les phrases en utilisant le verbe hacer

1. Lleva mucho tiempo sin entrar en una iglesia.
2. Diez años atrás compramos este chalet.
3. Lleva tres meses yendo al dentista.
4. Este periódico salió unos días atrás.
5. Llevaría casi dos horas hablando sin parar.
6. Las mujeres llevan años luchando por la igualdad de derechos.
7. Llevaba varias horas tratando de llamar por teléfono.
8. Se firmó el contrato un año atrás.

F. Traduisez

1. Il y a longtemps que je ne l'ai pas vu.
2. Depuis combien de jours es-tu là?
3. Il y a trop de voitures dans cette ville.
4. Il y aura cinq ans demain que nous nous sommes mariés.
5. Demain, entre 9 heures et 10 heures, il n'y aura pas d'eau.
6. Il est facile de critiquer et de dire : il n'y a qu'à...
7. Il y aurait beaucoup de choses à dire.
8. Il y a un mois que je n'ouvre plus un journal.
9. Il y a eu un tremblement de terre et il y aurait mille morts.
10. Est-ce qu'il y avait de la neige à la montagne?
11. Il y a quelques minutes que l'ambulance est arrivée.
12. C'est clair, il n'y a rien à ajouter.

60. L'obligation

L'obligation se traduit différemment en espagnol selon qu'elle est personnelle ou impersonnelle.

L'obligation personnelle

1. Elle est rendue par le verbe **tener**, à la personne et au temps requis, suivi de **que** et de l'infinitif :

> **Tengo que** ir a correos. *Je dois aller à la poste.*
> **Tenías que** avisarme en seguida.
> *Tu devais me prévenir tout de suite.*

2. Elle est rendue par le verbe **haber**, à la personne et au temps requis, suivi de la préposition **de** et de l'infinitif :

> **Hemos de** llegar temprano. *Nous devons arriver tôt.*
> **Habrás de** decírselo con mucha cautela.
> *Tu devras le lui dire avec beaucoup de précaution.*

3. Elle est exprimée par le verbe **deber**, *devoir*, suivi de l'infinitif, qui sert à énoncer un conseil ou une obligation d'ordre général et souvent moral :

> **Deberías** estudiar más para el examen.
> *Tu devrais travailler plus pour ton examen.*
> **Debemos** respetar a los ancianos.
> *Nous devons respecter les vieillards.*

4. Elle est exprimée par les tournures : **es preciso que, es necesario que, hace falta que**, *il faut que*, toujours suivies du subjonctif :

> **Es preciso que** *vayas* a visitar a tu abuela.
> *Il faut que tu rendes visite à ta grand-mère.*
> **Hacía falta que** lo *hicieran* juntos.
> *Il fallait qu'ils le fissent ensemble.*

Remarques : dans l'expression de la défense, c'est le verbe au subjonctif qui est à la forme négative :

> **Es preciso que** *no hables con él.*
> *Il ne faut pas que tu lui parles.*

La tournure **hacer falta**, employée avec un substantif et un pronom personnel complément, exprime la nécessité et équivaut au verbe **necesitar**, *avoir besoin de* :

> **Me hacen falta** cien pesetas = *Necesito* cien pesetas.
> *Il me faut (j'ai besoin de) cent pesetas.*

EXERCICES

A. Remplacez l'impératif par la tournure d'obligation tener que

1. Dime la verdad.
2. Llámele Vd. mañana.
3. Cambien de imagen si quieren tener éxito.
4. No mintáis.
5. Comamos, que se enfría la comida.

B. Remplacez la tournure d'obligation par hacer falta que

1. He de ir mañana al aeropuerto.
2. Tendré que estar en Sevilla el lunes.
3. Deben incrementarse las ventas en el extranjero.
4. Tuvo que reservar una habitación en el hotel.
5. Este informe había de publicarse.

C. Complétez les phrases avec tener que ou es preciso que

1. ...... tenga Vd. las llaves.
2. Mañana ...... ir yo a buscar a mi hermanito.
3. ...... ser cortés con tus padres, Juan.
4. ¿...... te fueras tan de repente?
5. ...... llamarle nosotros para que viniera.
6. El coche ...... durar muchos años.
7. ...... contestes estas cartas.
8. No ...... fiarse Vds. de las apariencias.
9. Sé lo que ...... hacer.
10. A esos niños, ... les enseñáramos a leer.

D. Traduisez en utilisant les verbes tener, haber ou deber

1. Le médecin doit garder le secret professionnel.
2. La maison devait être propre pour la réception.
3. Il me fallut téléphoner à ma famille.
4. Nous devons maintenir notre bonne réputation.
5. Il a dû aller chez le médecin.
6. Tu devrais venir avec nous à la campagne.
7. Les élèves devront se mettre en rang dans la cour.

L'obligation impersonnelle

1. Elle est rendue par les formes impersonnelles du verbe **haber** (hay, había, hubo, habrá, habría), suivies de **que** et de l'infinitif :

> **Hay que hacer las cosas debidamente.**
> *Il faut faire les choses convenablement.*
> **Había que levantarse temprano cada día.**
> *Il fallait se lever tôt tous les jours.*

2. Elle est rendue par les tournures impersonnelles : **es preciso, es necesario, hace falta,** *il faut,* suivies de l'infinitif :

> Hoy día, *es preciso* **saber leer y escribir.**
> *Aujourd'hui, il faut savoir lire et écrire.*
> **Hace falta beber y comer para vivir.**
> *Il faut boire et manger pour vivre.*

Remarque : la tournure **hacer falta,** employée avec un substantif, exprime la nécessité et équivaut au verbe **necesitar,** *avoir besoin de,* employé à la forme impersonnelle :

> **Hace falta paciencia = Se necesita paciencia.**
> *Il faut de la patience.*

3. Elle est exprimée par **tener que, haber de** ou **deber** employés de façon impersonnelle (cf. traduction de *on,* p. 242) :

— avec la tournure réfléchie, *se* suivi de la 3ᵉ personne :

$$Se \begin{Bmatrix} \textbf{\textit{tiene que}} \\ \textbf{\textit{ha de}} \\ \textbf{\textit{debe}} \end{Bmatrix} \textbf{respetar la ley.}$$

> *Il faut (on doit) respecter la loi.*

— avec la 3ᵉ personne du pluriel :

$$\begin{rcases} \textbf{\textit{Tienen que}} \\ \textbf{\textit{Han de}} \\ \textbf{\textit{Deben}} \end{rcases} \textbf{construir una nueva ciudad.}$$

> *Il faut (on doit) construire une nouvelle ville.*

4. La tournure, plus savante, **ser de** à la forme impersonnelle et suivie de l'infinitif, correspond au français *falloir, valoir la peine de :*

> **Es de creerlo.** *Il faut le croire.*
> **Era de verlos.** *Il fallait les voir.*

EXERCICES

E. Remplacez les expressions en italique par haber que

1. *Es necesario* decirlo todo.
2. *Hacía falta* tener mucho dinero.
3. *Será preciso* conocer las grandes capitales.
4. *Sería preciso* abonar estas tierras.
5. *Fue necesario* seguir caminando.

F. Remplacez haber que **par** haber de

1. Hoy en día hay que aprender a conducir.
2. A esto habrá que añadir los gastos de expedición.
3. No hay que contar con la ayuda ajena.
4. Hay que modernizar el metro.
5. Hay que pagar los portes.
6. Hubo que transformar la red de ferrocarriles.
7. Hay que votar, es un deber para todos.

G. Complétez les phrases avec haber que **ou** tener que

1. Ayer mi padre ...... salir de viaje.
2. ...... tratar de solucionar este asunto ahora.
3. Mi mujer y yo ...... ir al banco.
4. En los años de la posguerra ...... trabajar mucho.
5. ¿Qué ...... hacer los chicos?
6. En los supermercados ...... hacer cola para pagar.
7. ...... dejar el coche bien aparcado.
8. Mañana, yo misma ...... ir al mercado.
9. Entonces, ... salir a toda prisa y esconderme.
10. Dentro de poco ya no ...... presentar el pasaporte.

H. Traduisez (il y a parfois plusieurs solutions):

1. Riches ou pauvres, il faut se soumettre à la loi.
2. Il est arrivé ce qui devait arriver.
3. Toutes les lettres doivent être prononcées.
4. Il fallait voir comme ils s'amusaient bien.
5. Il faut plusieurs jours pour visiter le Prado.

61. Le passif

1. Il se forme avec le verbe **ser**, *être*, employé comme auxiliaire, suivi du participe passé du verbe :

> **El libro *es corregido* por un especialista.**
> *Le livre est corrigé par un spécialiste.*
> **La encuesta *ha sido hecha* últimamente.**
> *L'enquête a été faite récemment.*

Remarque : il convient de ne pas confondre le passif, formé avec le verbe **ser** et qui exprime une action en train de se réaliser, avec la tournure **estar**, *être*, suivi du participe passé, qui exprime le résultat de l'action (cf. **ser** et **estar**, p. 272) :

> **El libro *está publicado* desde hace dos meses.**
> *Le livre est publié depuis deux mois.*
> **La encuesta ya *está terminada*.**
> *L'enquête est maintenant terminée.*

2. Contrairement à ce qui se produit avec l'auxiliaire **haber**, *avoir*, le participe passé employé avec **ser** s'accorde toujours avec le sujet :

> **La muerte del presidente fue difundi*da* ayer.**
> *La mort du président a été annoncée hier.*
> **Los consumidores han sido informa*dos* por televisión.**
> *Les consommateurs ont été informés par la télévision.*
> **Estas casas fueron construi*das* después de la guerra.**
> *Ces maisons ont été construites après la guerre.*

Remarque : le participe passé peut être séparé de l'auxiliaire :

> **Los artistas *fueron* muy *aplaudidos*.**
> *Les artistes ont été très applaudis.*

3. Le complément d'agent, lorsqu'il est exprimé, est introduit par la préposition **por** :

> **Los terroristas fueron detenidos *por* la policía.**
> *Les terroristes ont été arrêtés par la police.*
> ≠ **La carta fue enviada ayer.**
> *La lettre a été envoyée hier.*

EXERCICES

A. Complétez les phrases en utilisant la forme passive

1. La niña (morder) ...... ayer por una serpiente.
2. (Nosotros - recoger) ...... por un pesquero tras el naufragio.
3. Las propuestas del Gobierno (examinar) ...... por las Cortes.
4. La ley no (aprobar) ...... aún.
5. El doblaje de la película (hacer) ...... por grandes actores.
6. Dos personas (atropellar) ...... ayer por un autobús.
7. El niño (adoptar) ...... por unos vecinos después de la guerra.
8. El aviso (entregar) ...... esta mañana por un desconocido.
9. Las calles (regar) ...... a primera hora de la mañana.
10. El presupuesto municipal (presentar) ...... mañana por el alcalde.

B. Complétez les phrases suivantes avec ser ou estar

1. El proyecto ...... estudiado por un ingeniero.
2. El problema ...... resuelto ayer en un santiamén.
3. El niño ...... dormido cuando entré en la habitación.
4. El año pasado, esta casa ...... destruida por el fuego.
5. Cuando empezó la película, ... apagadas las luces.
6. No me interrumpas; ...... muy ocupado.
7. Estas películas ...... pasadas de moda.
8. El paquete ...... enviado mañana por correo aéreo.
9. El ascensor no funciona; ...... estropeado.
10. El aeroplano ...... inventado a principios del siglo.

C. Traduisez

1. La nouvelle a été diffusée par les journalistes.
2. La première République espagnole a été instaurée en 1870.
3. Les banques ne sont ouvertes que le matin.
4. L'Acte Unique a été signé récemment.
5. Il vient d'être nommé directeur des ventes.
6. La région a été dévastée par le tremblement de terre.
7. Toutes les lumières étaient allumées.
8. Ce tableau a été acheté par un milliardaire.
9. La bibliothèque sera fermée pendant le mois d'août.
10. La panne de la voiture a été mal réparée.

Substitution du passif

L'espagnol emploie plus rarement la forme passive que le français et lui préfère des tournures de substitution :

1. Il a recours à la forme active correspondante et le complément d'agent devient le sujet du verbe :

      La ley del divorcio *fue aprobada* por el Congreso.

→ El Congreso *aprobó* la ley del divorcio.
      La loi sur le divorce a été approuvée par l'Assemblée.
      Seremos ayudados por nuestros amigos.

→ Nos *ayudarán* nuestros amigos.
      Nous serons aidés par nos amis.

Remarque : la forme active est d'autant plus fréquente en espagnol lorsque le verbe est accompagné d'un pronom personnel complément :

      Me interesa mucho esta película.
      Je suis très intéressé par ce film.
      La engañaron las apariencias.
      Elle a été trompée par les apparences.

2. Lorsque le complément d'agent est indéterminé, l'espagnol a fréquemment recours à la forme réfléchie :

— si le sujet du passif est une chose, on emploie le pronom réfléchi **se**, suivi du verbe à la forme active qui s'accorde avec le sujet : El libro fue escrito en 1986 → *se escribió* el libro en 1986. *Le livre a été écrit en 1986.*

      Los pisos *fueron vendidos* → *se vendieron* los pisos.
      Les appartements ont été vendus.

— si le sujet du passif est une personne déterminée, on emploie le pronom réfléchi **se**, suivi du verbe à la 3ᵉ personne du singulier, et le complément d'objet direct est précédé de la préposition **a** :

      El ladrón *ha sido encarcelado* → *se ha encarcelado* al ladrón. *Le voleur a été emprisonné.*
      Muchos amigos *fueron invitados* → *se invitó a* muchos amigos. *Beaucoup d'amis ont été invités.*

Remarque : cette tournure réfléchie peut être traduite en français par le pronom indéfini *on* (cf. Traduction de *on*, p. 242) :

      Se vendieron los pisos. *On a vendu les appartements.*
      Se ha encarcelado al ladrón. *On a emprisonné le voleur.*

EXERCICES

D. Remplacez la forme passive par une forme de substitution

1. El museo fue visitado por muchos turistas.
2. Los ministros serán recibidos con gran pompa.
3. El festival de la canción ha sido ganado por los españoles.
4. Aquella decisión fue muy criticada.
5. Serán tomadas todas las medidas necesarias.
6. Don Félix es considerado como un hombre de bien.
7. Ha sido anunciado un día de huelga general.
8. Este edificio fue construido el año pasado.
9. El permiso había sido concedido por las autoridades.
10. En un futuro próximo será dominada la técnica espacial.

E. Même exercice

1. Nos ha sido impuesta una medida absurda.
2. Estos tebeos son muy leídos por los niños.
3. El presidente fue aclamado calurosamente.
4. No fueron aceptadas nuestras propuestas.
5. Ese torero ha sido cogido por el toro varias veces.
6. Algún día serán resueltos los problemas económicos.
7. El partido de fútbol es retransmitido por la televisión.
8. Este coche será muy bien acogido por el público.
9. Muchos jóvenes eran esperados.
10. Su último discurso ha sido muy comentado.

F. Traduisez en utilisant les tournures de substitution du passif

1. Je suis surpris par ses résultats.
2. Le programme a été étudié soigneusement.
3. Le nouvel hôtel de ville sera inauguré demain.
4. Les passagers sont priés d'éteindre leurs cigarettes.
5. La manifestation a dû être dissoute par la police.
6. Les enfants n'ont pas été invités au dîner.
7. Pourquoi es-tu si tourmenté par ces souvenirs ?
8. Le fond des mers n'a pas été encore entièrement exploré.
9. Il a été interrompu par la panne d'électricité.
10. Ce sujet a été traité par de nombreux auteurs.

62. La tournure pronominale

Certains verbes, non pronominaux en français, présentent en espagnol la construction pronominale et inversement (cf. p. 162).

>No *se atreven* a decir nada. *Ils n'osent rien dire.*

>Estuvimos *paseando. Nous nous sommes promenés.*

Remarque : la tournure pronominale traduit l'expression française *se faire* suivie de l'infinitif :

>*Se* tiene que operar. *Il doit se faire opérer.*

>Esta tarde *me* voy a cortar el pelo.

>*Cet après-midi je vais me faire couper les cheveux.*

Cette tournure peut exprimer des nuances particulières selon le contenu du verbe. Elle est utilisée :

— *avec des verbes transitifs*

La tournure pronominale exige alors un complément direct déterminé :

>*Nos comimos* la sopa. *Nous avons mangé la soupe.*

>≠ *Comimos* sopa. *Nous avons mangé de la soupe.*

1. Lorsque le verbe exprime une idée de consommation : comer(se), *manger*; beber(se), *boire*; tomar(se), *prendre*..., la tournure souligne une intensification de l'action verbale :

>*Me* he tomado un café buenísimo.

>*J'ai pris un très bon café.*

>≠ Gracias, ya *he tomado* café. *Merci, j'ai déjà pris du café.*

2. Lorsqu'il s'agit d'un verbe de connaissance : **aprender(se)**, *apprendre*; **saber(se)**, *savoir*; **conocer(se)**, *connaître*..., elle souligne une idée d'effort volontaire ou de perspicacité du sujet :

>*Se sabe* la lección. *Il sait sa leçon* (après l'avoir étudiée).

>≠ Ese chico *sabe* muchas cosas.

>*Ce garçon sait beaucoup de choses.*

— *avec des verbes de mouvement*

1. Irse, marcharse, *s'en aller, partir* :

>*Me voy* (*me marcho*) el lunes. *Je pars lundi.*

>≠ *Voy* el lunes a Madrid. *Je vais lundi à Madrid.*

2. Venirse, *quitter, s'installer* :

>*Me vine* de Cádiz. *J'ai quitté Cadix.*

>*Me vengo* a Madrid. *Je m'installe à Madrid.*

>≠ Ese tren *viene* de Málaga. *Ce train vient de Malaga.*

EXERCICES

A. Conjuguez le verbe entre parenthèses à la personne qui convient

1. Este perro (tragarse) todo lo que encuentra.
2. Como era tan tarde, nosotros (suponerse) que ya no vendrías.
3. Mi padre (comer) carne y fruta exclusivamente.
4. Tu hijo (comerse) ayer un plato entero de pasta.
5. El jefe está muy equivocado si (imaginarse) que voy a quedarme hasta las ocho.
6. Esta tarde sin falta yo (cortarse) el pelo.
7. Nosotros (salirse) porque había demasiada gente.
8. Le llamaron y (marcharse) corriendo.
9. ¿Cuándo (venirse) él definitivamente?
10. Quiero que tú (aprenderse) esa lección.

B. Complétez les phrases en ajoutant le pronom correspondant lorsque cela est possible

1. En la comida *beber* (nosotros) ...... vino y en los postres *tomar* ...... cava.
2. Ya *conocer* (yo) ...... este tipo de situaciones.
3. La próxima vez *hacer* (yo) ...... una permanente.
4. Mis padres *venir* ...... a Madrid todos los meses.
5. Federico *fumar* ...... dos paquetes de tabaco al día.
6. Cuando estuve en Madrid la última vez, *comer* ...... un cocido extraordinario.
7. *Tomar* (nosotros) ...... una cerveza en el bar de la esquina.
8. ¿No *conocer* (tú) ...... a mi hermano?
9. Se puso enfermo y *ir* ...... a la mitad de la obra.
10. No *comer* (tú) ...... tanto porque vas a engordar.
11. El conferenciante *aprender* ...... la conferencia de memoria.
12. Mi mujer y yo *venir* ...... a vivir a Granada hace doce años.
13. Esta empresa *ir* ...... muy bien.
14. Mañana *salir* (nosotros) ...... a las siete de la mañana.
15. ¿A qué hora *venir* (tú) ...... ayer a casa?
16. Ese señor ya no está. *Marchar* ...... hace un mes de la empresa.

3. Salirse, *quitter, sortir* (employé à la forme pronominale, le verbe insiste sur le caractère insolite de la sortie) :

> ***Nos salimos** del cine porque la película era mala.*
> *Nous sommes partis avant la fin car le film était mauvais.*
> ≠ ***Salgo** ahora del trabajo. Je sors maintenant du travail.*

4. Caerse, *tomber* (insiste sur le caractère fortuit ou involontaire de l'action de *tomber*) :

> ***Se cayó** por la escalera. Il est tombé dans l'escalier.*
> ≠ *Deja ese jarrón que lo vas a **caer**. Laisse ce vase, car tu vas le faire tomber.*

5. Llevarse, traerse, *emporter, remporter* (insiste sur le point d'origine) :

> ***Llévatelo** de aquí. Emporte-le d'ici.*
> ≠ ***Lleva** esto a tu padre. Apporte cela à ton père.*

— *pour exprimer la possession*

1. En espagnol, la possession est souvent rendue par le pronom réfléchi, alors que le français utilise les adjectifs possessifs (cf. p. 90) :

> ***Me limpio** los zapatos. Je nettoie mes chaussures.*
> ***Ponte** el abrigo. Mets ton manteau.*

2. La possession est également rendue par les pronoms d'attribution (**me, te, le, nos, os, les**) lorsque la personne n'intervient pas volontairement dans l'action exprimée par le verbe :

> *¿**Se te** han perdido las llaves? Tu as perdu tes clés?*
> ***Se le** murió el padre. Son père est mort.*

Remarques : Cette tournure pronominale est toujours à la forme impersonnelle : se + pronom d'attribution + verbe à la 3ᵉ personne :

> ***Se me** ha olvidado la cartera. J'ai oublié ma serviette.*
> ***Se nos** han ido los mejores años.*
> *Nos meilleures années sont passées.*

La même construction apparaît — sans rapport de possession — avec des verbes tels que **ocurrirse,** *venir à l'esprit, venir à l'idée* ; **antojarse,** *avoir une envie soudaine* ; **figurarse,** *avoir l'impression* (comme dans le cas précédent, la personne n'intervient pas dans l'action) :

> ***Se me** ocurre una idea. Il me vient une idée à l'esprit.*

EXERCICES

C. Complétez les phrases suivantes avec les pronoms qui conviennent

1. Niños, *ponerse* ...... los guantes porque hace frío.
2. Teníamos tanto sueño que *cerrarse* ...... los ojos.
3. He tenido que ir al médico porque *torcerse* ...... el tobillo la semana pasada.
4. No puedo explicarme cómo *ocurrirse* ...... a ti semejantes ideas.
5. Cuando llegaron, *quitarse* ...... el abrigo.
6. Tengo que llamar al fontanero, porque *estropearse* ...... el grifo de la cocina.
7. Ayer *olvidarse* ...... a Carmen el bolso.
8. Siempre que paso por aquí a los niños *antojarse* ...... un pastel.
9. Ayer *caerse* ...... todos los platos sin darme cuenta.
10. Jorge está un poco peor : *presentarse* ...... una complicación, ya que *infectarse* ...... la herida.
11. No sabía que *morirse* ...... el padre a Teresa.
12. He estado trabajando en el jardín y *ensuciarse* ...... el pantalón.
13. Salimos tan deprisa que *dejarse* ...... todo el dinero en casa.
14. Con el frío que hacía, *enfriarse* ...... las manos a todos.
15. Teníamos tanto miedo que *helarse* ...... la sangre en las venas.

D. Traduisez en employant la tournure pronominale

1. J'ai dû l'emporter parce qu'il gênait.
2. Ils ont mis leurs chaussures neuves.
3. Attache tes lacets, sinon tu vas tomber.
4. Les bonnes occasions m'échappent toujours.
5. Nous avons oublié les dossiers au bureau.
6. Ta tension a beaucoup baissé depuis la dernière fois.
7. Ici le temps passe sans que nous nous en rendions compte.
8. Ta mère a eu la bonne idée de partir sans prévenir.
9. Enlève ta veste si tu veux.
10. La voiture a quitté la route.

63. L'emploi de **haber** et **tener**

Haber

C'est l'auxiliaire de tous les temps composés à la forme active.

1. Verbe transitif : si le verbe est transitif, il correspond à l'auxiliaire français *avoir* :

> *Ha* llovido. *Il a plu.*
> Lo *habías* dicho. *Tu l'avais dit.*

2. Verbe intransitif ou pronominal : si le verbe est intransitif ou pronominal, il correspond au français *être* :

> *He* venido. *Je suis venu.* *Habrá* salido. *Il sera sorti.*
> Se *han* casado. *Ils se sont mariés.*

Remarque : conjugué avec **haber**, le participe passé est toujours invariable, et il n'est jamais séparé de l'auxiliaire :

> Las chicas *ya* habían llegado y se habían sentado.
> *Les filles étaient déjà arrivées et elles s'étaient assises.*

3. Haber impersonnel : il est également employé de façon impersonnelle à la 3e personne du singulier et équivaut au français *il y a* :

> *Hay* poca gente. *Il y a peu de monde.*
> *Había* veinte personas. *Il y avait vingt personnes.*

Remarque : la forme impersonnelle de **haber** au présent de l'indicatif est **hay**, *il y a.* (Cf. p. 248.)

Tener

1. Il exprime généralement la possession et correspond au français *avoir* :

> *Tiene* veinte años. *Il a vingt ans.*
> No *tengas* miedo. *N'aie pas peur.*

2. Tener semi-auxiliaire : **tener** peut également remplacer l'auxiliaire **haber** pour insister sur le fait qu'une action est accomplie. Le participe passé s'accorde alors avec le complément (cf. p. 274) :

> Ya *tengo comprado* un nuevo coche.
> *J'ai déjà acheté une nouvelle voiture.*
> Siempre *teníamos hechas* las maletas.
> *Nos valises étaient toujours prêtes.*

(Cf. aussi l'obligation, pp. 250-252.)

EXERCICES

A. Complétez les phrases avec haber ou tener

1. ...... venido hoy a verte y no volveré más.
2. Apenas ...... terminado de comer, se fue.
3. ...... mucho cuidado con lo que vas a decir.
4. Cuando viniste a vernos, ya ...... salido.
5. A su padre yo le ...... mucho afecto.
6. ¿Es posible que tú ...... hecho esto?
7. Eso no ...... tanta importancia.
8. Debo ...... muy en cuenta lo que tú me ...... dicho.
9. ¿Qué hora ...... dado? — Creo que las diez.
10. Yo no ...... mucho interés por las ciencias.

B. Complétez les phrases avec les formes impersonnelles de haber

1. El fin de semana pasada ...... muchos accidentes de carretera.
2. En aquella esquina ...... un quiosco de periódicos.
3. ¿No ...... aquí antes una librería?
4. La semana que viene ...... muchas huelgas.
5. Abajo ...... un señor que pregunta por Vd.

C. Utilisez tener comme semi-auxiliaire

1. Ya ha escrito unas diez páginas.
2. La secretaria había despachado toda la correspondencia.
3. Te he dicho que no vengas dando saltos por el pasillo.
4. Los niños habrán preparado sus libros para cuando vuelvas.
5. Ya habíamos sacado las entradas para el concierto.

D. Traduisez

1. Quand je suis revenu, il y avait beaucoup de circulation.
2. Cette entreprise avait une usine, maintenant elle en a sept.
3. Ils se sont vus ce matin et ils sont partis ensemble.
4. J'avais prévu d'aller à Saragosse la semaine prochaine.
5. Il n'y a encore personne ici.
6. As-tu lu le dernier roman que j'ai acheté?
7. Nous avons deux jours pour nous décider.

64. L'emploi de **ser** et **estar**

1. Lorsqu'il signifie **existir**, *exister* :

> **Dios** *es*. *Dieu existe.*
> **Los pocos sabios que en el mundo** *han sido*.
> *Les rares sages qui ont existé dans le monde.*

2. Lorsque le sujet est impersonnel *(c'est, c'était,... il est, il était...)* devant un substantif, un adjectif, un pronom ou un adverbe :

> *Es* **Carmen.** *C'est Carmen. Es* **bonito.** *C'est joli.*
> *Es* **ése.** *C'est celui-là. Es* **lejos.** *C'est loin.*

Remarques : avec les pronoms personnels sujets (yo, tú...) le verbe **ser** se conjugue :

> *¿Eres* **tú?** — *Soy* **yo.** *C'est toi ?* — *C'est moi.*

Pour indiquer les heures et les prix, le verbe **ser** doit s'accorder avec le numéral espagnol :

> **¿Cuánto** *es* ? — *Son* **cincuenta pesetas.**
> *C'est combien ?* — *C'est cinquante pesetas.*
> *Son* **las dos.** *Il est deux heures.*

Les adverbes **bien**, *bien*, **mal**, *mal* et **claro**, *clair*, constituent une exception (cf. p. 246) :

> *Está* **bien (mal).** *C'est bien (mal).*

3. Employé avec un attribut :

— **ser** est obligatoire si l'attribut est un substantif, un pronom, un infinitif, un adjectif substantivé ou un numéral :

> **Ávila** *es* **la ciudad más fría de España.**
> *Avila est la ville la plus froide d'Espagne.*
> **Esta silla** *es* **la mía.** *Cette chaise est la mienne.*
> **Querer** *es* **poder.** *Vouloir, c'est pouvoir.*
> **Juan** *es* **el rubio del fondo.**
> *Jean est le blond qui est au fond.*
> **Luis** *es* **tercero.** *Louis est troisième.*

EXERCICES

A. Complétez les phrases suivantes

1. ¿ Quién ...... aquel chico?
2. Luis ...... una persona bastante desagradable.
3. No, no ...... aquí. Se ha equivocado Vd. de dirección.
4. ¿ Qué día ...... hoy? — No sé. Creo que ...... lunes.
5. Eso no ...... nada. Ya verás cómo te curas enseguida.
6. Ayer alguien llamó por teléfono, pero no dijo quién ......
7. Oiga, ¿ ...... Manolo? — No, no, ... yo.
8. No ...... mal que pudiéramos hacer ese viaje.
9. ¿ Cuántos ...... hoy? — Creo que ...... 25.

B. Même exercice

1. — ¿ Qué día ...... hoy? — Me parece que hoy ...... martes.
2. — ¿ Cuándo vimos esa película? — Creo que ...... en enero.
3. ¿ Quién ...... ése? — Ése ...... el chico que nos presentaron ayer. ...... Eduardo.
4. Señores, todos nosotros ...... los primeros en lamentarlo.
5. ...... cuando tu madre y yo ...... estudiantes.
6. ...... lo que decimos todos.
7. Hoy yo no ...... nada bien.
8. — ¿ Qué hora ......? — ...... las ocho y cuarto.
9. — Estos zapatos no ...... los míos, ... los vuestros.

C. Traduisez

1. Il était une heure du matin.
2. C'est important.
3. C'est tout près d'ici.
4. Bonjour! C'est nous.
5. Ce que tu fais n'est pas bien du tout.
6. Je ne sais pas si ce parapluie est le tien ou le mien.
7. Elle était mon amie, mais elle ne l'est plus.
8. Ton cahier est le rouge.
9. Nous sommes les premiers à avoir découvert ce nouveau produit.
10. C'est cinq cents pesetas en tout.
11. C'est devant toi.

4. Le verbe **ser**, employé sans attribut, signifie **ocurrir, suceder, celebrarse**, *avoir lieu, se passer* :

> La boda *es* en Madrid. *Le mariage a lieu à Madrid.*

5. Emplois particuliers de **ser** :

— **ser de** exprime l'origine, la matière, la possession, l'appartenance :

> Este vino *es de* Jerez. *Ce vin est de Jerez.*
> Este anillo *es de* oro. *Cette bague est en or.*
> Esta casa *es de* mis padres.
> *Cette maison est à mes parents.*

Remarque : ser de donne lieu à des locutions temporelles :

> *Es de* día. *C'est le jour.*

— **ser para** exprime la finalité et la destination :

> Ese aparato *es para* medir. *Cet appareil sert à mesurer.*
> Este regalo *es para* tu hermano.
> *Ce cadeau est pour ton frère.*

Emplois obligatoires de estar

1. Estar, verbe intransitif, a les significations suivantes : *se trouver, se situer, être présent dans un lieu* :

> ¿Dónde *está* la cena? — *Está* en el frigo.
> *Où est (se trouve) le dîner ? — Il est dans le frigo.*
> ¿Dónde *es* la cena? — *Es* en el Gran Hotel.
> *Où est (a lieu) le dîner ? — C'est au Grand Hôtel.*

Remarques : à la 1re personne du pluriel, **estamos** situe dans le temps (expression de la date en particulier) :

> *Estamos* en primavera *Nous sommes au printemps.*
> *Estamos* a dos de junio. *Nous sommes le deux juin.*

Employé avec un numéral, **estar** situe dans le lieu, tandis que **ser**, accompagné d'un attribut numéral (cardinal ou ordinal), établit un dénombrement ou un ordre :

> *Estaba* el primero en la sala de espera.
> *Il était le premier dans la salle d'attente.*
> ≠ Gabriel siempre *ha sido* el primero.
> *Gabriel a toujours été le premier.*

EXERCICES

D. Choisissez entre les réponses celle qui convient

1. — ¿ De dónde ......? — Somos de Santurce.
   estáis / eres / sois

2. No, esto no ...... para jugar.
   es / está

3. — Para la fiesta del martes, ¿ cuántos ......?
   — No sé, de momento ...... unos veinticinco.
   estamos / está / somos

4. En este caso, yo personalmente no ...... de tu opinión.
   está / soy / estoy

5. Puede comprarlo con toda tranquilidad. ...... de buena calidad.
   está / es

6. No sé para qué ...... esa nueva máquina que han traído.
   estaba / es / era

7. — Me hace el favor, ¿ ...... Pilar? — No, no ...... Ha tenido que salir.
   eres / es / está

8. — ¿ Dónde ...... la fiesta? — ...... en la casa de campo de sus padres.
   es / está

9. — ¿ A cuántos ......? — Hoy ...... a doce.
   somos / es / estamos

E. Complétez les phrases avec les formes de ser ou estar qui conviennent

1. Ese vestido no ...... para mí porque ...... de un tejido muy ligero y ...... de un color demasiado vivo.

2. — ¿ De quién ...... estos cuadernos? — ...... míos.

3. Desde que lo conozco ...... en la misma empresa.

4. Ya ...... las doce. Me marcho, que ...... muy tarde.

5. ¿ Dónde va a ...... la ceremonia de fin de año?

6. Aunque ...... en pleno invierno, no hace nada de frío.

7. — ¿ Cuántos ...... en tu casa? — ...... tres y mis padres, pero desde el año pasado sólo ...... mi hermano y yo.

8. Esas flores no sé para quién ......

9. Vamos a comer, porque la comida ya ...... en la mesa.

10. Creo que el entierro ...... el jueves a las dos.

Employé avec une préposition, **estar** indique les circonstances dans lesquelles se trouve le sujet :

> Siempre *está en* forma. *Il est toujours en forme.*
> No *estábamos con* él. *Nous n'étions pas avec lui.*
> *Está de* mal humor. *Il est de mauvaise humeur.*

Remarque : **estar de** suivi d'un nom de métier traduit le français *travailler comme, faire fonction de* (cf. p. 118) :

> Antonio es estudiante y *está de* vendedor.
> *Antoine est étudiant et travaille comme vendeur.*

Estar de donne lieu à de nombreuses locutions : **estar de viaje,** *être en voyage* ; **estar de compras,** *faire des courses* ; **estar de moda,** *être à la mode...* :

> *Estamos de* vacaciones dentro de una semana.
> *Nous sommes en vacances dans une semaine.*

2. Dans la forme progressive, le gérondif est toujours précédé de **estar** (cf. p. 236) :

> *Estoy* trabajando. *Je suis en train de travailler.*

3. *Locutions avec* **estar** :

— **Estar** suivi de la préposition **para** et d'un infinitif équivaut à *être sur le point de* :

> El tren *está para* irse. *Le train est sur le point de partir.*

Remarques : à la forme négative, **no estar para** suivi d'un substantif ou d'un infinitif peut indiquer aussi l'inopportunité de l'action exprimée par l'infinitif ou le substantif et être traduit par *ne pas avoir envie de* (cf. p. 128) :

> *No estoy para* discusiones.
> *Je n'ai pas envie de me disputer.*

— **Estar por** suivi d'un infinitif exprime une intention personnelle et équivaut à *être favorable à, avoir envie de* :

> *Estoy por* decirle algo.
> *J'ai envie de lui dire quelque chose.*

Remarque : dans d'autres contextes, **por,** utilisé avec **estar,** peut indiquer une action à réaliser (cf. p. 126) :

> Eso *está por* ver. *Cela est à voir.*

EXERCICES

F. Choisissez entre les réponses celle qui convient

1. Gabriel ...... ingeniero, antes de entrar en la Administración.
   era / estaba / estuvo
2. ¿Y Mercedes? — ...... pasando un mal momento. No te digo más que ...... sin trabajo.
   es / está / fue
3. Jaime ...... de médico en Béjar, antes de ir a Madrid.
   fue / era / estuvo
4. Carmen ...... abogada, pero ...... también economista.
   es / está
5. ...... para comprar el jersey cuando le convencimos de que no le iba.
   es / era / estaba
6. El autocar ...... para irse cuando lo pude coger en el último momento.
   estuvo / estaba
7. Me acuerdo muy bien de que ...... el último de la clase. No ...... nada buen estudiante.
   era / está
8. La verdad es que no ...... para risas cuando tengo tanto trabajo.
   estamos / estoy / soy
9. Nosotros ...... en plena reunión cuando nos interrumpieron.
   estábamos / éramos / somos

G. Complétez les phrases avec les formes de ser ou estar qui conviennent

1. Le vimos, cuando ...... yo de vacaciones en Estepona.
2. Hoy el jefe no ...... para nadie. ...... mejor que no le hables porque no ...... para bromas.
3. Felipe siempre dice que ...... sin dinero.
4. No le interesa mucho porque ...... de paso.
5. Estas mercancías ...... de Bilbao y ...... para ...... descargadas de un momento a otro.
6. La última vez que le vi ...... en plena forma. ...... los dos en el gimnasio y ...... Luis también.

Ser *ou* **estar** *devant un adjectif qualificatif*

Lorsque l'attribut est un adjectif qualificatif et que le sujet du verbe n'est pas impersonnel, il convient de faire un choix entre les verbes **ser** et **estar** :

1. Lorsque l'attribut est un adjectif qualificatif qui indique une qualité essentielle caractéristique, une définition du sujet, on emploie le verbe **ser** :

> **Juan** *es* **alto.** *Jean est grand.*
> **La tierra** *es* **redonda.** *La terre est ronde.*
> **Cristina** *es* **rubia.** *Christine est blonde.*
> **El cielo** *es* **azul.** *Le ciel est bleu.*

2. Lorsque l'attribut est un adjectif qualificatif qui indique un état, une situation liée à des circonstances externes, on emploie le verbe **estar** :

> **Pedro** *está* **contento porque ha sacado buenas notas.**
> *Pierre est content parce qu'il a eu de bonnes notes.*
> **Hoy el cielo** *está* **más azul que ayer.**
> *Aujourd'hui le ciel est plus bleu qu'hier.*

Remarques : conformément à ces règles, on notera que la durée ou, au contraire, la brièveté de l'état ne sont pas un critère de choix comme l'indiquent les exemples suivants :

> **Mi abuela** *siempre está* **enferma.** (état circonstanciel)
> *Ma grand-mère est toujours malade.*
> ≠ **Pocas veces le he visto** *ser* **generoso.** (caractéristique)
> *Je l'ai rarement vu être généreux.*

Certains adjectifs ont un sens différent suivant qu'ils sont employés avec **ser** ou avec **estar**. En voici quelques exemples :

bueno :	**Marcos** *es* **bueno.**	≠ **Javier** *está* **bueno.**
	Marc est bon.	*Xavier est en bonne santé.*
malo :	**No** *seas* **malo.**	≠ **¿** *Estás* **malo?**
	Ne sois pas méchant.	*Es-tu souffrant ?*
listo :	**Este chico** *es* **listo.**	≠ **Estoy listo para salir.**
	Ce garçon est intelligent.	*Je suis prêt à sortir.*
rico :	**Su padre** *es* **rico.**	≠ **Esta paella** *está* **rica.**
	Son père est riche.	*Cette paella est délicieuse.*
negro :	**El gato** *es* **negro.**	≠ **Luis** *está* **negro.**
	Le chat est noir.	*Louis est en colère.*

EXERCICES

H. Complétez les phrases suivantes avec ser **ou** estar

1. La habitación ...... oscura ; por favor descorre las cortinas.
   Esta habitación, orientada al norte, ... oscura.
2. No recojas la ropa, ... húmeda todavía.
   El clima de esta zona ...... húmedo.
3. Como ...... tan orgulloso, no me atrevo a decirle nada.
   Cuando le cuente eso a mi madre, ... orgullosa de mí.
4. Rosa ...... muy alegre desde niña.
   Juana ...... muy alegre porque se va de viaje.
5. (Yo) ...... nervioso porque aún no sé el resultado del examen.
   Juan ...... demasiado nervioso para este trabajo.

I. Même exercice

1. Pablo ...... protestante, pero su mujer ...... católica.
2. Mis amigos ...... ingleses.
3. Este café ...... frío.
4. El accidente de ayer ...... horrible.
5. Rafael ya ...... mejor.
6. Esta noticia ...... increíble.
7. El taxi ...... libre cuando lo llamé.
8. (Yo) ...... triste mañana sin ti.
9. El autobús que viene ...... lleno.
10. Vosotros ...... inteligentes.

J. Traduisez

1. Le service militaire est obligatoire.
2. Tu peux être tranquille, je ferai tout le nécessaire.
3. Il est sûr qu'il viendra ; mais je ne suis pas sûr de l'heure.
4. Le footing est bon pour le cœur.
5. La nuit est plutôt fraîche.
6. Es-tu prêt ? Il est l'heure de partir maintenant.
7. Le paysage du nord de l'Espagne est très vert.
8. Ce dîner est vraiment délicieux, madame.
9. La voiture que j'ai achetée n'est plus neuve, mais elle est presque neuve.

Ser *ou* **estar** *devant un participe passé*

1. Lorsque la phrase est au passif et que la forme verbale exprime une action en train de se réaliser, on emploie le verbe **ser** (passif opératif) :

> **La puerta *es* abierta por Pedro.**
> *La porte est ouverte par Pierre.*

Remarque : le participe passé s'accorde toujours avec le sujet et l'agent de l'action peut être sous-entendu :

> **El problema *fue* resuelto ayer.**
> *Le problème a été résolu hier.*

2. Lorsque la forme verbale exprime un état qui résulte d'une action antérieure, on emploie le verbe **estar** (passif résultatif) :

> **La puerta *está* abierta.** *La porte est ouverte.*
> **El problema ya *está* resuelto.**
> *Le problème est maintenant résolu.*

Remarques : certains verbes, tels que **acompañar**, *accompagner* ; **representar**, *représenter* ; **presidir**, *présider* ; **invitar**, *inviter*, peuvent avoir un passif formé avec le verbe **estar**, notamment si le verbe est au présent ou à l'imparfait : on insiste alors davantage sur la notion d'état que sur l'action accomplie par l'agent :

> **Carmen y Paco *están* invitados por mí.**
> *Carmen et Paco sont invités par moi.*
> **Juan *estaba* acompañado por varios amigos.**
> *Jean était accompagné de plusieurs amis.*

Toutefois, si le verbe est au passé simple ou au passé composé, on emploiera de préférence le verbe **ser** :

> ***Fue* acompañado a la estación por su familia.**
> *Il a été accompagné à la gare par sa famille.*
> **La reunión *ha sido* presidida por el decano.**
> *La réunion a été présidée par le doyen.*

3. Certains participes passés s'emploient comme des adjectifs qualificatifs et obéissent alors aux mêmes règles que ceux-ci :

> **Esos niños *están callados* hoy.** (état circonstanciel)
> *Ces enfants sont silencieux aujourd'hui.*
> ≠ **María *es* muy *callada*.** (caractéristique)
> *Marie est très réservée.*

EXERCICES

K. Complétez les phrases suivantes avec ser ou estar

1. Esta mujer ...... respetada por todos.
2. María ...... casada con un ingeniero.
3. Me voy a dormir porque ...... muy cansado.
4. El criminal ...... detenido esta mañana.
5. Los cristales ...... recién lavados.
6. La gente gritaba tanto que la manifestación ...... disuelta.
7. Los campeonatos ...... emitidos por Mundovisión.
8. El viajero ...... medio dormido y no se dio cuenta de nada.
9. (Yo) ...... gravemente herido por un coche ayer.
10. Volví a casa pero las puertas ...... cerradas.

L. Même exercice

1. (Ellos) ...... enamorados algunos años.
2. Su hijo ...... expulsado del colegio y no sabe qué hacer con él.
3. Suele ...... bien aceptado por la gente.
4. Los árboles ......helados con tanta nieve.
5. Aquí tiene Vd. su coche : ya ...... arreglado.
6. Cristo ...... vendido por treinta monedas de plata.
7. La casa ...... rodeada de césped.
8. Las computadoras ...... controladas periódicamente por expertos.
9. El documental ...... emitido el próximo mes.
10. Este bolso ...... hecho a mano.

M. Traduisez

1. Les tableaux de Goya sont exposés au musée du Prado.
2. Elle a été mordue hier par un chien-loup.
3. Le matin toutes les banques sont ouvertes.
4. Ces rues sont très mal éclairées la nuit.
5. La maison a été louée par des étrangers cette année.
6. Le Mexique a été conquis au début du xvie siècle.
7. Je peux t'assurer que nous serons prêts à 7 heures.
8. Le contrôle sera effectué par une équipe de médecins.
9. Les voleurs n'ont jamais été arrêtés.
10. Le ministre était accompagné de sa femme.

65. Les emplois particuliers des semi-auxiliaires

Semi-auxiliaire + participe passé

Le verbe semi-auxiliaire est utilisé en remplacement de **haber**, *avoir* ; **ser** ou **estar**, *être*. Le participe passé s'accorde avec le sujet si le verbe semi-auxiliaire est intransitif, et avec le complément direct si le semi-auxiliaire est transitif :

> *Andaba* muy interes**ada** = *Estaba* muy interes**ada**.
> *Elle était très intéressée.*
> *Tiene* muy bien estudi**ada** la cuestión.
> *Il a très bien étudié la question.*

1. Ir, andar + participe passé :
Ces semi-auxiliaires peuvent remplacer le verbe **estar** (qui exprime un résultat) devant un participe passé et ajoutent à l'action une nuance de mouvement et de dynamisme.

> Ayer *iba* enfadado = Ayer *estaba* enfadado.
> *Hier il était fâché.*
> Carmen *anda* preocupada = Carmen *está* preocupada.
> *Carmen est préoccupée.*

Remarques : le verbe **ir** est employé en particulier avec des participes dont le contenu fait référence à l'état physique ou moral du sujet :

> Elena *va* equivocada = Elena *está* equivocada.
> *Hélène se trompe.*

Lorsque le verbe **ir** est employé à un temps composé ou au passé simple, il n'est plus un semi-auxiliaire et signifie *aller* :

> *Fue* vestida de negro. *Elle est allée habillée en noir.*

2. Tener + participe passé :
Le verbe **tener** peut remplacer l'auxiliaire **haber** dans les temps composés des verbes transitifs pour insister sur l'aspect accompli de l'action. Selon le contexte, la périphrase peut ajouter une nuance de répétition.

> Ya *tenía* preparado todo. *Il avait déjà tout préparé.*
> Ya se lo *tenía* dicho = Ya se lo *había* dicho.
> *Je le lui avais déjà dit.*

3. Quedar + participe passé :
Le verbe **quedar**, *rester*, en remplacement des verbes **ser** ou **estar**, introduit une nuance d'aboutissement de l'action :

EXERCICES

A. Complétez les phrases avec ir, andar, tener, quedar **aux temps et mode qui conviennent**

1. Paco ...... bastante preocupado últimamente, pero ahora ...... más tranquilo.
2. Mi amiga ya ...... preparadas las maletas cuando fui a buscarla.
3. Desde que empezamos las obras de la nueva casa ...... gastadas más de dos millones de pesetas.
4. No te extrañes de que Amparo no te conociera el otro día. ...... tan despistada como siempre.
5. Ayer Mari Carmen ...... vestida de forma muy rara.
6. No te preocupes, que ya ...... yo solucionados todos los asuntos que me encargaste.
7. Era tan extraordinario que nos ...... fascinados a todos con sus historias.
8. Desde principios de año el Departamento de Posventa ...... registradas doscientas devoluciones.
9. No sé cuántas veces te ...... dicho que no llegues tarde a casa.
10. El presidente considera que el asunto de los despidos ...... definitivamente concluido la semana pasada.
11. Esa película la ...... ya muy vista. Me la conozco de memoria.
12. Desde que está sin trabajo, tu padre ...... mandadas no sé cúantas solicitudes de empleo.
13. Desde que trabaja en ese bufete ...... vistos más de cien casos de divorcio. No hace más que eso.

B. Traduisez en utilisant le semi-auxiliaire qui convient

1. À cette époque-là je sortais avec Mathilde.
2. Nous avons déjà parcouru trois cents kilomètres depuis ce matin.
3. Quand mon mari aura fini sa thèse, nous partirons à l'étranger.
4. Depuis un mois j'ai déjà réparé plusieurs machines de cette marque.
5. Cette histoire, je l'ai entendue très souvent.
6. La maison a été finie le mois dernier.
7. Elle est toujours très maquillée.

La operación *quedó* cerrada por ambas partes.
L'opération fut conclue par les deux parties.

4. Les verbes **traer** et **tener** + participe passé : la construction pronominale me, te, le... **trae(n)**, **tiene(n)**, suivie d'un participe passé, exprime le résultat d'un état psychologique :

Este chico nos *tiene* angustiados = Este chico nos angustia.
Ce garçon nous angoisse.

Remarque : le verbe **traer** ajoute une notion de durée à la notion de résultat. L'origine de l'action, sous la forme **desde, desde hace,** *depuis,* est très souvent exprimée :

Desde marzo, me *trae* preocupado = Desde marzo me preocupa. *Depuis le mois de mars, il me préoccupe.*

Semi-auxiliaire + infinitif

1. Ir a + infinitif :
Comme en français, la locution indique un futur immédiat :

Voy a decirlo esta tarde. *Je le dirai cet après-midi.*

Remarques : à l'impératif, la 1re personne du pluriel du présent, vamos, a remplacé la forme correspondante, **vayamos** :

¡ *Vamos a* ver ! *Allons voir !*

Dans une phrase interrogative, **ir a** suivi d'un infinitif introduit une valeur dubitative proche de celle que possède le futur ou le conditionnel espagnol (cf. p. 200) :

¿ Cómo *iba* yo *a* imaginarlo ?
Comment pouvais-je l'imaginer ?

2. Echarse a + infinitif souligne le caractère soudain de l'action et remplace souvent **ponerse a,** *se mettre à,* avec des verbes tels que **llorar,** *pleurer ;* **reír,** *rire ;* **correr,** *courir ;* **temblar,** *trembler...* :

Se echó a llorar. *Il se mit à pleurer.*

3. Venir a + infinitif exprime une approximation :

Eso viene a costar 50 pts. *Ça coûte environ 50 pesetas.*

4. Acabar de + infinitif, *venir de,* indique une action qui vient d'être accomplie. Employée sous la forme négative, la périphrase devient une négation atténuée.

Acaban de salir. *Ils viennent de sortir.*
No acabo de decidirme. *Je ne suis pas tout à fait décidé.*

EXERCICES

C. Transformez les phrases suivantes en utilisant les semi-auxiliaires qui conviennent

1. Costará unas doce mil pesetas.
2. De repente, se puso a andar sin decir ni una palabra.
3. Hace un minuto que lo vi por aquí.
4. Me fui porque la obra no me interesaba mucho.
5. Le reñí y se puso a llorar.

D. Complétez les phrases avec les semi-auxiliaires aux temps et mode qui conviennent

1. Cuando contó ayer la anécdota, todos ...... reír a carcajadas.
2. No te has perdido nada. La película ...... empezar hace un momento.
3. Este libro sobre el terrorismo ...... decir lo mismo que todos.
4. Las opiniones de este conferenciante no ...... convencerme del todo.
5. A tu hermano los nuevos proyectos le ...... totalmente absorbido.
6. Desde que vivimos en las afueras ...... gastar más o menos lo mismo que cuando vivíamos en el centro.
7. No le puedo informar porque ...... llegar hace pocos días.
8. Cuando veo esos precios, te aseguro que me ...... temblar.

E. Traduisez

1. Les journaux viennent d'annoncer la nouvelle.
2. Bien, allons travailler !
3. Ce film raconte à peu près la même histoire que celui de la semaine dernière.
4. Ce poste n'arrive pas à me motiver comme le précédent.
5. Quand il a entendu l'histoire, il s'est mis à rire.
6. Le tableau ne me plaît pas tout à fait.
7. Comment pouvais-je le dire dans ces circonstances ?
8. Nous allons vérifier cela tout de suite.
9. Depuis l'année dernière, cette affaire l'obsède complètement.
10. Soudain le chien s'est mis à aboyer.

66. Les verbes *devenir* et *rendre*

Ce verbe n'existe pas en espagnol. Le choix du verbe varie selon que le changement affecte la nature d'une personne ou d'une chose, ou ne fait qu'en modifier l'apparence ou le comportement :

1. *Ponerse*, suivi d'un adjectif, indique un changement superficiel et passager subi par le sujet :

> Al oír la noticia *se puso* furioso.
> *En entendant la nouvelle il est devenu furieux.*

2. *Volverse* suppose un retournement et indique un changement radical et définitif :

> Desde que murió su mujer *se ha vuelto* taciturno.
> *Depuis que sa femme est morte il est devenu taciturne.*

3. *Hacerse* marque la progression du changement et/ou la volonté du sujet :

> La ciudad *se ha hecho* demasiado grande.
> *La ville est devenue trop grande.*
> Nos *hicimos* amigos durante las vacaciones.
> *Nous sommes devenus amis pendant les vacances.*

Remarque : on emploiera de préférence *ponerse* lorsque l'adjectif qualificatif indique un état ou une situation liés à des circonstances externes ; les verbes *volverse* ou *hacerse* lorsque l'adjectif qualificatif indique une qualité essentielle caractéristique ou une définition du sujet (cf. *ser* et *estar*, p. 270) :

> Se *ha puesto* insoportable. (→ *está* insoportable)
> *Il est devenu insupportable.*
> ≠ Se *ha hecho* muy alto. (→ *es* muy alto)
> *Il est devenu très grand.*
> Se *puso* malo este invierno. (→ *estuvo* malo)
> *Il est devenu souffrant cet hiver.*
> ≠ Se *volvió* malo con sus hermanos. (→ *fue* malo)
> *Il devint méchant envers ses frères.*

4. *Llegar a ser, venir a ser* (plus rare), marquent l'aboutissement d'une transformation :

> Últimamente, *llegó a ser* ministro.
> *Il est devenu ministre récemment.*

EXERCICES

A. Complétez les phrases en utilisant ponerse ou hacerse

1. Creo que su padre ...... muy célebre con sus inventos.
2. A pesar de su familia, él ...... republicano y no cambió.
3. Ella ...... melancólica cuando terminaban las vacaciones.
4. Había vivido muchos años en Londres y ...... muy inglés.
5. La hija menor optó por ...... monja.
6. Miguelito ...... bueno en cuanto llegó el médico.
7. ...... pálida cuando le pidieron la documentación.
8. ¿Adónde vas? ¡ ...... muy elegante hoy !
9. Este señor ...... rico después de trabajar mucho.
10. ¡ No ...... Vd. tan nerviosa, señorita !

B. Complétez les phrases suivantes

1. Su abuelo ...... Presidente del Gobierno.
2. Pedro ...... presumido desde que ha sacado el doctorado.
3. ¿ Cómo pudiste ...... comunista de la noche a la mañana ?
4. Paco estudió mucho para ...... médico.
5. Los niños ...... muy contentos cuando llegaron sus primos.
6. Este chico siempre ...... pesado cuando hablamos de política.
7. La renovación del material ...... imprescindible.
8. De pronto el cielo ...... nublado y nos fuimos.
9. Este señor ...... uno de los grandes empresarios del país.
10. Año tras año, las circunstancias ...... distintas.

C. Traduisez

1. Avec l'enfant l'appartement est devenu trop petit.
2. On ne savait pas comment il était soudain devenu pauvre.
3. Il y a tant de travaux que la circulation est devenue difficile.
4. Mes parents sont devenus vieux.
5. Dès qu'elle l'a vu, elle est devenue rouge.
6. L'entreprise devenait chaque jour plus prospère.
7. Il est devenu avocat après quatre ans d'études.
8. Son oncle était devenu général.
9. Il me semble que cet enfant devient capricieux.
10. Quand je l'ai invitée, elle est devenue toute joyeuse.

5. *Convertirse en, transformarse en, cambiarse en* (plus rare), suivis d'un nom, traduisent une transformation progressive du sujet :

> Este país *se ha convertido en* una gran potencia económica.
> *Ce pays est devenu une grande puissance économique.*
> *Se ha transformado en* una viejecita desabrida.
> *Elle est devenue une petite vieille acariâtre.*

Le verbe *rendre*

Les verbes *hacer, volver, poner*, traduisent le verbe français *rendre* avec les mêmes nuances :

1. *Hacer*, le plus généralement employé, souligne la progression de la transformation :

> Sus novelas le *han hecho* famoso.
> *Ses romans l'ont rendu célèbre.*

2. *Volver* indique une transformation essentielle et brutale :

> El éxito le *ha vuelto* loco.
> *Le succès l'a rendu fou.*

3. *Poner* traduit une transformation accidentelle et passagère :

> Este examen me *pone* nervioso.
> *Cet examen me rend nerveux.*

Remarque : comme précédemment, *poner* s'emploiera de préférence avec les adjectifs qualificatifs qui indiquent un état lié à des circonstances externes ; *hacer* et *volver* avec les adjectifs qualificatifs qui indiquent une caractéristique :

> La lluvia le *pone* triste. (= *está* triste cuando llueve)
> *La pluie le rend triste.*
> ≠ El fracaso le *ha vuelto* amargo. (= *es* amargo por el fracaso)
> *L'échec l'a rendu amer.*
> Los atascos lo *ponen* negro.
> *Les embouteillages le rendent furieux.*
> ≠ El humo *hacía* más negras las paredes.
> *La fumée rendait les murs plus noirs.*

EXERCICES

D. Choisissez la réponse adéquate

1. Carmen está desconocida ; ...... una mujer últimamente.
   a) *ha vuelto*   b) *se ha puesto*   c) *se ha convertido en*

2. ...... ingeniero y trabaja en una gran empresa.
   a) *se hizo*   b) *se convirtió en*   c) *se puso*

3. Con tanta competencia, los negocios ...... dificilísimos.
   a) *se han convertido en* b) *han hecho* c) *han llegado a ser*

4. El vino ...... vinagre y no se puede beber.
   a) *se ha puesto*   b) *se ha transformado en*   c) *ha vuelto*

5. Con todo lo que comió, el niño ...... malo.
   a) *se volvió*   b) *se hizo*   c) *se puso*

6. Si algún día ...... famoso, me alegraré mucho.
   a) *te pones*   b) *te vuelves*   c) *te transformas en*

E. Complétez les phrases suivantes

1. El vestido que llevabas ayer te ...... más delgada.
2. Esta medicina que he tomado me ...... bueno.
3. Este botijo ...... el agua muy fresca.
4. Mirándolo así vas a ...... tonto al niño.
5. Acabo de recibir una carta que me ...... de buen humor.
6. ¡Cuánto ha cambiado! Las malas compañías le ......
rebelde.
7. Si lo sigues practicando, este deporte te ...... fuerte.
8. El bullicio de la ciudad le ...... loco a uno.
9. ¡No hagas tanto ruido! ¡Nos ...... nerviosos a todos!
10. El sol ...... moreno.

F. Traduisez

1. Ce qu'il m'a dit m'a rendu furieux.
2. La gloire ne le rendait pas plus heureux.
3. Les ennuis ont fini par le rendre malade.
4. Les échecs l'ont rendu méfiant.
5. Ses enfants lui rendaient la vie impossible.
6. La pluie rend plus dangereuse la circulation.
7. L'injustice qu'il avait subie l'avait rendu injuste.
8. Penser aux vacances nous rendait joyeux.

67. Les interrogatifs et les exclamatifs

Les phrases interrogative et exclamative sont toujours introduites par un signe de ponctuation renversé :

Pero, ¿ qué haces aquí ? *Mais, que fais-tu là ?*
Oye, ¡ qué alegría verte ! *Dis donc, quelle joie de te voir !*

Les interrogatifs

Ils portent toujours un accent écrit, au style direct et indirect :

¿ *Quién* ha llamado ? *Qui a appelé ?*
No sé *quién* ha llamado. *Je ne sais pas qui a appelé.*

1. Les adjectifs et pronoms interrogatifs :

- **¿ Qué ?** = *que ? quoi ? quel ?*
  ¿ *Qué* edad tienes ? *Quel âge as-tu ?*
- **¿ Quién ?** (**¿ Quiénes ?**) = *qui ?*
  ¿ *Quién* ha venido ? *Qui est venu ?*
- **¿ Cuál ?** (**¿ Cuáles ?**) = *quel ? lequel ?*
  ¿ *Cuáles* prefieres ? *Lesquels préfères-tu ?*

Remarques : Ces interrogatifs sont éventuellement précédés d'une préposition qui introduit le complément :

¿ *Con quién* se casó ? *Avec qui s'est-il marié ?*

Qué, lorsqu'il est adjectif, est épithète :

¿ A *qué* día estamos ? *Quel jour sommes-nous ?*

Cuál, s'il est adjectif, est toujours attribut du sujet :

¿ *Cuál* es tu opinión ? *Quel est ton avis ?*

2. Les adverbes interrogatifs expriment une idée de :

- lieu : **¿ dónde ?**   **¿ *Dónde* estás ?** *Où es-tu ?*
- temps : **¿ cuándo ?**   **¿ *Cuándo* llegas ?** *Quand arrives-tu ?*
- manière : **¿ cómo ?**   **¿ *Cómo* lo sabes ?** *Comment le sais-tu ?*
- quantité : **¿ cuánto ?**   **¿ *Cuánto* es ?** *Combien est-ce ?*

Remarques : dónde, cuándo et cuánto sont également précédés, éventuellement, d'une préposition :

¿ *De dónde* salen ? *D'où sortent-ils ?*
¿ *Desde cuándo* estás aquí ? *Depuis quand es-tu là ?*

Dónde, sans mouvement, est généralement employé seul. Avec la préposition a, il peut s'écrire en un seul mot (cf. p. 294) :

¿ *(En) dónde* naciste ? *Où es-tu né ?*
¿ *Adónde/A dónde* vas ? *Où vas-tu ?*

EXERCICES

A. Complétez les phrases suivantes avec qué ou cuál

1. ...... hay de nuevo?
2. ...... diferencia hay entre tú y yo?
3. ...... es la diferencia?
4. ...... de los dos escoges?
5. ...... coche es el tuyo?
6. ...... es su dirección?
7. ...... te preguntó el profesor?
8. ...... es esto?
9. ...... importa lo que diga?
10. ...... de ellos nos recomienda Vd.?

B. Posez les questions correspondant aux mots en italique

1. *Mañana* es domingo.
2. Vino *ayer*.
3. Iré *yo* al aeropuerto.
4. No he vuelto a la sierra *desde Navidad*.
5. Estaba esperando *en un bar*.
6. Estoy *muy bien*, gracias.
7. *Manuel* nos ha escrito.
8. *Algunas* de las preguntas nos han parecido difíciles.
9. He invitado *a los amigos de José*.
10. La entrada cuesta *3 000 ptas*.

C. Traduisez

1. Laquelle de ces deux dames est ta mère?
2. Quel musée veux-tu visiter?
3. Je ne peux pas te dire combien de jours je vais rester.
4. Comment l'as-tu su si vite?
5. Mais, quand es-tu parti de Madrid?
6. D'où viens-tu et où vis-tu à présent?
7. À qui penses-tu?
8. Mais quand est-ce que tu comprendras?
9. Quelles sont les villes espagnoles que tu connais?
10. S'il vous plaît, monsieur, combien valent ces chaussures?

Cuánto devant un verbe est adverbe et reste invariable ; s'il se rapporte à un nom, il est adjectif et s'accorde avec celui-ci :

> *¿Cuántos amigos tienes? Combien d'amis as-tu ?*

3. Les propositions interrogatives de cause ou de but sont introduites par le pronom **qué** précédé respectivement des prépositions **por** et **para** :

> *¿Por qué lloras? Pourquoi pleures-tu ?*
> *¿Para qué has venido? Pourquoi es-tu venu ?*

4. Structure de la phrase interrogative : comme en français, qu'elle soit introduite ou non par un interrogatif, l'élément sur lequel porte l'interrogation se place en tête de phrase :

> *¿Vendrás conmigo? Tu viendras avec moi ?*
> *¿Aquí tienes cita? Est-ce ici que tu as rendez-vous ?*

Les exclamatifs

Comme les interrogatifs, ils portent toujours un accent écrit et ils sont immédiatement suivis du mot sur lequel porte l'exclamation :

— si c'est un verbe, les exclamatifs sont **cuánto**, *combien*, *comme* (quantité) et **cómo**, *comme* (manière) :

> *¡Cuánto llovió ayer! Comme il a plu hier !*
> *¡Cómo se enfada! Comme il se fâche !*

— si c'est un adjectif ou un adverbe, les exclamatifs sont **qué**, *que*, *comme* et **cuán**, *combien*, *comme* :

> *¡Qué feo es! Que c'est laid !*
> *¡Cuán pronto viene! Comme il vient vite !*

— si c'est un nom, les exclamatifs sont **qué**, *que, quel* et **cuánto, -a, -os, -as**, *combien, que, quel* :

> *¡Qué suerte! Quelle chance !*
> *¡Cuántas veces te lo dije! Combien de fois te l'ai-je dit !*

Remarques : si le nom est accompagné d'un adjectif, deux solutions sont possibles (cf. p. 36) :

> *Quelle belle nuit* ⟨ *¡Qué hermosa noche !*
> *¡Qué noche tan / más hermosa !*

Si l'exclamation est indirecte, elle est traduite par un exclamatif ou bien par **lo que** + verbe :

> *Ves cuánto / lo que te quiere. Tu vois comme il t'aime.*

ou par **lo** + adjectif ou adverbe + **que** :

> *Ves lo bonitas que son. Tu vois comme elles sont jolies.*

EXERCICES

D. Complétez les phrases suivantes

1. ¡ ...... tiempo sin verte!
2. ¡ ...... chica más guapa!
3. Pero, ¿ ...... quieres marcharte tan temprano?
4. ¿ ...... metros le pongo, señora?
5. ¡ ...... amable es Luis!
6. ¡ ...... hambre tengo!
7. ¿ ...... me necesitas, mamá?
8. ¡ ...... le gusta viajar!
9. ¿ ...... no han sido avisados del incendio?
10. ¡ ...... se las arregla!

E. Mettez les phrases suivantes à la forme exclamative

1. Ese chico parece tonto.
2. Hace frío.
3. Tengo muchas ganas de llegar a la playa.
4. Me alegro mucho de que hayas venido.
5. En este país se vive bien.
6. Tiene mucha fuerza de voluntad.
7. El pueblo nos parecía muy lejos.
8. El niño tiene mucho sueño.
9. Esta película me ha gustado mucho.
10. La torre es alta.

F. Traduisez

1. Tu sais combien les choses sont difficiles.
2. Pourquoi ne m'as-tu pas dit la vérité?
3. Comme les prix ont augmenté!
4. Quel enfant insupportable!
5. Je ne peux pas te dire combien de jours je vais rester.
6. Tu n'imagines pas comme cet auteur écrit bien.
7. Il ne savait plus qui était venu ni pourquoi.
8. Que les appartements sont chers!
9. Tu ne sais pas combien il aime la corrida.
10. Combien de fois je m'en suis souvenu!

68. Les pronoms relatifs
que, quien, el que, el cual

Dans l'emploi des relatifs, il faut séparer le cas où l'antécédent est exprimé de celui où il ne l'est pas.

Avec un antécédent exprimé

1. Que, toujours invariable, traduit les relatifs français *que* et *qui*. Il peut être sujet ou complément et a comme antécédent une personne ou une chose.

> ¿Has quedado con el chico *que* vino ayer?
> *As-tu rendez-vous avec le garçon qui est venu hier?*
> La secretaria está escribiendo la carta *que* le pedí.
> *La secrétaire écrit la lettre que je lui ai demandée.*

2. Quien, quienes, *que, qui*, a obligatoirement un antécédent personnel. Il est utilisé le plus souvent comme complément:

> Las personas *a quienes* vas a ver son muy amables.
> *Les personnes que tu vas voir sont très aimables.*
> Te presento al compañero *con quien* vas a trabajar.
> *Je te présente le collègue avec qui tu vas travailler.*

Remarques: **quien** peut être sujet seulement si la proposition relative, mise en apposition, est explicative. Son emploi dans la langue parlée est rare et on lui préfère nettement **que**.

> El portero, *quien* estaba cargado, andaba despacio.
> *Le concierge, qui était chargé, marchait lentement.*

Par contre, **quien** ne peut être sujet d'une proposition relative construite directement, qui doit obligatoirement être introduite par le pronom relatif **que**:

> Las personas *que* entran. *Les personnes qui entrent.*
> ≠ Las personas, *quienes (que)* eran numerosas, iban entrando.
> *Les personnes, qui étaient nombreuses, entraient.*

3. Les relatifs **el que, la que, los que, las que**, *lequel, laquelle, lesquels, lesquelles*, qui s'accordent avec l'antécédent, sont équivalents de **que** et de **quien** précédés d'une préposition:

> ¿Has visto a la chica *con la que* (con quien, con que) hablaba? *As-tu vu la fille avec laquelle je parlais?*

EXERCICES

A. Complétez les phrases avec le pronom relatif et, s'il y a lieu, la préposition qui conviennent

1. Me gusta el vestido ...... llevabas ayer.
2. La secretaria ...... me contestó me dio cita para el jueves ...... viene.
3. La persona ...... mandaste la carta ya no vive en esa dirección.
4. Saca la ropa ...... te vayas a poner mañana.
5. Llama primero a las personas ...... has quedado.
6. Los pantalones ...... me compré ayer me están estrechos.
7. Esa chica, ... quería con locura, me dejó y no la volví a ver más.
8. Me he encontrado con el novelista ...... ganó el premio.
9. Éste es el chico ...... me pienso casar.
10. El jefe, ... estaba ocupado, se negó a recibirle.

B. Reliez les phrases suivantes à l'aide d'un pronom relatif

1. Coge el cenicero. Está en la cocina.
2. Llámame desde la cabina. Está enfrente del hotel.
3. Estuve con esos amigos. Los vi ayer.
4. ¿Ves a esa chica? Pues, antes salía con ella.
5. El carnicero lleva un delantal blanco. Me atiende siempre muy bien.
6. Compra el vestido azul. Estaba en el escaparate.
7. Déjame ese disco. Lo escuché en tu casa el sábado pasado.

C. Traduisez

1. Ce monsieur, que j'ai connu enfant, est devenu un homme d'affaires très important.
2. Prends le premier train qui partira pour le sud.
3. Ces gens que j'ai rencontrés pendant le stage m'ont écrit pour me proposer un nouveau rendez-vous.
4. Je ne me souviens plus de cette femme que j'ai connue au Brésil.
5. Il me répondit d'une façon qui m'étonna totalement.
6. Le journaliste, qui était pressé, oublia son article dans sa voiture.

4. El cual, la cual, los cuales, las cuales, *lequel, laquelle, lesquels, lesquelles,* constituent un groupe parallèle à **el que...,** qui s'accorde également avec l'antécédent. Ces relatifs sont équivalents de **que** et de **quien** précédés d'une préposition :

> Sus hijos, por *los cuales (que, quienes, los que)* vivía...
> *Ses enfants, pour qui (lesquels) il vivait...*

Remarque : **el cual...** peut remplacer **que** ou **quien**, sujet d'une proposition relative explicative, ce qui est impossible avec le pronom relatif **el que...,** l'article étant alors équivalent d'un démonstratif :

> Laura, *la cual (que, quien)* estaba enferma, no pudo venir.
> *Laure, qui (laquelle) était malade, n'a pas pu venir.*
> ≠ Laura, *la que* estaba enferma, no pudo venir.
> *Laura, celle qui était malade, n'a pas pu venir.*

5. Lo cual, lo que, *ce qui, ce que,* ont comme antécédent une proposition et introduisent une relative explicative :

> Él me propuso llevarme, *lo cual (lo que)* me gustó.
> *Il me proposa de me conduire, ce qui m'a plu.*

Sans antécédent exprimé

1. Quien, quienes, avec un antécédent personnel sous-entendu, équivalent à **el, la, los, las que**, *celui, celle, ceux, celles qui* ou *que.*

> Ven *con quien (el, la que)* quieras.
> *Viens avec qui (celui, celle que) tu voudras.*

Remarque : l'emploi du démonstratif **ése, ésa, aquél,...** à la place de l'article, est parfois possible, mais emphatique.

> Cuéntaselo a *ésa que* conocemos.
> *Raconte-le à celle que nous connaissons.*

2. Avec un antécédent sous-entendu, le seul pronom relatif neutre possible est **lo que**, à l'exclusion de **lo cual** qui nécessite un antécédent exprimé :

> Compra *lo que* quieras. *Achète ce que tu veux.*
> Háblale de *lo que* le interesa.
> *Parle-lui de ce qui l'intéresse.*

EXERCICES

D. Complétez avec le pronom relatif et, s'il y a lieu, la préposition qui conviennent

1. La vecina, ... quería poner una denuncia, fue directamente a la policía.
2. Me contestó enseguida, ... me alegré sobremanera.
3. Me llevó a la finca ...... veraneaba de niño.
4. Busca el traje ...... te vas a vestir.
5. El compañero, ... trabajé el año pasado en la otra empresa, ha vuelto a tomar contacto conmigo.
6. Haz ...... hagan los demás.
7. Juan, ... estaba enfadado, no quiso ir a la fiesta.
8. Haz el bien y no mires ......
9. Di ...... te parezca.
10. Dime ...... andas y te diré ...... eres.

E. Reliez les phrases à l'aide d'un pronom relatif

1. He colocado las herramientas. He arreglado con ellas la puerta.
2. Las carreteras de la montaña eran sinuosas. El autocar pasaba por ellas.
3. No encuentro la caja. Tenía ahí mis zapatos.
4. Voy a ver a mis tíos. Tengo un regalo para ellos.
5. Mi habitación es muy amplia. Desde allí te escribí ayer una postal.
6. Invitó a muchas personas. No las conocíamos.
7. Le voy a hacer un regalo. Le interesará.
8. No te he visto en el congreso. Me dijiste que irías.

F. Traduisez

1. Envoie-moi le livre sur lequel tu veux que je donne mon avis.
2. Achète avec cet argent ce que tu voudras.
3. Commande à l'entrepôt les pièces qui te manquent.
4. Emmène qui tu veux.
5. Nous dînerons dans ce restaurant dans lequel nous nous sommes rencontrés pour la première fois.
6. L'homme pour lequel elle avait tout sacrifié l'adore.
7. Il était de mauvaise humeur, ce qui nous étonna beaucoup.

69. Le pronom relatif *dont*

Dont complément d'un nom

Dont établit une relation de possession entre deux noms. Il se traduit par **cuyo, a, os, as** qui s'accorde en genre et en nombre avec le nom dont il est complément et qui peut être :

— sujet :

> **Una ciudad *cuyos monumentos* son numerosos.**
> *Une ville dont les monuments sont nombreux.*

— complément :

> **Una planta *cuyas propiedades* desconozco.**
> *Une plante dont j'ignore les propriétés.*

Remarques : l'article défini, qui précède le complément en français, disparaît en espagnol : cuyo, a, os, as = *dont* + *le, la, les :*

> **La casa *cuyos postigos* son verdes.**
> *La maison dont les volets sont verts.*

Cuyo est immédiatement suivi du nom dont il est complément. Seul un adjectif numéral peut se placer entre le relatif et le nom :

> **Te presento a una amiga *cuyas tres hijas* están en Londres.**
> *Je te présente une amie dont les trois filles sont à Londres.*

Cuyo est précédé de la préposition **a** devant un nom complément direct de personne :

> **El niño *a cuyos padres* recibimos ayer.**
> *L'enfant dont nous avons reçu les parents hier.*

Cuyo est précédé de la préposition qui régit le verbe de la proposition relative et se traduit par *duquel, de laquelle,* etc. :

> **El árbol *a cuya sombra* estamos sentados.**
> *L'arbre à l'ombre duquel nous sommes assis.*

Cuyo peut être remplacé par les pronoms relatifs **del que, del cual, de que, de quien,** qui s'accordent alors avec l'antécédent :

> **Llama al médico *cuyas* señas te di.**
> → **Llama al médico *de quien* te di las señas.**
> *Appelle le médecin dont je t'ai donné l'adresse.*

EXERCICES

A. Complétez les phrases suivantes avec le relatif cuyo

1. Es un asunto ...... solución no admite dilaciones.
2. Aquí está la casa ...... paredes amenazaban ruina.
3. Saltó a un pino ...... tronco se quedó.
4. Son tres compañías ...... capitales son estadounidenses.
5. El barco ...... vela es azul es el nuestro.
6. Es un hombre ...... valor no tiene parangón.
7. Cortaron el árbol ...... sombra solíamos comer.
8. Tiene una finca ...... productos vive.
9. Es el industrial ...... empresas están en huelga.
10. Era un castaño ...... pie brotaba un manantial.

B. Traduisez

1. Aquí está el artículo cuya fecha buscaba Vd.
2. Fue un acontecimiento cuyas consecuencias iban a ser graves.
3. Voy a ver a un amigo con cuyo hermano trabajo.
4. Ha venido un señor cuyo apellido figura en el periódico.
5. Me gustan estas flores de cuya belleza no sabré dar idea.
6. Éste es el problema cuya solución buscábamos.
7. Es una amiga a cuyos hijos queremos mucho.
8. Se trata de una obra cuyo único mérito es el estilo.
9. Ésta es la casa por cuyo balcón se escapó el ladrón.
10. El hombre a cuya puerta llamó era el alcalde.

C. Traduisez en espagnol en employant le relatif cuyo

1. C'est une région dont les problèmes économiques sont graves.
2. Ceci est à une dame dont nous n'avons pas l'adresse.
3. Ce monsieur dont je défends les droits est mon client.
4. C'est un livre dont je te recommande la lecture.
5. Le monsieur dont tu connais la fille est un chef d'entreprise.
6. Je me souviens d'un village dont l'église est très ancienne.
7. Renault, dont les voitures se vendent partout, est en France.
8. Nous nous baignons sur une plage dont le sable est très fin.
9. C'est une rivière dont les rives sont très agréables.
10. Il entra dans une maison dont le deuxième étage était vide.

Dont *complément d'un verbe ou d'un adjectif*

Lorsque le relatif est complément d'un verbe ou d'un adjectif, il se traduit par **el que, la que**, etc., ou **el cual, la cual**, etc., précédé de la préposition exigée par le verbe ou l'adjectif :

> **La amiga** *de la que* **te hablé.** *L'amie dont je t'ai parlé.*
> **Las gafas** *con las cuales* **soñabas.**
> *Les lunettes dont tu rêvais.*
> **Salía con su hijo** *del que* **estaba muy orgulloso.**
> *Il sortait avec son fils dont il était très fier.*

Remarques : si l'antécédent est une personne, on peut employer le relatif **quien, quienes** :

> **La persona** *de quien* **hablábamos.**
> *La personne dont nous parlions.*

Si l'antécédent est une chose, et qu'il soit précédé de l'article défini, on peut employer le relatif *que* :

> **El** *asunto* **de que se trata.** *L'affaire dont il s'agit.*
> ≠ **Es** *una* **cosa** *de la que* **no me acuerdo.**
> *C'est une chose dont je ne me souviens pas.*

Si l'antécédent est neutre, on emploie le relatif *que*, ou les formes neutres *lo que, lo cual* :

> **Puedes coger todo aquello** *de (lo) que* **tengas necesidad.**
> *Tu peux prendre tout ce dont tu auras besoin.*

Dont *complément d'un numéral ou d'un indéfini*

Il se traduit par **de los (las) cuales**, ou **de ellos, de ellas** :

> **Te doy estos libros, dos** *de los cuales* **son nuevos.**
> *Je te donne ces livres dont deux sont neufs.*
> **He aquí varias fotos, algunas** *de ellas* **me pertenecen.**
> *Voici plusieurs photos dont quelques-unes m'appartiennent.*

Remarque : lorsque *dont* a le sens de *parmi lesquels, parmi lesquelles*, il se traduit également par **entre los (las) cuales** ou **entre ellos, entre ellas** :

> **He aquí varias casas,** *entre las cuales (ellas)* **la nuestra.**
> *Voici plusieurs maisons, dont la nôtre.*

(Cf. aussi les pronoms relatifs, pp.286-288)

EXERCICES

D. Complétez les phrases suivantes (plusieurs solutions possibles)

1. Así era la sociedad ...... formábamos parte.
2. Los hombres ...... estáis hablando fueron diputados.
3. Atropellaron a varios niños, ... a mi hijo.
4. Te he traído el libro ...... te dije ayer lo que pensaba.
5. Hay situaciones difíciles, una ...... es ésta.
6. Este es el chico ...... te hablé.
7. Unos hombres entraron en la sala, tres ...... iban borrachos.
8. Escribo una carta a mi nieta ...... no tengo noticias.
9. Tiene muchos caballos, algunos ...... de carrera.
10. El médico ...... nos hablaron es muy bueno.

E. Reliez les phrases suivantes en employant el que **ou** cuyo **chaque fois que ce relatif est possible**

1. La chica es andaluza ; estoy enamorado de ella.
2. El locutor es español ; estáis escuchando su voz.
3. Aquel autor es colombiano ; se oye hablar tanto de él.
4. He visto al muchacho ; hablamos de él ayer.
5. Estuve con un ingeniero ; su hermano es compañero mío.
6. Pienso en una película ; no me acuerdo de su título.
7. El hombre es mi vecino ; su mujer ha muerto.
8. No es ése el coche ; te dije que era muy bueno.
9. Acaba de comprarse una moto ; está muy satisfecho de ella.

F. Traduisez

1. Il s'est produit un accident dont on vient de m'informer.
2. Voici quatre disques dont l'un est exceptionnel.
3. C'est une histoire dont je ne me souviens pas.
4. C'est un pays dont j'aime les coutumes.
5. J'ai rencontré plusieurs enfants dont mon neveu.
6. J'ai vu ton voisin dont le fils vit en Argentine.
7. Nous avons vu un film dont les acteurs sont excellents.
8. Cette bibliothèque dont je m'occupe est très riche.
9. La chanson dont tu chantes le refrain est espagnole.
10. Nous avons fait le voyage dont nous rêvions depuis longtemps.

70. L'adverbe *où*

L'adverbe de lieu

L'adverbe de lieu *où* se traduit en espagnol par **donde**.

S'il est interrogatif, il porte obligatoirement un accent écrit, au style direct et au style indirect :

> ¿*Dónde* estamos? *Où sommes-nous ?*
> No sé *dónde* viven. *Je ne sais pas où ils vivent.*

Remarques : employé avec un verbe de mouvement, **dónde** est précédé d'une préposition qui précise le lieu :

> ¿*De dónde* vienes? *D'où viens-tu ?*
> ¿*Hacia dónde* se dirige? *Vers où se dirige-t-il ?*

La préposition **a** est souvent omise dans la langue parlée :

> ¿*Dónde* vas? = ¿*A dónde (Adónde)* vas? *Où vas-tu ?*

Avec un verbe n'exprimant pas de mouvement, **dónde** est généralement employé seul, mais il peut être précédé de la préposition **en**, *dans* :

> ¿*Dónde* nos reuniremos? = ¿*En dónde* nos reuniremos?
> *Où nous réunirons-nous ?*

(Cf. aussi les interrogatifs, p. 282.)

L'adverbe relatif

1. Idée de lieu :

— Sans antécédent, il se traduit par **donde** précédé, s'il y a lieu, d'une préposition, comme l'adverbe interrogatif :

> Aquí hay una tienda *donde* se encuentra de todo.
> *Ici il y a une boutique où l'on trouve de tout.*
> Mira *por donde* pasan los coches.
> *Regarde par où passent les voitures.*
> Conozco un restaurante *desde donde* se ve la ciudad.
> *Je connais un restaurant d'où l'on voit la ville.*

— Avec un antécédent, il se traduit soit par **donde**, soit par les pronoms relatifs *que, el que, el cual* précédés de la préposition appropriée (cf. les pronoms relatifs, p. 286-288) :

EXERCICES

A. Choisissez la réponse adéquate

1. Me pregunto ...... están mis gafas.
   a) *donde*   b) *dónde*   c) *a dónde*

2. ¿Puede Vd. indicarme ...... va este autobús?
   a) *dónde*   b) *donde*   c) *a dónde*

3. Ignoraba ...... se habían embarcado.
   a) *por donde*   b) *de donde*   c) *para dónde*

4. Vivieron unos años ...... te dije.
   a) *dónde*   b) *en donde*   c) *a donde*

5. ¡Si supiera ...... vienes tan sucio!
   a) *por donde*   b) *dónde*   c) *de dónde*

B. Employez donde ou dónde précédé ou non d'une préposition

1. Me gustaría tener un piso ...... no haya ruido.
2. ¿...... os habéis citado?
3. ¿Sabes ...... han pasado?
4. Es un país ...... abundan los turistas.
5. Estaba preguntándose ...... lo había conocido.
6. Volvió a encontrar su bolso ...... lo había dejado.
7. ¿No recuerdas ...... te llevaron?
8. ¿...... están los niños?
9. Decidme ...... venís ahora.
10. ¿Fuiste ...... te dije?

C. Traduisez

1. J'irai où tu voudras.
2. Où trouver autant d'argent?
3. D'où il était, il aurait pu nous voir.
4. Je ne sais pas où il veut emmener les enfants.
5. Où as-tu acheté cette montre?
6. Dites-moi, madame, où passez-vous vos vacances d'été?
7. D'où venaient-ils et où allaient-ils?
8. Voici la porte par où il est entré.
9. Où sont-ils allés?
10. Je ne me souviens pas où j'ai garé ma voiture.

El país *donde* nací. = El país *en (el) que* nací.
Le pays où je suis né.
La ciudad *a donde (adonde)* íbamos. = La ciudad *a la
cual* íbamos. *La ville où nous allions.*
Las casas *de donde* salen. = Las casas *de las cuales* salen.
Les maisons d'où ils sortent.

2. *Où* est toujours traduit par les pronoms relatifs **que, el que** ou
el cual, lorsque son antécédent ne désigne pas un lieu :

Éste es un libro *en (el) que / en el cual* lo encontrarás
todo. *Voici un livre où tu trouveras tout.*
Esta ignorancia *en (la) que / en la cual* te deleitas.
Cette ignorance où tu te complais.

Remarque : devant les verbes qui signifient une déduction ou la
conclusion d'un raisonnement, on peut cependant employer
donde :

De *donde* resulta que... = de *lo que / cual* resulta que...
D'où il résulte que...
De *donde* se infiere que... = de *lo que / cual* se infiere
que... *D'où il découle que...*

3. Idée de temps : *où* se traduit généralement par **en que** :

Es la hora *en que* los niños duermen.
C'est l'heure où les enfants dorment.

Remarques : lorsque l'antécédent est précis, *où* peut se traduire
par **en el que, en el cual** :

Estamos en la época *en la que* los campesinos siembran.
Nous sommes à l'époque où les paysans sèment.

Avec des antécédents comme **el día,** *le jour;* **la noche,** *la nuit;*
la tarde, *l'après-midi, le soir;* **el año,** *l'année;* **la vez,** *la fois,*
la forme **en que** peut être réduite à **que** :

El día *que* vengas. *Le jour où tu viendras.*
La primera vez *que* lo vi. *La première fois que je l'ai vu.*

Le relatif **en que** est parfois remplacé par **cuando** :

Recuerdas el día *cuando* nos conocimos?
Te souviens-tu du jour où nous nous sommes connus?

EXERCICES

D. Remplacez donde **par un pronom relatif synonyme**
   (plusieurs solutions possibles)

1. El barrio *donde* vivimos está apartado del centro.
2. Hay todavía sitios *donde* se puede estar tranquilo.
3. Los lugares *por donde* pasábamos eran inhóspitos.
4. Es un río *donde* abundan los peces.
5. El hotel *donde* se aloja es muy ruidoso.
6. Ha llegado sin equipaje, *por donde* deduzco que no se quedará.
7. Tiene una huerta *donde* cultiva árboles frutales.
8. La playa *donde* veraneo se está poniendo de moda.
9. La localidad *a donde* le destinaban estaba muy lejos.
10. Se derrumbaron las casas *donde* vivían.

E. Choisissez la réponse adéquate

1. No se puede explicar la violencia del siglo ...... vivimos.
   a) *donde*   b) *en dónde*   c) *en que*
2. Oyó cantar un gallo, ... vino a saber la hora.
   a) *de donde*   b) *donde*   c) *a donde*
3. El día ...... sucedió, yo estaba ausente.
   a) *en que*   b) *dónde*   c) *donde*
4. ¿Recuerdas ...... íbamos de niños?
   a) *dónde*   b) *a dónde*   c) *en que*
5. La calle ...... estaba el convento era muy estrecha.
   a) *en el cual*   b) *donde*   c) *a dónde*

F. Traduisez

1. La date arriva où Jean devait partir.
2. Ils sont allés jusqu'où tu leur avais dit.
3. Là où sa curiosité se manifestait le plus, c'était à table.
4. On ne peut le transporter dans l'état où il se trouve.
5. C'était impossible à l'époque où je suis né.
6. Je ne savais pas que tu allais venir, d'où ma joie.
7. Il me parla de la solitude où il avait vécu.
8. Dans le doute où j'étais, je décidai de me taire.
9. Quels sont les jours où l'on circule le mieux?
10. Le pain a augmenté, d'où l'on prévoit d'autres augmentations.

71. La tournure emphatique
c'est... qui, c'est... que

C'est... qui : cette tournure permet de souligner le sujet.

1. Le relatif français se traduit par :

— **quien, quienes ; el que, la que, los que, las que** pour les personnes :

> Pedro es *quien / el que* viene con nosotros.
> *C'est Pierre qui vient avec nous.*

— **el que, la que, los que, las que** pour les choses ; **lo que** pour le neutre :

> El viento del norte es *el que* sopla.
> *C'est le vent du nord qui souffle.*
> Eso es exactamente *lo que* acabo de decir.
> *C'est exactement ce que je viens de dire.*

2. Le verbe *être* se traduit toujours par **ser** qui s'accorde avec le sujet et dont le temps est celui de la relative :

> El viento del norte *era* el que *soplaba*.
> *C'était le vent du nord qui soufflait.*
> Pedro *había sido* quien *había venido* con nosotros.
> *C'était Pierre qui était venu avec nous.*

3. Le verbe de la proposition relative se met à la même personne que celui du verbe **ser** :

> Nosotros *éramos* quienes *hacíamos* las compras.
> *C'était nous qui faisions les courses.*

Remarque : pour renforcer un pronom de la 1re ou 2e personne du singulier, on peut utiliser la 3e personne dans la relative :

> *C'est moi qui le dis.* $\Big\{$ Yo soy quien lo *digo*.
> Yo soy quien lo *dice*.

C'est... que : cette tournure permet de souligner le complément.

1. Lorsque *que* reprend un complément direct ou indirect, il se traduit, comme précédemment, par **quien, el que** ou **lo que**. Si le complément est introduit par une préposition, celle-ci est obligatoirement répétée devant le relatif :

> A mi hija mayor es *a quien (a la que)* conoce Vd.
> *C'est ma fille aînée que vous connaissez.*
> En eso era *en lo que* pensábamos.
> *C'est à cela que nous pensions.*

EXERCICES

A. Complétez les phrases suivantes

1. El tener que irse era ...... la ponía triste.
2. Ellos eran ...... deseaban verme.
3. Eso es ...... necesitamos.
4. Mi hermano fue ...... pagó la cuenta.
5. La ambición es ...... te empuja a ello.
6. Nosotros fuimos ...... llamamos al médico.
7. Tú eres ...... lo haces adrede, Carmen.
8. Las rosas eran ...... olían tanto.
9. Un perro era ...... venía.
10. Vosotras sois ...... debéis hacerlo.

B. Même exercice

1. Yo ...... quien lo dije.
2. ¿Fuiste tú quien (beber) ...... la leche?
3. Manolo fue quien (venir) ...... conmigo al cine.
4. Eso ...... lo que le ha molestado.
5. Yo he sido quien lo (hacer) ......
6. Los vecinos ...... quienes descubrieron el crimen.
7. No fui yo sino Tomás quien lo (ver) ......
8. Nosotros ...... quienes hablábamos mucho.
9. Este empleado ...... el que nos atendió.
10. Él ...... quien se había ofrecido.

C. Traduisez

1. C'est toi qui commences, Jeanne.
2. C'est courir qui lui plaisait.
3. Est-ce ton ami qui est venu hier?
4. C'est vous qui irez à la gare, mes enfants.
5. C'est ce que tu fais qui importe.
6. C'étaient toujours eux qui gagnaient.
7. Ce sont les médicaments qui te guériront.
8. Aujourd'hui, c'est moi qui conduis.
9. Est-ce toi qui nous as écrit cette lettre?
10. Ce sont les abeilles qui fabriquent le miel.

2. Lorsque *que* reprend un complément circonstanciel, il se traduit par :

— **donde** s'il s'agit d'un complément de lieu, obligatoirement précédé de la préposition qui introduit éventuellement le complément :

> **Aquí era *donde* vivían tus abuelos.**
> *C'est ici que vivaient tes grands-parents.*
> **De Madrid es *de donde* viene el tren.**
> *C'est de Madrid que vient le train.*
> **Por aquí es *por donde* hay que pasar.**
> *C'est par ici qu'il faut passer.*

— **cuando** s'il s'agit d'un complément de temps, éventuellement précédé de la préposition qui introduit le complément :

> **Hoy es *cuando* llegan nuestros amigos.**
> *C'est aujourd'hui qu'arrivent nos amis.*
> **Hasta mañana será *hasta cuando* me quedaré.**
> *C'est jusqu'à demain que je resterai.*

— **como** s'il s'agit d'un complément de manière :

> **No es así *como* hay que hacerlo.**
> *Ce n'est pas ainsi qu'il faut faire.*
> **Trabajando es *como* se gana la vida.**
> *C'est en travaillant que l'on gagne sa vie.*

— **por lo que, para lo que** s'il s'agit d'un complément de cause ou de but :

> **¿*Por* este motivo fue *por lo que* no viniste?**
> *C'est pour cette raison que tu n'es pas venu ?*
> **Para solicitar una cita es *para lo que* he llamado.**
> *C'est pour demander un rendez-vous que j'ai appelé.*

Remarque : la tournure emphatique est plus courante en français qu'en espagnol. Il suffit souvent de placer en tête de phrase le sujet ou le complément que l'on veut souligner :

> **Nosotros hacíamos las compras.**
> *C'est nous qui faisions les courses.*
> **Aquí vivían tus abuelos.**
> *C'est ici que vivaient tes grands-parents.*
> **Por eso te lo he explicado detalladamente.**
> *C'est pour cela que je te l'ai expliqué en détail.*

EXERCICES

D. Complétez les phrases suivantes

1. Con estas palabras fue ...... terminó el discurso.
2. De Juan era ...... no quería hablar.
3. Por eso fue ...... quiso callarse.
4. Desde entonces fue ...... dejaron de venir.
5. De aquí es ...... se divisa mejor el pueblo.
6. Así fue ...... nos conocimos.
7. A tu abuela es ...... estoy escribiendo.
8. ¿Para esto es ...... me has mandado llamar?
9. Por una tontería fue ...... riñeron.
10. Por San Sebastián es ...... suelen pasar.

E. Répondez aux questions par la tournure emphatique

1. ¿Cuándo Cristóbal Colón descubrió América?
2. ¿Dónde está el museo del Prado?
3. ¿Quién pintó el cuadro de *Las Meninas*?
4. ¿En qué siglo vivía Felipe II?
5. ¿Dónde se coronan los Papas?
6. ¿Quién dio la primera vuelta al mundo?
7. ¿Quién ha escrito *Cien años de soledad*?
8. ¿Dónde se baila la sardana?
9. ¿Quién inventó la imprenta?
10. ¿En dónde desembocan los ríos?

F. Traduisez en utilisant la tournure emphatique

1. C'est ici que je passe mes vacances.
2. C'est en aboyant qu'il effrayait les gens.
3. C'est pour cela que je t'écris.
4. C'est en Espagne que nous vivions avant.
5. C'est alors qu'il commença à travailler.
6. C'est avec eux que tu as rendez-vous.
7. C'est du troisième étage que le chat a sauté.
8. C'est à lui que je m'adresse.
9. C'est par ici qu'ils arriveront.
10. C'est de cela qu'il faut que nous parlions.

72. La proposition conditionnelle

L'expression de la condition avec **si**

1. Les conditions réalisables dans le présent ou dans le passé sont exprimées par les mêmes temps qu'en français :

Si **quieres**, *si tu veux* →	**vamos**, *nous allons.*
Si **quieres**, *si tu veux* →	**ven**, *viens.*
Si **quieres**, *si tu veux* →	**iremos**, *nous irons.*
Si **ha podido**, *s'il a pu* →	**lo ha hecho**, *il l'a fait.*
Si **lo sabía**, *s'il le savait* →	**lo hizo**, *il l'a fait.*

2. Les conditions irréalisables dans le présent ou le passé sont exprimées par l'imparfait ou le plus-que-parfait du subjonctif :

— Les conditions irréalisables dans le présent obéissent au schéma suivant :

si + imparfait du subjonctif → conditionnel

> Si *pudieras*, *iríamos* a verle.
> *Si tu pouvais, nous irions le voir.*

— Les hypothétiques relatives au passé suivent le schéma :

si + plus-que-parfait ⟨ conditionnel
du subjonctif ⟨ conditionnel passé

> Si *hubieras estudiado*, no te *pasaría* esto.
> *Si tu avais étudié, il ne t'arriverait pas cela.*
> Si *hubieran salido* antes, ya *habrían llegado*.
> *S'ils étaient partis avant, ils seraient déjà arrivés.*

Remarque : dans la proposition principale, le conditionnel des verbes **poder**, *pouvoir* ; **querer**, *vouloir* ; **deber**, *devoir,* est souvent remplacé par les formes en -ra de l'imparfait du subjonctif. Le conditionnel passé de la proposition principale peut être remplacé par le plus-que-parfait du subjonctif :

> *Quisiera* decírtelo, si me lo **permitieras**.
> *Je voudrais te le dire, si tu me le permettais.*
> Lo *hubiera hecho* si me hubieran dejado.
> *Je l'aurais fait s'ils m'avaient laissé.*

De + *infinitif*

La préposition **de** suivie d'un infinitif équivaut à une proposition conditionnelle (cf. p. 118) :

> *De haberlo* sabido, no lo habría hecho.
> *Si j'avais su, je ne l'aurais pas fait.*

EXERCICES

A. Choisissez la réponse qui convient

1. Si ...... frío, no salgas hoy.
   tenías / tienes / tuvieras
2. Si ......, vendría.
   quería / quisiera / quiere
3. Si ......, lo hará.
   podía / puede / pudiera
4. Si ...... dinero, lo ha perdido todo.
   tiene / tengo / tenía
5. Si ......, lo habría hecho.
   querría / quería / hubiera querido

B. Complétez les phrases en conjuguant le verbe à l'infinitif au temps requis

1. Si puedo hacerlo, ...
2. Si pudiera comprarlo, ...
3. Si quisiera venir, ...
4. Si pudo traerlo, ...
5. Si hubiera tenido que decirlo, ...

C. Remplacez de + infinitif par une conditionnelle avec si

1. De haber venido él hoy, lo habríamos sabido.
2. De encontrarlo, me lo traes.
3. De caber, lo pondríamos ahí.
4. De tenerlo en casa, te lo llevaría yo mañana.

D. Conjuguez le verbe à l'infinitif aux temps et mode qui conviennent

1. Si ...... *(querer tú)*, no salimos.
2. Si ...... *(poder yo)*, lo haría.
3. Si ...... *(saber él)* algo, lo diría.
4. Si ...... *(venir Ricardo)* hoy, nos podríamos ver en casa.

E. Traduisez

1. Si j'avais le temps, je le terminerais demain.
2. S'il a grossi, c'est parce qu'il mange beaucoup.
3. Si tu le savais, pourquoi ne l'as-tu pas dit ?
4. Si tu parlais avec lui, il te serait reconnaissant.

Remarque : lorsque le sujet de la proposition infinitive n'est pas le même que celui de la proposition principale, celui-ci (cf. p. 226) doit être placé obligatoirement derrière l'infinitif :

> **De decírmelo tú antes, no habría venido.**
> *Si tu me l'avais dit avant, je ne serais pas venu.*

Autres conjonctions et locutions

1. como + subjonctif implique souvent une condition dont les conséquences sont négatives voire menaçantes :

> **Como no termines, me voy a enfadar.**
> *Si tu ne finis pas, je vais me fâcher.*

2. en (el) caso de que, en el supuesto de que + subjonctif, *au cas où, si toutefois,* expriment une condition extraordinaire ou exceptionnelle :

> **En caso de que salga**, le dejaré una nota.
> *Si toutefois je sors, je lui laisserai une note.*

3. a no ser que, como no sea que, con tal (de) que, con que + subjonctif et **con tal de** + infinitif, *à moins que, pourvu que* :

> **Me conformaría con tal de salir a las seis.**
> *Je serais content pourvu que je sorte à six heures.*
> **No lo terminará a no ser que trabaje mucho.**
> *Il ne finira pas à moins de beaucoup travailler.*

4. siempre que et **siempre y cuando** + subjonctif, *à condition que, pourvu que,* expriment une condition nécessaire :

> **Te lo compraré siempre que trabajes.**
> *Je te l'achèterai à condition que tu travailles.*

Remarque : ces deux locutions introduisent parfois une proposition temporelle à valeur conditionnelle.

> **Siempre que** me necesite, no dude en llamarme.
> *N'hésitez pas à m'appeler chaque fois que vous aurez besoin de moi.*

5. Comme en français, le gérondif peut avoir une valeur conditionnelle :

> **Saliendo** pronto, no tendrás problemas.
> = **Si sales** pronto, no tendrás problemas.
> *En sortant de bonne heure, tu n'auras pas de problèmes.*

EXERCICES

F. Remplacez les conditionnelles avec si **par le gérondif**
   1. Si venís por Madrid, tendréis menos circulación.
   2. Si se lo pides amablemente, seguro que te lo da.
   3. Si sigues ese régimen, seguro que vas a adelgazar.
   4. Si condujeras más deprisa, llegaríamos antes.
   5. Si la pintaras de blanco, te quedaría mejor.
   6. Si trabajaras más, lo conseguirías.
   7. Si lo ves con un poco de cuidado, te das cuenta de que no merece la pena.

G. Conjuguez le verbe à l'infinitif aux temps et mode qui conviennent
   1. Como ...... *(seguir)* así, tendrás problemas.
   2. Puede pasar mañana, a no ser que ...... *(venir)* ahora.
   3. Te lo llevo luego, siempre que ...... *(tener)* tiempo.
   4. Me gustaría ir, con tal de ...... *(encontrar)* entradas.
   5. En caso de que me ...... *(llamar)*, diga que no estoy.
   6. Como no lo ...... *(hacer)* mejor, vas a perder esa oportunidad.
   7. En caso de que ...... *(arrepentirse)*, me avisas.

H. Transformez les phrases en utilisant des locutions conditionnelles
   1. Su coche estará listo, pero tiene que venir después de las cinco.
   2. Si hoy no llegas pronto, no vuelves a salir.
   3. Si lo supiera este fin de semana, te avisaría.
   4. Si lo encuentro por casualidad, te lo traigo.
   5. Nos iremos si no llueve.

I. Traduisez
   1. Au cas où il viendrait, dites-lui, mademoiselle, que je l'attends à la maison.
   2. Je te le raconterai, à condition que tu gardes le secret.
   3. Il ne peut pas continuer ainsi, à moins qu'il ne change de régime.
   4. Tu peux compter sur moi chaque fois que tu auras besoin de moi.
   5. Si je n'arrive pas à cinq heures, ne m'attends pas.
   6. Il ne viendra pas, à moins qu'il n'ait pris le dernier train.

73. La proposition complétive

La conjonction

La subordonnée complétive est généralement introduite par la conjonction **que**, éventuellement précédée de la préposition exigée par le verbe :

> Quiero *que* me digas la verdad.
> *Je veux que tu me dises la vérité.*
> Me contento *con que* me paguen la mitad.
> *Il me suffit qu'on me paie la moitié.*
> Sueña *con que* le nombren en otra ciudad.
> *Il rêve d'être nommé dans une autre ville.*

Remarque : l'omission de **que** est fréquente, surtout à l'écrit, après des verbes exprimant un ordre, une obligation, un conseil, etc. :

> Les ruego me envíen una documentación.
> *Je vous prie de m'envoyer une documentation.*

Le mode

1. Si le verbe de la proposition principale rapporte ou annonce un fait, le verbe de la subordonnée est à l'indicatif :

> Me parece *que* los precios *van* a seguir subiendo.
> *Je pense que les prix vont continuer à augmenter.*
> Creo *que* de ahora en adelante todo *saldrá* bien.
> *Je crois que dorénavant tout ira bien.*

2. Si le verbe de la proposition principale exprime un doute, une éventualité ou un sentiment, le verbe de la subordonnée est au subjonctif (cf. p. 206) :

> No creo *que tengamos* tiempo de terminar lo todo.
> *Je ne crois pas que nous ayons le temps de tout finir.*
> Puede ser *que* me *avisen* esta noche.
> *Il est possible que je sois prévenu ce soir.*
> Siento mucho que el Sr. González *no pueda* recibirle.
> *Je regrette beaucoup que M. Gonzalez ne puisse pas vous recevoir.*

Remarque : le temps de la subordonnée est régi par la concordance des temps (cf. p. 214) :

> No creía que *terminaras* tan pronto.
> *Je ne croyais pas que tu finirais si vite.*

EXERCICES

A. Complétez les phrases avec que (précédé éventuellement d'une préposition) aux temps et modes qui conviennent

1. Ahora me acuerdo ...... (tener) ...... que haber ido al dentista.
2. Siempre se está lamentando ...... (funcionar) ...... mal las nuevas máquinas.
3. Siento mucho ...... no (estar) ...... de acuerdo tú y yo sobre esa cuestión.
4. Quiero ...... la Dirección (enterarse) ...... (seguir) ......las pérdidas en la nueva planta.
5. Se ha aficionado ...... (resolver) ...... yo siempre todos los asuntos de la casa.
6. Lamento sinceramente ...... no (recibir) ...... Vds. el pedido esta semana.
7. Entonces quedamos ...... (verse) ...... a las ocho en el sitio de siempre.
8. En cuanto llegué, me invitó ...... (quedarse) ...... con ella un rato a acompañarla.
9. Confiaba ...... (traer) ...... ayer vosotros todo lo necesario.
10. Hablan ...... esas acciones (ir) ...... a subir.
11. Me extraña ...... tú no (decir) ...... nada esta mañana en la reunión.
12. Me salió en el último momento ...... él no (tener) ...... ganas de venir conmigo.

B. Traduisez

1. Je ne croyais pas qu'il serait satisfait.
2. Il se plaignait de ne pas avoir le temps de tout faire.
3. Nous t'avons demandé de nous écrire une fois par semaine et tu ne nous as pas écrit.
4. Messieurs, je regrette de vous avoir fait attendre.
5. Il est inadmissible que l'ascenseur ne soit pas encore réparé.
6. Je ne savais pas que tu étais déjà de retour.
7. Nous avons décidé que tu devais avoir une promotion.
8. Je te remercie de m'avoir répondu si vite.
9. Il nous a interdit de fumer dans la maison.
10. Mon père exigeait que le travail soit toujours bien fait.

74. La proposition temporelle

Les propositions temporelles sont introduites en espagnol par des conjonctions telles que **cuando**, *quand*, **mientras**, *pendant que*, ou des locutions de temps généralement construites avec **que**.

Emploi du mode

1. Si l'action se situe dans le futur, le temps de la subordonnée en espagnol est toujours rendu par le présent du subjonctif :

> **Volveremos *cuando haga* buen tiempo.**
> *Nous y retournerons quand il fera beau.*

Remarques : si le verbe de la proposition principale est au conditionnel, le verbe de la proposition subordonnée est à l'imparfait du subjonctif par concordance des temps :

> **Me dijo que lo *tendría* listo *cuando recibiera* la pieza.**
> *Il m'a dit que cela serait prêt quand il recevrait la pièce.*

En revanche, si l'action se situe au présent ou au passé, le temps de la subordonnée est à l'indicatif (cf. p. 212) :

> **Cuando *pasaba* por allí, me *acordaba* de ella.**
> *Quand je passais par là, je me souvenais d'elle.*

2. Comme en français, les propositions introduites par **antes de que**, *avant que*, exigent toujours le subjonctif en espagnol, qui ne connaît pas le *ne* explétif (cf. p. 206) :

> **Compra el piso *antes de que sea* demasiado tarde.**
> *Achète l'appartement avant qu'il ne soit trop tard.*

3. Contrairement au français, **hasta que**, *jusqu'à ce que*, n'exige pas un subjonctif en espagnol. Le mode de la subordonnée suit la règle générale des temporelles :

> **Siempre juega *hasta que pierde* todo el dinero.**
> *Il joue toujours jusqu'à ce qu'il perde tout son argent.*

Modalités de l'action

1. La simultanéité est exprimée par **cuando**, *quand, lorsque* ; **mientras**, *pendant que, tant que, aussi longtemps que* :

> **Cuando *veas* a Lola, dile que quiero hablar con ella.**
> *Quand tu verras Lola, dis-lui que je veux parler avec elle.*
> **Duerme, si quieres, *mientras* conduzco.**
> *Dors, si tu veux, pendant que je conduis.*

EXERCICES

A. **Conjuguez le verbe entre parenthèses aux temps et mode qui conviennent**
1. Baja deprisa antes de que (llegar) el autobús.
2. Te llamaré por teléfono cuando (saber) la noticia.
3. Estuvimos esperando a Charo hasta que ella (elegir) el vestido que (gustarle).
4. Envuelve los paquetes mientras yo (prepararme).
5. Tendremos que quedarnos en casa mientras (seguir) haciendo este tiempo.
6. Díselo todo antes de que (enterarse) por los vecinos.
7. Cuando yo (ser) pequeño y (caerme), mi madre venía a consolarme.
8. El enfermo podrá levantarse cuando (desaparecer) la fiebre.
9. Prefiero esperar hasta que (volver) él.
10. Dice que quiere ser veterinario cuando (ser) mayor.
11. Ven a verme cuando (poder).
12. Deja el fuego encendido hasta que (hervir) el agua.
13. No te haré caso mientras (seguir) portándote así.
14. Le llamaremos por teléfono cuando (recibir) el modelo.
15. No te distraigas cuando (conducir).

B. **Traduisez**
1. Estaba emocionado cuando volvió a su pueblo.
2. Prepara la comida mientras yo voy a hacer la compra.
3. Voy a buscar dinero antes de que cierre el banco.
4. Cuando salió del trabajo se fue directamente a casa.
5. No te muevas de aquí hasta que yo vuelva.
6. Escribiré a tus padres cuando tenga tiempo.

C. **Traduisez**
1. Préviens-moi quand tu recevras le paquet.
2. Appelle-moi avant que je sorte.
3. Tant que je vivrai je n'oublierai jamais les jours que nous avons passés ensemble.
4. Quand je le voyais, je riais.
5. Je ne bougerai pas d'ici jusqu'à ce qu'il me reçoive.
6. Mademoiselle, téléphonez à M. Martin pendant que je finis ce rapport.
7. Envoie la lettre avant qu'il ne soit trop tard.

Remarques : **mientras que,** *tandis que, alors que,* indique une opposition :

> **Tú puedes hacerlo, *mientras que* yo no tengo tiempo.**
> *Tu peux le faire, alors que moi, je n'ai pas le temps.*

Al + infinitif (cf. p. 226) marque également la simultanéité. Cette tournure se traduit en français par *quand* lorsque le sujet de l'infinitif ne coïncide pas avec celui de la proposition principale :

> **Me *voy* al llegar *él*.** *Je pars quand il arrive.*
> ≠ **Le vimos *al llegar*.** *Nous l'avons vu en arrivant.*

2. L'évolution simultanée de deux actions : **conforme, a medida que, según,** *à mesure que* (cf. p. 130) :

> **La temperatura irá bajando *según* vayamos subiendo.**
> *La température descendra à mesure que nous monterons.*

3. La répétition : **cada vez que, siempre que,** *à chaque fois que* :

> **Siempre que la veía se ponía colorado.**
> *Chaque fois qu'il la voyait, il rougissait.*

Remarque : **siempre que,** employé avec le subjonctif, devient une tournure conditionnelle (cf. p. 304) :

> **Lee *siempre que* puedas.**
> *Lis à chaque fois que tu pourras.*

4. La succession immédiate : **en cuanto, tan pronto como, así que, no bien,** ainsi que **nada más** suivi d'un infinitif, *dès que* :

> **Nada más verla, se enamoró.**
> *Dès qu'il l'a vue, il est tombé amoureux.*

5. L'antériorité et la postériorité : **antes de que, después de que,** et **antes de, después de** suivis d'un infinitif, *avant que, après que, avant (de), après (de) :*

> **Termina *antes de* irte.** *Finis avant de partir.*

Remarque : l'infinitif passé français est généralement rendu en espagnol par un simple infinitif :

> **Después de *escribir* la carta.** *Après avoir écrit la lettre.*

6. Le début et la fin de l'action : **desde que,** *depuis que* ; **hasta que,** *jusqu'à ce que* :

> **Pasó un mes *desde que* se fue *hasta que* me escribió.**
> *Un mois est passé depuis le moment où il est parti jusqu'au moment où il m'a écrit.*

EXERCICES

**D. Complétez les phrases avec le verbe entre paren-
thèses aux temps et modes qui conviennent**

1. Vayan firmando en la hoja a medida que (ir) ...... saliendo.
2. No te olvides de cerrar las puertas del coche cada vez que (aparcar) ......
3. Apenas (irse) los Ortiz, todo el mundo empezó ...... a murmurar contra ellos.
4. Lávate las manos antes de (comer) ......
5. Pienso jugar todos los días al tenis desde que (llegar) ...... hasta que (irme) ......
6. Te dejaré el libro en cuanto lo (acabar) ......
7. Nada más (cobrar) ...... el dinero, ingrésalo en el banco.
8. Ayer nos fuimos antes de que todo el mundo (empezar) ...... a venir.
9. Mándame los resultados tan pronto como los (tener) ......
10. Baja la temperatura cuando la reacción (producirse) ......

**E. Remplacez al + infinitif par cuando suivi du verbe
conjugué aux temps et modes qui conviennent**

1. Pone siempre la radio al levantarse.
2. Después de tanto tiempo no se reconocieron al verse.
3. No te preocupes. Haré todos los encargos al llegar.
4. Daniel, apaga las luces al acostarte.
5. Al contarle la noticia, se echó a llorar.
6. Al darse cuenta de su error, me pidió perdón.
7. Al saberlo no dijo nada.
8. Tenga cuidado al arrancar el motor.
9. Ya verás qué contentos se pondrán al enterarse de las notas que has sacado.

F. Traduisez

1. Je viendrai quand je pourrai.
2. En été, les paysans travaillent jusqu'à ce que la nuit tombe.
3. Je resterai à l'attendre aussi longtemps qu'il le faudra.
4. Téléphone-moi dès que tu arriveras.
5. En entrant, il enleva son manteau.
6. Depuis que nous sommes retraités, nous voyageons beaucoup.
7. Éteins la lumière avant de sortir.

75. La proposition causale

La proposition subordonnée de cause explique le motif de l'action exprimée par le verbe principal. Elle est à l'indicatif :

> No pude llamar porque *estaba* de viaje.
> *Je n'ai pas pu appeler parce que j'étais en voyage.*

ou au conditionnel :

> Como no te *serviría* de nada protestar, cállate.
> *Comme cela ne te servirait à rien de protester, tais-toi.*

Remarque : elle est parfois au subjonctif lorsque la conjonction **porque** est en corrélation avec la négation **no** :

> *No* adelgaza porque *coma* poco sino porque está enfermo.
> *Ce n'est pas parce qu'il mange peu qu'il maigrit, mais parce qu'il est malade.*

1. Principales conjonctions et locutions conjonctives :

— porque, *parce que :*

> No lo hice *porque* no quería molestar.
> *Je ne l'ai pas fait parce que je ne voulais pas gêner.*

— ya que ; puesto que ; dado que, *puisque :*

> No te escribí *puesto que* habías de venir
> *Je ne t'ai pas écrit puisque tu devais venir.*

— como, *comme :*

> *Como* tengo mucha prisa, cogeré un taxi.
> *Comme je suis très pressé, je prendrai un taxi.*

Remarque : **como** doit toujours être en tête de phrase :

> *Como* llegó tarde, todo estaba cerrado.
> *Comme il est arrivé tard, tout était fermé.*

2. Valeur causale de **que** :

— Après une proposition principale exprimant un ordre, un conseil, une décision, **que**, *car*, introduit une proposition explicative :

> Duérmete, *que* si no mañana estarás cansado.
> *Dors, car sinon demain tu seras fatigué.*

— Après une proposition conditionnelle ou en réponse à une question, **es que**, *c'est (parce) que*, a une valeur causale :

> Si no lo he traído *es que* no lo he encontrado.
> *Si je ne l'ai pas apporté, c'est que je ne l'ai pas trouvé.*

EXERCICES

A. En utilisant la conjonction porque, reliez les phrases suivantes

1. Piensas como yo. Seguiré tu criterio.
2. Convinieron en hacerlo. Se obraba de acuerdo con la ley.
3. Estaba cansado. Se fue a casa.
4. Estarán aquí mis padres. Mañana no podré salir con vosotros.
5. No te enteraste de lo mejor. Te fuiste antes que nosotros.
6. No tenemos tiempo. No podemos hacerlo.
7. Sabe de qué habla. Siempre le hacemos caso.
8. Había robado una moto. Lo detuvieron.

B. Transformez les phrases suivantes en utilisant como

1. No pude llegar a tiempo porque recibí tarde el aviso.
2. No te he telefoneado porque no sabía dónde estabas.
3. Está cansado porque ha andado muchos kilómetros.
4. Voy a encender la calefacción porque hace frío.
5. Me he levantado a las 7 porque tenía clase a las 9.
6. Les hemos propuesto llevarles porque no querían quedarse.
7. No pude venir porque tuve todo el día ocupado.
8. No saldremos hoy porque está lloviendo.

C. Traduisez

1. Puisqu'on voulait le voler, il saurait se défendre.
2. Sois patient car ils n'arriveront que demain.
3. Nous ne pouvons pas l'affirmer parce que nous n'en avons pas la preuve.
4. Étant donné que tu as fini, tu peux sortir.
5. Comme c'était important, je lui ai envoyé un télégramme.
6. Je n'ai pas pu enregistrer parce que la bande était abîmée.
7. S'il n'est pas venu, c'est qu'il doit être souffrant.
8. Puisque tu es arrivé tard, reste debout.
9. Comme je ne savais pas où te trouver, je suis resté chez moi.
10. Parlez plus fort car je ne vous entends pas, monsieur.
11. Si je ne l'ai pas acheté, c'est parce que c'était trop cher.
12. Comme il sait ce qu'il veut, tout le monde l'apprécie.
13. Je ne reviendrai pas, non pas que je ne le veuille pas, mais parce que je ne peux pas.

3. Tournures de substitution : la cause peut être rendue par :

— le gérondif :

> No *conociendo* a nadie, se aburría.
> *Comme il ne connaissait personne, il s'ennuyait.*

— **por** suivi de l'infinitif :

> Me despidieron *por llegar* con retraso.
> *On m'a renvoyé parce que j'étais arrivé en retard.*

— **por lo** + adjectif ou adverbe + **que** :

> No movió el mueble *por lo pesado que* era.
> *Il n'a pas déplacé le meuble parce qu'il était lourd.*
> Le dieron una recompensa *por lo bien que* se había portado.
> *On lui donna une récompense parce qu'il s'était bien tenu.*

— **de tanto**, *tellement*, suivi de l'infinitif :

> Se ha quedado afónico *de tanto hablar*.
> *Il est devenu aphone, tellement il a parlé.*

— **de tanto... como** :

> No puede gastar el dinero, *de tanto como* tiene.
> *Il ne peut dépenser son argent, tellement il en a.*

Remarque : tanto s'apocope devant un adjectif ou un adverbe (Cf. L'apocope, p. 48) :

> Ya no quería andar, *de tan* cansado *como* estaba.
> *Il ne voulait plus marcher, tellement il était fatigué.*

— **pues**, *car* :

> Te veo el martes *pues* tenemos reunión.
> *Je te vois mardi car nous avons réunion.*

— des locutions telles que **por el hecho de que**, *du fait que*, **bajo el pretexto de que**, *sous prétexte que*, suivies du verbe conjugué, ou **a fuerza de**, *à force de*, suivie de l'infinitif :

> No se ha presentado *por el hecho de que* estaba de vacaciones.
> *Il ne s'est pas présenté du fait qu'il était en vacances.*
> **Bajo el pretexto de que** estaba en paro, pedía ayuda.
> *Sous prétexte qu'il était au chômage, il demandait de l'aide.*
> A *fuerza de* quedarse siempre solo, ya no tiene amigos.
> *À force de rester toujours seul, il n'a plus d'amis.*

EXERCICES

D. Transformez les phrases en utilisant le gérondif

1. Ya que sale hoy el buque, Emilio no puede embarcarse.
2. Como no sabía su dirección, no le escribí.
3. Ya que el tráfico es tan intenso, prefiero ir en metro.
4. No hay peligro de incendio porque hay extintores.
5. Como había venido tanta gente, no quedaba sitio para todos.

E. Transformez les phrases en utilisant por et l'infinitif

1. Como había llorado mucho, tenía los ojos muy colorados.
2. Como nadie me presta atención, me callo.
3. En vista de que no hay más preguntas, se suspende la sesión.
4. ¿Porque has perdido un punto te retiraste de la competición?
5. Tuvieron que mudarse porque la playa estaba contaminada.

F. Transformez les phrases en utilisant por lo

1. Como siempre está distraído, no se entera de nada.
2. No lo aceptaron porque era miope.
3. Ya no se pueden comprar frutas porque están caras.
4. El tren está atrasado porque la vía está intransitable.
5. Como es perseverante, consiguió lo que se había propuesto.

G. Traduisez en utilisant des tournures de substitution

1. Allons-nous-en car il n'y a plus rien à faire.
2. Il s'imagine que, parce qu'il est riche, il peut tout faire.
3. Il est tombé malade tellement il buvait.
4. À force de travailler, il y est arrivé.
5. Puisque tout le monde est d'accord, il est inutile de discuter.
6. Sous prétexte qu'il ne se sentait pas bien, il est rentré.
7. Comme tu es resté longtemps absent, tu n'es pas au courant.
8. On ne pouvait rien faire tellement il faisait chaud.
9. Je ne le connais pas car je ne suis là que depuis deux semaines.
10. Puisque la salle est très grande, nous rentrerons tous.
11. Comme Pierre était malade, j'ai appelé le médecin.
12. Puisque c'est toi qui le dis, je n'en doute pas.

76. La proposition finale

La proposition subordonnée de but indique l'intention avec laquelle est réalisée l'action du verbe principal. Elle est toujours au subjonctif :

> **Regamos las flores *para que crezcan*.**
> *Nous arrosons les fleurs pour qu'elles poussent.*

1. Principales locutions conjonctives :

> **para que, a fin de que, a que,** *pour que, afin que*

Para que et **a fin de que** sont synonymes :

> **Llamo *para que / a fin de que* nos suban el desayuno.**
> *J'appelle pour qu'on nous monte le petit déjeuner.*

A que s'emploie après les verbes de mouvement ou d'exhortation :

> **Viene *a que* le ayude.** *Il vient pour que je l'aide.*
> **Le animo *a que* salga.** *Je l'encourage à sortir.*

Remarque : la proposition finale étant au subjonctif, elle est soumise aux règles de la concordance des temps (cf. p. 214-216) :

> **Escribió a sus padres para que *vinieran / viniesen*.**
> *Il a écrit à ses parents pour qu'ils viennent.*

2. Valeur finale de **que** : la préposition est parfois omise, notamment après un impératif :

> **Ven, *que* te felicite por tu éxito.**
> *Viens, que je te félicite de ta réussite.*

3. Tournures de substitution : lorsque le sujet du verbe de la proposition finale est le même que celui du verbe principal, la proposition finale est introduite par une préposition ou une locution de but suivie de l'infinitif : **para, a fin de, con el fin de,** *pour, afin de,* **con vistas a,** *en vue de* :

> **Toman medidas *para* acrecentar las exportaciones.**
> *On prend des mesures pour augmenter les exportations.*
> ≠ **Te lo digo *para que* lo sepas.**
> *Je te le dis pour que tu le saches.*

EXERCICES

A. Complétez les phrases suivantes

1. Te voy a comprar un helado para que (tú - callarse) ......
2. Se lo digo para que (saber) ...... Vd. a qué atenerse.
3. Sacó el agua del fuego para que no (evaporarse) ......
4. Se oculta a fin de que lo (nosotros - buscar) ......
5. Te llevaré para que (tú - aprender) ...... a conducir.
6. Me prestó aquel libro para que lo (yo - leer) ......
7. Lo hicimos a fin de que Vds. no (molestarse) ......
8. Le incito a que (él - seguir) ...... sus estudios.
9. Explícamelo de nuevo que lo (yo - entender) ...... mejor.
10. He venido a que me (tú - dejar) ...... tus apuntes.

B. Complétez les phrases avec l'infinitif ou que et le subjonctif

1. Estudiamos para ...... (nosotros - saber).
2. Trabaja de noche para ...... (él - comprarse) un piso.
3. Habla en voz alta para ...... (todos - enterarse).
4. Le escribo a Eva para ...... (yo - decirle) lo ocurrido.
5. Investigan a fin de ...... (ellos - vencer) el cáncer.
6. Voy a consultar al juez para ...... (yo - ponerlo) todo en claro.
7. Os llamo a fin de ...... (vosotros - saber) que llegaré mañana.
8. Se acercó a ...... (él - enseñarme) el libro.
9. Talan los árboles a fin de ...... (brotar) mejor las ramas.
10. Vengo a ...... (yo - ayudarle) a Vd. si le parece bien.

C. Traduisez

1. Prends le métro pour arriver plus vite.
2. Il m'encourage à déménager.
3. Je vous avertis pour que vous le sachiez, monsieur.
4. Pour nous appeler, sers-toi de l'interphone.
5. Ils se sont réunis pour étudier toutes les propositions.
6. Approche-toi pour lire avec moi.
7. Il me l'avait dit pour que je fasse attention.
8. Je suis venu à la montagne pour me reposer.
9. Il lit le journal pour avoir une idée de la situation mondiale.
10. Parle à voix basse, qu'on ne nous entende pas.

77. La proposition consécutive

La conséquence avec **tanto... que**

1. tanto, -a, -os, -as + nom + que, *tellement... que :*
> Había *tanta* gente *que* nos fuimos.
> *Il y avait tellement de monde que nous sommes partis.*

Remarque : tanto peut être remplacé par la préposition de :
> Nos fuimos *de* la gente *que* había.
> *Nous sommes partis tant il y avait du monde.*

2. tanto que, *tellement que :*
> Come *tanto que* va a engordar.
> *Il mange tellement qu'il va grossir.*

3. tan + adjectif (ou adverbe) + que, *si, tellement... que :*
> Estaba *tan* triste *que* se echó a llorar.
> *Il était si triste qu'il se mit à pleurer.*

Remarque : il convient de ne pas confondre **tanto... que**, qui exprime la conséquence, avec **tanto... como** qui exprime la comparaison d'égalité (cf. pp. 50-52) :
> Hoy hace *tanto* frío *como* ayer.
> *Aujourd'hui il fait aussi froid qu'hier.*

La conséquence avec **tal... que**

tal, -es... que, *tel(les)... que :*
> Contaba *tales* mentiras *que* nadie le creía.
> *Il racontait de tels mensonges que personne ne le croyait.*

Remarque : tal, -es a tendance à être remplacé par un nom déterminé par un article indéfini ou **cada**, *chaque :*
> Nos contó *cada* cosa (*unas* cosas) *que* nos hizo reír.
> *Il nous a raconté de telles choses qu'il nous a fait rire.*

Autres conjonctions et locutions

1. de (tal) modo (manera, forma) que, *de manière à, de (telle) sorte que... :*
> Salimos pronto, *de modo (manera) que* no tuvimos problemas.
> *Nous sommes partis de bonne heure, de sorte que nous n'avons pas eu de problèmes.*

EXERCICES

A. Complétez avec les formes qui conviennent

1. Tiene ...... problemas que no sabe qué hacer.
   tantos / tantas / tan
2. Discute ...... que se ha quedado sin amigos.
   tan / tanto / tantos
3. Tiene ...... mal carácter que nadie lo soporta.
   tanto / tan / tal
4. Sufría ...... dolores que tuvo que ir al hospital.
   tantas / tan / tales
5. Mire, está ...... cerca que puede ir a pie.
   tanto / tal / tan
6. Este proyecto supone ...... inversión que no vale la pena.
   tantas / tantos / tal
7. Yo tengo ...... pocas ganas de ir como tú.
   tantas / tal / tan

B. Construisez des phrases comparatives ou consécutives selon le sens

1. El espectáculo estuvo bien. Yo lo imaginaba así.
2. La conferencia resultó mal. Me decepcionó.
3. Hice mucho ejercicio. El médico me recomendó parar.
4. Había mucha gente. Lo sospechaba.
5. Trabaja muy poco. No puede trabajar más.
6. Come mucho. Le sienta mal.
7. Viaja mucho. Está cansado.

C. Complétez avec tanto... que ou tanto... como

1. No tiene ...... problemas ...... imaginas.
2. Hace ...... calor ...... prefiero no salir.
3. Es ...... caro ...... prefiero renunciar.
4. No es ...... bonito ...... me habían anunciado. Estoy un poco decepcionado.
5. Hace ...... deporte ...... puede.
6. Había ...... ruido ...... nos marchamos.
7. Había ...... gente en el concierto ...... suponía.
8. Era ...... complicado ...... renuncié.
9. Discute .... se ha vuelto insoportable.
10. Le aconsejo que compre ...... acciones ...... pueda.

Remarque : l'emploi du subjonctif rapproche ces propositions des propositions de but :

Lo haremos *de modo que no tengamos* problemas.
Nous le ferons de sorte que nous n'ayons pas de problèmes.

2. así que, por (lo) tanto, (y) por eso, *alors, aussi, donc,* sont les locutions les plus courantes pour exprimer la conséquence dans la langue parlée :

Hace bueno, *así que* voy. *Il fait beau, alors j'y vais.*
No tengo tiempo, *por (lo) tanto,* lo haré luego.
Je n'ai pas le temps, alors je le ferai plus tard.
Había mucha circulación *(y) por eso* llegué tarde.
Il y avait beaucoup de circulation (et) alors je suis arrivé en retard.

3. luego, *donc,* est une conjonction qui introduit un raisonnement logique (notamment dans le langage mathématique) :

Pienso, *luego* existo. *Je pense, donc je suis.*
Luego concluimos que... *Donc nous concluons que...*

4. pues ; así, pues, *donc,* introduisent une conséquence implicite.

Remarques : así, pues est toujours en tête de phrase. Pues, avec cette valeur, est toujours en incise :

Así, *pues,* lo traerá mañana.
= Lo traerá, *pues,* mañana. *Il l'apportera donc demain.*

En tête de phrase, **pues**, *eh bien,* très fréquent dans la langue parlée, exprime la conséquence d'une proposition explicite ou implicite :

¡ *Pues* no faltaba más que eso !
Eh bien, il ne manquait plus que cela !

De même, **pues**, *eh bien,* est utilisé comme une simple ouverture de phrase sans signification particulière dans les réponses :

— Te lo he dicho. — *Pues* no he oído.
— Je te l'ai dit. — Eh bien, je n'ai pas entendu.

5. de aquí que, de ahí que, *donc,* exigent le subjonctif. Les deux locutions sont d'un usage littéraire ou savant :

No pude terminar el trabajo, *de ahí que* lo *dejara* para luego.
Je n'ai pas pu terminer le travail, je l'ai donc laissé pour plus tard.

EXERCICES

D. Complétez les phrases selon le modèle :

No vuelvas a decírmelo porque ya lo he entendido.
→ *Ya lo he entendido, así que no vuelvas a decírmelo.*

1. Ayer no vine porque no pude.
2. El Sr. Pons no puede recibirle, ya que está de viaje.
3. Como Ángel llega tarde hoy, no sé si lo verás.
4. Se levanta pronto porque trabaja lejos.
5. Nos fuimos porque llovía mucho.
6. Tienes que salir mañana pronto porque el viaje es largo.
7. Se separaron porque últimamente él la trataba muy mal.
8. Hay que tomar rápidamente una decisión ya que la situación es catastrófica.
9. Tuve que dejar el puesto porque no me encontraba a gusto.
10. Cerramos el negocio porque teníamos cada vez más problemas.

E. Remplacez y por eso **par** de ahí que **en réalisant les transformations nécessaires**

1. No habrá tenido tiempo y por eso no nos ha llamado.
2. Tenía mucha fiebre y por eso le llevamos al médico.
3. No dejaba de molestarnos y por eso nos fuimos pronto.
4. No sabía que fuera necesario y por eso no lo traje.
5. Todavía es muy pequeño y por eso no sabe hablar.
6. No servía y por eso lo tiramos a la basura.
7. He estado esta mañana en la piscina y por eso estoy cansado.

F. Traduisez

1. Il m'a raconté tellement d'histoires que je l'ai cru.
2. Il était très tard et par conséquent nous ne l'avons pas attendu.
3. La voiture était tellement abîmée qu'elle ne pouvait pas être réparée.
4. Finis vite de manière à être le premier.
5. C'était tellement horrible que je ne pouvais pas le voir.
6. La situation était tellement tendue que les étrangers ont commencé à quitter le pays.
7. Eh bien, je ne sais pas quoi faire.

78. La proposition concessive

> **aunque,** *bien que, même si*
> **aun cuando,** *bien que, même si*
> **si bien,** *bien que, même si*
> **a pesar de que,** *bien que, même si,*
> *malgré le fait que*

Emploi du mode

Le verbe de la proposition concessive peut être à l'indicatif ou au subjonctif. L'emploi de l'indicatif, au passé ou au présent, indique que l'objection avancée par la proposition concessive est un fait réel. Avec le subjonctif, au contraire, l'objection est toujours hypothétique, qu'elle se situe dans le passé ou dans le présent. La proposition concessive est alors soumise aux règles de la concordance des temps (cf. p. 214).

1. aunque, aun cuando :

aunque, aun cuando + indicatif = *bien que* + subjonctif
aunque, aun cuando + subjonctif = *même si* + indicatif

Aun cuando fui pronto, no lo vi.
Bien que je sois allé tôt, je ne l'ai pas vu.
≠ *Aunque sea* caro, voy a comprarlo.
Même si c'est cher, je vais l'acheter.
Aunque me suplicara, yo no se lo daría.
Même s'il me suppliait, je ne le lui donnerais pas.

2. a pesar de (pese a) :

a pesar de (pese a) + infinitif = *bien que, même si*
a pesar de que }
pese a que   } + indicatif = *bien que* + subjonctif

a pesar de que }
pese a que   } + subjonctif = *même si* + indicatif

a pesar de (todo) lo que + indicatif (ou subjonctif) =
malgré (tout) ce que

A pesar de (pese a) comer mucho, no engorda.
Bien qu'il mange beaucoup, il ne grossit pas.
A pesar de que me plantee un problema, lo intentaré.
Bien que cela me pose un problème, j'essaierai.
A pesar de (todo) lo que diga, no le creo.
Malgré (tout) ce qu'il pourra dire, je ne le crois pas.

EXERCICES

A. Conjuguez le verbe entre parenthèses

1. Aunque ayer (llover) ......, fuimos de excursión.
2. Aunque (insistir) ...... tú, no iré a verlo.
3. Aunque (preguntar) ...... ellos, no digas nada a nadie.
4. Aunque (salir) ...... tú temprano, no llegarás antes de por la noche.
5. Aunque (tener) ...... yo entradas, no iría a ese espectáculo.
6. Aun cuando me lo (impedir) ...... todo el mundo, yo seguiría haciéndolo.
7. Aunque (haber) ...... muchas personas, se divirtieron.
8. Aunque (poder) ...... yo, sería inútil.
9. Aunque (dejarme) ...... tú el libro, no podré leerlo.
10. Aunque todos los amigos (saber) ...... de que se trataba, nadie decía nada.
11. A pesar de que no (interesarme) ......, lo haré.
12. Saldremos, aun cuando (hacer) ...... mal tiempo.
13. A pesar de (portarse) ...... mal, no es malo.
14. Llámame, aunque (llegar) ...... tarde.

B. Transformez les phrases en utilisant aunque

1. Tenía tiempo, pero no quiso ir.
2. No quiero pedir a Juanjo ese favor, pero no tengo otro remedio.
3. Salí temprano, pero no llegué antes de la noche.
4. Tengo entradas, pero no iré al recital.
5. Eduardo ya está mejor, pero sigue en el hospital.
6. No me gusta que veas mucho la televisión, pero hoy puedes ver ese programa.
7. La obra no es muy interesante, pero te diviertes.
8. El viaje no es muy cómodo en tren, pero lo prefiero al avión.
9. Tengo mucha prisa, pero termina de contármelo.

C. Traduisez

1. Bien que cela ne me dise rien, je dois sortir ce soir.
2. Bien que je sois encore fatigué, j'irai te voir.
3. Même s'il ne le souhaite pas, je le ferai.
4. Même si je le pouvais, je ne le ferais pas.
5. Bien qu'il soit tard, tu peux venir.

Remarque : con + infinitif est équivalent de **aunque, a pesar de que** (cf. pp. 120-122) :

> Ha resuelto el problema, *con ser* complicado.
> = Ha resuelto el problema, *aunque es* complicado.
> *Il a résolu le problème, bien qu'il soit compliqué.*

Traduction du français *avoir beau*

L'expression peut être traduite par :

> **por** + adjectif ou adverbe
> **por muy (más)** + adjectif ou adverbe ⎫
> **por más (mucho)** + verbe   ⎬ **+ que**
> **por más (mucho, -a, -os, -as)** + substantif ⎭

Remarque : la règle donnée plus haut — objection réelle = indicatif ≠ objection hypothétique = subjonctif — s'applique également ici, bien que le subjonctif soit fréquemment employé :

> *Por barata que sea* la casa, no me interesa.
> *Si bon marché que soit la maison, elle ne m'intéresse pas.*
> *Por muy rápido que vayas*, no vas a llegar.
> *Tu auras beau te dépêcher, tu n'y arriveras pas.*

Traduction de *quoi, quel,... que* + *subjonctif*

Cette tournure se traduit en espagnol selon le schéma suivant :
Verbe au subjonctif + **lo que (cuanto)** + même verbe au subjonctif :

> *Compre lo que (cuanto) compre,* siempre me lo gasto todo. *Quoi que j'achète, je dépense toujours tout.*

Remarque : **lo que** est remplacé par **como, cuando, donde** pour indiquer des modalités de la concession :

> *Conduzca como conduzca,* tiene accidentes.
> *Quelle que soit sa façon de conduire, il a des accidents.*
> *Llame cuando llame,* nunca le encuentro en casa.
> *Quel que soit le moment où je téléphone, je ne le trouve jamais chez lui.*

Locutions

> **pase lo que pase,** *quoi qu'il arrive*
> **sea como sea,** *quoi qu'il en soit*
> **haga lo que haga,** *quoi qu'il fasse*
> **vaya donde vaya,** *où qu'il aille,* etc.

EXERCICES

D. Choisissez entre les trois formes celle qui convient

1. Por …… que estudia, no tiene buenas notas.
   más / muy / muchas
2. Por rápido que ……, no sé si llegarás a tiempo.
   vas / irás / vayas
3. Por muchos argumentos que ……, no lo convencí.
   empleo / emplee / empleé
4. Por …… que te parezca la casa, merece la pena.
   caro / cara / caras
5. No te lo pienso decir, por …… que insistas.
   muchos / muy / mucho
6. Por …… que lo pienso, no encuentro la solución.
   mucho / muy / muchos
7. Por mucho que ……, no iré a verle.
   insistes / insistas / insistías
8. Por difícil que te ……, lo puedes hacer.
   parece / parezca / parecía
9. Por …… títulos que tenga, no creo que convenga.
   muy / muchas / muchos
10. Por más que ……, no logró encontrarlo.
    busca / buscó / busque
11. Por muchas vueltas que …… al problema, no hay otra solución.
    dieras / darás / dés
12. Por muy barato que …… no pienso comprarlo.
    fuera / sea / fue

E. Traduisez

1. Quoi qu'il arrive, je dois y aller.
2. Jean a beau insister, il n'obtient rien.
3. Quoi qu'il en dise, il est content.
4. J'ai beau chercher un appartement, je ne le trouve pas.
5. Quoi qu'il en soit, je dois la voir.
6. Si compliquée que soit la situation, il a trouvé une issue.
7. Quel que soit le lieu où il travaille, il a des problèmes.
8. J'ai beau regarder partout, je ne le trouve pas.
9. Quoi qu'il fasse, il n'aura rien.
10. Elle a beau faire un régime, elle ne maigrit pas.

79. L'affirmation et la négation

L'affirmation

Les deux adverbes d'affirmation sont **sí**, *oui, si*, et **también**, *aussi, également*. Ils répondent à un énoncé précédent. Comme en français, **sí** peut constituer une proposition indépendante ; mais **también** — contrairement au français — peut également constituer une réponse à lui tout seul :

> ¿Quieres ? — *Sí. En veux-tu ? — Oui.*
> ¿No quieres ? — *Sí. Tu n'en veux pas ? — Si.*
> ¿**También** estás cansado ? — ***También.***
> *Tu es aussi fatigué ? — Oui, aussi.*

Remarques : l'affirmation peut être rendue par d'autres adverbes ou locutions adverbiales. Voici les plus courants :

> **ya**, *oui, d'accord*
> **vale** (familier et fréquent), *oui, d'accord*
> **claro, por supuesto, desde luego**, *bien sûr*
> **cómo no** (Amérique), *bien sûr*
> **sin duda, sin lugar a duda(s), sin duda alguna, sin ninguna duda, indudablemente**, *sans aucun doute.*

Le renforcement de l'affirmation est rendu par **que sí**, *mais si, mais oui*, ou un autre adverbe (ou locution) à sens affirmatif suivi de **que sí** :

> ¿Estás seguro de eso ? *En es-tu sûr ?*
> — *Que sí. — Mais oui.*
> — *Desde luego (claro) que sí. Bien sûr que oui.*

Sí que... précédant le verbe marque une insistance particulière de l'action :

> ¡Mi madre *sí que* guisa bien !
> *Ma mère, ça oui, elle cuisine bien !*

Locutions

> **decir que sí**, *donner son accord, consentir, dire oui :*
> Por fin **han dicho que sí**. *Finalement ils ont consenti.*
> **porque sí**, *parce que c'est comme ça ; sans raison :*
> Lo ha hecho **porque sí**. *Il l'a fait sans raison.*
> ¡**(Pues) sí que...** ! Expression de surprise agacée :
> *Eh bien !*
> ¡**(Pues) sí que** estamos buenos !
> *Eh bien, nous voilà dans de beaux draps !*

EXERCICES

A. Répondez affirmativement par un adverbe ou une locution en reprenant la phrase

1. ¿Os gustó la película que os recomendé?
2. ¿Has traído lo que te pedí?
3. ¿Está seguro de que no le molestamos?
4. ¿Le sienta bien este traje?
5. ¿Te has enterado de lo de Javier?
6. ¿Os fuisteis vosotros también pronto?
7. ¿Te apetece salir a ti también?
8. ¿Podemos contar contigo?
9. ¿A ti también te cae mal el nuevo director?
10. ¿Me puedes dejar cinco mil pesetas?
11. ¿Te interesa el informe que te dejé ayer?
12. ¿Os parece bien que salgamos otro día?

B. Traduisez

1. Mañana podríamos poner cocido para comer. — Pues, vale.
2. ¿Vendréis a vernos cuando nos traslademos? — Claro que sí.
3. ¿Conocíais el chiste? — Por supuesto, es muy conocido.
4. A mi padre sí que le gustaban las películas del oeste.
5. ¿Por qué les has contestado así? — Pues, porque sí.
6. ¡Pues sí que has acertado!
7. ¿Has conseguido billetes? — Desde luego.
8. ¿Piensas de verdad escribirle esa carta? — Claro que sí.
9. ¿Tú crees que te va a entender? — Sin duda alguna.
10. Indudablemente, las relaciones comerciales van a cambiar.

C. Traduisez

1. Il a finalement donné son accord.
2. Bien sûr, il peut encore changer d'avis.
3. Il te répondra sans aucun doute.
4. Eh bien, en voilà un travail.
5. Tu lui as bien recommandé de fermer les portes? — Mais oui.
6. Tu as réservé une chambre? — Évidemment.
7. Il ne dit ni oui ni non.
8. Nous ne savons pas quoi répondre à son offre.
9. Je ne suis pas sûr qu'il acceptera. — Mais si. Tu verras.
10. Il a quitté son travail sans donner d'explications.
11. Il a dit oui à tout ce que je lui ai demandé.

La négation

Les adverbes de négation sont **no** et **tampoco**, *non plus*. **No** équivaut à *ne... pas* et *non*.

1. Négation simple : **no** est toujours placé devant le verbe. Lorsque le verbe est conjugué à un temps composé, **no** précède toujours l'auxiliaire :

> **No, *no* he querido salir esta tarde.**
> *Non, je n'ai pas voulu sortir ce soir.*

Remarque : les autres mots négatifs peuvent précéder le verbe sans autre forme de négation ou être derrière lui s'il est précédé de la négation **no** ou d'un autre mot négatif :

> ***Nunca* viene *nadie*. = *Nadie* viene *nunca*. = *No* viene nunca nadie.**
> *Personne ne vient jamais.*

2. Restriction négative :

— sólo + verbe
   no + verbe + más que   } *ne... que*
   no + verbe + sino

> **Sólo quiero medio kilo.** *Je ne veux qu'une livre.*

— ya no + verbe (más)   } *ne... plus*
   no + verbe + ya (más)

> **Ya *no* viaja *(más)*.** *Il ne voyage plus.*

— ya no + verbe + más que
   ya no + verbe + sino   } *ne... plus que*
   ya sólo + verbe

> **Ya *sólo* quedan tres.** *Il n'en reste plus que trois.*

— ni + verbe : *ne... même pas*. La conjonction **siquiera**, *même*, peut renforcer **ni** sans être obligatoire :

> **Ni *(siquiera)* saludó.** *Il n'a même pas dit bonjour.*

Locutions

> **¡Qué va!** *Non, mais non !*
> **Claro (Por supuesto) que no.** *Bien sûr que non.*
> **En absoluto, ni hablar.** *Pas du tout, pas question.*
> **Ni mucho menos.** *En aucun cas.*

EXERCICES

D. Répondez négativement aux questions

1. ¿Tienes todavía botellas del vino que compramos?
2. ¿Ha llamado alguien esta tarde?
3. ¿Sigue trabajando en Iberia ese amigo tuyo?
4. ¿Tú crees que vendrá también el marido de Amparo?
5. ¿Me puedes dejar el coche para esta tarde?
6. ¿Necesitas algo más?
7. ¿A ti te ha saludado Emilio?
8. ¿Sigues yendo por el pueblo?
9. ¿A ti te interesa algo ese asunto?
10. ¿Estás de acuerdo con lo que cuenta el artículo?
11. ¿Les viene bien que venga mañana a las once y media?
12. ¿Busca Vd. a alguien?

E. Traduisez

1. ¿Seguís viendo a Felipe? — No, ya no.
2. Ya no ha vuelto a pisar por allí.
3. ¿Tiene algún otro libro sobre el tema? — No, ya no tengo más.
4. Ni siquiera llamó para disculparse.
5. ¡Qué va! No me importa en absoluto.
6. Si esto sigue así, nos vamos.
7. Le voy a abonar la llamada. — Ni hablar, no se preocupe.
8. Sólo me quedan tres semanas para terminar.
9. ¡Sólo faltaba eso!
10. Ni mucho menos, no puedo tolerar esa actitud.

F. Traduisez

1. Je ne suis pas du tout de ton avis.
2. Tu ne recommenceras plus?
3. Sur la côte on ne construit que des immeubles sans aucun goût.
4. Elle ne fume que des blondes.
5. Je ne te réveille pas? — Bien sûr que non.
6. Pas question. C'est moi qui apporte le vin.
7. Quand je pense qu'il ne nous a même pas écrit.
8. Je ne fais que répéter la même chose.
9. Mais non, ce n'est pas cela, tu n'y comprends rien.

80. La coordination

1. y : la conjonction y, *et*, est utilisée de la même façon qu'en français :

> Hombres *y* mujeres iban *y* venían.
> *Des hommes et des femmes allaient et venaient.*

Remarques : y se transforme en **e** devant un mot commençant par i- ou hi-. La conjonction y se maintient devant la diphtongue hie- et au début d'une phrase interrogative ou exclamative :

> Padre *e* hijo. *Père et fils.*
> Hubo nieve *y* hielo. *Il y eut de la neige et du gel.*
> ¿ *Y* hizo eso? *Et il a fait cela ?*

Y est d'un emploi courant au début des phrases interrogatives ou exclamatives. Parfois la conjonction a le sens de *eh bien, et alors*; parfois elle n'a pas de signification particulière :

> ¿ *Y* qué te dijo? *Et alors ? Qu'est-ce qu'il t'a dit ?*
> ¡ *Y* encima tiene razón ! *Et en plus il a raison !*

Y, reliant deux propositions, peut introduire une nuance adversative :

> Lo sabía *y* no lo decía. *Il le savait mais il ne le disait pas.*

2. ni suit les mêmes règles que tous les mots négatifs (cf. p. 76). Dans une énumération, **ni** n'apparaît généralement pas devant le premier terme. La conjonction n'est obligatoire que devant le dernier :

> No tengo *(ni)* padre, *(ni)* madre **ni** hermanos.
> *Je n'ai ni père, ni mère, ni frères et sœurs.*

Remarque : si l'énumération précède le verbe, **ni** doit être placé devant chaque terme :

> *Ni* hambre *ni* sed tenía. *Il n'avait ni faim ni soif.*

La conjonction o (u), *ou, ou bien*

La conjonction **o** devient **u** devant un nom commençant par o- ou ho- :

> Me da lo mismo uno *u* otro. *Ça m'est égal, l'un ou l'autre.*

Remarque : entre deux chiffres **ó** porte un accent écrit pour ne pas être confondu avec un zéro : 40 *ó* 50.

EXERCICES

A. Complétez les phrases avec les conjonctions qui conviennent

1. Muchas gracias, pero no necesito ...... lavadora ...... nada.
2. Estuvimos por Castilla ...... Andalucía.
3. Póngame un pollo ...... media docena de huevos.
4. Han traído la compra ...... no han dejado la factura.
5. Este postre no lleva ...... azúcar ...... canela.
6. Cogemos esa carretera ...... esa otra.
7. ...... empiezas a estudiar ...... tendré que enfadarme.
8. Eso yo no lo haría ...... ahora ...... nunca.
9. ¿ ...... qué te trae de nuevo por aquí ?
10. Compra 5 ...... 6 cuadernos.
11. No me importa que venga ...... que no venga.
12. Llegaron ...... invirtieron en toda la comarca.
13. No se sabe si es un ingenuo ...... un sinvergüenza.

B. Complétez avec les formes y/e **et** o/u **selon les cas**

1. Esa ciudad está llena de conventos ...... iglesias.
2. ¿ Ha tenido Vd. otro trabajo ...... ocupación en ese sector ?
3. Este material está compuesto de una nueva aleación de cromo ...... hierro.
4. ¿ ...... insistió mucho ?
5. Tíralo ...... úsalo. A mí me da igual.
6. Hace diez ...... once años que no nos veíamos.
7. Nosotros nos dedicamos a la exportación ...... importación de material electrónico.
8. ...... olvidas lo que te han hecho ...... reaccionas.
9. El amigo que me presentaste el otro día me pareció muy simpático ...... inteligente.
10. Necesitamos dependientes ...... empleados administrativos.
11. El nuevo diseñador tiene ideas ...... imaginación.
12. En esa región hay problemas sociales ...... económicos bastante graves.
13. Es absurdo ...... incomprensible que te portes tan mal.
14. Se me ha olvidado completamente ...... no sé si era ayer por la tarde ...... hoy por la mañana.
15. Este libro está escrito ...... ilustrado por el mismo autor.
16. No pierdas estos documentos, porque son importantes ...... imprescindibles.

— La répétition o ... o est souvent utilisée pour marquer l'opposition entre deux éléments : *ou bien ... ou bien* :

> **O me atienden o me voy.**
> *Ou bien vous vous occupez de moi ou bien je m'en vais.*

— La conjonction o peut avoir une valeur purement explicative, en mettant en apposition deux éléments proches par le sens :

> **Los gastos o cargas están disminuyendo.**
> *Les frais, c'est-à-dire les charges, diminuent.*

La conjonction **pero (mas)**, *mais*

Pero, *mais*, introduit une restriction :

> **Quise arreglar el grifo, *pero* no pude.**
> *J'ai voulu réparer le robinet, mais je n'ai pas pu.*

Remarque : sa variante littéraire est **mas** (sans accent écrit, qu'il ne faut pas confondre avec **más**, *plus*).

La corrélation **no... sino, no... sino que**

1. sino, *mais*, en corrélation avec **no** introduit un élément de la phrase qui s'oppose complètement à celui introduit par **no** :

> **No trajo flores *sino* bombones.**
> *Il n'a pas apporté de fleurs mais des chocolats.*
> **No le gusta leer *sino* ver la televisión.**
> *Il n'aime pas lire mais regarder la télévision.*

2. sino que, *mais*. Le que est obligatoire devant un verbe conjugué. Sino que peut être renforcé par **además**, *en plus*; **más bien**, *plutôt*; **al contrario**, *au contraire...* :

> **Este verano no voy de vacaciones *sino que* me quedo en Madrid.**
> *Cet été je ne pars pas en vacances mais je reste à Madrid.*
> **No hizo calor *sino que además* llovió mucho.**
> *Il n'a pas fait chaud mais en plus il a beaucoup plu.*

3. no sólo... sino (que) también, *non seulement... mais aussi*

> **No *sólo* reclama el sueldo *sino también* una prima.**
> *Il réclame non seulement le salaire mais aussi une prime.*

Locutions

> sin embargo, no obstante, *cependant*
> más bien, antes, antes bien, *plutôt*
> excepto, salvo, *sauf, excepté*
> ahora bien, *or*

EXERCICES

C. Complétez les phrases avec pero, sino **ou** sino que

1. No sé por qué lo criticas. Es verdad que no vino ...... avisó a tiempo.
2. El paro en esta zona no sólo no ha disminuido ...... sigue aumentando.
3. No exijo nada imposible ...... algo que está más bien al alcance de todo el mundo.
4. Ese alumno no trabaja mucho ...... tiene buena voluntad.
5. Te digo que sus padres no viven en Bilbao ...... mucho más al sur.
6. No te extrañes que no te haya reconocido Arturo. No es despistado ...... completamente miope.
7. Te repito que no se casaron en mayo del setenta y dos ...... en abril del año siguiente.
8. No es un préstamo ...... un regalo.
9. Antonio no sólo es pintor ...... además se dedica a la escultura y al grabado con mucho éxito.
10. Ese cliente no sólo no ha comprado nada ...... además me ha entretenido un buen rato.

D. Complétez les phrases avec les locutions qui conviennent

1. No parecía muy triste, ... estaba muy afectado.
2. Trabajamos con muchos países, ... el norte de Europa y el sudeste asiático.
3. Salimos pronto. ......, dadas las dificultades de tráfico, llegamos bastante tarde.
4. La situación de inestabilidad en el mercado de valores no ofrece cambios. ......, estos últimos días tiende a mejorarse.

E. Traduisez

1. Je ne vous ai pas demandé une bière mais un café.
2. Mon nouveau collègue n'est pas antipathique mais plutôt un peu timide.
3. Non seulement la pièce était longue mais en plus les acteurs jouaient très mal.
4. Malgré le mauvais temps le défilé a été un succès.
5. Ne m'appelle pas Francisco, mais Paco.

81. Le discours indirect

Le discours indirect reproduit ce qui est dit ou pensé dans une proposition subordonnée introduite par un verbe introducteur suivi de la conjonction **que** :

— **Vendré en coche.** → *Dice que* vendrá en coche.
Je viendrai en voiture. *Il dit qu'il viendra en voiture.*

Le passage du style direct au style indirect provoque divers changements :

Les personnes verbales et les pronoms personnels

Ils dépendent du locuteur et doivent être adaptés au discours :

— ***Yo, me* llamo Juan.** → **Dice que *él se* llama Juan.**
Moi, je m'appelle Jean. *Il dit que lui, il s'appelle Jean.*
— ***Ven* a ver*me*.** → **Me *(te, le)* dice que vaya*(s)* a ver*le*.**
Viens me voir. → *Il me (te, lui, vous) dit d'aller le voir.*

Les modes et les temps

1. Phrase impérative : les transformations verbales dépendent du temps du verbe introducteur :

STYLE DIRECT	STYLE INDIRECT
	Dice/ Ha dicho/ Dirá *Il dit/ Il a dit/ Il dira* **que** + subjonctif présent
Impératif Subjonctif présent	*Dijo/ Decía/ Había dicho* *Il a dit/ Il disait/ Il avait dit* **que** + subjonctif imparfait
	Dice que *entre* y *me siente*. *Il me dit d'entrer et de m'asseoir.*
— ***Entra* y *siéntate*.** — *Entre et assieds-toi.*	Dijo que *entrara* y *me sentara*. *Il m'a dit d'entrer et de m'asseoir.*
	Dice que no *bebamos* tanto. *Il nous dit de ne pas boire autant.*
— **No *bebáis* tanto.** — *Ne buvez pas tant.*	Dijo que no *bebiéramos* tanto. *Il nous a dit de ne pas boire autant.*

EXERCICES

A. Transformez les phrases suivant le modèle :

— Pon la mesa. → *Dice que pongas la mesa.*

1. — Salid en seguida.
2. — Haz lo necesario.
3. — Ten cuidado.
4. — Di la verdad.
5. — Vuelve pronto.
6. — Empezad a trabajar.
7. — Enciende la luz.
8. — Piénsalo bien.
9. — Sed puntuales.

B. Même exercice suivant le modèle :

— Ven a comer. → *Dijo que vinieras a comer.*

1. — No fumes tanto.
2. — Vístete para la cena.
3. — Compraos pan.
4. — No corráis por la calle.
5. — Vete a jugar.
6. — No te marches solo.
7. — Escuchad con atención.
8. — Volveos por la plaza.
9. — Dale recuerdos a tu madre.

C. Même exercice suivant le modèle :

— Ten paciencia. → *Dice que tenga Vd. paciencia.*

1. — Sacad una foto.
2. — Tranquilízate.
3. — Preguntadle al guardia.
4. — Entrégale el documento.
5. — Decid vuestras razones.
6. — Confíame tus secretos.
7. — Traeme carne.
8. — Llevadle la noticia.
9. — Venid conmigo.

2. Phrase déclarative : les transformations verbales dépendent également du temps du verbe introducteur :

STYLE DIRECT	STYLE INDIRECT

Indicatif, conditionnel ⎫ Subjonctif ⎬ n'importe quel temps ⎭	***Dice/ Ha dicho/ Dirá*** *Il dit/ Il a dit/ Il dira* **que** + même mode et même temps
***Quisiera* leerlo.** *Je voudrais le lire.*	**Dice que *quisiera* leerlo.** *Il dit qu'il voudrait le lire*

	Dijo/ Decía/ Había dicho *Il a dit/ Il disait/ Il avait dit*
Indicatif présent	**que** + indicatif imparfait
Indicatif passé composé	**que** + indicatif plus-que-parfait
Indicatif passé simple	**que** + indicatif ⎧ plus-que-parfait ⎨ ⎩ passé simple
Indicatif ⎧ imparfait ⎨ ⎩ plus-que-parfait	sans changement
Indicatif futur	**que** + conditionnel présent
Indicatif futur antérieur	**que** + conditionnel passé
Subjonctif présent	**que** + subjonctif imparfait
Subjonctif ⎧ imparfait ⎨ ⎩ plus-que-parfait	sans changement
Subjonctif passé	**que** + subjonctif plus-que-parfait
Conditionnel ⎧ présent ⎨ ⎩ passé	sans changement

EXERCICES

D. Transformez les phrases suivant le modèle :

— Me iré el próximo martes →
Dice que se irá el próximo martes.

1. — Pasaremos la noche en un albergue.
2. — He construido esta casa yo mismo.
3. — Nos convendría alquilar un coche allí.
4. — No sé todavía cuándo llegaré.
5. — Pensamos hacerlo solas.
6. — Ya te lo he dicho mil veces.
7. — Necesitarías algo contra la tos.
8. — No estábamos en casa cuando llamaste.
9. — Puedes venir al cine conmigo.

E. Même exercice suivant le modèle :

— Tengo que ir al banco →
Dijo que tenía que ir al banco.

1. — Han puesto un disco famoso.
2. — No me dieron su nueva dirección.
3. — Nunca había oído una voz tan linda.
4. — Dejaré la maleta en la estación.
5. — No sé si tienes este libro.
6. — Habrá cogido el autobús de las ocho.
7. — Me gustaría conocer su parecer.
8. — Es posible que haya tardado un poco.
9. — Quería que fuéramos al restaurante.

F. Mettez le texte suivant au style indirect :

Verbe introducteur : *Me contó que...*

« Creo que hice todo lo que pude para que saliéramos temprano, ya que lo dejé todo preparado para nuestra salida. Hice que revisaran el coche, que nunca se sabe lo que puede ocurrir en carretera. También miré la rueda de repuesto y así, si se nos pincha una, podremos cambiarla tranquilamente. Luego limpié el coche y puse lo necesario para el viaje. En fin, sólo falta el equipaje porque he pensado que resultaba peligroso que se quedara en la calle durante toda la noche. Lo llevaremos con nosotros cuando nos marchemos. Es lo único que tenemos que hacer... »

L'interrogation indirecte

Les transformations verbales sont les mêmes :

1. Phrase interrogative introduite par un interrogatif : il suit immédiatement la conjonction **que** et conserve son accent écrit :

—*¿ Cómo te llamas ?* → **Dice *que cómo* te llamas.**
— *Comment t'appelles-tu ?* → *Il demande comment tu t'appelles.*

Remarques : après certains verbes tels que **preguntar**, *demander*, **inquirir**, *s'informer de*, **saber**, *savoir*, la conjonction **que** est souvent omise :

Pregunta *(que) quién* ha venido. *Il demande qui est venu.*

Lorsque l'interrogatif **qué** porte sur un verbe, il peut, suivant le contexte, être remplacé par **lo que** :

— *¿ Qué has hecho ?*
— *Qu'as-tu fait ?*

Pregunta *(que) qué* has hecho.
Il demande ce que tu as fait.

Pregunta *lo que* has hecho.
Il demande ce que tu as fait.

2. Phrase interrogative simple : l'interrogation indirecte est introduite par la conjonction **si** :

— *¿ Eres español ?*
— *Es-tu espagnol ?*

Dice *que si* eres español.
Pregunta *(que) si* eres español.
Il demande si tu es espagnol.

Remarque : lorsque l'interrogation porte sur un pronom personnel, il convient d'adapter la subordonnée interrogative indirecte :

— *No lo conozco, ¿ y tú ?* — *Je ne le connais pas, et toi ?*

→ **Dice que no lo conoce y *me pregunta si yo* lo conozco.**
Il dit qu'il ne le connaît pas et il me demande si moi je le connais.

Les adverbes

Il est parfois nécessaire, suivant le contexte, d'adapter les adverbes au discours :

— **Ven *aquí*.**   **Me pide que vaya *allí*.**
— *Viens ici.*   *Il me demande d'aller là-bas.*
— **Ven *mañana*.**   **Me dijo que viniera *hoy*.**
— *Viens demain.*   *Il m'a dit de venir aujourd'hui.*

EXERCICES

G. Transformez les phrases suivant le modèle :
— ¿ Cuándo sales? → *Pregunta que cuándo sales.*
1. — ¿ Dónde está la parada del autobús?
2. — ¿ Con quién has venido?
3. — ¿ Cómo has podido llegar tan tarde?
4. — ¿ A qué hora sale el tren?
5. — ¿ Desde cuándo estudias con él?
6. — ¿ A quién vas a escribir?
7. — ¿ Cuál es tu cazadora?
8. — ¿ Cuánto cuesta una entrada de teatro?
9. — ¿ Por qué llora este niño?

H. Même exercice suivant le modèle :
— ¿ Has llamado? → *Preguntó si habías llamado.*
1. — ¿ Puedo ayudarte?
2. — ¿ Pasarás tus vacaciones aquí?
3. — ¿ Es difícil encontrar un piso en Madrid?
4. — ¿ No conocíais a mis amigos?
5. — ¿ Estaréis aquí para Navidad?
6. — ¿ Habrás comido antes de venir?
7. — ¿ Ha pasado ya el cartero?
8. — ¿ Sois de Sevilla?
9. — ¿ Quieres que te acompañe?

I. Mettez la lettre suivante au style indirect : Roger escribe...

París, 19 de mayo de 1989

Querido Paco:
Desde hace mucho tiempo pienso escribirte, pero hasta ahora no he podido hacerlo. ¿ Cómo estás? ¿ Y Carmen? ¿ Y los niños? Aquí, todos estamos bien y últimamente hemos celebrado el cumpleaños de Didier que ya tiene quince años.
El motivo de mi carta es el siguiente: mi mujer y yo quisiéramos pasar el próximo mes de agosto en Granada, y hemos pensado que podrías aconsejarnos. Nos gustaría alojarnos en alguna pensión confortable. Tú verás lo que nos convenga.
Te agradezco de antemano tu colaboración y te ruego que me contestes tan pronto como hayas solucionado el asunto. Muchos recuerdos a todos y para ti un fuerte abrazo de tu amigo,

Roger.

Annexes

1. L'alphabet - Les sons

A chaque lettre correspond un son et toutes les lettres se prononcent.

Exceptions : le **h** et le **u** dans les groupes *gue*, *gui* et *que*, *qui*.

a	(a)	
b	(be)	
c	(ce)	devant **a**, **o**, **u** : se prononce **k**
		devant **e**, **i** : se prononce **z** (ceta)
ch	(che)	se prononce **tch**
d	(de)	peu prononcé dans les terminaisons verbales et à la fin des mots
e	(e)	se prononce comme **é** français
f	(efe)	
g	(ge)	devant **a**, **o**, **u** : se prononce **gu**
		devant **e**, **i** : se prononce **j** (jota)
h	(ache)	ne se prononce pas
i	(i)	
j	(jota)	se prononce au fond de la gorge par un frottement énergique de l'air
k	(ka)	
l	(ele)	
ll	(elle)	se prononce comme **l** mouillé
m	(eme)	
n	(ene)	
ñ	(eñe)	se prononce comme **gn** français (˜ = tilde)
o	(o)	
p	(pe)	
q	(cu)	
r	(erre)	se prononce en faisant vibrer la pointe de la langue derrière les incisives supérieures ; à l'initiale et doublée, la vibration est répétée et provoque un roulement
s	(ese)	se prononce comme **ss** français
t	(te)	conserve toujours sa prononciation **t**
u	(u)	se prononce comme **ou** français
v	(uve)	se prononce **b**
x	(equis)	entre deux voyelles : se prononce **ks**
		devant une consonne : se prononce **ss**

y (i griega) se prononce comme en français
                 exceptions : **y**, *et* = i ; **muy**, *très* = mui
z (ceta) se prononce en plaçant la langue entre les dents

Remarques : les lettres sont du genre féminin en espagnol :
       la a ; *la* efe ; *la* jota

Seules les consonnes **c**, **n** et **r** peuvent être doublées :
       le**cc**ión, *leçon* ; i**nn**ovar, *innover* ; to**rr**e, *tour*

Les lettres doubles et la **elle** sont indivisibles en fin de ligne :
       panti-*ll*a, *écran* ; fe-*rr*oca-*rr*il, *chemin de fer*

Le **w** (uve doble) n'est pas une lettre espagnole.

2. Les modifications orthographiques

Les modifications orthographiques permettent de conserver la prononciation du radical des verbes, quelle que soit la terminaison, et se produisent également lors de la formation du pluriel des noms et des adjectifs, ou lors de l'adjonction d'un suffixe.

c + e ou i → qu

tocar, *toucher* → to**qu**e, to**qu**es... (présent du subjonctif)
→ to**qu**é (1re pers. du passé simple)
un chico, *un garçon* → un chi**qu**illo, *un gamin*

g + e ou i → gu

llegar, *arriver* → lle**gu**e, lle**gu**es... (présent du subjonctif)
→ lle**gu**é (1re pers. du passé simple)
amargo, *amer* → amar**gu**ísimo, *très amer*

gu + e ou i → gü

averiguar, *vérifier* → averi**gü**e, averi**gü**es... (présent du subjonctif)
→ averi**gü**é (1re pers. du passé simple)

z + e ou i → c

trazar, *tracer* → tra**c**e, tra**c**es... (présent du subjonctif)
→ tra**c**é (1re pers. du passé simple)
la luz, *la lumière* → las lu**c**es, *les lumières*

c + a ou o → z

vencer, *vaincre* → ven**z**o, (1re pers. présent de l'indicatif)
→ ven**z**a, ven**z**as... (présent du subjonctif)

g + a ou o → j

coger, *prendre* → co**j**o (1re pers. présent de l'indicatif)
→ co**j**a, co**j**as... (présent du subjonctif)

gu + a ou o → g

seguir, *suivre* → si**g**o (1re pers. présent de l'indicatif)
→ si**g**a, si**g**as... (présent du subjonctif)

> qu + a ou o → c

delinquir, → **delinco** (1re pers. présent de l'indicatif)
commettre un délit **delinca, delincas...** (présent du subjonctif)

De plus : i → y entre 2 voyelles

Verbes en **-aer, -eer, -oer, -oír, -uir** :

caer, tomber → **cayó, cayeron...** (3e pers. sing. et plur. du passé
simple)
→ { cayera, cayeras... (imparfait du subjonctif)
{ cayese, cayeses...
→ cayendo (gérondif)

3. **Haber,** *avoir* auxiliaire (temps simples)

Indicatif présent	Impératif	Subjonctif présent	
he		haya	
has		hayas	
ha		haya	
hemos		hayamos	
habéis		hayáis	
han		hayan	

Indicatif imparfait	Passé simple	Subjonctif imparfait	
había	hube	hubiera	hubiese
habías	hubiste	hubieras	hubieses
había	hubo	hubiera	hubiese
habíamos	hubimos	hubiéramos	hubiésemos
habíais	hubisteis	hubierais	hubieseis
habían	hubieron	hubieran	hubiesen

Indicatif futur	Conditionnel	Gérondif
habré	habría	habiendo
habrás	habrías	
habrá	habría	*Participe passé*
habremos	habríamos	
habréis	habríais	habido
habrán	habrían	

Tener, *avoir* (temps simples)

Indicatif présent	*Impératif*	*Subjonctif présent*	
tengo		tenga	
tienes	ten	tengas	
tiene	tenga	← tenga	
tenemos	tengamos	← tengamos	
tenéis	tened	tengáis	
tienen	tengan	← tengan	
Indicatif imparfait	*Passé simple*	*Subjonctif imparfait*	
tenía	tuve	tuviera	tuviese
tenías	tuviste	tuvieras	tuvieses
tenía	tuvo	tuviera	tuviese
teníamos	tuvimos	tuviéramos	tuviésemos
teníais	tuvisteis	tuvierais	tuvieseis
tenían	tuvieron	tuvieran	tuviesen
Indicatif futur	*Conditionnel*	*Gérondif*	
tendré	tendría	teniendo	
tendrás	tendrías		
tendrá	tendría	*Participe passé*	
tendremos	tendríamos	tenido	
tendréis	tendríais		
tendrán	tendrían		

4. **Ser,** *être* (temps simples)

Indicatif présent	Impératif	Subjonctif présent	
soy		sea	
eres	sé	seas	
es	sea	← sea	
somos	seamos	← seamos	
sois	sed	seáis	
son	sean	← sean	

Indicatif imparfait	Passé simple	Subjonctif imparfait	
era	fui	fuera	fuese
eras	fuiste	fueras	fueses
era	fue	fuera	fuese
éramos	fuimos	fuéramos	fuésemos
erais	fuisteis	fuerais	fueseis
eran	fueron	fueran	fuesen

Indicatif futur	Conditionnel	Gérondif
seré	sería	siendo
serás	serías	
será	sería	**Participe passé**
seremos	seríamos	sido
seréis	seríais	
serán	serían	

Estar, *être* (temps simples)

Indicatif présent	Impératif	Subjonctif présent	
estoy		esté	
estás -a →	está	estés	
está	esté	← esté	
estamos	estemos	← estemos	
estáis	estad	estéis	
están	estén	← estén	

Indicatif imparfait	Passé simple	Subjonctif imparfait	
estaba	estuve	estuviera	estuviese
estabas	estuviste	estuvieras	estuvieses
estaba	estuvo	estuviera	estuviese
estábamos	estuvimos	estuviéramos	estuviésemos
estabais	estuvisteis	estuvierais	estuvieseis
estaban	estuvieron	estuvieran	estuviesen

Indicatif futur	Conditionnel	Gérondif
estaré	estaría	estando
estarás	estarías	
estará	estaría	*Participe passé*
estaremos	estaríamos	estado
estaréis	estaríais	
estarán	estarían	

5. **Hablar,** *parler* 1re conjugaison (temps simples)

Indicatif présent	Impératif	Subjonctif présent	
hablo		hable	
hablas -a →	habla	hables	
habla	hable	← hable	
hablamos	hablemos	← hablemos	
habláis	hablad	habléis	
hablan	hablen	← hablen	

Indicatif imparfait	Passé simple	Subjonctif imparfait	
hablaba	hablé	hablara	hablase
hablabas	hablaste	hablaras	hablases
hablaba	habló	hablara	hablase
hablábamos	hablamos	habláramos	hablásemos
hablabais	hablasteis	hablarais	hablaseis
hablaban	hablaron	hablaran	hablasen

Indicatif futur	Conditionnel	Gérondif	
hablaré	hablaría	hablando	
hablarás	hablarías		
hablará	hablaría	*Participe passé*	
hablaremos	hablaríamos	hablado	
hablaréis	hablaríais		
hablarán	hablarían		

Comer, *manger* 2e conjugaison (temps simples)

Indicatif présent	Impératif	Subjonctif présent	
como		coma	
comes -e →	come	comas	
come	coma	← coma	
comemos	comamos	← comamos	
coméis	comed	comáis	
comen	coman	← coman	

Indicatif imparfait	Passé simple	Subjonctif imparfait	
comía	comí	comiera	comiese
comías	comiste	comieras	comieses
comía	comió	comiera	comiese
comíamos	comimos	comiéramos	comiésemos
comíais	comisteis	comierais	comieseis
comían	comieron	comieran	comiesen

Indicatif futur	Conditionnel	Gérondif	
comeré	comería	comiendo	
comerás	comerías		
comerá	comería	**Participe passé**	
comeremos	comeríamos	comido	
comeréis	comeríais		
comerán	comerían		

6. **Vivir,** *vivre* 3ᵉ conjugaison (temps simples)

Indicatif présent	Impératif	Subjonctif présent	
vivo		viva	
vives -e →	vive	vivas	
vive	viva	← viva	
vivimos	vivamos	← vivamos	
vivís	vivid	viváis	
viven	vivan	← vivan	

Indicatif imparfait	Passé simple	Subjonctif imparfait	
vivía	viví	viviera	viviese
vivías	viviste	vivieras	vivieses
vivía	vivió	viviera	viviese
vivíamos	vivimos	viviéramos	viviésemos
vivíais	vivisteis	vivierais	vivieseis
vivían	vivieron	vivieran	viviesen

Indicatif futur	Conditionnel	Gérondif	
viviré	viviría	viviendo	
vivirás	vivirías		
vivirá	viviría	Participe passé	
viviremos	viviríamos	vivido	
viviréis	viviríais		
vivirán	vivirían		

Levantarse, *se lever*
verbe pronominal (temps simples)

Indicatif présent	Impératif	Subjonctif présent
me levanto te levantas -a → se levanta nos levantamos os levantáis se levantan	levántate levántese levantémonos levantaos levántense	me levante te levantes ← se levante ← nos levantemos os levantéis ← se levanten

Gérondif
levantándose

7. Temps composés

Temps	**Hablar** *parler*	**Comer** *manger*	**Vivir** *vivre*
Passé composé	**he** hablado	**he** comido	**he** vivido
Plus-que-parfait	**había** hablado	**había** comido	**había** vivido
Passé antérieur	**hube** hablado	**hube** comido	**hube** vivido
Futur antérieur	**habré** hablado	**habré** comido	**habré** vivido
Conditionnel passé	**habría** hablado	**habría** comido	**habría** vivido
Subjonctif passé	**haya** hablado	**haya** comido	**haya** vivido
Subjonctif plus-que-parfait	**hubiera** hablado **hubiese**	**hubiera** comido **hubiese**	**hubiera** vivido **hubiese**
Infinitif passé	**haber** hablado	**haber** comido	**haber** vivido
Gérondif passé	**habiendo** hablado	**habiendo** comido	**habiendo** vivido

Diphtongaison

Cerrar, *fermer* e → ie

Indicatif présent	Impératif	Subjonctif présent
cierro		cierre
cierras -a →	cierra	cierres
cierra	cierre	← cierre
cerramos	cerremos	← cerremos
cerráis	cerrad	cerréis
cierran	cierren	← cierren

Encontrar, *trouver* o → ue

Indicatif présent	Impératif	Subjonctif présent
encuentro		encuentre
encuentras -a →	encuentra	encuentres
encuentra	encuentre	← encuentre
encontramos	encontremos	← encontremos
encontráis	encontrad	encontréis
encuentran	encuentren	← encuentren

8. **Pedir,** *demander* **e → i** (temps simples)

Indicatif présent	Impératif	Subjonctif présent	
pido		pida	
pides -e →	pide	pidas	
pide	pida	← pida	
pedimos	pidamos	← pidamos	
pedís	pedid	pidáis	
piden	pidan	← pidan	

Indicatif imparfait	Passé simple	Subjonctif imparfait	
pedía	pedí	pidiera	pidiese
pedías	pediste	pidieras	pidieses
pedía	pidió	pidiera	pidiese
pedíamos	pedimos	pidiéramos	pidiésemos
pedíais	pedisteis	pidierais	pidieseis
pedían	pidieron	pidieran	pidiesen

Indicatif futur	Conditionnel	Gérondif	
pediré	pediría	pidiendo	
pedirás	pedirías		
pedirá	pediría	*Participe passé*	
pediremos	pediríamos		
pediréis	pediríais	pedido	
pedirán	pedirían		

Sentir, *sentir, regretter*
e → ie + e → i (temps simples)

Indicatif présent	Impératif	Subjonctif présent	
siento		sienta	
sientes -e →	siente	sientas	
siente	sienta	← sienta	
sentimos	sintamos	← sintamos	
sentís	sentid	sintáis	
sienten	sientan	← sientan	
Indicatif imparfait	**Passé simple**	**Subjonctif imparfait**	
sentía	sentí	sintiera	sintiese
sentías	sentiste	sintieras	sintieses
sentía	sintió	sintiera	sintiese
sentíamos	sentimos	sintiéramos	sintiésemos
sentíais	sentisteis	sintierais	sintieseis
sentían	sintieron	sintieran	sintiesen
Indicatif futur	**Conditionnel**	**Gérondif**	
sentiré	sentiría	sintiendo	
sentirás	sentirías		
sentirá	sentiría	**Participe passé**	
sentiremos	sentiríamos	sentido	
sentiréis	sentiríais		
sentirán	sentirían		

9. Verbes en -acer, -ecer, -ocer :
conocer, *connaître*

Indicatif présent	Impératif	Subjonctif présent
conozco		conozca
conoces -e →	conoce	conozcas
conoce	conozca	← conozca
conocemos	conozcamos	← conozcamos
conocéis	conoced	conozcáis
conocen	conozcan	← conozcan

Verbes en -ducir :
conducir, *conduire*

Indicatif présent	Impératif	Subjonctif présent
conduzco		conduzca
conduces -e →	conduce	conduzcas
conduce	conduzca	← conduzca
conducimos	conduzcamos	← conduzcamos
conducís	conducid	conduzcáis
conducen	conduzcan	← conduzcan

Passé simple	Subjonctif imparfait	
conduje	condujera	condujese
condujiste	condujeras	condujeses
condujo	condujera	condujese
condujimos	condujéramos	condujésemos
condujisteis	condujerais	condujeseis
condujeron	condujeran	condujesen

Remarque : les verbes en -ucir se conjuguent de la même façon au présent de l'indicatif et du subjonctif ainsi qu'à l'impératif. Ils sont réguliers au passé simple et à l'imparfait du subjonctif.

Verbes en **-uir** :
construir, *construire*

Indicatif présent	*Impératif*	*Subjonctif présent*
construyo		construya
construyes -e →	construye	construyas
construye	construya	← construya
construimos	construyamos	← construyamos
construís	construid	construyáis
construyen	construyan	← construyan

Passé simple	*Subjonctif imparfait*	
construí	construyera	construyese
construiste	construyeras	construyeses
construyó	construyera	construyese
construimos	construyéramos	construyésemos
construisteis	construyerais	construyeseis
construyeron	construyeran	construyesen

Gérondif
constuyendo

10. Principaux verbes à irrégularités diverses

Infinitif	Indic. présent	Impér.	Subj. présent	Indicatif imparf.	Passé simple
andar *marcher*					anduve
caber *tenir dans*	quepo cabes		quepa		cupe
caer *tomber*	caigo caes		caiga		cayó cayeron
dar *donner*	doy das		dé		di diste
decir *dire*	digo dices	di	diga		dije
hacer *faire*	hago haces	haz	haga		hice
ir *aller*	voy vas	ve vamos	vaya	iba	fui fue
oír *entendre*	oigo oyes	oye	oiga		oyó oyeron
poder *pouvoir*	puedo	puede	pueda		pude
poner *mettre*	pongo pones	pon	ponga		puse
querer *vouloir*	quiero	quiere	quiera		quise
saber *savoir*	sé sabes		sepa		supe
salir *sortir*	salgo sales	sal	salga		
traer *apporter*	traigo traes		traiga		traje
valer *valoir*	valgo vales		valga		
venir *venir*	vengo vienes	ven	venga		vine
ver *voir*	veo		vea	veía	

Subjonctif imparfait		*Futur*	*Cond.*	*Gérondif*	*Participe passé*
anduviera	anduviese				
cupiera	cupiese	cabré	cabría		
cayera	cayese			cayendo	
diera	diese				
dijera	dijese	diré	diría	diciendo	dicho
hiciera	hiciese	haré	haría		hecho
fuera	fuese			yendo	
oyera	oyese			oyendo	
pudiera	pudiese	podré	podría	pudiendo	
pusiera	pusiese	pondré	pondría		puesto
quisiera	quisiese	querré	querría		
supiera	supiese	sabré	sabría		
		saldré	saldría		
trajera	trajese			trayendo	
		valdré	valdría		
viniera	viniese	vendré	vendría	viniendo	
					visto

11. Les participes passés irréguliers

Terminaison -to

abrir, *ouvrir*	→	abierto
cubrir, *couvrir*	→	cubierto
morir, *mourir*	→	muerto
poner, *mettre*	→	puesto
romper, *casser*	→	roto
ver, *voir*	→	visto

Verbes terminés en -olver

resolver, *résoudre*	→	resuelto
volver, *tourner*	→	vuelto

Verbes terminés en -scribir

escribir, *écrire*	→	escrito
inscribir, *inscrire*	→	inscrito, inscripto

Terminaison -cho

decir, *dire*	→	dicho
hacer, *faire*	→	hecho
satisfacer, *satisfaire*	→	satisfecho

Remarque : les composés de chacun de ces verbes présentent la même irrégularité :

descubrir, *découvrir*	→	descubierto
suponer, *supposer*	→	supuesto
prever, *prévoir*	→	previsto
deshacer, *défaire*	→	deshecho

Exceptions : les verbes **bendecir**, *bénir*, et **maldecir**, *maudire*, ont un double participe passé. (Cf. liste des verbes à double participe passé).

Terminaison -so

imprimir, *imprimer*	→	impreso
incluir, *inclure*	→	incluso, etc.

Remarque : ces verbes ont un double participe passé.

Les verbes à double participe passé

Infinitif	*Participe régulier*	*Participe irrégulier*
Absorber, *absorber*	absorbido	absorto
Abstraer, *abstraire*	abstraído	abstracto
Afligir, *affliger*	afligido	aflicto
Atender, *prêter attention*	atendido	atento
Bendecir, *bénir*	bendecido	bendito
Concluir, *conclure*	concluido	concluso
Confesar, *confesser, avouer*	confesado	confeso
Confundir, *confondre*	confundido	confuso
Convencer, *convaincre*	convencido	convicto
Convertir, *convertir*	convertido	converso
Corregir, *corriger*	corregido	correcto
Corromper, *corrompre*	corrompido	corrupto
Despertar, *réveiller*	despertado	despierto
Difundir, *répandre*	difundido	difuso
Dispersar, *disperser*	dispersado	disperso
Dividir, *diviser*	dividido	diviso
Elegir, *élire*	elegido	electo
Enjugar, *sécher*	enjugado	enjuto
Excluir, *exclure*	excluido	excluso
Expresar, *exprimer*	expresado	expreso
Extender, *étendre*	extendido	extenso
Extinguir, *éteindre*	extinguido	extinto
Fijar, *fixer*	fijado	fijo
Freír, *frire*	freído	frito
Hartar, *rassasier*	hartado	harto
Imprimir, *imprimer*	imprimido	impreso
Incluir, *inclure*	incluido	incluso
Infundir, *inspirer*	infundido	infuso
Insertar, *insérer*	insertado	inserto
Invertir, *inverser*	invertido	inverso
Juntar, *joindre*	juntado	junto
Maldecir, *maudire*	maldecido	maldito
Manifestar, *manifester*	manifestado	manifiesto
Marchitar, *faner, flétrir*	marchitado	marchito
Nacer, *naître*	nacido	nato

Omitir, *omettre*	omitido	omiso
Oprimir, *opprimer*	oprimido	opreso
Prender, *arrêter,*		
faire prisonnier	prendido	preso
Presumir, *présumer*	presumido	presunto
Propender, *être enclin à*	propendido	propenso
Proveer, *pourvoir*	proveído	provisto
Recluir, *incarcérer, reclure*	recluido	recluso
Salvar, *sauver*	salvado	salvo
Sepultar, *ensevelir*	sepultado	sepulto
Soltar, *lâcher*	soltado	suelto
Sujetar, *attacher*	sujetado	sujeto
Suprimir, *supprimer*	suprimido	supreso
Suspender, *suspendre*	suspendido	suspenso
Sustituir, *substituer*	sustituido	sustituto
Teñir, *teindre*	teñido	tinto, etc.

12. Construction des verbes les plus usuels

— Les irrégularités de conjugaison sont entre parenthèses.
— Les verbes suivis d'un astérisque figurent dans les tableaux de conjugaison.
— Les traductions retenues sont les plus courantes.

Acabar : *finir*
Acabar **con** : *en finir avec*
Acabar **de** : *venir de*
Acabar **por** : *finir par*

Acercar : *rapprocher*
Acercarse **a** : *s'approcher de*

Acertar : *atteindre, deviner* (e → ie)

Acertar **a** : *réussir à*

Acordar : *convenir de* (o → ue)
Acordarse **de** : *se souvenir de*

Acostumbrarse **a** : *s'habituer à*

Adelantar : *avancer, avancer de*

Admirar : *admirer, étonner*
Admirarse **de** : *s'étonner de*

Afanarse **en, por** : *s'efforcer de*

Afectar : *feindre*
Afectar **a** : *affecter, toucher*

Aficionarse **a** : *se passionner pour*

Agarrar : *saisir*
Agarrar **de, por** : *saisir par*
Agarrarse **a, de** : *s'accrocher à*

Agradecer : *remercier de* (-ecer)

Alabar : *louer, vanter*
Alabar **por** : *louer de*

Alegrar : *réjouir*
Alegrarse **de, con, por** : *se réjouir de*

Alejar : *éloigner*
Alejarse **de** : *s'éloigner de*

Alimentar : *nourrir*
Alimentarse **de, con** : *se nourrir de*

Amenazar : *menacer*
Amenazar **con** : *menacer de*

Aproximar : *approcher*
Aproximarse **a** : *s'approcher de*

Arriesgar : *risquer*
Arriesgarse **a** : *se risquer à, risquer de*
Arriesgarse **en** : *se risquer dans*

Asombrar : *étonner*
Asombrarse **con, de** : *s'étonner de*

Asustar : *effrayer*
Asustarse **de, con, por** : *avoir peur de*

Atrasar : *retarder, retarder de*

Atreverse **a, con** : *oser*

Aumentar : *augmenter*
Aumentar **en** : *augmenter de*

Bastar : *suffire*
Bastar **con** : *suffire de*
Bastar **para** : *suffire à*

Cambiar : *changer*
Cambiar **con, por** : *échanger*
Cambiar **de** : *changer de*
Cambiarse **en** : *devenir*

Colgar: *pendre, suspendre*
(o → ue)
Colgar **de**: *suspendre à*
Colgar **en**: *étendre*

Comenzar **a**: *commencer*
(e → ie)

Comparar: *comparer*
Comparar **con**: *comparer à*

Confiar: *confier*
Confiar **en**: *avoir confiance en*

Conformarse **con**:
être d'accord avec
se conformer à
se contenter de

Conseguir: *réussir à* (cf. pedir)

Consentir: *consentir* (cf. sentir)
Consentir **en**: *consentir à*

Consistir **en**: *consister à*

Consultar: *consulter*
Consultar **con** alguien:
consulter qqn

Contar: *compter, raconter*
(o → ue)
Contar **con**: *compter sur*

Contentar: *satisfaire*
Contentarse **con**: *se contenter de*

Convertir: *changer* (cf. sentir)
Convertirse **en**: *devenir*
Convertirse **a**: *se convertir à*

Creer: *croire* (-eer)
Creer **en**: *croire en, croire à*

Cuidar: *soigner, s'occuper de*
Cuidar **de**: *s'occuper de*

Cumplir: *accomplir*

Cumplir **con**: *s'acquitter de, respecter*

Dar*: *donner*
Dar **a**: *donner sur, ouvrir sur*
Dar **con**: *trouver, tomber sur*
Dar **por**: *considérer, croire*
Darse **a**: *s'adonner à*
Darse **con**: *se heurter à*

Decidir: *décider*
Decidirse **a**: *se décider à*
Decidirse **por**: *fixer son choix sur*

Dejar: *laisser*
Dejar **de**: *cesser de*

Despedir: *congédier* (cf. pedir)
Despedirse **de**: *prendre congé*

Disculpar: *excuser*
Disculparse **de, por**: *s'excuser de*
Disculparse **con**: *s'excuser auprès de*

Disfrazar: *déguiser*
Disfrazar **en**: *déguiser en*
Disfrazarse **en**: *se déguiser en*

Disminuir: *diminuer* (-uir)
Disminuir **en**: *diminuer de*

Divertir: *amuser* (cf. sentir)
Divertirse **en**: *s'amuser à*

Doler: *souffrir de* (o → ue)
Dolerse **de**: *se plaindre de*

Dudar **de**: *douter de*
Dudar **en**: *hésiter à*

Echar: *jeter*
Echar **de**: *renvoyer, expulser*
Echarse **a**: *se mettre à*

Empeñar: *engager, mettre en gage*

Empeñarse **en**: *s'obstiner à*

Empezar **a**: *commencer à* (e → ie)

Encontrar: *trouver* (o → ue)
Encontrarse **con**: *rencontrer*

Enfrentarse **con**: *affronter, s'affronter*

Entender: *comprendre* (e → ie)
Entender **de**: *s'y connaître en*

Esforzarse **en, por**: *s'efforcer de* (o → ue)

Estar*: *être, se trouver*
Estar **de**: *être en qualité de*
Estar **para**: *être sur le point de*
Estar **por**: *être à, être pour*

Fiar **en**: *avoir confiance en*
Fiarse **de**: *se fier à*

Fijar: *fixer*
Fijarse **en**: *remarquer, faire attention à*

Hacer*: *faire*
Hacer **de**: *faire fonction de*
Hacer **para**: *faire son possible pour*
Hacerse **a**: *s'habituer à*
Hacerse **con**: *s'approprier*

Huir de: *fuir* (-uir)

Insistir **en**: *insister sur*

Inspirar: *inspirer*
Inspirarse **en**: *s'inspirer de*

Intentar: *tenter de*

Lograr: *réussir à*

Luchar: *lutter*
Luchar **con, contra**: *lutter contre*

Luchar **por**: *lutter pour*

Mirar: *regarder*
Mirar **por**: *veiller sur*
Mirarse **a, en**: *se regarder dans*

Necesitar: *avoir besoin de*
Necesitar **de**: *avoir besoin de*

Negar: *nier, refuser* (e → ie)
Negarse **a**: *refuser de, se refuser à*

Obligar: *obliger*
Obligar **a**: *obliger à*

Ocupar: *occuper*
Ocuparse **de**: *s'occuper de*
Ocuparse **en**: *s'occuper à*

Oler **a**: *sentir* (o → ue)

Olvidar: *oublier*
Olvidarse **de**: *oublier, oublier de*

Padecer: *souffrir de* (-ecer)
Padecer **de**: *souffrir de*

Parecer: *sembler* (-ecer)
Parecerse **a**: *ressembler à*

Participar: *annoncer*
Participar **en**: *participer à*
Participar **de**: *partager*

Pensar: *penser* (e → ie)
Pensar **en**: *penser à*

Poner*: *mettre*
Ponerse **a**: *se mettre à*

Preguntar: *demander, questionner*
Preguntar **por**: *demander, prendre des nouvelles de*

Preocupar: *préoccuper*
Preocuparse **por**: *se soucier de*

Quedarse: *rester*

Quedar **en** : *convenir de*

Quedar **para** : *prendre rendez-vous pour*

Quedar **por** : *rester à*

Reflexionar : *réfléchir*

Reflexionar **en, sobre** : *réfléchir à*

Reparar : *réparer*

Reparar **en** : *remarquer*

Retrasar : *retarder, retarder de*

Saber* : *savoir*

Saber **a** : *avoir le goût de*

Saber **de** : *s'y connaître en*

Salir* : *sortir*

Salir **a** : *ressembler*

Salirse **con** : *obtenir*

Servir : *servir* (cf. pedir)

Servir **para** : *servir à*

Soler : *avoir l'habitude de* (o → ue)

Soñar : *rêver* (o → ue)

Soñar **con** : *rêver à, rêver de*

Sustentar : *nourrir*

Sustentarse **con, de** : *se nourrir de*

Sustituir : *remplacer* (-uir)

Sustituir **a** alguien : *remplacer qqn*

Sustituir **por** : *remplacer par*

Tardar **en** : *tarder à*

Tirar : *jeter, tirer*

Tirar **de** : *tirer, traîner*

Topar **con** : *se heurter à*

Toparse **con** : *rencontrer, tomber sur*

Traducir : *traduire* (-ducir)

Traducir **a, en** : *traduire en*

Traducir **de** : *traduire de*

Transformar : *transformer*

Transformarse **en** : *devenir*

Tratar : *traiter*

Tratar **de** : *traiter de, essayer de*

Tratar **en** : *faire le commerce de*

Usar : *utiliser*

Usar **de** : *user de*

Valer* : *valoir*

Valerse **de** : *se servir de*

Velar : *veiller*

Velar **por** : *veiller sur*

Venir* : *venir*

Venir **a** : *arriver à, en venir à*

Vestirse : *s'habiller* (cf. pedir)

Vestirse **de** : *s'habiller en*

Volver : *tourner* (o → ue)

Volver **a** : *revenir, retourner, recommencer à*

Volverse : *devenir*

13. Les prépositions et les locutions prépositives

a

Elle est employée :

1. devant le complément direct qui désigne une personne déterminée
2. pour indiquer une destination : *à, dans, en*
3. pour exprimer la finalité, avec des verbes de mouvement
4. pour situer le moment précis de l'action : *à*
5. pour la date : **Estamos a 22.** *Nous sommes le 22.*
6. pour indiquer une action future :
   Se fue al día siguiente. *Il est parti le lendemain.*
7. pour indiquer la périodicité : *par* :
   Viene una vez al día. *Il vient une fois par jour.*

   a principios de, *au début de*
   a mediados de, *au milieu de (à la mi-...)*
   a fines de, *à la fin de*
   a cambio, *en échange*
   a que..., *je te parie que...*
   a favor de, *en faveur de*

ante, *devant*

bajo, *sous, au-dessous de*

con, *avec, de, en, de*

   con todo (y con eso), *malgré tout cela*
   con (mucho) gusto, *(très) volontiers, avec grand plaisir*

contra, en contra de, *contre*

de, *en, de*

   de repente, *soudain*
   de niño, joven..., *quand je, tu... étais enfant*
   de frente (de cara), de espaldas..., *de face, de dos...*
   de verdad, *vraiment*
   de mentira, *pour rire*

desde, *de, depuis, dès*

durante, *pendant*

en

Elle est employée :

1. pour indiquer un lieu sans déplacement : *à, dans, sur*
2. avec des verbes qui supposent l'idée d'introduction
3. pour situer le moment de l'action dans le temps
4. pour indiquer une durée

en voz alta, *à haute voix*   en voz baja, *à voix basse*
en broma, *pour rire*   en contra de, *contre*
en cambio, *en revanche*   en serio, *sérieusement*

hacia, *vers*

hasta, *jusqu'à*

para, *pour*

1. exprime la finalité, le but, la destination
2. exprime le point de vue
3. situe une action dans le futur
4. *pour, vers,* indique le lieu vers lequel on se dirige

por

1. *dans, en,* exprime un déplacement dans un lieu :
      Circula por la calle. *Il circule dans la rue.*
2. *par,* exprime le lieu par lequel on passe :
      Pasa por aquí. *Passe par ici*
3. *vers,* situe d'une manière imprécise dans le lieu et dans le temps
4. = durante, *pendant,* exprime la durée
5. *pour* (échange)
6. *par* (agent, dans une phrase passive)
7. *par* (moyen)
8. *pour, de* (cause)

      por ahora, por lo /de/ pronto, *pour le moment*
      estar por, *être partisan de..., être favorable à..., avoir envie de...*
      por + infinitif : action à réaliser, *à*
      ir por..., *aller chercher*
      por cierto..., *au fait...*
      por fin, por último, *finalement, pour finir*

por descontado, por supuesto, *évidemment*
por poco, *de peu, pour peu, faillir*
por si acaso, *au cas où*
por lo general = en general, *en général*
por más (mucho, muy) que, *avoir beau*

según

1. *selon, d'après :* **según tú,** *selon toi*
2. *tel que :* **según estaba,** *tel que c'était*
3. *à mesure que :* **según llegaban,** *à mesure qu'ils arrivaient*

sin, *sans*

sobre, *sur, au-dessus de*

sobre todo, *surtout*
sobre seguro, *à coup sûr*
sobre aviso, *sur ses gardes*

tras

1. = detrás de, *derrière*
2. = después de, *après*

Locutions prépositives

antes de, *avant*
después de, *après*
cerca de, *près de*
delante de, *devant*
arriba de, *au-dessus de*
encima de, *sur, au-dessus de*
dentro de, *dans, à l'intérieur de*
enfrente de, *en face de*
lejos de, *loin de*
detrás de, *derrière*
abajo de, *au-dessous de*
debajo de, *sous, au-dessous de*
fuera de, *hors de*
alrededor de, *autour de*

14. Les conjonctions et les locutions conjonctives

conjonctions et locutions de coordination

y (e), *et*
ni, *ni*
o (u), *ou*
pero, mas, sino, *mais*
  sin embargo, no obstante, *cependant*
  más bien, antes, antes bien, *plutôt*
  excepto, salvo, *sauf, excepté*

conjonctions et locutions conditionnelles

si, *si*
como, *si*
siempre que, *si*
en (el) caso de que, en el supuesto de que, *au cas où, si toutefois*
con tal (de) que, con que, a no ser que, como no sea que, *à moins que, pourvu que*

conjonctions et locutions de cause

que, pues, *car*
porque, *parce que*
puesto que, ya que, dado que, *puisque*
como, *comme*

conjonctions et locutions finales

que, a que, para que, *que, pour que*
a fin de que, *afin que*

conjonctions et locutions de conséquence

pues, así pues, luego, *donc*
conque, *donc*
por consiguiente, *par conséquent*
de (tal) modo [manera, forma] que, *de manière à, de (telle) sorte que*
así que, por (lo) tanto, (y) por eso, *alors, aussi, donc*
de aquí que, de ahí que, *donc*
ahora bien, *or*

conjonctions et locutions temporelles

cuando, *quand, lorsque*
mientras, *pendant que, tant que, aussi longtemps que*
mientras que, *tandis que*
conforme, a medida que, *à mesure que*
cada vez que, siempre que, *à chaque fois que, toutes les fois que*
en cuanto, tan pronto como, así que, no bien, *dès que, à peine*
desde que, *depuis que*
hasta que, *jusqu'à ce que*
antes de que, *avant que*
después de que, *après que*

conjonctions et locutions concessives

aunque, *bien que, même si*
aun cuando, *bien que, même si*
si bien, *bien que, même si*
a pesar de (que), pese a (que), *bien que, même si, malgré le fait que*

15. Les adverbes et les locutions adverbiales

Les adverbes et les locutions de lieu

aquí (acá), *ici*
ahí, *là*
allí (allá), *là, là-bas*

cerca, *près*	**lejos**, *loin*
delante, *devant*	**detrás**, *derrière*
arriba, *en haut*	**abajo**, *en bas*
encima, *au-dessus*	**debajo**, *dessous*
dentro, *dedans*	**fuera**, *dehors,*
enfrente, *en face*	**alrededor**, *autour*
adelante, *plus loin, en avant*	**atrás**, *en arrière, derrière*
adentro, *dedans, à l'intérieur*	**afuera**, *dehors*

Les adverbes de temps

ayer, *hier*   **hoy**, *aujourd'hui*   **mañana**, *demain*
anteayer, *avant-hier*   **pasado mañana,**
                                                          après-demain

anoche, *hier soir*
anteanoche, *avant-hier soir*

antaño, *jadis*   **hogaño**, *de nos jours* (peu usité)

antes, *avant*   **ahora**, *maintenant* **después**, *après*
entonces, *alors*   **ya**, *déjà*   **luego**, *après*

enseguida, *tout de suite*
pronto, *tôt, bientôt*   **tarde**, *tard*
temprano, *tôt, de bonne heure*

                           siempre, *toujours*
                           nunca, jamás, *jamais*
                           todavía, aún, *encore*

Locutions de temps

antes, *avant*
después, *après*

hoy (en) día, *de nos jours*
de hoy en adelante, *dorénavant, désormais*
hoy por hoy, *actuellement, à présent*

mañana por la mañana, *demain matin*
de mañana, *de bonne heure le matin, le matin*

de ahora en adelante, *dorénavant*
por ahora, *pour le moment*
ahora mismo, *tout de suite*

hasta luego, *à bientôt, à plus tard*
de pronto, *soudain*
al pronto, *tout d'abord*
por lo pronto, *pour le moment*
más pronto o más tarde, *tôt ou tard*
hasta pronto, *à plus tard, à bientôt*

de tarde en tarde, *de loin en loin*
tarde o temprano, *tôt ou tard*

para siempre jamás, *à tout jamais*
nunca jamás, *jamais de la vie, au grand jamais*

16. L'année, les mois, les saisons

(el) año, *l'année*

(el) invierno, *l'hiver*

enero	*janvier*
febrero	*février*

(la) primavera, *le printemps*

marzo	*mars*
abril	*avril*
mayo	*mai*

(el) verano, *l'été*

junio	*juin*
julio	*juillet*
agosto	*août*

(el) otoño, *l'automne*

setiembre	*septembre*
octubre	*octobre*
noviembre	*novembre*

(el) invierno, *l'hiver*

diciembre	*décembre*

Estamos en enero y es invierno.
Nous sommes en janvier et c'est l'hiver.

Les jours de la semaine

lunes	*lundi*
martes	*mardi*
miércoles	*mercredi*
jueves	*jeudi*
viernes	*vendredi*
sábado	*samedi*
domingo	*dimanche*

El sábado vamos a visitaros.
Samedi nous allons vous rendre visite.
Está de guardia los domingos
Le dimanche il est de garde
— ¿Qué día es hoy? — Hoy es lunes.
— *Quel jour sommes-nous? — Aujourd'hui c'est lundi.*

La date

— ¿A qué día estamos hoy?
— *Quel jour sommes-nous aujourd'hui?*
— Hoy estamos a 20 de mayo de 1989.
— *Nous sommes le 20 mai 1989.*

La date écrite

Barcelona, 16 de octubre de 1989
Barcelone, le 16 octobre 1989

En Espagne, aujourd'hui, on omet la préposition a devant le jour du mois, mais cet emploi est encore en usage dans certains pays d'Amérique latine :

Bogotá, a 16 de junio de 1989
Bogota, le 16 juin 1989

17. Les différents moments de la journée

la madrugada, el amanecer, *l'aube*

Se levanta de madrugada = Se levanta al amanecer = Se levanta muy de mañana.
Il se lève de bonne heure.

por la mañana, *le matin*

Es por la mañana. *C'est le matin.*
Trabaja por la mañana. *Il travaille le matin.*

el día, *la journée*
Es de día.
Il fait jour.

Come a las dos.
Il mange à deux heures.

por la tarde, *l'après-midi*

Es por la tarde. *C'est l'après-midi*

por la tarde, *le soir*

Vamos al cine esta tarde a las ocho.
Nous allons ce soir à huit heures au cinéma.

el atardecer, *la tombée du jour*
el anochecer, *la tombée de la nuit*

la noche, *la nuit*
Es de noche.
Il fait nuit.

Cena a las diez de la noche.
Il dîne à dix heures du soir.

Por la noche, *la nuit*

Trabaja de sereno por la noche.
Il travaille comme veilleur la nuit.

18. L'heure

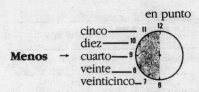

en punto

Menos →   cinco
diez
cuarto
veinte
veinticinco

— ¿Qué hora es?
— *Quelle heure est-il?*

cinco
diez
cuarto ← **Y**
veinte
veinticinco

— Es la una.
— *Il est une heure.*

— Son las ocho y cuarto.
— *Il est huit heures et quart.*

— Son las cinco menos cuarto.
— *Il est cinq heures moins le quart.*

— Son las diez y veinte.
— *Il est dix heures vingt.*

— Son las seis y media.
— *Il est six heures et demie.*

— Son las cinco menos diez.
— *Il est cinq heures moins dix.*

19. L'Espagne et ses autonomies

autonomie	habitant	provinces/ capitales	habitant
Andalucía	andaluz	Sevilla	sevillano
		Almería	almeriense
		Granada	granadino
		Córdoba	cordobés
		Cádiz	gaditano
		Jaén	jienense
		Huelva	onubense
Aragón	aragonés	Zaragoza	zaragozano
		Huesca	oscense
		Teruel	turolense
Asturias	asturiano	Oviedo	ovetense
Islas Baleares	balear	Mallorca	mallorquín
		Menorca	menorquín
		Ibiza	ibicenco
Canarias	canario	Las Palmas	palmense
		Santa Cruz de Tenerife	tinerfeño
Cantabria	cántabro	Santander	santanderino
Castilla-La Mancha	castellano manchego	Toledo	toledano
		Guadalajara	guadalajareño
		Cuenca	conquense
		Ciudad Real	ciudad-realeño
		Albacete	albaceteño albacetense
Castilla-León	castellano- leonés	León	leonés
		Zamora	zamorano
		Salamanca	salmantino
		Valladolid	vallisoletano
		Palencia	palentino
		Burgos	burgalés
		Soria	soriano
		Segovia	segoviano
		Ávila	abulense

autonomie	habitant	provinces/ capitales	habitant
Cataluña	catalán	Barcelona Tarragona Lérida Gerona	barcelonés tarraconense leridano gerundense
Extremadura	extremeño	Cáceres Badajoz	cacereño pacense
Galicia	gallego	La Coruña Lugo Orense Pontevedra	coruñés lucense orensano pontevedrés
Madrid	madrileño	Madrid	madrileño
Murcia	murciano	Murcia	murciano
Navarra	navarro	Pamplona	pamplonica pamplonés
La Rioja	riojano	Logroño	logroñés
Valencia	valenciano	Valencia Castellón de la Plana Alicante	valenciano castellonense alicantino

País Vasco   vasco

Le Pays basque a trois provinces dont les capitales portent un nom différent :

Álava	alavés	Vitoria	vitoriano
Guipúzcoa	guipuzcoano	San Sebastián	donostiarra
Vizcaya	vizcaíno	Bilbao	bilbaíno

20. L'Amérique hispanique

pays	habitant	capitale	habitant	monnaie*
Argentina	argentino	Buenos Aires	bonaerense	austral
Bolivia	boliviano	La Paz	paceño	boliviano
Chile	chileno	Santiago	santiaguino	peso
Colombia	colombiano	Bogotá	bogotano	peso
Costa Rica	costarricense	San José	josefino	colón
Cuba	cubano	La Habana	habanero	peso
República Dominicana	dominicano	Santo Domingo	dominicano	peso
El Salvador	salvadoreño	San Salvador	salvadoreño	colón
Ecuador	ecuatoriano	Quito	quiteño	sucre
Guatemala	guatemalteco	Guatemala	guatemalense	quetzal
Honduras	hondureño	Tegucigalpa	tegucigalpense	lempira
México**	mexicano	México DF	mexicano	peso
Nicaragua	nicaragüense	Managua	managüense	córdoba
Panamá	panameño	Panamá	panameño	balboa
Paraguay	paraguayo	Asunción	asunceno	guaraní
Perú	peruano	Lima	limeño	inti
Puerto Rico	portorriqueño	San Juan	sanjuanero	dólar U.S.A.
Uruguay	uruguayo	Montevideo	montevideano	peso

* Toutes les unités monétaires sont masculines : **el austral, el lempira,** etc.

** Les mots **México** et **mexicano**, écrits avec un **x** au Mexique, sont prononcés **Méjico** et **Mejicano**.

21. Quelques traits de l'espagnol américain

Prononciation

$$\left.\begin{array}{l} \text{ce, ci} \\ \text{z} \\ \text{s} \end{array}\right\} \rightarrow \text{s}$$

La prononciation du z et du c devant e, i est assimilée à la prononciation du s. Cette assimilation, connue dans la Péninsule (Andalucía, Extremadura), est appelée **seseo**.

Modifications orthographiques

Au Mexique, certains noms propres sont écrits avec un x, prononcé j : **México, Oaxaca, Texas...** [*Méjico, Oajaca, Tejas...*]

Morphologie et syntaxe

Possessifs

— Au vocatif et dans les phrases exclamatives, l'adjectif possessif est placé devant le nom :

¡ **Mi hijo** ! ≠ ¡ **Hijo mío** ! (Espagne) *Mon fils !*

— L'adjectif possessif est remplacé fréquemment par le pronom personnel précédé de la préposition **de** :

Venimos de casa de él. ≠ **Venimos de su casa** (Espagne). *Nous venons de chez lui.*

Tutoiement et vouvoiement

Dans le tutoiement, la deuxième personne du pluriel, **vosotros**, a été remplacée par la troisième personne du pluriel **ustedes** :

Espagne : ¿ **Quieres (tú)** ? → ¿ **Queréis (vosotros)** ?
Amérique : ¿ **Quieres (tú)** ? → ¿ **Quieren (ustedes)** ?

Temps verbaux

— Le passé simple est employé de préférence au passé composé :

Nunca dije eso. ≠ **Nunca he dicho eso** (Espagne). *Je n'ai jamais dit cela.*

— Le futur est fréquemment remplacé par : **haber de** + infinitif ou **ir a** + infinitif :

Hemos de salir ≠ **Saldremos** (Espagne). *Nous sortirons.*

Voseo

En Argentine, au Paraguay, en Uruguay et au Chili, le pronom archaïque espagnol **vos** a remplacé le pronom de tutoiement singulier **tú**.

Les formes verbales correspondantes de la deuxième personne du pluriel subissent des modifications :

Présent :

      vos cantás *(≠ cantáis)*   **vos sabés** *(≠ sabéis)*

Passé simple :

      vos entrastes *(≠ entrasteis)*   **vos salistes** *(≠ salisteis)*

Impératif :

      andá *(≠ andad)*   **poné** *(≠ poned)*   **vení** *(≠ venid)*

Corrigés des exercices

1. *L'accentuation (p. 10)*

A. abrir - comida - garaje - reloj - transistor - ola - salsa - llamar - autopista - exuberante - ayer - niño - altavoz - pollo - caza - horror - torbellino - valle - aquel - ciudad.

B. botón - jardín - útil - balcón - mamá - cárcel - árbol - detrás - lápiz - ágil.

C. anciano (3) - treinta (2) - mueble (2) - triunfo (2) - paella (3) - peine (2) - tinieblas (3) - altruismo (3) - manantial (3) - caos (2) - destruir (2) - idioma (3) - mosaico (3) - prejuicios (3).

D. policía (4) - articulación (5) - náufrago (3) - río (2) - raíces (3) - circulación (4) - guía (2) - huérfano (3) - inspección (3) - todavía (4).

E. cafés - paredes - parlanchina - canciones - espectáculos - países - intereses - órdenes - heroica - caracteres.

F. **1.** Aún no ha llegado mi amigo. **2.** ¿Sabe Vd. quién es ese señor? **3.** Sólo quedan cinco días de vacaciones. **4.** ¿Por dónde se va a la Plaza Mayor? **5.** Quiero que me lo dé él mismo. **6.** Aun así, no te interesaba. **7.** Venga Vd. cuando quiera, ésta es su casa. **8.** Como llegó tarde, tuvo que cenar solo. **9.** Me preguntó cuándo terminaba, preocupándose por mí. **10.** Esto no sé hacerlo. **11.** ¡Cuánto me gusta el Prado! **12.** Ésa es mi canción preferida. **13.** Esta tarde voy de compras con él. **14.** Aún no sé lo que voy a decir.

G. — ¿Adónde vas?
Le dije el sitio. Llegamos. Me preguntó si me quedaba. Le dije que no, que sólo subir y bajar. Me dijo que me esperaba y yo, tonto de mí, le dije que bueno. Mi amigo buscó dónde aparcar, pues esperar sin estar aparcado no dejan. No encontró dónde, buscó más, se alejó buscando, y una hora después seguíamos rodando en busca de sitio. Hasta que yo, tímido que soy, aprovechando un semáforo rojo, abrí la puerta, salté al asfalto y conseguí tres cosas: salvar la vida, llegar a donde iba, aunque con media hora de retraso, y que mi amigo no dejara de serlo. Lo último lo conseguí cuatro horas después, por teléfono. (La Codorniz).

2. *L'article défini (p. 14)*

A. 1. los libros **2.** el hábito **3.** el amigo **4.** las estrellas **5.** el niño **6.** el hacha **7.** la casa **8.** la cama **9.** el ama **10.** el habla.

B. 1. Está en el fondo del agua. **2.** Allí verá al señor González. **3.** Vuelve del cine. **4.** Los fines de semana voy al campo. **5.** Fue durante la tarde del jueves.

C. 1. El señor García se fue a la una y media. **2.** No me gusta el agua fría. **3.** ¡ Señor Jiménez ! ¿ Cómo está Vd. ? **4.** La acción de Iberduero está subiendo. **5.** Dése prisa, señorita. **6.** Viene a las dos de la tarde. **7.** La abeja vuela entre las flores. **8.** Mira el águila negra.

D. 1. Gracias, señor Alvárez. **2.** Son las tres. **3.** El señor director viene a las siete. **4.** Voy al mercado. **5.** La acera está sucia. **6.** El hada de los cuentos es buena. **7.** La aguja del reloj marca la una. **8.** El problema del hambre es grave.

E. 1. Hoy no tengo tiempo de hacerlo. **2.** Está al principio de la calle, a la derecha. **3.** España y Portugal han firmado un convenio económico y cultural. **4.** Lo sabremos a principios de mes. **5.** Salimos con el tiempo justo para coger el tren. **6.** Asturias es una región del norte de España. **7.** Pasa por aquí al final de la mañana. **8.** Nos volvemos a reunir a finales de mes. **9.** Entonces quedamos el lunes a las cinco. **10.** La Europa del sur es una realidad económica. **11.** Los lunes no suelo trabajar. **12.** Ayer volvimos a casa a las siete de la tarde. **13.** Entró en la empresa a los treinta años. **14.** La antigua casa está al final de la calle. **15.** No tienes derecho a hacer eso. **16.** Acaba de sacar el permiso de caza. **17.** Empiezo a trabajar a principios de año. **18.** Estará terminado a mediados de la semana próxima. **19.** La España del sur es muy diferente de la España del norte. **20.** Utiliza todo el tiempo que necesites.

F. 1. Se casó a los treinta años. **2.** Es al fondo a la izquierda. **3.** Viene a finales de mes. **4.** La casa está al final del camino. **5.** Tiene permiso para salir. **6.** No tienes derecho a hacer eso. **7.** El señor Ortega le recibirá el lunes por la mañana. **8.** Trabaja en casa. **9.** Te llamo por teléfono el sábado. **10.** Vamos al médico.

G. 1. Tenía el mirar perdido. **2.** No me interesa su parecer.

3. Vigilaba el circular de los coches. **4.** El viajar incesante de un sitio para otro me aburre. **5.** El beber es perjudicial para él.

H. 1. Trae los del otro día. **2.** No estaba mal el que visitamos. **3.** Me gusta más la de la derecha. **4.** ¿Quién es el del fondo? **5.** Ponte el que quieras. **6.** ¿Vamos a la de la semana pasada? **7.** Te dejo los que te gusten. **8.** Mi padre es el de la derecha. **9.** El que prefiero es el verde. **10.** Quedamos en el de siempre.

I. 1. No veo la diferencia entre el que dices y el que te enseño. **2.** Coge la (ésa) que está delante de ti. **3.** Compra las del otro día. **4.** El de Pedro no está mal. **5.** Las que sabes no vinieron. **6.** Trae los que quieras. **7.** Me gusta la (ésa) del medio. **8.** Mira las (éstas) que me han dado. **9.** El callarse no le ayuda. **10.** Ya veo la que dices. **11.** Mira los (ésos) que hablan. **12.** El salir mucho le cansa. **13.** Dime el que prefieres. **14.** Los que estaban al fondo no oyeron nada.

---

3. *L'article « neutre » lo* (p. 20)

A. 1. Lo que hablamos ayer es confidencial. **2.** Mis primas son las que conociste el verano pasado. **3.** Lo bueno de esta región es el clima. **4.** Los amigos de Juan eran los que vinieron por la tarde. **5.** La que conocimos el lunes es abogada. **6.** No me extraña lo que me cuentas de él. **7.** Lo más desagradable de ese chico es su mal humor. **8.** Eso es lo último que haría. **9.** Tenemos que analizar lo negativo y lo positivo del proyecto. **10.** Lo dicho, dicho está. **11.** Eso es lo de menos. No tiene importancia. **12.** Le preocupa lo de decidir por los demás.

B. 1. No sabes lo elegantes que van todos a la fiesta. **2.** No puedes imaginar lo contenta que estoy. **3.** Mira lo altos que son esos edificios. **4.** Date cuenta de lo baratos que venden los melones. **5.** Fíjate lo bonitas que son. **6.** No puedes suponer lo difíciles que son esos problemas. **7.** ¿No ves lo deprisa que corren? **8.** Por fin descubrí lo tonta que había sido. **9.** No te imaginas lo atento que estuvo conmigo. **10.** No sabes lo guapas que iban.

C. 1. Es lo primero que vamos a visitar. **2.** Lo más interesante es el precio. **3.** He empezado lo que tenía que hacer. **4.** Mira lo altas que vuelan las golondrinas. **5.** Lo extraño es que todavía no esté aquí. **6.** Por lo menos eran las tres de la mañana. **7.** Mira lo simpática que es.

---

4. *L'article indéfini (p. 22)*

A. una reina - un autor - un (una) águila - una ciudad - un brazo - un (una) hacha - una bicicleta - un animal - una crisis - una canción - una propina - una harina - un hombre - una pila - un (una) alma - una mujer - una animación - una alta montaña - un jardín - un día.

B. 1. En la plaza hay un quiosco de periódicos. **2.** España produce naranjas y limones. **3.** Le regaló un bolso y unos guantes de cuero. **4.** Es necesaria una antena para la televisión. **5.** Esa chica tiene una sonrisa encantadora. **6.** Aquí sólo venden zapatos. **7.** Entre mis amigos uno es italiano. **8.** Viví allí meses y meses. **9.** Un (una) alza de los precios tan repentina, ¡ es asombroso ! **10.** Cuando no había plátanos compraba manzanas.

C. 1. Lleva un abrigo gris y unas botas negras. **2.** Hay almendras, higos y (uvas) pasas. **3.** Tenemos una habitación que da al patio. **4.** El niño jugaba con un cochecito. **5.** Acabo de leer un libro de economía. **6.** Me faltaba una maleta al llegar al aeropuerto. **7.** Tengo que hacer compras antes de volver a casa. **8.** Te daré uno de mis sombreros. **9.** Tenemos que tomar decisiones. **10.** Tenemos clase en un (una) aula muy pequeña.

D. 1. Cuando voy a Madrid no necesito intérprete. **2.** Tengo exactamente 200 pesetas para terminar el mes. **3.** Me fumé un paquete de cigarrillos y luego otro. **4.** Tengo un amigo que es un médico famoso. **5.** Estuve allí unas semanas nada más. **6.** Sois unos tontos por hacerle caso. **7.** Unos ingenieros de Barcelona llegaron ayer. **8.** Anda con paso lento y habla con voz ronca. **9.** Luisa tiene unos ojos preciosos. **10.** Nunca he visto tal espectáculo.

E. 1. Des (quelques) amis sont venus te voir. **2.** Santander est à environ 400 kilomètres de Madrid. **3.** Ici on ne boit généralement pas de vin ni de liqueurs. **4.** Il doit avoir une quarantaine d'années. **5.** Il était là il y a environ deux semaines. **6.** Il a fêté son anniversaire avec une grande joie. **7.** Nous pouvons vous offrir des facilités de paiement. **8.** Le Mexique importe des vins de Californie. **9.** Il faut que j'achète des (quelques) cadeaux pour ma famille. **10.** Toutes les chambres de l'hôtel ont une télévision.

F. **1.** Unos niños están jugando en el patio. **2.** Te he traído flores y fruta. **3.** Es un novelista que tiene talento. **4.** Hablaba en voz alta con otra persona. **5.** Sois (Son Vds.) unos locos cuando vais (van) a tal velocidad. **6.** Dentro de unos meses tendremos (una) casa nueva. **7.** Es un señor de cierta edad. **8.** Llámame si tienes mejor idea. **9.** Es inaguantable con semejante aire de superioridad. **10.** El aeropuerto de Barajas está a unos 15 km. de Madrid.

---

5. *Le genre du nom (p. 26)*

A.

			B.		
el	la	la	una	una	una
el	la	la	un	una	una
la	el	la	una	un	un
el	la	la	un	una	un
la	la	la	una	un	un

C.

señora	doctora	directora
gobernadora	empresaria	abogada
médica	patrona	jefa
obrera	yegua	princesa
maestra	gobernanta	sirvienta
acompañante	sastra	peluquera

D.

tigre	arquitecto	campesino
carnicero	camarero	vendedor
león	empleado	veterinario
criado	ingeniero	obrero

E.

vendedora	la telefonista	coleccionista
conductor (chófer)	cantante	yerno
nuera	estudiante	maestra
camarera	un artista	condesa

F.

un	un	una
una	una	una
una	un	un
un	un	una
un	una	un
un	un	una
un	un	una

G.

el	el	el
el	la	el
el	el	el
la	la	la
la	la	el
la	la	el
el	el	el

H.
1. La banca española aguanta bien la crisis
2. El Banco Popular de Madrid
3. La suela del zapato
4. El suelo de la casa
5. El rumor de la ciudad
6. El cólera es una enfermedad
7. La cólera de tu amigo
8. El ramo de flores
9. La rama del árbol

I.

la cereza	el cerezo
la talla	el tallo
el cuadro	la cuadra

---

6. *Le nombre (p. 30)*

A. narices	soles
niños	trenes
capataces	parqués
cristales	déficit
dolores	calcetines

acciones	martes
peces	líderes
mieses	chalés
sabores	cipreses
alcaldes	héroes
viernes	reyes
chóferes	cálices
crisis	referendos
carnés	sofás
tesis	leyes
relojes	planes

B.

ardor	mitin
canapé	compás
desliz	mayor
desmayo	análisis
impresión	país
corte	pirulí
martes	cacahuete
función	espécimen
ciclón	billete
aparador	film(e)
vinagre	carácter
arenal	buey
miércoles	cadete
bocal	jersey
bloque	champú
canal	deporte
té	otitis

C. 1. Los israelíes viven en Israel. **2.** Los estudiantes son marroquíes. **3.** Los guardabarros están sucios. **4.** Los sacacorchos no funcionan. **5.** Mis tíos vienen mañana. **6.** Los jabalíes (jabalís) viven en el monte. **7.** Los sofás son azules. **8.** Mis primos no saben nada. **9.** Los ferrocarriles se transforman. **10.** Los muebles-cama son bastante incómodos. **11.** Los adioses de tus hermanos están en esas cartas. **12.** Los pasatiempos son divertidos. **13.** Los bisturís (bisturíes) no son los adecuados. **14.** Los cafés de Colombia son agradables. **15.** Los quitamanchas son eficaces. **16.** Los países están todavía lejos. **17.** Los esquís (esquíes) están rotos.

D. 1. El salvoconducto ya está preparado. **2.** El mal humor le va a enfermar. **3.** La leche adulterada viene de una región apartada. **4.** Es un mes difícil. **5.** El sillón nuevo es gris. **6.** El colibrí es un pájaro tropical. **7.** La bocacalle es peligrosa. **8.** El friegaplatos está rebajado. **9.** El hindú es religioso. **10.** El canapé que comimos estaba muy bueno. **11.** El paracaidista coge el paracaídas. **12.** La pared está sucia. **13.** No encuentro el guante amarillo. **14.** El guardamuebles es caro. **15.** El jueves no vamos. **16.** La tos del último día no me gusta nada.

---

7. *L'adjectif : féminin et place (p. 34)*

A. alta - estadounidense - innovadora - barata - célebre - hábil - feota - holandesa - orgullosa - árabe - trabajadora - verde - guapa - danesa - regular - pobre - íntima - encantadora - alegre - alemana.

B. 1. Llevaba siempre una cartera negra. **2.** Es una cosa imposible. **3.** La comida ya está fría. **4.** Era una mujer muy agradable. **5.** La nueva lavadora es más moderna. **6.** Ahora se lleva la falda corta. **7.** La niña pequeña duerme ; está tranquila. **8.** Esa idea no es nada original. **9.** Esta camisa no está limpia. **10.** Esta casa tiene agua caliente.

C. 1. Esta chica es mentirosa, golosa y mala. **2.** Es todavía joven, pero muy culta. **3.** Esta película no es divertida ; es histórica. **4.** Es Vd. muy cortés y muy amable, señorita. **5.** Me miraba con su sonrisa burlona. **6.** Esta observación era inútil. **7.** No es venezolana sino peruana. **8.** La hermana de Juan es trabajadora y valiente. **9.** Se divisaba una bandera blanca. **10.** Es una historia triste pero verdadera.

D. una nube gris - una joven capaz - una ciudad europea - una promesa esperanzadora - una plaza cordobesa - una cerveza superior - la costa marroquí - una pregunta interesante - una persona feliz - una delegación belga.

E. 1. Era una chica regordeta, charlatana y bastante respondona. **2.** Sube la planta trepadora por la tapia encalada y llega hasta la parte interior de la casa. **3.** Les salió la segunda hija grandota, en comparación con la primera, chiquitina, casi enana. **4.** Me parece ser una joven amable, que tiene una gracia espantosa. **5.** Esa chica francesa y distraída no sabe lo que es la gente española. **6.** Orgullosa e insolente, la mujer pasó de largo sin saludar a nadie. **7.** Era una famosa artista, la mejor en su especialidad, pero muy mala compañera de trabajo. **8.** A pesar de su fortuna, es una persona de traza ruin.

F. **1.** Se oían las voces hermosas de las muchachas. **2.** Esta mujer suele llevar una falda gris claro. **3.** La pronunciación inglesa me parece difícil. **4.** La industria barcelonesa es muy activa. **5.** Su hermana mayor es más simpática que su hermana menor. **6.** La mayor parte de las tiendas están en la calle mayor. **7.** Mi mejor amiga es extranjera. **8.** Acaba de comprarse una corbata azul marino. **9.** Nos dedicamos a la nueva cultura. **10.** La arquitectura árabe es admirable.

---

8. *Les diminutifs (p. 38)*

A. vocecita - copita - calorcito - boquita - cochecito - padrecito - pueblecito - cerquita - cafecito - baloncito - francesito - fiestecita - nochecita - nuevecito - pastelito - cabecita - solecito - hijito - dolorcito - cielito.

B. cancioncilla - pastorcillo - nubecilla - pececillo - farolillo - maquinilla - ventanilla - polvillo - cofrecillo - vaquilla - chiquilla - palillo - chaquetilla - avecilla - pajarillo - balconcillo - vinillo - cucharilla - lamparilla - rumorcillo.

C. mozuelo - mujerzuela - rapazuelo - lentejuela - ladronzuelo - plazuela - portezuela - hoyuelo.

D. une allumette - une crêpe - une aiguille (montre), une manette - assez loin - tout de suite - très vite.

E. Pedrito - Carmencita, Carmina - Carlitos - Pepa, Pepita - Juanito - Paca, Paquita - Manolo, Manolito - Antoñito, Toño - Teresita - Luisito.

F. **1.** Iba con su trajecito y sus zapatitos de charol. **2.** El parque estaba lleno de florecitas. **3.** A ver si vuelves prontito y en seguidita. **4.** Esta calle está cerquita de aquí. **5.** Entre Vd. despacito en el garaje. **6.** Ven volandito que está muy enferma tu madre. **7.** Vive allí arribita con sus padres.

8. Ahora, ¡ callandito, y a la cama! **9.** Me gusta el café calentito, hasta en verano. **10.** Dale un caramelito a tu hermanito. **11.** Por el prado corría un arroyuelo. **12.** La mesa tiene tres cajoncitos. **13.** El pastorcillo guarda las ovejitas. **14.** Había un perro a la entrada del jardinito (jardincillo). **15.** Desde el cerro se vislumbraba un pueblecito.

G. 1. Mis amigos tienen un pisito bonito. **2.** El chiquillo se ha escondido detrás de un arbolito. **3.** Estos niños son unos diablillos. **4.** «Calentitas las castañas», pregona la viejecita. **5.** Hay una fuentecita con agua fresquita. **6.** ¡ Qué ilusión ! Al fin estamos solitos los dos. **7.** Todavía tenemos que esperar unos añitos aquí. **8.** Me gustaría hablarle de un asuntillo interesante. **9.** Este niño está cansadito y dormidito, ¡ pobrecito ! **10.** Es preferible comer calentito y despacito.

---

9. *Les augmentatifs* (p. 42)

A. un tablón - una mujerona - simplón - un salón - una casona - un paredón - un butacón - un picarón - un culebrón - un cucharón - tristón - una burguesona - un maletón - dulzón - un macetón - valentón - un lagrimón - un borrachón - un sillón - un manchón.

B. 1. Era una mujerona rebosante de salud. **2.** Esos niños siempre dicen palabrotas. **3.** Vivía en un poblacho perdido en el campo. **4.** El hombrón se quedó dormido en el butacón. **5.** Es un muchachote muy antipático. **6.** Estás paliducho. ¿ Qué te pasa? **7.** Se divisaba una casona (un caserón) al final del camino. **8.** Era un cuarentón alto y muy distinguido. **9.** Había un perrazo en el umbral de la casa. **10.** Es feúcha pero simpaticona.

C. trop grand (perche) - questionneur - une baraque - blanchâtre - des paperasses - un richard.

D. 1. Unos nubarrones ocultaban el sol. **2.** Apenas si cabe su cochazo en el garaje. **3.** Es un solterón grandote y simplón. **4.** Esta niña flacucha (delgaducha) tiene un carácter regañón.

E. pobrerío - lodazal - arrozal - encinar - vocerío - pedregal - señorío - pinar - maizal - naranjal.

F. patada - botellazo - balonazo - ojeada - escobazo - balazo - estocada - flechazo - corazonada - fusilazo.

G. 1. Se veía la plaza llena de gentío. **2.** Se extendían a lo lejos castañares y olmedas. **3.** El toro le dio una cornada en el pecho al torero. **4.** Al llegar a la oficina, echa un vistazo al correo. **5.** Fui a pasearme por viñedos y olivares. **6.** Un señor fue agredido a navajazos en la calle. **7.** Tengo que darle un telefonazo a mi madre. **8.** En ciertos barrios de la ciudad hay alamedas frondosas. **9.** Se sentaron entre dos trigales. **10.** Había que abrirse paso a codazos.

H. 1. El río formaba islotes y arenales. **2.** En la batalla, volaban las lanzadas y los sablazos. **3.** Se oyó un portazo y un pistoletazo. **4.** En ciertas regiones abundan las ganaderías. **5.** Dio un puñetazo parecido a un martillazo. **6.** Al final del discurso estallaron las palmadas. **7.** Economía : se prevé un nuevo frenazo.

---

10. *L'apocope (p. 46)*

A. 1. Le falta algún amigo con quien hablar. **2.** Algunos chicos han tenido mala suerte. **3.** No le tiene ningún cariño. **4.** Algún día, si viene alguno de mis amigos, lo recibiré. **5.** Algunas tardes salíamos a dar un paseo. **6.** He tenido algunos problemas y no he recibido ninguna ayuda. **7.** No quiero escucharle de ningún modo. **8.** Tiene algunas buenas ideas. **9.** No tengo ningún inconveniente en admitir mis errores. **10.** He traído algunas revistas porque no había ningún periódico.

B. 1. Es un mal compañero que molesta a los buenos alumnos. **2.** Esta chica tiene una gran fuerza de ánimo. **3.** A lo lejos se percibían montañas grandes y majestuosas. **4.** Su comportamiento es bueno, pero tiene que atender más. **5.** Las grandes lluvias lo arruinaron todo. **6.** Tiene un gran interés en todo lo que hace. **7.** Ayer no déjó de llover ; hizo muy mal tiempo. **8.** El descubrimiento de América fue una gran aventura. **9.** El que disfruta con el daño ajeno es un hombre malo. **10.** El verano es buena época para hacer excursiones.

C. 1. Todo se dijo durante el primer día. **2.** Es un mal poeta

pero un buen novelista. **3.** Iba con algún temor. **4.** Quien a
buen árbol se arrima, buena sombra le cobija. **5.** Ése fue mi
primer recuerdo, mi postrera alegría. **6.** Alguna idea tendrás,
por supuesto muy buena. **7.** Escucha al gran hombre,
conocerás su gran hazaña. **8.** El buen paño en el arca se
vende. **9.** Es necesario que pases por este mal rato. **10.** En el
acto tercero muere hasta el apuntador.

D. 1. Gana tanto dinero que no sabe cómo gastarlo. **2.** Hoy no
es un día cualquiera. **3.** Se fueron a pasar las vacaciones a
Santo Domingo. **4.** Todos los recién llegados tendrán que
apuntarse. **5.** Volverán por San Juan. **6.** Hay tanta gente aquí
que no veo a ningún amigo. **7.** Antes de tomar cualquier otra
decisión, avísame. **8.** Eduardo es un santo varón. **9.** Este
trabajo no es tan difícil. **10.** Cualquier casa, aunque no sea
grande, es cara. **11.** ¡ Cuán alegre es aquella chica ! **12.** Santo
Tomás fue un gran filósofo. **13.** Este pan está recién hecho.
14. Cuanto más lo veo, menos lo entiendo. **15.** ¡ Es tan
miedoso ! ; no tiene ninguna iniciativa.

E. 1. Este libro tiene cien páginas. **2.** Me debe cien mil pesetas
y no tiene ni un duro. **3.** Si hay treinta y un alumnos en esta
clase, falta uno. **4.** Ciento cincuenta más doscientos cincuenta son cuatrocientos. **5.** Cien veces ciento no son cien
mil.

F. 1. Tuve algún remordimiento pero no había ningún remedio. **2.** Estudiad (estudien) el primer y el tercer capítulos
para mañana. **3.** Pregúntaselo a cualquier periodista bien
informado. **4.** El primer viaje de Cristóbal Colón duró setenta
y un días. **5.** Este gran monumento es el Escorial de San
Lorenzo. **6.** Creo que es una buena oportunidad ; ¡ es tan
barato ! **7.** Las siete es mala hora para tomar el metro. **8.** La
gente visita los grandes almacenes recién inaugurados.
9. Algunas constelaciones están a más de cien millones de
kms. **10.** Pasó la Semana Santa en Sevilla.

11. *Le comparatif (p. 50)*

A. 1. Ayer hacía peor (tiempo) que hoy. **2.** El piso de Juan Carlos es más pequeño que el de Carmen. **3.** Luis es más alto que Felipe. **4.** El traje rojo es mucho más caro que el azul. **5.** Por la noche comimos mejor que por la mañana. **6.** Allí estaremos más cómodos que aquí. **7.** El tren es menos rápido que el avión. **8.** El del fondo me gusta todavía menos que este cuadro. **9.** Este problema es más fácil de lo que pensaba. **10.** Su hijo estudia ahora menos que antes. **11.** La negociación es más complicada que lo que pensábamos.

B. 1. Este restaurante es mejor que el del otro día. **2.** Es más joven (menor) que Raúl. Es el menor. **3.** Esta camisa es más barata que la que compré el mes pasado. **4.** Es menos urgente de lo que decías. **5.** Este libro es peor que el que leí la semana pasada. **6.** Come mejor que tú.

C. 1. c) **2.** b) **3.** c) **4.** c) **5.** c).

D. 1. El examen de este mes es más difícil que el del mes pasado. **2.** La casa que vimos esta mañana es tan cara como la de ayer por la tarde. **3.** Andrés vive tan bien y trabaja tanto como Ramón. **4.** La habitación del fondo es más oscura que la de la entrada. **5.** El viaje en tren es más largo que el viaje en coche.

E. 1. Este sofá es tan cómodo como el de tu amigo. **2.** En cuanto entra, empieza a protestar. **3.** Tan pronto trabaja como no trabaja. **4.** Había tanta gente como el domingo. **5.** Sale tanto como tú. **6.** Este problema es tan difícil como el de ayer. **7.** Tiene tantos discos como tú. **8.** Este piso es tan grande como el de María.

---

12. *Le superlatif (p. 54)*

A. 1. Sus amigas son simpatiquísimas. **2.** Su abuelo era riquísimo. **3.** Barcelona es un puerto importantísimo. **4.** Los días de lluvia son tristísimos. **5.** Este restaurante es carísimo. **6.** Llegó puntualísimo a la cita. **7.** El perro es un animal fidelísimo. **8.** Había chicas guapísimas en la playa. **9.** Hoy

estoy cansadísima. **10.** Estoy leyendo un libro divertidísimo.
11. Hicieron un viaje larguísimo. **12.** Se ha puesto
contentísima. **13.** Es un chico libérrimo. **14.** Lleva unas gafas
feísimas. **15.** Es una pareja felicísima.

B. 1. He visto una película muy mala. **2.** « Las Meninas » es un
cuadro celebérrimo. **3.** Los oradores griegos eran elo-
cuentísimos. **4.** Esta fábrica tiene un rendimiento muy
bueno. **5.** Tu madre parece jovencísima. **6.** Siempre se ha
comportado de una manera nobilísima. **7.** Brasilia es una
capital novísima. **8.** Conoce algunas máximas muy sabias.
9. Hay muchos castillos antiquísimos en España. **10.** Los
nuevos detergentes lavan blanco, blanquísimo.

C. 1. El clima castellano es muy seco (sequísimo). **2.** Las
habitaciones del hotel son muy tranquilas (tranquilísimas).
3. Méjico es una ciudad muy grande (grandísima). **4.** Es una
persona sumamente amable (amabilísima). **5.** Tiene un
coche requeteviejo (archiviejo ; viejísimo).

D. 1. Aquél fue el peor día de toda mi vida. **2.** Es la tarea más
aburrida que conozco. **3.** Ha sido la mayor catástrofe del año.
4. Es el mejor alumno de la clase. **5.** Estoy seguro ; no tengo
la menor duda. **6.** Es el hombre más formal que he
conocido. **7.** La lectura era su pasatiempo más corriente.
8. Este niño era el más tonto del pueblo. **9.** Aquí está el
edificio más alto de la ciudad. **10.** Este empleado es el más
serio de la oficina.

E. 1. Es el banquero más rico de la ciudad. **2.** España produce
los mejores toreros del mundo. **3.** No creo que la serpiente
sea el animal más astuto. **4.** Todavía te queda la parte más
difícil del trabajo. **5.** La reina Isabel era muy sabia
(sapientísima). **6.** Una de las mayores ilusiones de su vida
fue viajar. **7.** Este espectáculo es el más imponente que he
visto. **8.** Triunfó de sus enemigos más encarnizados. **9.** Este
coche es el peor que hemos tenido. **10.** Acabo de leer la
novela más divertida que ha escrito.

F. 1. El Prado es el museo más interesante que he visitado.
2. Iremos al mejor hotel que veamos. **3.** Manifiesta en su
trabajo la constancia más admirable. **4.** Es la historia más
increíble que he oído. **5.** El fútbol es el único deporte que le
interesa. **6.** Cómprame la revista más barata (menos cara)

que encuentres. **7.** Es la habitación más tranquila que
tenemos. **8.** Es el descubrimiento más útil que ha hecho el
hombre. **9.** Será el último cigarillo que fumaré. **10.** Toledo
es la ciudad más hermosa que conozco.

---

13. *La numération (p. 58)*

A. 1. Siete mil setecientos ochenta y dos. **2.** Dieciséis mil
quinientos cincuenta y ocho. **3.** Dos millones setecientos
cincuenta y seis mil novecientos trece. **4.** Trescientos cincuenta y siete mil doscientos once. **5.** Novecientos setenta y
cinco mil setecientos sesenta y dos. **6.** Dieciséis millones
quinientos setenta y tres mil doscientos veinticinco. **7.** Doce
mil setecientos millones.

B. 1. Tiene dieciséis años. **2.** Hay trescientos setenta y cinco
kilómetros. **3.** Este puente mide noventa metros. **4.** Pesa
setenta y ocho kilos. **5.** Quiero dos kilos de tomates. **6.** París,
dieciocho de marzo de mil novecientos sesenta y cuatro.
7. Tiene veintisiete años y su hermano treinta y cuatro.
8. Son setecientas cincuenta y seis pesetas en total. **9.** Había
unos quinientos. **10.** Cuesta tres mil novecientos noventa
francos.

C. 1. Hay mil millones en esta maleta. **2.** Este coche cuesta
setenta mil setecientos cincuenta francos. **3.** Hay tres mil
novecientos setenta kms. **4.** Mide veinticinco metros. **5.** Era
en mil novecientos sesenta y ocho. **6.** Quiero cinco kgs. de
naranjas. **7.** Tiene setenta y cinco años. **8.** En total son
quinientos sesenta y ocho francos. **9.** Había varios miles
(millares) de personas. **10.** Había quince mil espectadores.
11. París, quince de marzo de mil novecientos ochenta y
siete. **12.** Pesa noventa kgs. **13.** Son cuatro mil quinientos
francos.

D. 1. Tres mil una pesetas. **2.** Ese mueble cuesta ciento veinte
mil pesetas. **3.** Es un billete de cien francos. **4.** Había cien
personas. **5.** Doce mil setecientas cincuenta y una pesetas.
6. ¿ Quieres un cigarro ? Sí, dame uno. **7.** Un billete de diez
mil más uno de cinco mil, cinco de mil y trescientas setenta
y cinco pesetas en monedas. En total : veinte mil trescientas

setenta y cinco pesetas. **8.** Déme el cambio en billetes de mil. **9.** Déjame una moneda de cien pesetas. **10.** Ya no quedan más que treinta y un días para terminar.

E. 1. Hay una treintena de coches. **2.** Vienen ambos. **3.** Las amigas compraron sendas faldas. **4.** Los hermanos tienen sendos pisos. **5.** Se gastó un par de miles de pesetas. **6.** Trae un par de botellas de vino. **7.** Había un centenar de personas.

F. 1. Gasta varios miles (millares) de pesetas en juguetes para sus hijos. **2.** Ha ganado un premio de cien millones. **3.** Van ambos al cine. **4.** Hay una decena de huevos. **5.** Eso vale varios centenares de miles de pts. **6.** Trescientos cincuenta y uno más doscientos son quinientos cincuenta y uno. **7.** Se paraba cada doscientos kms. **8.** ¿Tienes una pluma? Sí, tengo una. **9.** Son setecientas dieciséis pesetas. **10.** Le he comprado un par de discos.

G. 1. Es la tercera vez que leo ese libro. **2.** Es el noveno de la lista. **3.** Esa oficina está en el séptimo piso. **4.** Tiene que tomar la segunda calle a la derecha y después girar por el primer paseo que está a la izquierda. **5.** Vive en la sexta planta, en la segunda puerta a la izquierda según se sale del ascensor. **6.** Es la cuarta vez que te lo digo. **7.** Carlos Primero, Carlos Segundo, Carlos Tercero y Carlos Cuarto fueron reyes de España. **8.** No me gusta ese piso porque está en la planta quince. **9.** Eso fue en el siglo primero después de Cristo. **10.** Coge el primer avión. **11.** Tiene que ir al final y dirigirse a la décima ventanilla. **12.** La primera guerra mundial fue a principios del siglo veinte. **13.** Es la primera vez que me ocurre algo parecido. **14.** Nuestra casa es el quinto balcón por la derecha. **15.** Te lo repito por centésima vez. **16.** Gabriel está en sexto curso de medicina.

H. 1. Primero, un aperitivo. **2.** Es el treinta aniversario de su boda. **3.** Es el primero de la clase. **4.** Cervantes nació en la mitad del siglo dieciséis y murió a principios del diecisiete. **5.** Todo se juega a la milésima de segundo. **6.** Están instalados en la calle veintitrés. **7.** La vista es espléndida desde el piso treinta y dos. **8.** Siempre viaja en primera clase. **9.** El tercer autocar todavía no ha llegado. **10.** Estoy en primer año de español. **11.** Felipe Quinto, rey de España, era nieto de Luis Catorce. **12.** Ese señor vive en el octavo piso.

14. *Les fractions et le pourcentage (p. 64)*

A. un tercio - los cuatro quintos - dos catorceavos - diez cuarenta y tresavos - los tres cuartos - los seis veintisieteavos.

B. una quinta parte - las dos veinteavas partes - las cinco novenas partes - medio pollo - las tres séptimas partes - una octava parte - media luna - las cuatro décimas partes.

C. **1.** Póngame medio kilo de cerezas. **2.** Menos de la tercera parte de los españoles vive en el campo. **3.** Las tres cuartas partes de la ciudad fueron destruidas. **4.** Nos queda un tercio (una tercera parte) del capital. **5.** La contaminación afectó una décima parte de las cosechas. **6.** Esto vale medio millón de pesetas. **7.** Llevo media hora esperándote. **8.** Una quinta parte de los votantes se abstuvo. **9.** Piden una cuarta parte del alquiler de antemano. **10.** La mitad de los obreros de la fábrica está en huelga.

D. **1.** Los dos tercios (las dos terceras partes) del país. **2.** Las cinco sextas partes del territorio. **3.** Las cuatro quintas partes de la producción. **4.** Una doceava parte de los recursos. **5.** Saldré dentro de media hora. **6.** La mitad de la clase (media clase). **7.** Tres cuartos de litro. **8.** La cuarta parte de su sueldo. **9.** Dos kilos y medio de patatas. **10.** Vuelva Vd. dentro de tres cuartos de hora, señor.

E. Uno coma nueve. El sesenta y cuatro coma seis por ciento. El cuatro coma veinticinco por ciento. Quinientos cuatro coma treinta y ocho. El ochenta y dos coma cuarenta y cinco por ciento.

F. 200.500 millones (doscientos mil quinientos millones). 5.300 millones (cinco mil trescientos millones). 90.750 millones (noventa mil setecientos cincuenta millones).

G. **1.** A las nueve de la mañana estábamos a cero grados y tres décimas. **2.** El alza de los precios de consumo ha sido del cero coma tres por ciento. **3.** El cuarenta y nueve por ciento de la población no lee nunca o casi nunca. **4.** Este coche puede comprarse con el 20 % de entrada. **5.** Piensa realizar un beneficio situado entre un 15 y un 20 %. **6.** La máxima de hoy ha sido de dieciséis grados y ocho décimas. **7.** La tasa de desempleo sigue en el siete coma cinco por ciento. **8.** Acaba de invertir el 25 % de su capital. **9.** El destello duró una milésima de segundo. **10.** Un 50 % de la población uruguaya vive en Montevideo. **11.** El crecimiento del producto nacional no sobrepasa el 3 %. **12.** Las exportaciones crecieron últimamente entre un 7 y un 8 %. **13.** Sólo un 40 % del suelo está cultivado. **14.** Sus ventas han aumentado en un 2 % más o menos. **15.** La inflación se sitúa en un 7 %.

H. 1. Se prevé un déficit de 9.500 millones. **2.** En los EE UU el 23 % de los asalariados trabaja en la industria. **3.** El maíz latinoamericano representa el 11 % de la producción. **4.** El número de los parados era de treinta coma dos millones. **5.** Los plátanos representan el doce coma cinco por ciento de las exportaciones. **6.** La inflación ha disminuido en un 1 % por término medio. **7.** El déficit del comercio exterior ha alcanzado 282.300 millones. **8.** Méjico produce dos coma cuatro millones de barriles de petróleo al día. **9.** La industria textil catalana proporciona el 92 % de la producción de algodón y el 71 % de la producción de lana.

---

15. *L'expression de la quantité (p. 68)*

A. 1. Tengo mucha sed. **2.** Es muy agradable esta playa, ¿ verdad ? — Sí, mucho. **3.** Trabaja mucho y muy bien. **4.** Tu determinación no me convence mucho. **5.** Este jersey es muy bonito pero cuesta mucho.

B. 1. Había mucha gente en el patio de butacas. **2.** Han venido pocos espectadores. **3.** Conozco a bastantes de esta opinión. **4.** Ha vivido mucho pero ha viajado poco. **5.** ¿ Tiene Vd. bastante fuerza ? **6.** Me gustan demasiado los pasteles. **7.** Sabe muchas cosas de tanto leer. **8.** Por ahora pocos han llegado. **9.** Tiene muchos pájaros en casa pero pocos cantan. **10.** Yo creo que hace demasiado calor aquí. **11.** No basta con saber mucho, hay que demostrarlo. **12.** Teníamos bastantes cosas que discutir. **13.** Demasiados creen que la guerra es inevitable. **14.** Hace muchos años hicimos un viaje por el norte. **15.** Pocos son partidarios de una reforma radical.

C. 1. Había demasiada gente en el teatro anoche. **2.** Pocas ciudades tienen una historia tan gloriosa. **3.** No tienes bastantes aptitudes para la música. **4.** En pocas palabras, explícame lo que te pasa. **5.** Tiene demasiado orgullo para aceptar este contrato. **6.** Muchos niños mueren de desnutrición. **7.** Tiene muchos más discos que nosotros. **8.** Muchos historiadores aseguran que Colón era genovés. **9.** Bastantes pocos clientes se quejan. **10.** Pocos decían que sí y muchos que no.

D. 1. Cuantos van a Sevilla pierden su silla. **2.** ¿Por qué ha venido tanta gente? **3.** No hables tanto. **4.** Dijo a cuantos estaban que se fueran. **5.** Se llevó cuantos libros había comprado. **6.** Fue a América para hacerse rico como otros tantos. **7.** ¡Cuántas cosas nos dejamos por decir! **8.** La diferencia no es tanta. **9.** Tengo tantos amigos como él. **10.** ¿Cuántos capítulos tiene este libro?

E. 1. Hizo tantos esfuerzos como yo. **2.** ¿Cuántas veces por semana vas al cine? **3.** Gana mucho menos dinero que antes. **4.** Necesito mucha más atención. **5.** Salió más de tres días después. **6.** Ven cuantas veces puedas. **7.** Es un chico medio loco. **8.** Todavía recuerdo (todo) cuanto me dijo. **9.** Pienso quedarme un día más porque tengo mucho que hacer. **10.** No me digas las cosas a medias.

F. 1. C'étaient des gens très riches. **2.** Quel âge as-tu? **3.** J'ai eu assez (trop) de contrariétés dans ma vie. **4.** La ville a été à moitié détruite par le tremblement de terre. **5.** Tous ceux qui arrivaient devaient faire la queue. **6.** Les gens sont trop pressés. **7.** J'ai dû attendre plus de deux heures; ce sont deux heures de trop. **8.** Ne reste pas si longtemps au soleil. **9.** Que de gens l'attendaient à son arrivée! **10.** Nous nous arrêterons à mi-chemin.

---

16. *L'approximation numérique (p. 72)*

A. 1. El tren traía un retraso de unas tres horas. **2.** Esa empresa controla unas quince sociedades. **3.** La carga del camión es de unas dos toneladas. **4.** Hay que encargar unas diez botellas. **5.** Este pueblo tiene unos tres mil habitantes.

6. Últimamente trabaja unas diez horas extra por semana. **7.** Vinieron a la fiesta unas treinta personas. **8.** Le quedan a Vd. todavía unos dos kilómetros para llegar. **9.** Esta biblioteca consta de unos treinta mil volúmenes. **10.** Nosotros estuvimos viviendo en el extranjero como unos doce años hasta que nos vinimos definitivamente.

B. 1. La conferencia durará cerca de un par de horas. **2.** Los Pérez han estado fuera cerca de dos semanas. **3.** Los nuevos acuerdos sindicales han permitido una subida de sueldos de alrededor de nueve mil pesetas. **4.** Esa editorial ha traducido alrededor de treinta obras de autores extranjeros. **5.** En esta región la temperatura sube cosa de cinco grados de un día para otro. **6.** Necesitaremos cosa de treinta obreros suplementarios si queremos acabar la obra a tiempo. **7.** Llevo alrededor de dos meses tratando de encontrar una solución a ese problema. **8.** Hemos encargado alrededor de dos docenas de camisas para la nueva temporada.

C. 1. Necesitaríamos como dos mil pesetas. **2.** Nos quedaremos cosa de tres o cuatro días. **3.** La farmacia está como a cien metros a la derecha. **4.** Póngame sobre tres kilos de patatas. **5.** Quiero sobre veinte fotocopias.

D. 1. Vinieron a la boda trescientas personas largas. **2.** Esa película dura tres horas largas. **3.** El hijo pequeño de los López tiene tres años escasos. **4.** Con medio kilo escaso de harina puedes hacer el pastel. **5.** Llovió doce litros largos por metro cuadrado. **6.** Había en la manifestación cincuenta mil personas largas. **7.** Ese chico fuma un paquete largo de tabaco al día. **8.** En esta clase somos veinte alumnos escasos. **9.** Hoy he tardado veinte minutos escasos en llegar de casa a la oficina. **10.** Las obras del ascensor estarán terminadas en tres meses escasos.

E. 1. Gabriel debe de tener ochenta y tantos años. **2.** El incendio destruyó cincuenta y tantas hectáreas de bosque. **3.** Para terminar ese trabajo tengo que leer veintitantos documentos. **4.** Ese archipiélago tiene setenta y tantas islas. **5.** Este disco debe costar mil trescientas cincuenta y tantas pesetas. **6.** Hace veintitantos días que no hemos recibido ninguna noticia de tu hermana. **7.** Ese vestido te está largo. Tienes que subírtelo veintitantos centímetros por lo menos.

8. Te estamos esperando desde hace treinta y tantos minutos.

F. 1. La fête a fini vers cinq heures du matin. **2.** Le directeur a dit qu'il reviendrait vers 18 heures. **3.** Il est onze heures passées. Nous devons partir car il est tard. **4.** Ton ami est venu vers 19 heures. **5.** Il était deux heures et quelques lorsque nous avons vu l'accident. **6.** Le cocktail aura lieu vers 20 heures.

---

17. *Les indéfinis (p. 76)*

A. 1. Hoy viene alguien. **2.** Es algo importante. **3.** No me gusta nada ese vestido. **4.** Hoy no hay nada interesante. **5.** No ha llamado nadie. **6.** ¿No conoces a nadie? **7.** Hemos encontrado a alguien. **8.** Estamos algo lejos.

B. 1. No ha llamado nadie. **2.** No te puedo dar nada. **3.** Nadie quiere venir. **4.** No ha cambiado nada. **5.** No lo sabe nadie. **6.** Nada pudimos comprar.

C. 1. ¿Te doy algo más? **2.** ¿Estáis esperando a alguien? **3.** ¿Estás (muy) enfadada? **4.** ¿Quieres algo más? **5.** ¿Es (muy) nervioso? **6.** ¿Estuviste con alguien? **7.** ¿Te trajo alguien?

D. 1. No veo nada. **2.** No es nada complicado. **3.** ¡Nada de eso! **4.** Nada más entrar enciende la tele. **5.** ¿Quieres algo más de carne? **6.** No hay nada que ver. **7.** No quiero nada de nada. **8.** Nada más. **9.** Era algo ridícula. **10.** No le gusta nada eso. **11.** Alguien va a decirlo.

E. 1. ¿No le queda ninguno? **2.** — ¿Me puede decir si hay alguna farmacia por aquí? — Sí, allí en la esquina hay una. **3.** No, esta tarde no hay ninguno. **4.** — Déjame unas hojas. — No tengo ninguna. **5.** — ¿Has leído algún libro de Cortázar? — Sí, alguno he leído. — Pues yo no he leído ninguno. **6.** No tiene ninguna oportunidad.

F. 1. ¿Has ido alguna vez a España? **2.** — ¿Has visto alguna película de Saura? — No, no he visto ninguna. **3.** Andaban algunos chicos jugando.

G. 1. No había ningún hotel en ese pueblo. **2.** Sobre ese punto no hubo ninguna discusión. **3.** No encontramos ninguna persona que nos informara. **4.** No tengo ningún vestido que ponerme.

H. 1. Alguien ha llamado por teléfono. **2.** ¿Alguno (de vosotros) sabe contestar? **3.** Quisiera algunos. **4.** No he encontrado ninguna. **5.** Tiene algunos discos de él.

I. 1. Todos los días va a hacer el mercado. **2.** Aprovecha todas las ocasiones que se le presentan. **3.** Nos vemos cada quince días. **4.** Todos los fines de semana dedica un rato a la pintura. **5.** Tiene que ir al médico cada dos meses. **6.** Todos tenían las mismas oportunidades. **7.** Todas las discusiones que tenían empeoraban la situación.

J. 1. Cada uno trajo lo que se le había pedido. **2.** Cada día cuenta una historia diferente. **3.** Cada habitante de ese país tiene un televisor. **4.** Cada leyenda tiene algo de verdad. **5.** Ha leído cada libro de esa época.

K. 1. ¡Cualquiera se lo dice! **2.** Cualquier pretexto es bueno. **3.** Cualquier otra persona me trataría mejor que tú. **4.** Pasa por casa en un momento cualquiera que tengas libre. **5.** Dame un plato cualquiera. **6.** Esa persona no tiene dignidad. Es un cualquiera. **7.** En cualquier momento me canso y me voy. **8.** Coge cualquier carne. Todas sirven para ese plato. **9.** No se necesita ningún especialista. Cualquiera puede hacer ese trabajo. **10.** Les pedí consejo, pero me dieron un vino cualquiera.

L. 1. ¡Tiene cada manía! **2.** ¡Cualquiera lo hubiera imaginado! **3.** Nos visita cada dos meses. **4.** Cada alumno tiene que traer un libro. **5.** Te lo digo con toda franqueza. **6.** Se ha mandado la carta a cada uno de los proprietarios. **7.** Hay una revisión cada tres años. **8.** Cada uno de nosotros debe hacer un esfuerzo.

M. 1. No quiero esta manzana, dame otra. **2.** No había mucha gente, sólo varias personas. **3.** Estoy toda (todo) preocupada porque tus hermanos tardan. **4.** No es este color el que busco, es otro más claro. **5.** Lo que pides no es muy difícil. Cualquiera es capaz de resolver ese problema. **6.** Doctor, le están esperando varias personas en la consulta. **7.** Tu amiga está toda (todo) cambiada desde que ha vuelto. **8.** Este trabajo no me interesa, me gustaría encontrar otro. **9.** Desde que estamos aquí, todo son alegrías. **10.** Todas esas construcciones nuevas van equipadas con energía solar.

N. 1. La chambre est toute sombre. **2.** Tous les deux sont partis en même temps. **3.** Il est tout bouleversé par l'accident. **4.** C'est tout près, vous pouvez aller à pied. **5.** D'autres partiront plus tard. **6.** Je te l'ai dit plusieurs fois. **7.** Chacun d'entre vous doit se « responsabiliser » un peu plus. **8.** Elles étaient toutes très attristées par la nouvelle. **9.** Il n'y a que des histoires au bureau.

O. 1. Está todo apenado (triste) por la desgracia. **2.** Venid los dos. **3.** Me interrumpe cada cinco minutos. **4.** ¿Lo habéis comprado todo? **5.** Cuéntaselo a otros. **6.** Está toda (todo) trastornada. **7.** Quisiera otra cerveza, por favor.

P. 1. ¿Quieres otro poco más? **2.** Otros muchos compañeros piensan lo mismo que tú. **3.** Quedan otras varias botellas. **4.** Otras treinta personas han resultado heridas por accidente este fin de semana. **5.** Se han ido otros pocos espectadores. **6.** Esta semana hemos recibido otros tres pedidos. **7.** Déjame otros seis huevos y te devolveré otros tantos.

Q. 1. No son estos expedientes, son los otros de más allá. **2.** Pon esas botellas con las demás. **3.** Los primeros no se quejaban, los otros de más allá protestaron un poco y los demás decían que no veían. **4.** Estas plantas son más bonitas que esas otras. **5.** No quiero estas gafas, tráeme las otras. **6.** Por fin, los otros dos que pensaban venir, no vinieron. **7.** Tienes que trabajar en este proyecto. Todo lo demás corre menos prisa. **8.** Trescientas personas han sido evacuadas. Las demás esperan que lleguen los nuevos refuerzos.

R. 1. Con tales ideas no vas a ningún lado. **2.** Un tal Sr. García ha llamado preguntando por Vd. **3.** Tales problemas no se volverán a presentar. **4.** Un tal D. Juan quiere verte. **5.** Tales horrores no son posibles.

S. 1. Otros varios viajeros esperan una contestación. **2.** Quisiera otro medio kilo (más) de cerezas. **3.** Gracias, pero uno es demasiado oscuro y el otro demasiado caro. **4.** Uno y otro (Ambos, Los dos) estaban de acuerdo. **5.** Un tal López tiene que traerme algo. **6.** Deja la carta en el montón con las demás. **7.** La patronal no sabía qué hacer ante tal huelga.

T. 1. No quiero acordarme de tal época. **2.** No vuelvas a mencionarme a tal gente. **3.** Nos habló de lo que vio en tales pueblos. **4.** Tal situación no podía repetirse más. **5.** En tales lugares no sueles encontrar nunca nada. **6.** Es mejor evitar a tales clientes. **7.** No me gustan tales planes. **8.** No se puede ir por tales carreteras. **9.** Si les dices tales cosas no es exraño que se enfaden. **10.** Era la única política para tal contexto económico. **11.** Nos hablaba siempre de tal y de tal otro. **12.** Tales amistades no te convienen.

U. 1. Las presiones fueron tales que tuvimos que ceder. **2.** Sigue mis indicaciones tal como te he explicado. **3.** Tal como pensaba, ha vuelto a llover. **4.** Ponen tales condiciones que es imposible llegar a un acuerdo. **5.** La distribución de beneficios se produjo tal como preveíamos. **6.** La circulación era tal que tuvimos que parar en el camino a esperar a que se mejorara. **7.** Tal como imaginaba, hemos perdido. **8.** Tal como te conozco, volverás a hacer lo mismo. **9.** Hace tales preguntas que nadie puede contestarlas. **10.** Bebe tales cantidades que un día va a acabar mal.

V. 1. ¿Qué tal la familia? **2.** ¿Qué tal? **3.** Tal vez. **4.** Me contentaré con tal de que haga bien su trabajo. **5.** Estaban Fulano, Mengano y Zutano. **6.** (Son) tales para cuales. **7.** Tu amigo es tal como había imaginado. **8.** Un fulano te espera fuera. **9.** Administra la sociedad de Tal y de Cual. **10.** Siempre habla de tal y cual viaje, de tal hotel y tal otro.

---

18. *La corrélation (p. 88)*

A. 1. Cuanto más duermo, más sueño tengo. **2.** El camino era tanto más agradable cuanto que hacía sol. **3.** Cuantas más veces me lo digas, menos te escucharé. **4.** Cuanto mejor lo hagas, mejor será para ti. **5.** Estuvo tanto más sorprendida cuanto que no esperaba a nadie. **6.** Las cosas cuanto más rápidas, mejor. **7.** No cuentes con nosotros, tanto/cuanto más que tiene una avería el coche. **8.** Cuan contento está hoy, tan triste estaba ayer. **9.** Ha hecho tantos viajes como yo. **10.** Cuanto lo querían sus hijos, tanto lo temían. **11.** Cuanto más se pinta, más ridícula resulta. **12.** No me gusta tanto como pensaba.

B. 1. Cuanto más lejana es una estrella, menos brilla. **2.** Cuanto más dinero teníamos, más gastábamos. **3.** Cuanto más lo pienses, mejor lo comprenderás. **4.** Cuanto menos estudiéis, menos sabréis. **5.** Cuanto más habla, más se lía. **6.** Cuanto más bebía, más ganas de cantar tenía.

C. 1. Cuanto más gritas, menos te escuchan. **2.** No ha leído tantas novelas como pretende. **3.** Estoy tanto más decepcionado cuanto que contaba contigo. **4.** Cuanto me gusta el mar, tanto me horroriza la playa. **5.** Cuanto más subíamos, más estrecho era el sendero. **6.** Llegaremos pronto, tanto/ cuanto más que es buena la carretera. **7.** Cuanto más lo pienso, menos de acuerdo estoy (más discrepo). **8.** Estoy tanto más contento cuanto que puedo viajar más. **9.** De eso sé tanto como él. **10.** Hubo tanta menos gente cuanto que estaba lloviendo.

---

19. *Les possessifs (p. 90)*

A. 1. No sabe qué hacer con su hijo. **2.** ¿Por qué no has traído tus apuntes? **3.** Nuestros puntos de vista coinciden. **4.** No me quiero meter en sus negocios. **5.** Vuestras razones no me convencen. **6.** No te consiento que uses mi coche. **7.** Déme su dirección y su teléfono. **8.** Reconozco que sus ideas son buenas. **9.** Hoy no ceno con mis padres. **10.** Su pretensión era exagerada.

B. 1. He dejado el impermeable en la oficina. **2.** El señor director está en su despacho. **3.** Me he aprendido bien la lección. **4.** Mi mujer vivía con sus tíos antes de casarnos. **5.** Mire Vd., señora, se me acaba la paciencia. **6.** ¿A qué hora llega su (el) avión de Vds.? **7.** ¿Me permite Vd. que utilice su pluma? **8.** Cuida de que no se te enfríen los pies. **9.** Mis primos suelen pasar las vacaciones con sus padres. **10.** Le robaron el bolso en el tren.

C. 1. Esta muchacha acaba de perder a su madre. **2.** Nos hacemos la cama todos los días. **3.** La gente siempre habla de sus problemas. **4.** Se pasa el tiempo leyendo. **5.** Tu casa necesita reparaciones. **6.** ¿Acepta Vd. nuestra invitación, señor? **7.** Dice que se ha olvidado todos los libros. **8.** Se lleva mal con la tonta de su prima. **9.** Le preguntaron sus amigos si había cenado. **10.** Hace frío, ponte el abrigo.

D. 1. c. **2.** a. **3.** b. **4.** b. **5.** c.

E. 1. Éste es don Antonio; su hijo (un hijo suyo) emigró a América. **2.** ¡ Otra vez hiciste mal tu trabajo, hijo mío ! **3.** Han llegado cinco amigos vuestros, ¿ lo sabíais ? **4.** Muy señor mío : Acabo de recibir su documentación. **5.** Creo que varios objetivos suyos no son buenos, señor.

F. Esta pluma es la suya - Este sombrero es el mío - Este abrigo es el tuyo - Aquellos lápices son los tuyos - Estas carteras son las suyas - Esta maleta es la mía - Estos libros son los suyos - Esta casa es la suya - Estas medias son las tuyas - Estas bufandas son las suyas.

G. 1. Él tiene sus ideas y yo las mías. **2.** Esta casa fue nuestra hace mucho (tiempo). **3.** Este niño ha vuelto a hacer de las suyas. **4.** Estos libros son vuestros (suyos), pero los discos son nuestros. **5.** No creo que este abrigo sea el suyo, señora. **6.** No te lleves este paraguas, es el mío. **7.** Una hermana mía acaba de casarse con un ingeniero. **8.** Esta maleta debe de ser suya, señor. **9.** Animaba calurosamente a los suyos. **10.** Cada cual a lo suyo.

---

20. *Les démonstratifs (p. 94)*

A. 1. Estos pantalones son blancos. **2.** Aquellos pisos eran pequeños. **3.** Esos vestidos me gustan. **4.** Aquellas señoras no son muy viejas. **5.** Esas ventanas son grandes. **6.** Estas revistas no son interesantes. **7.** Esas calles son estrechas. **8.** Esos colores te sientan bien. **9.** Aquellos edificios son nuevos. **10.** Esas carreteras son peligrosas.

B. 1. Aquel balcón era bonito. **2.** Ese coche antiguo no iba rápido. **3.** Aquel cristal estaba sucio. **4.** Este almacén moderno es práctico. **5.** Esa chica es muy simpática. **6.** Este dolor no se me quita. **7.** Esta habitación está limpia. **8.** Aquella casa es muy típica. **9.** Ese niño es rubio. **10.** Aquel discurso era interminable.

C. 1. Esa niña vestida de azul es la hija de María. **2.** Estos pañuelos de seda son más bonitos. **3.** Aquella mesa del fondo está bien. **4.** Ésta de la derecha es mi madre. **5.** Esos discos que escuchamos en tu casa. **6.** Este pequeño es mi hermano. **7.** Aquel paraguas de la derecha es el mío. **8.** Toma estas flores que te he traído. **9.** Sí, hombre, aquellos chicos que conocimos hace un mes. **10.** Esta semana no puedo. **11.** Ésos que vienen ahí son Ángel y Eva. **12.** ¿ Éste es Juan ? **13.** Esos señores ya no viven aquí. **14.** ¿ Están libres esas sillas ?

D. 1. Mira los libros estos que tengo aquí. **2.** Déjame ese cenicero. **3.** He venido a traerte este paquete. **4.** Mira, te voy a presentar : ésta es mi amiga Lucía. **5.** Antes vivía en el piso ese que está ahí al lado. **6.** ¿ No te acuerdas de aquellos chicos que conocimos el verano pasado ? **7.** Ese abrigo es tuyo. **8.** Ahí te dejo dos cartas y varias tarjetas. Éstas son para tu padre. Aquéllas son de tu hermano. **9.** Todo esto que ves es la propiedad de los Martínez. **10.** Ése que ves ahí, al fondo del pasillo, es Jesús.

E. 1. Dame esos pantalones que he dejado ahí. **2.** Tenga. Mi dirección es ésta. **3.** Mira el señor aquel, allá lejos. **4.** No me interesa eso que me cuentas. **5.** ¿ Ves esa farmacia ahí al lado ? **6.** No quiero ese vestido de ahí, sino aquél rojo del fondo.

F. 1. Las mercancías llegarán a ésa el jueves. **2.** Ese asunto de ayer no me parece claro. **3.** Me acuerdo de aquellos cuentos antiguos. **4.** Acuérdate de esto (Recuerda esto). **5.** Esa revista que me acabas de enseñar es muy bonita. **6.** Era en aquella época, a principios de siglo. **7.** Déjame en ese cruce que está enfrente.

---

21. *Voici - voilà (p. 98)*

A. 1. Aquí llega el autocar. **2.** Aquí viene Luis. **3.** Ahí sale el tren. **4.** Ahí van tus padres. **5.** Ahí pasa el metro. **6.** Aquí baja Juan.

B. 1. Aquí tiene la dirección de nuestra sucursal en Barcelona. **2.** Aquí tienes el número de teléfono que me habías pedido. **3.** Aquí tenéis una tarjeta mía. **4.** Aquí tienen las señas de nuestros corresponsales en provincias. **5.** Aquí tienes el número del apartado de Correos. **6.** Aquí tienes el nuevo número de telecopia de la Sociedad. **7.** Aquí tienes las indicaciones del camino de la casa de campo.

C. 1. Éstas son las llaves que estabas buscando. **2.** Ésta es mi prima Mª Luisa. **3.** Ésos son mis padres. **4.** Ése es el encargado de la fábrica. **5.** Éste es mi nuevo socio, Joaquín Almudia. **6.** Ésta es Elena. **7.** Ésa es mi casa.

D. 1. Aquí vienen tus amigos a buscarte. **2.** Señores, aquí tienen la cuenta. **3.** Éste es mi colaborador del que le he hablado tanto. **4.** Ésta es mi nueva dirección en Barcelona, señor. **5.** Aquí está el cruce que buscábamos. **6.** Aquí, a la izquierda, están los nuevos locales. **7.** Éste es Pedro, un compañero de trabajo. **8.** Aquí tiene su paquete, señor. **9.** Ahí llegan los vecinos. **10.** Aquí está el documento que no encontraba. **11.** He aquí cómo el Gobierno ha sido puesto en minoría. **12.** He aquí las consecuencias de la nueva ley.

---

22. *Les adverbes de lieu (p. 100)*

A. 1. Dame ese libro que está ahí. **2.** ¿Ves aquella casa? Allí vivimos varios años. **3.** Ven un poco más acá. **4.** No vayas tan allá. **5.** Esa calle está mucho más allá. **6.** ¿Correos? Sí, está aquí cerca. **7.** Desde que empezó a trabajar hasta aquí no tenemos nada que reprocharle. **8.** Seguro que las llaves están por aquí cerca. **9.** ¿Ves aquellas montañas, allá lejos? **10.** Si quieres, salimos a dar una vuelta por ahí.

B. 1. Ese chico que está ahí es mi hermano. **2.** Lo siento, pero las servilletas no están aquí, en este cajón. **3.** Sí, esa calle está todavía lejos, mucho más allá. **4.** Acércate un poco más acá. **5.** ¿Dónde estuviste ayer? — Estuve de paseo, por ahí. **6.** No, no está aquí en mi mesa; estará ahí, en la tuya. **7.** Deja todos los paquetes ahí al lado. **8.** ¿Ves ese edificio alto, ahí a la derecha?

C. 1. Haz lo que quieras, allá tú. **2.** He pasado el día de acá para allá. **3.** Déjame sitio, hazte para allá. **4.** Este tejido no es de muy buena calidad, no es muy allá.

D. 1. Están afuera. **2.** El gato está encima de la mesa.

3. Mariano está abajo. **4.** El coche está fuera (afuera). **5.** Los libros están arriba. **6.** Puedes ponerlo debajo. **7.** El jardín está detrás de la casa. **8.** Va hacia atrás. **9.** La casa está delante del edificio blanco. **10.** Está al final de la calle.

E. 1. Van montaña arriba. **2.** La barca iba río abajo. **3.** Iba bosque adentro. **4.** Iban camino abajo tranquilamente. **5.** Iba escaleras arriba. **6.** Dio unos pasos atrás. **7.** Ese pueblo lo encontrará carretera adelante. **8.** Corrían campo adelante (campo afuera, campo a través).

F. 1. Estoy arriba. **2.** ¿Está lejos la estación? **3.** Lo he dejado encima de la mesa. **4.** El garaje está detrás de la casa. **5.** Viene de muy lejos. **6.** Están esperando abajo. **7.** Está fuera (afuera). **8.** La camisa está encima de la cómoda. **9.** Son los vecinos de arriba. **10.** Están delante de la tele. **11.** Está siempre al lado de (junto a) ella. **12.** El coche se paró en medio de la calle. **13.** El banco está al final de la avenida. **14.** Al principio, yo no quería. **15.** Hay que pasar por detrás.

---

23. *Les adverbes de temps (p. 104)*

A. 1. La fiesta fue anteanoche. **2.** Hoy en día el problema del hambre no está todavía resuelto. **3.** Ayer llegó de mañana. **4.** Vino anoche. **5.** Antaño los coches no existían. **6.** De hoy en adelante las cosas van a cambiar.

B. 1. He venido después, pero ya no estaba. **2.** Siempre me ha interesado. **3.** Se acuesta tarde. **4.** Lo hizo antes. **5.** Nunca he vivido aquí. **6.** Nos duchamos antes del partido. **7.** Nos fuimos después del final de la película.

C. 1. Il était plus calme après la visite du médecin. **2.** Hier soir nous sommes allés au cinéma. **3.** Après-demain c'est la réunion annuelle avec les représentants. **4.** Nous verrons cela après-demain. **5.** Prenez deux comprimés avant les repas. **6.** Il n'est jamais chez lui le matin. **7.** Après le vote nous prendrons une décision.

D. 1. Le vimos anteanoche. **2.** Por la mañana todavía no habían venido. **3.** Iremos mañana por la mañana. **4.** Hoy no salgo. **5.** Anoche no estaba en casa. **6.** Se va pasado mañana. **7.** Antes del accidente no era así. **8.** Hoy por hoy los resultados son satisfactorios. **9.** Mañana se levanta temprano (pronto). **10.** Nos veremos más tarde.

E. 1. Luego será tarde. **2.** Desde luego, esto no puede seguir así. **3.** Ya no viene por aquí. **4.** Voy ahora mismo. **5.** Esa persona ya no trabaja aquí.

F. 1. Ya hemos terminado. **2.** Lo he comprado después. **3.** Lo haremos antes. **4.** Llegamos pronto al aeropuerto. **5.** Ya lo sé.

G. 1. Je vous sers tout de suite. **2.** Je vois que tu n'as pas envie de m'accompagner. **3.** Il ne sait plus quoi faire pour se faire pardonner. **4.** Pour le moment nous n'avons rien décidé. **5.** Je te raconterai plus tard (après).

H. 1. Estudiaremos este asunto ahora mismo. **2.** Ya veo. **3.** Ya veremos después (luego). **4.** Ya llegan (ya vienen). **5.** Ya lo sé, ya lo sé. **6.** Ya no vive aquí. **7.** De ahora en adelante todo va a cambiar. **8.** Ya voy. **9.** Salgamos ahora mismo. **10.** Después de clase vuelve a casa. **11.** ¿Ya has acabado? **12.** Por ahora no sabemos nada. **13.** Lo venderemos después de nuestra llegada. **14.** Ya no sé (ya no me acuerdo de) lo que me ha dicho. **15.** Ven antes de él si quieres. **16.** Hasta pronto (hasta luego).

I. 1. No he venido aquí nunca (jamás). **2.** Todavía se queja, con la suerte que tiene. **3.** Aun con la mejor intención, lo que hizo no estaba bien. **4.** No he estado en un sitio como éste jamás (nunca). **5.** Tan pronto como salgas, cierra la puerta. **6.** Ya verás cómo acaba aceptando tarde o temprano. **7.** De pronto, me dijo que no quería. **8.** Aún tiene ganas de seguir pilotando.

J. 1. No vengas muy tarde. **2.** Nunca (jamás) me ha traído flores. **3.** Nunca (jamás) estamos al tanto de lo que pasa. **4.** Las nieves fueron tempranas aquel año. **5.** Esa cartera nunca (jamás) la he visto ahí. **6.** El resultado apareció bastante pronto. **7.** Nos vemos de tarde en tarde.

K. 1. Soudain, il sursaute. **2.** Je te l'apporte dès que je pourrai. **3.** Dans l'immédiat, je ne pourrai pas résoudre cela, car je pars quelques jours à l'étranger. **4.** Il prétend encore me convaincre. **5.** Il veut parler sans même connaître le sujet. **6.** Tôt ou tard tu verras que nous allons avoir un contrôle. **7.** Jamais de la vie je n'y retournerai.

L. 1. Tarde o temprano acabará cediendo. **2.** ¿Trabaja todavía (aún) aquí? **3.** Tan pronto como llegó, empezó a llamar por teléfono. **4.** De pronto se levantó. **5.** Nos vemos de tarde en tarde. **6.** Tienes que decir dos palabras en la reunión de la tarde. **7.** Hasta pronto.

---

24. *Les adverbes de manière (p. 110)*

A. cortésmente - igualmente - seguramente - magníficamente - difícilmente - estupendamente - generalmente - únicamente - felizmente - comúnmente.

B. 1. Tienes que ponerte a trabajar inmediatamente. **2.** Son unos señores total y plenamente responsables. **3.** No hables tan alto, están durmiendo los niños. **4.** Hay que dialogar calmadamente y no discutir acaloradamente. **5.** Así es como debes hacer; de otro modo no te saldrá bien. **6.** La muchacha iba tan ligera como elegantemente vestida. **7.** Suelen hacerlo rápida, fácil y sencillamente. **8.** Este chico pega fuerte. **9.** Ahora lo veo todo clarísima y evidentísimamente. **10.** Todo se hizo humana y hábilmente. **11.** Entonces la mujer supo definitivamente lo que debía hacer. **12.** Resultaron grave o mortalmente heridos. **13.** Contestó serena e inteligentemente. **14.** Estaba triste y suspiró profunda y pesadamente. **15.** Las niñas esperaban quietas a la maestra.

C. 1. Estudian constante pero no seriamente. **2.** Se han producido algunos acontecimientos recientemente. **3.** Conviene proceder de otro modo. **4.** Se portaron perfecta y maravillosamente bien. **5.** Esta tierra es pura y sencillamente estéril. **6.** Corría ligera entre las flores. **7.** Lo que me pregunta no me molesta de ningún modo. **8.** Contéstame breve, pero clara y distintamente. **9.** Habla tan quedo (bajo) que no le escucha nadie. **10.** Los coches circulaban lenta, lentísimamente (muy lentamente).

25. *Les prépositions* a *et* en *(p. 112)*

A. 1. Ayer fuimos a las afueras a ver a unos amigos. **2.** Pasamos el verano en la finca de mis padres. **3.** Vamos a la casa de campo a descansar. **4.** Dentro de un mes tengo que ir a la Argentina. **5.** No metas la carta en el cajón. Déjala en la mesa. **6.** Tengo que llevar a los niños a la peluquería a que les corten el pelo. **7.** Después de muchos esfuerzos, Carlos Gil ingresó en la Escuela Diplomática. **8.** El domingo que viene estamos todos en casa. Ven a vernos si quieres. **9.** Vivimos de momento en Madrid, pero nos vamos a trasladar a Bilbao dentro de poco. **10.** El hijo de Cristina está estudiando en Sevilla. **11.** Acércate un momento a la panadería. **12.** Ponme el traje encima de la cama. **13.** Si tienes que ir a Palencia, no dejes de ir a ver a los tíos, que dicen que nunca vas a verlos. **14.** Enciérralo en el armario para que nadie lo toque. **15.** Quédate en casa sin moverte.

B. 1. Mira, tu libro se ha caído al suelo. **2.** Voy a meter (guardar) estos documentos en un lugar seguro. **3.** Siéntate en la mesa de una vez. **4.** Pedro ha ido al médico porque estaba malo. **5.** He ingresado el dinero en el banco esta mañana. **6.** Subo a buscar el diccionario. **7.** La secretaria ha dejado el informe en tu mesa. **8.** Tiene dificultades en su trabajo. **9.** Pon el mantel en la mesa. **10.** Jaime vive en Cataluña, en Tarragona, creo. **11.** Entró en un convento. **12.** ¡Ven aquí a decírmelo! **13.** Salgo un momento a buscar el periódico. **14.** Estamos en Madrid en este momento.

C. 1. La Constitución española fue aprobada en 1978. **2.** Volveremos a vernos en primavera a finales de abril. **3.** Esas cosas ya no ocurren en la actualidad, no es como antes, en otras épocas. **4.** ¿A cuántos estamos hoy? — Hoy me parece que estamos a veinticinco. **5.** Puede quedarse a prueba este producto y, si no le gusta, nos lo devuelve a los treinta días. **6.** ¿En qué estás pensando? — En nada de particular. **7.** A los tres días de llegar ya estaba diciendo que quería marcharse. **8.** Te lo digo en serio. Puedes confiar en mí. **9.** En abril, aguas mil. **10.** Termino esto en un momento y nos vamos. **11.** El paro ha disminuido en febrero en un uno por ciento. **12.** Recibirá el nombramiento a principios de verano. **13.** Hoy estamos a martes, ¿no? — Sí, creo que es martes. **14.** Ha puesto muchas esperanzas en el nuevo negocio. **15.** Aunque estaban hablando en voz baja, los oí claramente. **16.** La asamblea se manifestó en contra de la huelga.

D. **1.** Al día siguiente invitó a cenar a su madre y a su hermano. **2.** Se conocieron en un momento difícil para los dos (ambos). **3.** No lo sabía en esa época. **4.** Me marcharé a mediados de julio. **5.** En la actualidad (hoy en día) hay menos injusticias. **6.** A la semana de comprarlo, ya no funcionaba el lavavajillas. **7.** Pienso en ti todos los días. **8.** Ya no creo en Papá Noel. **9.** Los precios aumentaron en un tres por ciento. **10.** Se pronunció a favor del candidato mejor colocado (situado). **11.** Ya veremos a principios de año. **12.** Su traje estará listo en un instante.

---

26. *La préposition* de *(p. 116)*

A. **1.** Je vais donner à goûter aux enfants. **2.** Oui, souviens-toi, la dame en deuil qui est venue hier. **3.** Telle que tu la racontes, cette anecdote est difficile à croire. **4.** Cette veste est à mon ami Manuel. **5.** C'est une nouvelle machine à écrire. **6.** Ce serait très long à raconter. **7.** Ce foulard est en soie naturelle. **8.** Il est obligatoire de prendre une décision. **9.** Toute la famille vient d'arriver de Saint-Sébastien. **10.** Fabien était mort de fatigue. **11.** Le monsieur de l'autre jour est revenu, celui à la voix si bizarre. **12.** Qu'est-ce qu'il y a à manger aujourd'hui ? **13.** Marie s'est acheté un manteau de fourrure. **14.** Il est impossible de circuler en ville.

B. **1.** El jefe nos propuso salir media hora antes a cambio de trabajar el sábado, pero nos negamos. **2.** Ése sí que sería un proyecto interesante de hacer. **3.** Hemos decidido reconciliarnos y volver a empezar otra vez. **4.** ¿No le sería posible arreglarme el coche para la semana que viene? **5.** Es imprescindible preparar todo antes de que lleguen los invitados. **6.** Hay que tener cuidado con este producto. Es peligroso de manejar. **7.** Eso es fácil de comprobar. **8.** Es importante luchar contra este tipo de enfermedad. **9.** Observen bien ese retrato y estarán de acuerdo en que es de notar la influencia italiana. **10.** Sería necesario comprobar esos resultados en el laboratorio. **11.** Le prometió hacerlo pronto.

C. 1. Il est parti en week-end avec des amis. **2.** Quand il était enfant, il avait l'habitude de se promener dans le bois avec le chien de mes grands-parents. **3.** S'il avait fait des études, il aurait fait du droit. **4.** Je me suis endormie tout de suite, tellement j'étais fatiguée. **5.** La nuit je ne vois pas très bien. **6.** J'ai appelé la voisine du second, mais elle était de garde à l'hôpital. **7.** Je fais cours le matin et l'après-midi. **8.** Es-tu au courant que Marie travaille comme secrétaire au ministère ? **9.** Ne crois pas ce qu'il t'a dit, il devait plaisanter. **10.** Nous irons à la chasse le mois prochain.

D. 1. Le prometimos ir a verle. **2.** No está, está de fin de semana. **3.** Está (trabaja) de informático porque no ha encontrado trabajo en su especialidad (rama). **4.** De haber escuchado de joven sus consejos, no trabajaría (estaría) de obrero. **5.** En la foto es el que está de espaldas delante de Juan. **6.** He tenido que volver deprisa, del frío que tenía. **7.** ¿ De verdad (que) no la has visto ? **8.** Para viajar en buenas condiciones, habría que salir de madrugada. **9.** Todo lo que ha dicho era de mentira. **10.** Enrique ha encontrado trabajo de periodista. **11.** De niño, su madre le contaba cuentos. **12.** La minifalda vuelve a estar de moda (está de moda otra vez). **13.** No lo encontrarás en la oficina. Está de viaje. **14.** Tu padre ha salido de compras. **15.** Está de broma todo el tiempo.

---

27. *La préposition* **con** *(p. 120)*

A. 1. Podemos volver a intentar el trabajo con otros métodos. **2.** ¿ Con quién vas a ir de vacaciones ? — Con unos amigos de mi primo Julián. **3.** Cuando llegábamos, todo el mundo nos hacía señas con la mano para saludarnos. **4.** Con ser tan listo, le han suspendido ya dos veces en el examen de ingreso. **5.** La chica de azul viene hoy con vaqueros y con un peinado muy moderno. **6.** Tu hijo se ha presentado en casa de los abuelos tranquilamente con las manos en los bolsillos. **7.** Salió corriendo con el pelo despeinado y con toda la ropa deshecha. **8.** Esta carta está escrita con una máquina de escribir electrónica. **9.** De no cambiar completamente de política, no se va a ganar nada con destituir al nuevo director. **10.** He visto a Dª Margarita. Iba de luto riguroso, completamente vestida de negro. **11.** Nos ha recibido con su aire de suficiencia característico. **12.** Ha heredado una casa en La Rioja con varias hectáreas de viñedos.

B. 1. Con estar tan enfermo, sigue ocupándose de su empresa. **2.** En las últimas Navidades, la tía Carlota vino a casa con los brazos cargados de regalos. **3.** Me gustaría salir contigo. **4.** Nos ha anunciado con un tono tranquilo la decisión fatal. **5.** Perdona, pero vengo con las manos vacías. **6.** Nunca se puede saber con él lo que es verdad. **7.** Natalia se ha enfadado con todo el mundo. **8.** Está muy triste con sus problemas de trabajo. **9.** Paseaba con las manos en los bolsillos. **10.** Ha hecho eso con mala intención.

C. 1. Con lo bonito que es este vestido, no lo puedo comprar. **2.** Con lo divertida que está la fiesta, tengo que irme ahora. **3.** No es extraño que ese chico tenga un accidente con lo deprisa que conduce. **4.** Con lo necesaria que es la ampliación de capital, los socios no acaban de ponerse de acuerdo para realizarla. **5.** Tengo que esperar a un cliente, con lo apurado que estoy. **6.** Estos zapatos no los puedo llevar, con lo cómodos que son, porque están rotos. **7.** No me sorprende que Mariana haya perdido la cartera con lo despistada que es. **8.** Con lo mal que está hoy la circulación, tengo que ir al centro. **9.** Tienes que terminarlo pronto con lo fácil que es. **10.** Con lo complicado que es el problema, lo ha resuelto.

D. 1. No vas a adelantar nada con ir por ese camino. **2.** Con consultar con un abogado, te evitarías esos problemas. **3.** Con discutir las condiciones de trabajo, no se va a solucionar el conflicto. **4.** Con ser muy inteligente, a él también le han engañado. **5.** No adelantarías nada con saberlo.

E. 1. Basta con que me lo digas para que lo haga con mucho gusto. **2.** Nos anunció la noticia con cara satisfecha. **3.** Señores, contamos con todos Vds. para la campaña. **4.** Basta con apretar este botón. **5.** Gabriela soñaba con ser pintora. **6.** Se contentó con hacer lo que podía. **7.** Basta con que la secretaria escriba la carta a máquina. **8.** Lo haría con mucho gusto. **9.** Con todo (y con eso), persiste en decir lo mismo. **10.** ¡ Conque van a vender su casa !

---

28. *Les prépositions* por *et* para *(p. 124)*

A. 1. Quand nous nous sommes rencontrés dans la rue l'autre jour, au début je ne t'ai pas reconnu. **2.** Cette entreprise se trouve quelque part en banlieue. **3.** Si tu es d'accord, nous pouvons réserver une chambre pour deux ou trois jours. **4.** L'avion volait au-dessus des nuages. **5.** Pour le moment je suis au chômage, mais je cherche du travail. **6.** L'ambulance circulait entre les voitures. **7.** Nous reviendrons vers Pâques. **8.** Nous avons travaillé sans arrêt du matin au soir. **9.** Ils se sont parlés par la fenêtre. **10.** Nous pouvons vous laisser cette machine à l'essai pour deux semaines au maximum.

B. 1. Il semble que les voleurs sont entrés par le balcon. **2.** Venez dans quelques instants. M. Perez a du travail encore pour un moment. **3.** Il aimait marcher seul dans la ville. **4.** Cela se passait vers le mois de mai, lorsque la chaleur commence. **5.** Il convient d'envoyer ces commandes par la poste.

C. 1. El señor director le recibirá mañana por la mañana a las nueve. **2.** Esta calle la encontrará por la Plaza Mayor. **3.** Hemos paseado por el bosque. **4.** Por el momento, no se ha decidido nada. **5.** Entra por la puerta de la derecha al fondo del pasillo. **6.** Los niños corrían por entre los árboles. **7.** Nos volveremos a ver por Navidades. **8.** Doctor, no puedo dormir por la noche. **9.** No pases por delante de las personas mayores. **10.** Perdone, señora, por la molestia. **11.** Esta noticia ha sido difundida por varios periódicos. **12.** Por la noche, cuando hace buen tiempo, me voy a dar una vuelta por el puerto. **13.** Estamos buscando una casa por el sur de España. **14.** Ese disco tan raro a lo mejor lo encuentras por el Rastro.

D. 1. Si no quieres hacerlo por mí, hazlo por tus hijos que te están mirando. **2.** Este libro lo he comprado para tu padre, porque me lo ha encargado. **3.** Compré el libro por tu padre, porque me lo aconsejó. **4.** He traído este regalo para tu marido por su cumpleaños. **5.** Ha trabajado para esa empresa durante veinte años. **6.** Sigue trabajando en esa empresa por dinero. **7.** Toma, mil pesetas para ti y mil para tu hermano. **8.** ¡ Una limosna, por amor de Dios ! **9.** Este encargo no es para mí, es para la vecina de enfrente.

E. 1. J'ai payé cette robe 5 000 pts. en solde. **2.** Tu me prends pour un idiot ? **3.** Merci beaucoup pour toutes les attentions que tu as eues à mon égard (pendant) ces jours-ci. **4.** Échange appartement de deux chambres contre une maison en banlieue. **5.** Nous avons failli quitter la route. **6.** Au fait, pardonne-moi pour ce que je t'ai dit l'autre jour, je ne me suis pas rendu compte. **7.** Emporte un manteau, si jamais il fait froid. **8.** Finalement tu t'es décidé tout seul. **9.** Évidemment cette affaire peut t'intéresser. **10.** Je suis pour la modernisation du tissu industriel. **11.** Il me reste encore à livrer quelques commandes.

F. 1. Esa carretera está cortada por obras. **2.** El accidente ocurrió por la niebla. **3.** Cerrado por inventario. **4.** La novela ha tenido el premio por lo original del tema. **5.** No he podido venir antes por la circulación. **6.** Se ha decidido la huelga por mayoría de votos. **7.** Estaría por una separación definitiva. **8.** Hemos comprado este cuadro sólo por su valor afectivo y no por sus cualidades. **9.** Ha ido por el periódico. **10.** Por poco tiene un accidente por el granizo.

G. 1. Ce bouton sert à mettre la machine en marche. **2.** Son intervention est prévue pour le quinze juin. **3.** Nous partons pour Barcelone à la fin du mois. **4.** Regarde, c'est le cadeau que j'ai trouvé pour l'anniversaire d'André. **5.** Cet appareil ne sert à rien. **6.** Je n'ai envie de voir personne.

H. 1. Dice que no piensa trabajar en esa empresa por mucho dinero que le paguen. **2.** Ha sido designado Vd. para el cargo de director comercial por méritos propios. **3.** Muchas gracias por todo lo que has hecho por mí. **4.** Han pagado por el piso más de treinta millones. **5.** Estoy por no decir nada y así no hay problemas. **6.** Ven por casa para tomar una copa. **7.** ¿ Por quién vas a votar ? **8.** Han preguntado por Vd. para saber si podía ir mañana a la reunión. **9.** No diremos nada por ahora hasta que las cosas se calmen un poco. **10.** Lo han elegen para febrero. **11.** Me callé por no preparar un escándalo.

I. 1. Perdone, pero es que le he tomado por otra persona. **2.** Da este dinero a los niños. Es para ellos, por sus notas de fin de curso. **3.** Me han dicho que recibiremos la factura para el quince de enero. **4.** Esta nevera no sirve para nada. Hay que tirarla. **5.** Sobre todo por mí no lo hagas. Si lo haces es por gusto. **6.** La secretaria está preparando los dos contratos para sus clientes. **7.** Estaba para decirle algo. **8.** Este asunto no tiene ninguna importancia para ellos. **9.** He traído fruta para el postre.

---

29. *Les autres prépositions (p. 130)*

A. 1. Desde hace un mes no vamos al cine. **2.** La máquina estaba funcionando desde hacía media hora cuando se paró. **3.** Desde hacía un año las empresas estaban negociando ese acuerdo. **4.** Llueve desde hace tres días sin parar. **5.** ¿No los ves desde hace mucho tiempo? **6.** Desde hace media hora intento hablar con él, pero no contesta nadie. **7.** Desde hacía meses estaba pidiendo ese aumento de sueldo.

B. 1. Estábamos esperando esa contestación desde hacía un mes. **2.** Está roto desde el día que lo compré y así sigue. **3.** Lleva solicitando esa plaza desde el año pasado. **4.** Maruja y Ramón siguen enfadados desde aquella tarde en que discutieron tanto. **5.** Desde el mes que viene te aseguro que se va a portar mejor.

C. 1. Le menuisier a construit le meuble d'après les indications qu'on lui a données. **2.** Faites-les entrer à mesure qu'ils arrivent. **3.** Range les livres à mesure que je te les donne. **4.** À mesure que le temps passait, Sébastien se rendait compte de son erreur. **5.** D'après les apparences (à ce qu'il paraît), les choses s'améliorent.

D. 1. Desde el año pasado ella actúa según tus consejos. **2.** La casa se había quedado según la dejamos desde la última vez. **3.** Estamos sin noticias suyas desde hace un mes. **4.** Según yo, no hay otra solución.

E. 1. Tous lui tiennent rigueur et se mettent logiquement contre lui. **2.** Les gens commencèrent à arriver vers neuf heures du soir. **3.** Tu vas accepter le poste ? — Ça dépend. **4.** Tu trouveras une pharmacie à droite en sortant de la maison. **5.** J'ai acheté des fleurs en rentrant (sur mon chemin). **6.** Contrairement à ce qui a été convenu, la filiale espagnole commence à vendre au Portugal. **7.** Il est évident qu'il a pris cette décision contre sa volonté. **8.** Ces militants découvrirent tout à coup que la direction était contre eux. **9.** Tu l'attaques tellement qu'on dirait qu'il t'a fait quelque chose. **10.** Je t'apporterai ce que tu m'as demandé si je passe par Madrid. **11.** Ils contrôlaient les produits à mesure qu'ils les fabriquaient. **12.** Donne-moi les valises à mesure que tu les sors de la voiture. **13.** Écris au fur et à mesure que je te dicte.

F. 1. Hoy se han manifestado en contra suya. **2.** Parece ser que en la reunión todos opinaron en contra tuya. **3.** Van a reaccionar en contra vuestra. **4.** Los testigos declararon en contra suya. **5.** Si dices eso, se van a poner en contra tuya. **6.** La decisión se tomó en contra suya. **7.** Tú dices eso en contra mía.

G. 1. Nos quedaremos hasta el sábado que viene. **2.** El clima cambia hacia el norte. **3.** Para ir hasta Sevilla, tienes que tomar hacia el sur. **4.** Hazlo desde ahora. **5.** Tenemos un largo trayecto desde Santiago hasta Barcelona. **6.** Es una persona sin recursos económicos. **7.** Según tú, tenemos que coger a la derecha según salimos. **8.** No sé, según (y como, y conforme). **9.** Pasaré por allí según que termine pronto o tarde.

H. 1. El ministro habló sobre la situación económica. **2.** Pasamos mucho frío porque hacía quince grados bajo cero. **3.** Ante tales amenazas, tuvo que dejar todo lo que tenía. **4.** Emilio actúa así bajo la influencia de sus superiores. **5.** Se veían las nubes sobre las montañas. **6.** Debemos reaccionar con prudencia ante ciertos cambios tecnológicos. **7.** La guerra continuó ante (tras) el fracaso de las negociaciones y tras un avance progresivo de tropas. **8.** Hizo fortuna rápidamente tras una serie de operaciones en las que tuvo mucha suerte. **9.** Andaba escribiendo un libro sobre la deuda internacional. **10.** Ante su obstinación, no insistimos más.

11. García andaba tras ese puesto en el extranjero desde hacía bastante tiempo y por fin se lo han dado. **12.** Cuesta sobre 2 000 pts. más o menos. **13.** Tras muchas discusiones, llegaron a un acuerdo. **14.** No pudimos hacer nada, porque cuando llegamos ya estaban sobre aviso. **15.** Hace un calor insoportable : treinta grados sobre cero.

I. 1. Hemos recibido dos contestaciones de cada tres. **2.** Ante esas dificultades, ha tenido que cerrar la empresa. **3.** Había sobre (unas) cincuenta personas. **4.** Sobre todo, no hagas nada. **5.** Esos hombres iban tras un ideal. **6.** Está constantemente sobre aviso. **7.** Tras esos acontecimientos, la situación estaba más tranquila. **8.** No sé por qué estaba tras esa chica. **9.** Ha tenido un accidente por estar (porque estaba) bajo los efectos del alcohol. **10.** Eso ocurría bajo la dictadura de Franco. **11.** Señores, ante todo, quiero darles las gracias. **12.** Su vida fue una carrera tras la libertad. **13.** Ha cedido bajo las amenazas.

---

30. *Le complément direct (p. 136)*

A. 1. Encontró un empleo rápidamente. **2.** Había muchas personas, pero sólo conocí a algunas de las que me hablaste y no a las otras. **3.** Saludé a D. Luis y a su mujer. **4.** D. Quijote montaba a Rocinante. **5.** Le temo a ése que viene ahí con la moto. **6.** Aquí no admitimos a nadie en esas condiciones. **7.** Por fin descubrí unos verdaderos especialistas en la cuestión. **8.** En esa ciudad fronteriza vimos soldados y policía por todas partes. **9.** Os llevo a todos si queréis. **10.** Ya han elegido presidente. **11.** Están contratando obreros en aquella obra. **12.** Llama a los niños para que vengan a cenar. **13.** Detesto a ése de pelo rubio que no sé cómo se llama. **14.** Estoy esperando a mis amigos. **15.** No molestes a esos señores.

B. 1. Ha fotografiado (a) personalidades de la moda, (a) actores y (a) actrices. **2.** Avisa al que llegó ayer. **3.** No he hecho más que transportar pasajeros toda mi vida. **4.** No entiendo a tus padres. **5.** Señorita, llame al Sr. Durand. **6.** Pide una nueva secretaria desde hace un mes. **7.** Os estoy retrasando a ti y a tu mujer. **8.** No quiere a nadie, excepto a sí mismo. **9.** He encontrado un fontanero que no es muy caro. **10.** Hemos preparado a Cecilia para el examen. **11.** No se sirve a los que llegan tarde. **12.** Llama a cualquiera para eso. **13.** No he conocido a nadie (a ninguno) de ese nombre. **14.** El dictador encarceló (a) mujeres y niños. **15.** No aprecio mucho a esa persona.

C. 1. Estuve visitando Las Alpujarras. **2.** Necesitamos urgentemente representantes para la zona Norte con coche propio. **3.** Invitaron a unas cincuenta personas. **4.** Este vino puede acompañar muy bien (a) estos mariscos. **5.** Le temo como a la peste. **6.** El turismo está matando la corrida de toros. **7.** Recomendé tu amigo a mi hermano, el de Madrid. **8.** Estuvimos atendiendo (a) excursionistas y turistas toda la tarde sin parar un momento. **9.** Cogió los niños a su padre. **10.** Miro (a) esos campos desolados para encontrar algún recuerdo de mi infancia. **11.** Recibimos tus cartas sin que faltara ninguna. **12.** Llamé (a) los cielos y no me oyeron. **13.** Mandé la pequeña a mis tíos. **14.** Esperaban (a) mucha gente y no vino nadie. **15.** Enseñaba a niños pequeños en una escuela.

D. 1. Ella prefiere ese chico a Daniel. **2.** He tenido que presentar el nuevo a todo el mundo. **3.** Hemos alquilado este apartamento a varias personas. **4.** Este alcalde ha ayudado al pueblo como nadie lo había hecho hasta entonces. **5.** Detesto (a) esos animales porque son sucios. **6.** Las nubes preceden siempre a las tormentas. **7.** Ayer los vecinos llevaron a tu sobrino al dentista. **8.** He abierto una nueva tienda este verano. **9.** Vd. había conservado buenos amigos en Buenos Aires, señor. **10.** La señora castigó a su perro. **11.** Tranquiliza a todo el mundo. **12.** Acusó al cansancio de su mal humor. **13.** Aquí llamamos con otro nombre a ese plato. **14.** Las tropas han atacado (a) la capital. **15.** Llama a un policía.

---

31. *Les compléments de lieu et de temps (p. 140)*

A. 1. Viven en la capital. **2.** Alguien te espera a la entrada. **3.** Dejó el dinero en la mesa. **4.** Paquita no está en casa ahora. **5.** Se fue a casa. **6.** Llevo la cartera en el bolsillo. **7.** La

Universidad se halla a la salida de la ciudad. **8.** Íbamos a misa los domingos. **9.** España ha ingresado en la CEE. **10.** El pueblo está a 15 kilómetros de la ciudad.

B. 1. Se circula por la ciudad con dificultad. **2.** Suele viajar a menudo de/ desde Madrid a/ hasta Barcelona. **3.** Regresó a/ de Francia en tren. **4.** Salieron ayer para Bruselas y todavía no han llegado. **5.** Por esta zona no ha llovido nada. **6.** Esto no ocurre en otros países. **7.** Al ir a Sevilla pasaron por Granada. **8.** ¿Son Vds. de Andalucía? **9.** La lámpara está en/ sobre/ encima de la mesa. **10.** Pasaremos por delante de tu casa.

C. 1. Trabaja en un banco. **2.** Los niños corren hacia la playa. **3.** Acaba de salir para la oficina. **4.** Cuando llegué no estaban en la estación. **5.** Fueron en coche hasta Madrid. **6.** Pasamos por Londres la semana pasada. **7.** España está al sur de los Pirineos. **8.** Entró en casa por la ventana. **9.** Hay alguien a la puerta. **10.** Desde mi ventana se divisa el castillo.

D. 1. Se casó en agosto. **2.** Acabó el trabajo en dos días. **3.** A los 18 años ya tenía el carnet de conducir. **4.** Lo arreglaré en un par de horas. **5.** Llegaron a las 7 de la tarde. **6.** Este pintor vivió en el Siglo de Oro. **7.** Aprendieron a leer en pocos meses. **8.** ¿A cuántos estamos? **9.** A los pocos minutos estábamos de vuelta. **10.** Estará allí en/ dentro de una semana.

E. 1. Suele nevar por Navidad. **2.** El informe ha de estar listo para el día 2. **3.** Nos veremos en/dentro de una semana. **4.** Esto lo haremos por la tarde. **5.** Están abiertos de día y cierran de noche. **6.** Acabará el libro de hoy en dos meses. **7.** Te he esperado desde las 5 hasta las 6. **8.** El señor director llegará en/ dentro de/ al cabo de una hora. **9.** Aquí sólo trabajan de lunes a viernes por las mañanas. **10.** No lo he vuelto a ver desde las últimas vacaciones.

F. 1. Se marcharon (fueron) al cabo de tres años. **2.** Pasé a verte sobre/ hacia las diez. **3.** Horas de consulta: de 9 a 1 (desde las nueve hasta la una). **4.** Quiero que todo esté listo para mañana. **5.** Terminó la guerra civil en 1939. **6.** Ha tenido que guardar cama hasta hoy. **7.** Se conocieron a los veinte años. **8.** No se vaya; la atiendo en/ dentro de un minuto, señora. **9.** No lo he llamado desde hace tres días. **10.** En el mes de julio, estaremos de viaje.

32. *Les compléments de cause, d'agent et de but (p. 144)*

A. **1.** Te lo doy por (caerme) simpático. **2.** Estaba contento por irse de vacaciones al día siguiente. **3.** No pude comprar aquel cuadro por quedarme sin dinero en el último momento. **4.** Tuve que tirar varios trajes por (estarme) estrechos. **5.** Cerraron la circulación al tráfico por (producirse) un accidente muy grave. **6.** Le tocó pagar un suplemento por (traer) exceso de equipaje. **7.** Se pusieron en huelga por las malas condiciones de trabajo. **8.** No hubo aumento de plantilla por la restricción del presupuesto. **9.** Le suspendieron por trabajar poco. **10.** Le estoy muy agradecido por haberme hecho muchos favores. **11.** Se tuvieron que volver a casa por no haber entradas en el cine. **12.** Establecimiento cerrado al público por vacaciones anuales.

B. **1.** No veo nada por el sol. **2.** Está muy mal visto por sus opiniones políticas. **3.** Han tenido que destruir el edificio por no respetar las normas de seguridad. **4.** Ha tenido ese puesto por oportunista. **5.** No vendrá por el frío. **6.** Siempre voy a ese garaje por su seriedad (ser serios). **7.** Nadie le dirige la palabra de puro desagradable. **8.** La licenciaron por llegar siempre tarde. **9.** Le han ascendido a Daniel por su entrega y cualidades personales. **10.** De puro ingenuo, todo el mundo le engaña.

C. **1.** Están arreglando todo para la fiesta del pueblo. **2.** Hemos terminado tarde por culpa de Juan. **3.** Toma un poco más. Esto es bueno para la salud. **4.** Fue condenado por el tribunal a pagar una indemnización por daños y perjuicios. **5.** Este producto puede servir también para la limpieza de la casa. **6.** No te molestes. Yo puedo ir por las entradas. **7.** Es una persona que puede ser muy útil para ese tipo de negociaciones. **8.** No pudimos hacer la entrega en los plazos previstos por un retraso en el aprovisionamiento. **9.** Gracias por tus consejos, pero no los necesito para nada. **10.** Toma algo de dinero para el fin de semana. **11.** Necesitamos dos ingenieros más para el proyecto. **12.** Se presentó por propia iniciativa. **13.** Podemos alquilar un coche para esa visita de inspección a provincias. **14.** Han sido destruidas doscientas hectáreas por el fuego.

D. 1. Salgo un momento por el periódico. **2.** Se está construyendo una casa en la costa para su jubilación. **3.** Tenemos que hacer la compra para la cena. **4.** Voy a pedir un préstamo para la financiación de los nuevos equipamientos (equipos). **5.** Me he quedado impresionado por la pobreza de ese país. **6.** Voy a hacer las maletas para el viaje. **7.** Por una razón desconocida de (por) todos nosotros, cambió completamente de carácter. **8.** Todo había sido preparado por el servicio del personal para la llegada del nuevo director. **9.** La familia se había reunido para el cumpleaños del menor. **10.** Vengo a decirte algo importante. **11.** La decisión ha sido tomada por el presidente. **12.** Baja por un litro de leche.

---

33. *Le complément de manière (p. 148)*

A. 1. Dormía con los ojos abiertos. **2.** ¿Estás hablando en serio o en broma? **3.** No iremos a pie; iremos en autobús. **4.** La máquina de coser está estropeada. **5.** ¿Te gusta el café con leche? **6.** Iré disfrazada de gitana con un vestido alquilado. **7.** Con paciencia llegará a ser rico. **8.** Se venden pisos de 3 ó 4 habitaciones. **9.** Supongo que vendrán en avión. **10.** Se limpió los zapatos con una bayeta.

B. 1. Vive con otras dos chicas de su edad. **2.** Sabe montar a caballo y se niega a ir en mula. **3.** Me miró con mucha atención. **4.** Usa una plancha de vapor. **5.** Se pusieron en orden en fila india. **6.** Le gritó con todas sus fuerzas. **7.** Les ruego hablen Vds. en voz baja. **8.** ¿Por qué no actúas con lógica? **9.** Escriba los datos a máquina o con (en) letra de imprenta. **10.** Hemos visto a unas japonesas con quimono.

C. 1. Los niños escriben con pluma. **2.** Ten seguro que no se presentarán con las manos vacías. **3.** Se fue a Roma en autostop. **4.** Habla con un marcado acento alemán. **5.** Entró en la iglesia con la cabeza descubierta (descubierta la cabeza). **6.** Todo esto, habrá que demostrarlo con ejemplos. **7.** Haz las cosas con cuidado. **8.** En esta tienda venden cocinas de gas. **9.** La puerta del garaje se abre con un mando a distancia. **10.** Quiere que conduzca a toda costa.

34. *Les pronoms personnels sujets (p. 150)*

A. 1. No, nosotros no lo hicimos. **2.** No, no fui yo. **3.** No, yo no subo. **4.** No, yo no estuve. **5.** No, yo no voy. **6.** No, nosotros no lo sabíamos. **7.** No, yo no lo sabía. **8.** No, yo no iba con Julio. **9.** No, nosotras no vamos a verlo. **10.** No, yo no tengo billete.

B. 1. Entonces, ¿ van Vds. mañana ? **2.** ¿ Puede traerme Vd. ese libro ? **3.** ¿ Cuándo piensan venir Vds. ? **4.** ¿ Saben Vds. algo ? **5.** ¿ Quiere Vd., pasar por casa ? **6.** ¿ No están Vds. esta tarde en casa ? **7.** ¿ Comprende Vd. lo que digo ? **8.** Tienen Vds. que perdonarme. **9.** ¿ Pueden salir Vds. esta noche ? **10.** Ayer hablaba Vd. en otro tono.

C. 1. ¿ Era Vd. ? **2.** ¿ Fueron (eran) Vds. ? **3.** ¿ Estaban Vds. allí cuando pasó ? **4.** ¿ Sabían Vds. algo ? **5.** ¿ Se lo dijo Vd. ? **6.** ¿ Le vieron Vds. ayer ? **7.** ¿ Estaba Vd. al tanto ?

D. 1. Señora, ¿ puede enseñarme el traje que está en el escaparate ? **2.** Señor García, me dará Vd. su contestación mañana. **3.** Señorita, Vd. me preocupa mucho **4.** Si quieres, vamos juntos. **5.** Si ella no me quiere, estoy perdido.

E. 1. Anoche llegamos tarde. **2.** No, yo soy Antonio Marcos. **3.** Los empleados de esta empresa trabajamos mucho. **4.** Ya lo sabíamos. **5.** No, nosotros somos de Bilbao. **6.** Eso lo habíamos dicho nosotros antes que tú. **7.** Te lo digo yo. **8.** Si quieres, nos vamos. **9.** Yo, al contrario, no lo soporto. **10.** Señora, Vd. decía antes lo contrario. **11.** (Nosotros) los andaluces somos un poco trágicos. **12.** Bueno, luego paso por tu casa. **13.** No, te aseguro que no he sido yo. **14.** (Vosotras), las dos niñas del fondo, venid un momento. **15.** De ninguna manera, esto lo pagamos nosotros. **16.** Nosotros, desde luego, no estamos de acuerdo.

F. 1. Nosotros lo hemos hecho (Somos nosotros los que lo hemos hecho). **2.** En cambio, yo no estoy de acuerdo. **3.** No soy yo. Eres tú. **4.** Ellos lo sabían. **5.** Ello tiene inconvenientes. **6.** No lo he dicho yo. **7.** Tiene Vd. razón, señor. **8.** Yo creía que no estabas. **9.** Vd. lo dice. **10.** Tú lo has querido. **11.** Señor, se le olvida el paraguas. **12.** Antes tu amiga y tú veníais más a menudo. **13.** Hemos hablado toda la tarde. **14.** ¿ Qué me ha pedido, señora ? **15.** No sabía nada.

16. Entre tú y yo ha pasado algo grave. **17.** Hasta (incluso) yo puedo hacerlo. **18.** Excepto Vd., señor, los demás pueden pasar. **19.** Según ellos no hay otra solución.

35. *Les pronoms personnels compléments sans préposition*
(p. 154)

A. 1. Sí, la tengo. **2.** Sí, las hay. **3.** Sí, lo (le) conozco. **4.** Sí, los vendemos. **5.** Sí, la he terminado. **6.** Sí, la hemos visto. **7.** Sí, los (les) fui a ver. **8.** Sí, lo tienen. **9.** Sí, lo (le) admiramos.

B. 1. Estoy buscando a Pablo. ¿ Lo (le) has visto ? **2.** ¿ No sabes poner un clavo ? Yo lo pondré. **3.** No quiero esta revista, ya la he leído. **4.** Las entradas para el fútbol, ¿ dónde las venden ? **5.** A tus amigos sólo los (les) conocimos ayer. **6.** Todavía no las has saludado a tus tías. **7.** ¿ Trajiste el transistor ? — No, lo dejé en casa. **8.** No recuerdo cuándo los (les) he visto a tus primos. **9.** La invitaron a cenar a Alicia pero estaba enferma. **10.** Esta palabra no la pronuncia Vd. bien.

C. 1. Esta ciudad me encanta. **2.** Hasta hoy, nadie lo (le) esperaba a Vd., señor. **3.** ¿ Me escuchas ? — Sí, te escucho. **4.** ¿ Sabes la noticia ? — No, no la sé. **5.** Este libro nos interesa mucho. **6.** ¿ Traes el pan ? — Sí, lo traigo. **7.** Lo (le) he visto cuando aparcaba el coche. **8.** Estas casas, las visité la semana pasada. **9.** ¿ Te molesta el humo ? — No, no me molesta. **10.** ¿ Has leído su carta ? — No, no la he leído.

D. 1. c **2.** a **3.** c **4.** b **5.** a

E. 1. ¿ De dónde tienes estas revistas ? Me las han regalado. **2.** El cuadro que vende este pintor es malo. ¡ No se lo compre ! **3.** ¿ Dónde está mi pipa ? No lo sé. **4.** Le ofrecieron un buen empleo, pero no lo aceptó. **5.** Miguel no conoce el chiste, ¿ se lo contamos ? **6.** Si queréis la casa para las vacaciones, os la dejamos. **7.** ¡ No digan Vds. nada ! Se lo ruego. **8.** Este reloj que llevas, ¿ a cuánto te lo vendieron ? **9.** Les dices a tus padres que no se preocupen. **10.** Creía que sus problemas eran graves, pero no lo eran.

F. 1. No hará ningún esfuerzo si no se lo pides. **2.** ¿ Nos perdonas ? — Sí, os perdono. **3.** Le falta una rueda a esta bicicleta. **4.** No entiende el tema aunque se lo expliqué.

5. Señores, si quieren Vds. un formulario, se lo facilitaré.
6. Este libro, lo he visto en una tienda y lo he comprado.
7. ¿ Se lo habéis dicho ? — Sí, se lo hemos dicho. **8.** Aunque parece autoritaria, no lo es. **9.** A mi hermanita la llevamos al médico. **10.** Señoras, les regalo (a Vds.) estas entradas para el concierto.

---

36. *Les pronoms personnels compléments précédés d'une préposition (p. 158)*

A. 1. Es para él. **2.** Es para mí. **3.** Es para ellos. **4.** Es para vosotros. **5.** Es para Vd. **6.** Es para nosotros. **7.** Es para ella. **8.** Es para Vds. **9.** Es para nosotros.

B. 1. Esta carta es para ti. **2.** Dice que se acuerda mucho de mí. **3.** Me habló muy bien de ellos. **4.** Nunca ha habido problemas entre tú y yo. **5.** No he sabido nada de ellas últimamente. **6.** Para mí, Italia es un país muy atractivo. **7.** Precisamente nos referíamos a ti y a él. **8.** Lo hice por Vd. **9.** Siento mucho marcharme sin ella. **10.** Todos, salvo yo, se fueron a la playa.

C. 1. Estas flores son para ti. **2.** Fue denunciado por él. **3.** No hay nadie detrás de vosotros, hijos. **4.** Sin ti, estaba perdido. **5.** Según yo, esta película no tiene ningún interés. **6.** Ya no piensa en ellos. **7.** No puede vivir lejos de ella. **8.** Excepto tú, no hubo herido alguno. **9.** Estaba delante de Vd., señora. **10.** Todos están de acuerdo, salvo tú y yo.

D. 1. Lo he visto en la calle contigo. **2.** No te preocupes; está conmigo. **3.** Tengo cita con él a las diez. **4.** ¿ Queréis venir con nosotros ? **5.** Antonio no se lleva bien conmigo. **6.** ¿ Me permitís que me siente con vosotros ? **7.** ¿ Se marchó contigo ? **8.** Estaba hablando con ellos. **9.** No me gusta viajar contigo. **10.** ¿ Por qué no vienes conmigo al cine ?

E. 1. Le advierto a Vd., señora, que no sé nada. **2.** A él (ella o Vd.) no le habíamos dicho nada. **3.** A nosotros (-as) no nos gustan las riñas. **4.** ¿ Te lo ha contado todo a ti ? **5.** Chicas, ¿ os encantan las fresas a vosotras ? **6.** A ellos (ellas, Vds.) les compré muchos libros. **7.** A mí estas cosas no me parecen bien. **8.** Señorita, le pregunto a Vd. si ha llamado alguien.

9. A mí me preocupa mucho este asunto. **10.** ¿A ti te regalaron algo tus padres?

F. 1. Ha venido de compras conmigo. **2.** A ti te admira mucho. **3.** Iré contigo si hace falta. **4.** Cállate; no quiero pensar en todo ello. **5.** Estabas detrás de mí y no te veía. **6.** A mí no me gusta mucho la corrida. ¿Y a ti? **7.** Mirábamos delante de nosotros con mucho interés. **8.** Siempre ha sido muy amable conmigo. **9.** Le agradezco a Vd. la visita, señor. **10.** Cenaré con Vd. mañana, señora.

---

37. *Les pronoms personnels réfléchis (p. 162)*

A. 1. Se corta el pelo una vez al mes. **2.** Está loco, se escribe postales a sí mismo. **3.** Os preocupáis demasiado. **4.** Se levantan a las siete todos los días. **5.** Aquellos señores se odiaban a muerte. **6.** Cuando voy al campo, me aburro muchísimo. **7.** De niños, nos peleábamos por cualquier motivo. **8.** Se marchó de casa hace dos años. **9.** Si hacéis esto, algún día os arrepentiréis. **10.** Este muchacho siempre habla consigo mismo.

B. 1. No me acuerdo de tu dirección. **2.** No recordaba dónde había dejado el coche. **3.** Acordaron volver a reunirse dentro de dos semanas. **4.** Entró y se sentó para leer el periódico. **5.** Un café después de comer siempre sienta bien. **6.** Ya no tiene fiebre y se siente mucho mejor. **7.** Sentimos mucho que Vd. no nos haya esperado. **8.** Hemos decidido que iríamos a la boda. **9.** Si no te decides a hablarle hoy, no lo harás nunca. **10.** Se quedó un día en Madrid y salió para Sevilla.

C. 1. Me voy ahora mismo. **2.** ¿Os queréis mucho? (¿Se quieren Vds. mucho?) **3.** Nos duchábamos todas las mañanas. **4.** ¿Cuándo se marchan Vds., señores? **5.** Cuando lo vio se quedó estupefacta. **6.** Este niño se porta muy mal. **7.** Nos levantábamos y nos acostábamos muy tarde. **8.** Se viste con elegancia. **9.** Se arruinaron completamente. **10.** Se examinó de historia esta mañana.

D. 1. b **2.** a **3.** b **4.** c **5.** c

E. 1. Nos metimos en un taxi y llegamos en media hora. **2.** Se

le perdió la llave y no podía entrar. **3.** No te he traído el
reloj; se me olvidó. **4.** ¿Te has enterado de las últimas
noticias? **5.** El gato se ha bebido toda la leche. **6.** Ya me lo
sospechaba yo. **7.** ¿Os habéis puesto el impermeable?
8. ¿Te das cuenta de lo que dices? **9.** Hablas bien pero se te
nota a veces el acento francés. **10.** Se estuvieron quietos
durante toda la conferencia.

F. 1. Siempre ha vivido para sí (misma). **2.** Se nos ocurrió esta
idea ayer. **3.** Todo ello, me lo sé de memoria. **4.** Miraba
fijamente delante de sí. **5.** De tanto beber, os pondréis
malos, niños. **6.** Estaba fuera de sí. **7.** No es lo que quería
decir; se me escapó. **8.** Ayer se quedó todo el día en su
habitación. **9.** Se le olvidó cerrar la puerta. **10.** No se llevan
bien entre sí.

---

38. *L'enclise (p. 166)*

A. 1. Cógelo del cajón. **2.** Dime eso. **3.** Tráelos rápido.
4. Ponlo ahí encima. **5.** Quitaos los abrigos. **6.** Hazle caso.
7. Arrepiéntete de eso. **8.** Vete enseguida. **9.** Dúchate con
agua fría. **10.** Déjalo. **11.** Cuéntalo. **12.** Ponlo ahí.
13. Vuélvelo a decir.

B. 1. Debes analizarlo con cuidado. **2.** Va a enfadarse.
3. ¿Puedo hablarle un momento? **4.** Está discutiéndonos el
precio. **5.** Vas a escribirle. **6.** Tengo que estudiarlo. **7.** Sigue
molestándome. **8.** Anda diciéndolo por ahí. **9.** Quiero devol-
veros el dinero. **10.** Vas a aburrirte. **11.** Voy a contároslo.
12. Tengo que decirles una cosa.

C. 1. Vengo a pedirte un favor (te vengo a...). **2.** Acostaos, niños.
Ya es tarde. **3.** Déjale hablar. Quiere decirlo (lo quiere decir).
4. Acaba de traerlo (lo acaba de traer). **5.** Viene a traerme un
paquete. **6.** Voy a verlo (lo voy a ver). **7.** Duérmete rápido.
8. Piénsalo bien. **9.** No lo hagas. **10.** Cállate.

D. 1. Dáselos. **2.** Se lo he dicho. **3.** Puedes contársela a todo el
mundo (se la puedes contar). **4.** El jefe no los (les) deja
tranquilos. **5.** Tienes que traducirlo (lo tienes que traducir)
sin diccionario. **6.** No haberlos despertado tan temprano.
7. No lo cojas. **8.** Tenemos que entregárselo (se lo tenemos

que entregar). **9.** Quiero que se lo lleves de mi parte.
10. Podemos pedírsela (se la podemos pedir). **11.** Nos la
sugiere a todos. **12.** Ese médico se lo aconsejó.

E. 1. Cuéntaselo a Gabriel. **2.** Apréndetela. **3.** Piénseselo.
4. Prohibídselo. **5.** Déjamelo. **6.** Sáquesela. **7.** Acostémonos
pronto. **8.** Enséñamela. **9.** Marchémonos. **10.** Léelo.
11. Preséntamela. **12.** Dínoslo.

F. 1. Se le ha ocurrido irse sin despedirse. **2.** Se lo he dicho
varias veces. **3.** Déjamelos (préstamelos). **4.** Después de
haberlo comprado, no lo utilizaba. **5.** Acabo de decírtelo (te
lo acabo de decir). **6.** Quería regalársela. **7.** Dáselo a ellos.
8. Tenía que acompañarnos; se le ha debido olvidar.
9. Descansemos un momento. **10.** Pruébate este modelo.
11. Después de haberse despertado, se levantó.

---

39. *Les pronoms-adverbes* en *et* y *(p. 170)*

A. 1. Sí, la necesito. **2.** Sí, me habló de ellos. **3.** Sí, las saqué.
4. Sí, pienso en ellos. **5.** Sí, me alegro de ello. **6.** Sí, (allí)
fueron. **7.** Sí, pasa mucha gente (por ellas). **8.** Sí, aquí estoy
(en ella). **9.** Sí, de allí venimos. **10.** Sí, estamos a gusto
(en él).

B. 1. ¿Irán Vds. a San Sebastián? Sí, allí vamos a veranear. **2.** No
conozco a su padre pero me habla mucho de él. **3.** Tengo
muchos libros, mi casa está llena de ellos. **4.** ¿Tienes alguna
duda de ello? Pues no lo dudes. **5.** Cómprame guantes, los
necesito. **6.** No sabíamos lo sucedido porque no quería
hablarnos de ello. **7.** Es una mentirosa, no te fíes de ella.
8. Pienso ir a la boda y me visto para asistir a ella. **9.** ¿Penas?
¡Quién no las tiene! **10.** Necesita gritar, se siente obligado a ello.

C. 1. ¿Te acuerdas de ella? — Sí, a menudo pienso en ella.
2. ¿Adónde vas? — Al mercado. — De allí vengo. **3.** Siéntese
Vd., señor, se lo ruego. **4.** Quiere a su mujer y es querido por
ella. **5.** ¿Te gusta Barcelona? — Sí, fui (estuve) allí varias
veces. **6.** Fui a España y conozco su capital. **7.** ¿Conoce Vd.
a esta gente? Me han hablado de ella. **8.** Sólo me quedaré
tres días aquí, me aburro. **9.** ¿Vienes a pasear? — Sí, voy
contigo. **10.** Recibió mis cartas, pero no las contestó.

D. 1. a **2.** a **3.** b **4.** c **5.** b **6.** a **7.** c **8.** b **9.** b **10.** c **11.** c **12.** a

E. 1. Ya no tienen coche ; antes tenían dos. **2.** ¿ Amigos ? Tengo tantos como él. **3.** Una maleta no bastaba, hizo falta otra. **4.** Dame noticias suyas cuando las tengas. **5.** Entre mis amigos, los hay que viven en España. **6.** ¿ Quieres un caramelo ? — No, he comido bastantes. **7.** Me dio mil pesetas y me prometió otras tantas al día siguiente. **8.** Entonces tenías 14 años y yo tenía 20. **9.** Hay habitaciones de 9 000 pesetas y las hay de 5 000.

---

40. *Le présent de l'indicatif (p. 174)*

A. pregunto ; preguntamos — respondo ; respondemos — sé ; sabemos — luzco ; lucimos — caigo, caemos — he ; hemos — merezco ; merecemos — traigo ; traemos — protejo ; protegemos — veo ; vemos — oigo, oímos — nazco ; nacemos — llego ; llegamos — quepo ; cabemos — distingo ; distinguimos — hago ; hacemos — leo ; leemos — venzo ; vencemos — conduzco ; conducimos — doy ; damos

B. 1. Hoy vamos de excursión. **2.** Tengo una gran biblioteca. **3.** ¿ Reconoce Vd. estas fotografías ? **4.** Sois muy simpáticos. **5.** Pongo siempre la mesa. **6.** Este árbol produce mucha fruta. **7.** Este reloj vale un dineral. **8.** Le agradezco su visita. **9.** Sus padres están enfermos. **10.** Los niños obedecen a sus padres.

C. 1. Las hojas (se) caen de los árboles. **2.** Corremos por el campo. **3.** Traduzco del francés al español. **4.** Escribe una nueva novela. **5.** Las computadoras se introducen en el país. **6.** ¿ Por qué no abres la ventana ? **7.** Llama a la puerta. **8.** Te digo la verdad. **9.** Subís una cuesta. **10.** Vengo de la estación.

D. quieres ; queréis — adquieres ; adquirís — muestras ; mostráis — concibes ; concebís — distribuyes ; distribuís — envías ; enviáis — duermes ; dormís — tienes ; tenéis — concluyes ; concluís — puedes ; podéis — sigues ; seguís — actúas ; actuáis

E. apretar — decir — gobernar — elegir — atribuir — colgar — instruir — venir — inquirir — vestir

F. 1. Cada año se acrecienta su caudal. **2.** Los ladrones huyen de la policía. **3.** Paco almuerza diariamente conmigo. **4.** ¿Cuándo piensa Vd. marcharse? **5.** Juan y yo contamos contigo. **6.** Las clases comienzan a las nueve. **7.** El niño juega con su cochecito. **8.** Las empresas invierten mucho. **9.** El ruido me impide dormir bien. **10.** ¿Quién construye este edificio?

G. 1. ¿Por qué repites siempre la misma pregunta? **2.** Este chico miente descaradamente. **3.** Sueño con salir de viaje. **4.** Las tormentas destruyen las cosechas. **5.** Los niños meriendan a las seis. **6.** ¿Cuánto mide Vd., señor? **7.** El perro de nuestro vecino muerde.

H. 1. Escucho la radio. **2.** Pasado mañana te lo digo. **3.** Todos estábamos asustados y en eso se abre la puerta. **4.** Te hablo y no me prestas atención. **5.** Eso que afirmas es una tontería. **6.** A mí no me haces creer esas mentiras. **7.** La próxima semana empezamos el nuevo curso. **8.** Casi me rompo una pierna cuando intenté limpiar la araña. **9.** Últimamente trabaja con mucho interés. **10.** La próxima vez no abro la boca y así no te enfadas. **11.** Dentro de poco son los exámenes y todavía me pregunto si me presento o no.

I. 1. Ya estábamos de acuerdo y de repente dice que quiere irse. **2.** Cruzas la avenida, sigues todo recto y llegas a casa. **3.** El coche en el que viaja el Presidente se acerca al lugar donde le espera el Primer Ministro. **4.** Tú haces lo que te han dicho y sin protestar. **5.** Si me dices qué día tengo que hacerlo, yo mismo voy y entrego tu trabajo. **6.** Mira, tú vas y le dices lo que quieres hacer. **7.** Cuando termines el dibujo, me lo regalas, ¿verdad? **8.** Me llamas por teléfono y me dices cuando puedes pasar por casa. **9.** Renuncias a ese dinero; me lo das a mí y yo te lo agradezco.

J. 1. El agua hierve a 100 grados. **2.** En las grandes ciudades, mucha gente se siente sola. **3.** Vamos a ir a Marruecos el mes que viene. **4.** Tomo el café con azúcar. **5.** El que calla, otorga. **6.** Desde hace 5 años veraneo en España.

41. *Le présent du subjonctif (p. 180)*

A. beba ; bebamos — haya ; hayamos — vea ; veamos — haga ;
hagamos — diga ; digamos — quepa ; quepamos — traiga ;
traigamos — esté ; estemos — ponga ; pongamos — avise ;
avisemos — valga ; valgamos — asga ; asgamos — sepa ;
sepamos — caiga ; caigamos — oiga ; oigamos — venga ;
vengamos — tenga ; tengamos — salga ; salgamos — actúe ;
actuemos — sea ; seamos

B. **1.** Espero que no te moleste que vaya contigo. **2.** Mis padres
me prohíben que fume. **3.** Necesito que me dé Vd. consejos.
4. Os recomiendo que veáis esa película. **5.** Diles que me
esperen si llego un poco tarde. **6.** Prefiero que me acompañe
mi hermano. **7.** Hace falta que estemos en casa a las 8.
8. Está prohibido que hagáis ruido. **9.** Nos alegramos de que
vengan Vds. con nosotros. **10.** ¿ Te apetece que vayamos a
tomar algo ?

C. **1.** Quiero que me traigas pan. **2.** No me permiten que lea
estas novelas. **3.** Siento que no te guste viajar. **4.** Teme que
no sepamos venir. **5.** ¿ Por qué te sorprende que esté aquí ?
6. ¿ Deseas que le digamos la verdad ? **7.** Es necesario que se
examine, señorita. **8.** Dile que salga inmediatamente. **9.** No
estoy seguro de que quepamos todos en el coche. **10.** No
creo que lo haga todo.

D. almuerces ; almorcéis — juegues ; juguéis — mueras ;
muráis — toques ; toquéis — mientas ; mintáis — huelas ;
oláis — adviertas ; advirtáis — busques ; busquéis —
impidas ; impidáis — consientas ; consintáis — concluyas ;
concluyáis — pierdas ; perdáis — cuelgues ; colguéis —
persigas ; persigáis — tuerzas ; torzáis — sirvas ; sirváis —
protejas ; protejáis — vuelvas ; volváis — prefieras ; prefiráis
— pienses ; penséis — meriendes ; merendéis — merezcas ;
merezcáis

E. **1.** Me dicen que cuente un chiste. **2.** Me dicen que pague las
facturas. **3.** Me dicen que transfiera las divisas. **4.** Me dicen
que comience el trabajo. **5.** Me dicen que toque el piano.
6. Me dicen que repita la frase. **7.** Me dicen que encierre a
los perros. **8.** Me dicen que adquiera participaciones. **9.** Me
dicen que atienda a los clientes.

F. 1. Desean que pueda ir a verlos. **2.** Es necesario que pidamos permiso. **3.** Estoy esperando que os durmáis, niños. **4.** No conozco a nadie que entienda lo que dice. **5.** Me sorprende que juegue tan bien al tenis. **6.** Dudo que la conferencia empiece (comience) a la hora. **7.** Se niega a que encienda la calefacción. **8.** Le ruego que se siente, señora. **9.** ¿Quieres que volvamos a casa? **10.** No pienso que lo sintáis tu hermano y tú.

---

42. *L'imparfait de l'indicatif (p. 184)*

A. temblaba; temblábamos — servía; servíamos — reía; reíamos — daba; dábamos — sabía; sabíamos — hacía; hacíamos — podía; podíamos — jugaba; jugábamos — movía; movíamos — estaba; estábamos

B. 1. Bebíamos cerveza en las comidas. **2.** ¿Oías lo que te decía? **3.** Ibais demasiado al cine. **4.** Nos escribía todas las semanas. **5.** Almorzaban y cenaban muy tarde. **6.** ¿A quién esperabas en la estación? **7.** Éramos todavía muy jóvenes. **8.** Se querían mucho los dos. **9.** ¿Qué hacían Vds. allí? **10.** Por la tarde los niños merendaban. **11.** Erais novios, ¿verdad? **12.** Lo veía cada día al salir de casa. **13.** ¿Tenías mucha hambre? **14.** Los sábados solíamos ir al campo. **15.** Salía cada día a pasear.

C. 1. Cogía el tren todos los lunes. **2.** En verano me levantaba a las nueve. **3.** Todos sus amigos iban con él a la piscina. **4.** Nos perdíamos cada vez que veníamos. **5.** Antes, se veían cada día. **6.** Leía mucho cuando era niño. **7.** Por la tarde, Juana y tú tomabais el té, ¿no? **8.** ¿Qué hora era? — Eran las diez. **9.** Si pudiera, ahora mismo te daba (daría) permiso. **10.** Los domingos íbamos siempre al restaurante.

---

43. *Le passé simple (p. 186)*

A. pasé; pasó — recibí; recibió — creí; creyó — empecé; empezó — sustituí; sustituyó — serví; sirvió — caí; cayó — mentí; mintió — advertí; advirtió — toqué; tocó — pagué;

pagó — metí ; metió — oí ; oyó — competí ; compitió — concluí ; concluyó — busqué ; buscó — decidí ; decidió — debí ; debió — freí ; frió — reservé ; reservó

B. 1. Saliste a las diez y llegaste a las doce. **2.** Aquello requirió la mayor atención. **3.** Julio y Carlos riñeron con Julita. **4.** Se visitió en seguida y se fue al mercado. **5.** Preferí quedarme en casa. **6.** El mendigo pidió limosna. **7.** Los niños corrieron por la calle y cruzaron sin mirar. **8.** Los vimos en el metro. **9.** Luisa entró y cerró la puerta. **10.** Los esquiadores se cayeron por el suelo.

C. 1. Los propietarios me consintieron un plazo de un mes. **2.** Se arrepintió demasiado tarde. **3.** ¿ Fuiste de compras ayer ? **4.** Eligió (escogió) la mejor solución. **5.** Se durmieron hasta las doce. **6.** Estoy leyendo los libros que me diste. **7.** ¿ Por qué no lo creyó Vd., señora ? **8.** Se despidieron de sus amigos y se fueron. **9.** Ayer comí en casa de mi tío. **10.** ¿ Cuándo se construyeron estas casas ?

D. 1. ¿ Cuándo se lo trajisteis ? **2.** Salí a la calle y anduve unos pasos. **3.** Estuvimos paseando un rato antes de volver a casa. **4.** El director les quiso recibir en su despacho. **5.** No comprendí lo que tradujeron los intérpretes. **6.** Me molestó el poco caso que hicieron de mí. **7.** Quisimos ir al cine pero no pudimos. **8.** Los policías detuvieron a los atracadores. **9.** Los incendios forestales produjeron pérdidas incalculables. **10.** El público se echó a reír y cayó el telón.

E. 1. Hizo tanto frío que no pudimos salir. **2.** Pocos se atuvieron a las instrucciones. **3.** No cupieron tantas maletas en el coche. **4.** ¿ Por qué no me lo dijiste de una vez ? **5.** Hice cuanto pude para ayudarte. **6.** ¿ Vinisteis al mismo tiempo que vuestros padres ? **7.** Hubo mucha gente en el parque. **8.** Todos los partidos se opusieron a esta decisión. **9.** Muchos fueron al extranjero y condujeron sus coches. **10.** Fuiste el único que pudiste hacerlo.

F. 1. Supe por casualidad lo que ocurrió. **2.** Anduvimos mucho antes de llegar. **3.** ¿ Pusiste la mesa para seis ? **4.** Carmen me trajo este disco ayer. **5.** ¿ Por qué no quisisteis entrar, niños ? **6.** Hicieron lo necesario. **7.** No supo decírmelo. **8.** ¿ Fue Vd. quien tradujo esta novela, señor ? **9.** Todos me dijeron lo mismo. **10.** No tuve tiempo porque estuve enfermo.

44. *L'imparfait du subjonctif (p. 190)*

A. cerrara ; cerrase — concluyera ; concluyese — cupiera ; cupiese — escribiera ; escribiese — viera ; viese — hubiera ; hubiese — sorprendiera ; sorprendiese — tradujera ; tradujese — pusiera ; pusiese — anduviera ; anduviese — abriera ; abriese — riñera ; riñese — hiciera ; hiciese — dijera ; dijese — dedujera ; dedujese — ayudara ; ayudase — leyera ; leyese — rompiera ; rompiese — sintiera ; sintiese — muriera ; muriese

B. **1.** No le gustaba que nos riéramos (riésemos). **2.** Quería que oyeras (oyeses) esta canción. **3.** Les dije que nos avisaran (avisasen) de su llegada. **4.** No lo aceptaría aunque me lo pidiera (pidiese) Vd. **5.** Le rogué que fuera (fuese) a ver a sus abuelos. **6.** Antes de que vinierais (vinieseis) limpié la casa. **7.** Deseaba que produjéramos (produjésemos) un buen efecto. **8.** Pasó mucho tiempo sin que supiera (supiese) dónde vivíamos. **9.** No me atreví a hablarles por si acaso no fueran (fuesen) ellos. **10.** Nos deseó que durmiéramos (durmiésemos) bien.

C. **1.** Era necesario que le diéramos (diésemos) consejos. **2.** El gobierno recomendó que las empresas invirtieran (invirtiesen). **3.** Le aconsejé que condujera (condujese) más despacio. **4.** Quisiera ir a España el verano que viene. **5.** Buscaba un piso que tuviera (tuviese) un ascensor. **6.** Ayer me pidió que le trajera (trajese) mi informe. **7.** Sentí mucho que no fueras (fueses) al extranjero. **8.** Tal vez pudieras matricularte en la universidad. **9.** No creían que pudiéramos (pudiésemos) hacerlo. **10.** Era antes de que estuviera (estuviese) Vd. aquí, señor.

---

45. *Les temps composés (p. 192)*

A. **1.** Para la semana que viene se habrá solucionado el problema. **2.** Este verano hemos visitado muchos museos. **3.** Apenas hubo comido, se acostó. **4.** Cuando les veamos, ya habrán recibido nuestra carta. **5.** Hoy habéis ido a la playa. **6.** Tengo que mandar las postales que he escrito. **7.** Cuando le proponía una nueva idea, él ya la había estudiado.

8. Cuando llegué a tu casa, ya habías salido. **9.** Esta mañana hemos visto a Paco. **10.** Este mes hemos hecho tres viajes. **11.** El sábado próximo habré cobrado mi sueldo. **12.** Decía que cuando llegaran habríamos terminado.

B. 1. No creía que hubieran (hubiesen) llegado aún. **2.** Me sorprendía mucho que os hubierais (hubieseis) casado. **3.** No puedo imaginar que hayas terminado la carrera. **4.** No estaba seguro de que hubiera (hubiese) leído este libro. **5.** Se alegra de que hayamos ganado. **6.** Era sorprendente que hubiera (hubiese) venido tanta gente.

C. 1. Aquel día, ya os habíais acostado, niños. **2.** No creo que me hayan engañado. **3.** Lo he olvidado todo. **4.** En su lugar, hubiera (habría) venido solo. **5.** Hemos dormido divinamente en este hotel. **6.** Para mañana, habré preparado su pedido. **7.** Todas las flores se habían marchitado. **8.** Más valdría que no lo hubiera (hubiese) conocido. **9.** Todavía no he recibido ninguna contestación. **10.** En cuanto hubo acabado su discurso, se retiró.

---

46. *Les temps du passé (p. 194)*

A. 1. Antes tomábamos un café después de comer. **2.** Cuando llegué a Madrid, tenía 20 años. **3.** En aquel momento nadie mencionó este problema. **4.** Entonces eras muy niño. **5.** La policía lo siguió durante 3 días y él no lo notó. **6.** Siempre ocurría lo mismo cuando iba a verla. **7.** El otro día soñé que ardía la casa. **8.** Solía cantar mientras se duchaba.

B. Una vez un joven fue a ver una película que le interesaba mucho. La sala de cine estaba casi llena y el joven encontró un asiento libre detrás de dos señoras ancianas que hablaban en voz alta. La película comenzó pero las dos señoras no paraban (pararon) de hablar. El joven no podía oír nada de la película, pero por educación se calló hasta que, por fin, les dijo tímidamente a las señoras que no conseguía entender nada. La mayor de ellas se indignó y le contestó al joven que su conversación era privada.

C. El presidente de una pequeña república quiso (quería) saber hasta qué punto le apreciaba su pueblo. Se disfrazó con un bigote y unas gafas y salió a la calle. Anduvo unos pasos comprobando que nadie lo reconocía y decidió entrar en un cine. En las noticias, apareció (aparecía) el propio presidente. La gente inmediatamente se puso a aplaudir, menos él que permanecía (permaneció) sentado y disfrutaba de la popularidad de que gozaba entre su pueblo. Pero, de pronto, el vecino le dijo que tenía que aplaudir si no quería que los llevasen a todos a la cárcel.

D. 1. El lunes pasado amaneció nublado. **2.** Lo sé porque lo he leído esta mañana en el periódico. **3.** Este año mis ingresos han sido superiores. **4.** El sábado pasado fuimos a la sierra. **5.** Ayer vinieron a verte tus amigos. **6.** Hoy habéis estado demasiado tiempo al sol. **7.** Te he visto muchas veces con él últimamente. **8.** Cuando la conocí, éramos estudiantes. **9.** Las grandes mujeres han luchado mucho para llegar a serlo. **10.** Anoche llegó a casa y se acostó sin cenar.

E. 1. Habíamos salido (salimos) aquel día muy temprano porque teníamos que hacer unas compras y el jefe nos había dado permiso. **2.** El herido gimió (gemía) débilmente. ¿Por qué gemía así? No conseguí nunca saberlo. **3.** Ya habían recibido la noticia cuando llegué. **4.** Eran las siete de la tarde y ya había anochecido (anochecía). **5.** Cuando regresé a casa ayer, no había nadie. **6.** Este libro, ya lo había leído, pero no me acordaba.

F. 1. Su influencia ha sido grande en los novelistas contemporáneos. **2.** La semana pasada mi hijo estuvo enfermo. **3.** Hemos cogido tres veces el metro hoy. **4.** He defendido estos principios durante toda mi vida. **5.** La guerra civil española empezó en 1936. **6.** Lo siento, pero todavía no ha llegado. **7.** Le robaron el coche anoche. **8.** Te lo he explicado hace cinco minutos y no lo sabes. **9.** Aquel año, la lluvia lo destruyó todo.

---

47. *Le futur et le conditionnel (p. 198)*

A. 1. El profesor explicará / explicaría el problema. **2.** Tomarás / tomarías una cerveza. **3.** Comerá / comería en casa. **4.** Su hermana vivirá / viviría en Sevilla. **5.** Enviaremos /

enviaríamos muchas cartas. **6.** Traerán / traerían regalos. **7.** Vds. recibirán / recibirían a sus amigos. **8.** Pagaré / pagaría la cuenta. **9.** Volveréis / volveríais a España. **10.** Vd. se divertirá / se divertiría mucho.

B. 1. Diré/diría la verdad. **2.** El tren saldrá/saldría de la estación del norte. **3.** Vendremos/vendríamos a visitarte. **4.** Pondrás/pondrías la mesa. **5.** Vosotras no cabréis/cabríais en el coche. **6.** Este reloj valdrá/valdría mucho. **7.** Vds. tendrán/tendrían mucho dinero. **8.** Ellas sabrán/sabrían arreglárselas. **9.** Vosotras haréis / haríais un pastel. **10.** Vd. querrá/querría a sus hijos. **11.** Ella no podrá/podría salir de noche. **12.** Vd. habrá/habría vivido en Venezuela.

C. 1. Podrías escribirme más a menudo. **2.** Vendré a verte en cuanto pueda. **3.** Dentro de dos semanas, estaremos de viaje. **4.** Me prometió que lo haría en seguida. **5.** Creía que llegaríamos más temprano. **6.** Nuestro ingeniero estudiará el proyecto. **7.** El barco saldrá de Barcelona. **8.** Los niños sabrán leer muy pronto.

D. 1. Nos dijeron que nos llamarían al llegar. **2.** Juan y yo iremos a despedirles al aeropuerto mañana. **3.** En la reunión de ayer estarían presentes unas 25 personas. **4.** ¿Qué hora será? Tengo que darme prisa. **5.** Dijo que no había podido hacerlo, pero que sí lo haría. **6.** Se fue a Londres y de allí regresaría tres años después. **7.** No contesta al teléfono, habrá salido. **8.** Tu hermana vendrá el mes que viene. **9.** Mañana, tú y yo, tendremos una explicación. **10.** ¿Con quién hablaría Carmen anoche?

E. 1. Il doit avoir 17 ans environ. **2.** Il devait y avoir beaucoup de monde à la fête. **3.** Lundi prochain, j'aurai tout terminé. **4.** Ils pensaient qu'il n'arriverait rien. **5.** Ils ont dû rater l'avion. **6.** Cet après-midi j'irai à la plage. **7.** Il devait être onze heures lorsqu'ils sont arrivés. **8.** Vous me remettrez votre rapport demain. **9.** Il avait sûrement dû vivre en Argentine. **10.** À quoi pouvais-tu (bien) penser?

F. 1. No tenemos su libro, lo tendremos mañana. **2.** Habrá venido, pero no nos habrá esperado. **3.** ¿Qué harías sin mí? **4.** Me había dicho que me llevaría al parque. **5.** Todavía no he salido; saldré dentro de dos horas. **6.** Pensaba que nos quedaríamos en Madrid. **7.** Como es sábado, habrán ido al cine. **8.** Sería muy tarde cuando llamó. **9.** ¿Dónde estaría tan temprano? **10.** Me dijo que a las ocho habría vuelto.

---

48. *L'impératif — L'ordre et la défense (p. 202)*

A. conduce; conducid — abre; abrid — haz; haced — juega; jugad — sube; subid — ve; id — pon; poned — lee; leed — huye; huid — ven; venid — rompe; romped — di; decid — aprende; aprended — despierta; despertad — sal; salid — cuenta; contad — obedece; obedeced — siente; sentid — ten; tened — recuerda; recordad

B. **1.** Huele estas flores. **2.** Prueben Vds. el gazpacho. **3.** Empezad a comer. **4.** Encienda Vd. la luz. **5.** Sé bueno, hijo. **6.** Hagamos la cama. **7.** Repita Vd. esta frase. **8.** Sigue leyendo. **9.** Tengamos cuidado. **10.** Traduzcan Vds. el texto.

C. **1.** Vuelve a las diez. **2.** Salgan Vds. en seguida, señores. **3.** Escoged una fruta, niños. **4.** Ve a buscar a tu hermano. **5.** Diga Vd. lo que piensa, señor. **6.** Vamos de compras. **7.** Ven a verme mañana. **8.** Sigamos la manifestación. **9.** Hable Vd. más alto, señor. **10.** Haz lo que te he dicho.

D. no lo digáis — no se lo escriban — no me lo compres — no os vistáis — no te lo pruebes — no se lo envíe

E. quítatelo — ponéoslo — limpiadlo — vámonos — hágaselo — durmámonos — dénselo — sentaos

F. **1.** Sepa Vd., señor, que eso es mentira. **2.** Escuchad (escuchar) las explicaciones, niños. **3.** No se muevan de allí, señores. **4.** Lávate los dientes, Elena. **5.** Vete por pan, nena. **6.** Salgamos nosotros de aquí. **7.** ¡Cuidado!, señores, no se caigan. **8.** Estaos (estaros) quietos, niños. **9.** No mientas, Paco. **10.** No tengas miedo, hijo.

G. **1.** Llámeme mañana a la oficina, señor. **2.** Apaga la luz y duérmete. **3.** No vengas mañana, ven pasado mañana. **4.** Ponte el abrigo e idos en seguida. **5.** Créame Vd., señora, estoy seguro de ello. **6.** Escucha lo que te digo y hazlo. **7.** Siga Vd. por esta calle, señor, luego gire a la izquierda. **8.** Sentaos y esperad (sentaros y esperar), niños.

9. Camarero, tráigame la cuenta y cóbreme. **10.** No nos quedemos aquí, vámonos.

---

49. *L'emploi du subjonctif (p. 206)*

A. 1. Dame tu número de teléfono para que quedemos para mañana. **2.** Lamento mucho que no pueda (haya podido) asistir Vd. esta mañana a la reunión. **3.** Me da mucha pena que no vengas mañana con nosotros. **4.** Sube al piso de arriba a que te den un poco de harina. **5.** Me extraña mucho que tu hermano no haya llegado todavía. **6.** ¡Ojalá haga buen tiempo mañana y no llueva! **7.** Vamos a ver al dentista antes de que te siga doliendo a ti más la muela. **8.** Alberto sigue en ese empleo sin que le guste ni le interese verdaderamente. **9.** Te he comprado este vestido para que te lo pongas. **10.** ¡No salgas así! **11.** Me han devuelto el dinero sin que lo pida. **12.** Pon la comida en el horno para que se caliente. **13.** Llevo buscando un rato sin que me acuerde del nombre de ese chico de gafas. **14.** Es imposible que las cosas sigan así. **15.** No hay derecho a que me trates así tú.

B. 1. Me ayudan sin que yo se lo pida. **2.** Lamento (siento) que no vengas mañana. **3.** Señorita, salga un momento, por favor. **4.** Voy a la agencia de viajes a que me cambien el billete de avión. **5.** Paquito, ¡no corras tan rápido! **6.** Me alegro de que tu padre haya salido del hospital. **7.** No llegues tarde para que podamos cenar todos juntos. **8.** Deseo que encuentres rápidamente un piso. **9.** Sube a que tu madre te dé el periódico. **10.** Le he escrito varias cartas sin que me conteste. **11.** Vengan, señores, que les cuente lo ocurrido. **12.** Le he comprado este juguete para que se divierta.

C. 1. Puede que este verano vayamos al sur de España. **2.** Les ruego que pasen Vds. **3.** Mis amigos me invitan a ir con ellos de vacaciones. **4.** Le ruego que facture el equipaje lo antes posible. **5.** Es una lástima que esta casa sea tan cara. **6.** Me dicen siempre que conduzca despacio. **7.** No hace falta que salgas pronto. **8.** Aquí nos prohíben comunicar cualquier información fuera del servicio. **9.** Mis padres me obligan a llegar a las diez. **10.** Es una pena que, con lo inteligente que es, trabaje tan poco. **11.** Pili siempre me encarga comprarle libros. **12.** El médico me recomienda no hacer esfuerzos, descansar y dormir mucho. **13.** El Presidente pide a la Asamblea que vote a favor de la moción gubernamental. **14.** El juez ordena a los primeros testigos que se presenten. **15.** Los profesores dicen a mi hijo que estudie más.

D. 1. No puede ser (no es posible) que este coche gaste tanta gasolina. **2.** Me recomienda que cierre todo antes de irme (de que me vaya). **3.** Perdonen, señores, que no les hayamos avisado antes. **4.** Te agradezco mucho que me hayas llamado. **5.** Es importante que esta carta llegue antes del lunes. **6.** María nos obliga a que la acompañemos a casa (a acompañarla a casa) todos los días. **7.** Nos propone que le paguemos (pagarle) en tres veces. **8.** Le ruego, señor, que no me interrumpa. **9.** Es inadmisible (no hay derecho a) que el seguro no nos reembolse. **10.** Les digo que crucen siempre por los pasos de cebra. **11.** Mis abogados me aconsejan que no haga una denuncia. **12.** Todo el mundo me ha sugerido que no diga nada. **13.** El jefe quiere que todo esté terminado antes de que se vaya. **14.** ¿Me permite, señor, que abra la ventana?

E. 1. Insiste como si sirviera para algo. **2.** Me miras como si no te acordaras de mí. **3.** Vuelve siempre como si fuera la primera vez. **4.** Siguen trabajando como si no tuvieran dinero. **5.** Hace un tiempo como si estuviéramos en invierno. **6.** Lo repite como si consiguiera algún resultado. **7.** Nos tratan como si no nos conocieran. **8.** Viven como si fueran millonarios. **9.** Le hablan en un tono como si les hubiera hecho algo a ellos. **10.** Me lo repite como si no entendiera.

F. 1. Si no llueve, habrá que regar las plantas. **2.** Os teméis que viene (venga) esta tarde ; por lo tanto, no podemos irnos antes de que llegue. **3.** Te lo pido como si fuera para mí. **4.** No cree que ganemos mucho dinero con este negocio. **5.** Ignoraba que llovía (lloviera) tanto en esta región. **6.** Se queja siempre como si se fuera a morir. **7.** Es la única ciudad que no hemos visitado. **8.** Si supieras lo que pasó el otro día...

G. 1. Quizás no hay nadie en casa. **2.** No sabía que estabas aquí. **3.** No creo que hoy salgamos más tarde que ayer. **4.** Se hablan como si se conocieran de siempre. **5.** Tal vez no lo sabe y metemos la pata. **6.** Es una pena que no tenga las cualidades para ese trabajo. **7.** En el banco dudan mucho de que esas acciones sigan subiendo. **8.** ¡Ojalá obtenga el trabajo que buscaba! **9.** No me obligues a que te lo diga otra vez.

H. 1. Aunque te parezca una persona muy conservadora, cuando le conoces te das cuenta de que no lo es. **2.** El otro día estuvimos paseando hasta que se puso el sol. **3.** Es la persona más amable que he visto en mi vida. **4.** Aguantaremos esta situación hasta que podamos salir adelante. **5.** De ahora en adelante haremos lo que nos mandéis. **6.** Aunque esta muela no me duele mucho todavía, prefiero ir al dentista cuanto antes. **7.** Anteayer aparqué el coche donde pude porque estaba todo lleno. **8.** Nos bañaremos cuando encontremos un sitio donde no haya mucha gente. **9.** Mira a ver si nos puedes alquilar una casa que sea barata y que no esté muy lejos del mar. **10.** Ayer cuando llegamos, ya estaban todas las tiendas cerradas. **11.** Cuando estés cansado, me lo dices y nos vamos. **12.** Estuvo en aquel pueblo de médico hasta que se cansó y se vino a la ciudad. **13.** Cuando tengamos nosotros un barco, podremos hacer un crucero por la costa. **14.** Por mucho que insistas, no lograrás convencerme. **15.** Mira, te he traído los encargos que me pediste (habías pedido). **16.** Mira, cuando termine este trabajo, iremos adonde te apetezca, siempre que el sitio no esté muy lejos.

I. 1. Compra ese medicamento en la primera farmacia que encuentres. **2.** Cuando sea mayor elegirá el deporte que le guste. **3.** Le contestaré en cuanto tenga un poco de tiempo. **4.** Hemos dejado el recado a la persona que nos habías indicado. **5.** El médico teme que sea (se teme que es) un problema de estómago. **6.** Por mucho que declaraba su inocencia, nadie le creía. **7.** Aunque sus explicaciones son claras, yo no lo entiendo.

50. *Les temps du subjonctif - La concordance des temps (p. 214)*

A. 1. Quizá no nos pudiera avisar. **2.** Tal vez se acordara. **3.** ¡Ojalá quisiera trabajar un poco más. **4.** Quizá sirviera para algo pero ya no se utiliza. **5.** Tal vez prefiriera quedarse en casa. **6.** ¡Ojalá hiciera un poco más fresco! **7.** Quizás se sintiera mal. Ya sabes que no anda muy bien. **8.** ¡Ojalá eligiera pronto y termináramos de una vez! **9.** ¡Ojalá no me lo pidiera con tanta frecuencia! **10.** Acaso se lo devolvieran en otro momento. **11.** Quizá no estuviera enterado del asunto y por eso no dijera nada. **12.** Quizá el coche estuviera estropeado y por eso ocurrió el accidente. **13.** Quizá no supiera nada.

B. 1. ¡Ojalá no me hubiera mostrado tan severo con él! **2.** ¡Ojalá no lo hubieras interpretado así! **3.** ¡Ojalá no me hubiera puesto tan nervioso! **4.** ¡Ojalá la cosecha no hubiera sido tan mala aquel año precisamente! **5.** ¡Ojalá la Dirección no se hubiera vuelto tan dura en las negociaciones! **6.** ¡Ojalá me hubieran concedido el crédito cuando lo pedí! **7.** ¡Ojalá el Gobierno hubiera resuelto la situación social cuando la coyuntura era favorable! **8.** ¡Ojalá no hubiera asistido a aquella reunión! **9.** ¡Ojalá no hubiera hecho aquel viaje con Jesús! **10.** ¡Ojalá no hubieran devaluado la moneda en aquel momento! **11.** ¡Ojalá no hubiera comprado ese coche! **12.** ¡Ojalá no hubiera aceptado el traslado!

C. 1. Les sugerí que saliéramos un poco más pronto para que pudiéramos llegar a tiempo. **2.** Nos agradeció que le hubiéramos ayudado (ayudáramos) en ese momento. **3.** Quisiera que me enseñara las demás secciones (los demás departamentos) de la empresa. **4.** ¿Te apetecería que fuéramos juntos al cine? **5.** Le pedí que sacara él mismo las conclusiones que se imponían. **6.** Me preguntó si estaba libre el sábado que viene. **7.** ¿No tienes miedo de que te exijan otras calificaciones para el puesto que pides? **8.** Es una pena que estas tierras sean tan pobres. **9.** ¡Ojalá salga de la situación en que se encuentra! **10.** Sería interesante que compráramos esas acciones ahora.

D. 1. Le sugerí que lo pensara bien y que no cometiera una locura tomando una decisión precipitada. **2.** No hace falta que venga Vd. mañana. Ya me las arreglaré como pueda.

3. Sería conveniente que le convencieras de que no hiciera esa tontería. **4.** ¡ Ojalá te hubiera hecho caso yo cuando aún estaba a tiempo! **5.** Me hubiera gustado que hubieras conocido a Gustavo hace unos años. Entonces nos queríamos como si fuéramos hermanos. **6.** No quiere ir para que no le obliguéis a que se quede todo el fin de semana. **7.** Me pidió que siguiera en el puesto unos meses más hasta que me encontrara un sustituto. **8.** No creía que hubieras trabajado hasta el año pasado en esa empresa. **9.** Yo te aconsejaría que incluyeras todo en el informe. **10.** Le rogué que no insistiera y que me dejara tranquilo. **11.** Yo le pediría que se quedara unos días más para que pudiéramos estar todos juntos. **12.** El médico me ha obligado a que haga ejercicio.

---

51. *Le souhait et le regret (p. 218)*

A. 1. ¡ Que (Vd.) se mejore ! **2.** ¡ Quién tuviera dieciocho años ahora ! **3.** ¡ Ojalá venga (viniera) Pedro con sus amigos ! **4.** ¡ Que aproveche, señor ! **5.** ¡ Ojalá tu hermano y tú lleguéis (llegarais) a tiempo ! **6.** ¡ Ojalá deje (dejara) de llover ! **7.** ¡ Maldita sea ! ¡ Qué mala suerte tengo ! **8.** ¡ Buenas noches, nena ! ¡ Que sueñes con los angelitos ! **9.** ¡ Que no me entere de que has hecho una faena ! **10.** ¡ Ojalá esta señora se decida (se decidiera) a comprar !

B. 1. Pourvu que nous trouvions des places ! **2.** Amusez-vous bien ! **3.** Si seulement on avait arrêté l'assassin ! **4.** Ah, si je pouvais tout laisser et m'en aller ! **5.** C'est dommage que tant de fruits se perdent. **6.** Ah, si je savais conduire ! **7.** Pourvu que les grèves finissent ! **8.** Il regrette que tu n'aies pas été reçu à ton examen. **9.** Pourvu que je gagne le gros lot ! **10.** Nous avons beaucoup regretté que vous soyez parti.

C. 1. ¡ Ojalá puedas acompañarme ! **2.** Siento que no tenga tiempo para llamarme. **3.** ¡ Ojalá hubiésemos conocido antes este lugar ! **4.** ¡ Ojalá no me pida el pasaporte ! **5.** ¡ Ojalá me lo hubieses dicho antes ! **6.** ¡ Quién supiera hablar todos los idiomas ! **7.** ¡ Ojalá vuelva pronto ! **8.** ¡ Ojalá me hubieses escuchado ! **9.** ¡ Buenas noches, niños ! ¡ Que durmáis bien ! **10.** ¡ Ojalá no hubiese guerras !

52. *La probabilité et le doute (p. 220)*

A. 1. Anoche, me acostaría sobre las doce. **2.** El cuarto medirá (mediría) unos 20 metros cuadrados. **3.** No encontraba el paraguas, lo habría perdido. **4.** Estaríais allí cuando estalló la tormenta. **5.** Los estantes son muchos, pero todos los libros no cabrán. **6.** Habrá recibido unas diez cartas esta mañana. **7.** No sé cuantos años tiene, pero tendrá unos cuarenta. **8.** Serían las ocho cuando vino. **9.** Caminaría unos 3 km. diarios cuando iba al colegio. **10.** Habría en la fiesta de ayer alrededor de cien personas.

B. 1. Quizás llueva el próximo fin de semana. **2.** Acaso tú lo veas (ves) más a menudo. **3.** Este señor es tal vez millonario, pero no lo parece. **4.** Quizás Carmen y yo salgamos (salimos) a dar un paseo. **5.** Pablo estudia quizás más que su hermano. **6.** Quizás Juana haya venido (ha venido), pero no la he visto. **7.** Tal vez tus amigos no conozcan (conocen) el camino. **8.** Acaso crea (cree) Vd., señor, que no digo la verdad. **9.** Tal vez no valga (vale) la pena molestarse por ello. **10.** No es cierto quizás, pero te creo.

C. 1. Ahora, estará (debe de estar) en casa. **2.** Te harán quizás una visita mañana. **3.** Quizás estén (están) de viaje. **4.** Estaría (debía de estar) bañándose cuando llamé. **5.** Serán (deben de ser) muy ricos. **6.** Quizás veas mejor asomándote a la ventana. **7.** Quizás no tenga (tiene) tantos libros como dice. **8.** Se habrá informado (debe de) haberse informado esta mañana. **9.** Quizás quiera (quiere) Vd. este periódico, señora. **10.** Habrían tomado (debían de haber tomado) un taxi.

D. 1. Dudo que se atreva a decirlo. **2.** Puede que le concedan el visado. **3.** A lo mejor iremos a España el año próximo. **4.** Es posible que esta película tenga mucho éxito. **5.** Supongo que estarás trabajando en casa mañana. **6.** Puede que llegue tarde mañana. **7.** Es probable que él dirija el concierto el domingo. **8.** A lo mejor ya habéis oído hablar de él. **9.** ¿Será posible que coincidan otra vez? **10.** Podría ser que ganara (ganase) el concurso.

E. 1. Peut-être le bateau partira-t-il la semaine prochaine. **2.** Croyez-vous qu'il soit fâché? — Il doit l'être. **3.** Le directeur devait avoir une soixantaine d'années lorsqu'il s'est retiré. **4.** Il a dû sortir vivant de la catastrophe. **5.** Peut-être recevrez-vous bientôt de nos nouvelles. **6.** Il m'a dit qu'il devait être là à 10 heures et vous voyez... **7.** Je n'ai pas dû savoir m'exprimer bien l'autre jour. **8.** Je ne sais pas ; peut-être t'écoutera-t-il, toi. **9.** Peut-être ne reviendras-tu jamais ici. **10.** Peut-être pense-t-il que les choses peuvent continuer comme ça.

F. 1. Es probable que no vuelva a vernos. **2.** Acaso no supiera (sabía) que te marchabas hoy. **3.** No creemos que haya hecho lo necesario. **4.** ¿A qué hora llegó? Serían (debían de ser) las diez. **5.** Es poco probable que se acuerden de nosotros. **6.** Su familia no piensa que triunfe tan fácilmente. **7.** Puede que al final todo se arregle. **8.** Me sorprendería que firmaran (firmasen) el contrato. **9.** ¿Dónde habría puesto el bolso? **10.** Era probable que no nos recibiera (recibiese).

---

53. *L'infinitif (p. 224)*

A. 1. Saber de todo es bueno. **2.** Dormir lo suficiente es necesario. **3.** Hablar demasiado es malo. **4.** Poder volar es asombroso. **5.** Trabajar para comer es indispensable. **6.** No saber escribir es increíble.

B. 1. Nos mandaron llevar/que lleváramos este paquete. **2.** ¿Me permite Vd. abrir/que abra la ventana? **3.** Queremos que participes en la fiesta. **4.** Les dejé hacer/que hicieran lo que quisieran. **5.** La huelga nos impidió ir/que fuéramos a trabajar. **6.** Permítame explicarle/que le explique a Vd. lo ocurrido. **7.** Nos dijeron que fuéramos de compras. **8.** Te prohíbo salir/que salgas esta tarde. **9.** Procuraron llegar puntuales. **10.** Te aconsejo quedarte/que te quedes con nosotros. **11.** Les oía lamentarse/que se lamentaban por el mal tiempo. **12.** Le ordenó a Carmen apagar/que apagara la luz.

C. 1. Pienso que viajar es la mejor manera de aprender. **2.** Pídele al camarero que nos traiga dos cervezas. **3.** Prefirieron marcharse antes de la noche. **4.** Le ruego a Vd. que me envíe una documentación detallada, señor. **5.** Los vi pasear (que paseaban) por el parque. **6.** No nos dejaron entrar (que entráramos) en la iglesia. **7.** El médico me ha ordenado andar (que ande) media hora al día. **8.** Está prohibido pisar el césped. **9.** Le gusta ser el primero en todo. **10.** No se puede comprender lo que dice.

D. 1. Con venir de buena familia, es un mal educado. **2.** Al empezar no sabía cuáles eran las costumbres. **3.** De correr más, ganaría el primer premio. **4.** Esto se te ha ocurrido por ser testarudo. **5.** Al mirarla se dio cuenta de que había llorado. **6.** No pude encontrarle por llegar tarde. **7.** De ser más prudente, no pasarías tantos apuros. **8.** Con llegar muy atrasado, no se quedó sin cenar. **9.** Al vernos entrar, el hombre se calló. **10.** De llevar el paraguas, no os mojaríais.

E. 1. Si elle était riche, elle s'achèterait un manteau de fourrure. **2.** Il restait un problème grave à discuter. **3.** Même s'il était millionnaire, mon père continuerait à dépenser peu. **4.** Il ne m'a pas salué en passant à côté de moi. **5.** On l'a puni pour avoir menti. **6.** Si nous avions notre maillot de bain, nous pourrions aller à la piscine. **7.** Je l'ai fait parce qu'il n'y avait pas de temps à perdre. **8.** L'accident a eu lieu en arrivant à Rome. **9.** Si vous étiez moins impatients, vous feriez mieux les choses. **10.** Bien qu'il ait beaucoup d'idées, il parle peu.

F. 1. Se echó a llorar al oír la noticia. **2.** Con haber venido temprano, se me ha hecho corto el tiempo. **3.** No sé, todo está aún por decidir. **4.** Dejaron de escribirse desde hace mucho. **5.** Se ha hecho daño al abrir una lata. **6.** ¿No tienes nada que decirme? **7.** De ir andando llegaríamos antes. **8.** Acabo de enterarme de que mañana hay huelga. **9.** El tener que trabajar de noche le cansaba mucho. **10.** Con llorar no me harás cambiar de opinión.

---

54. *Le participe passé (p. 228)*

A. 1. Está indispuesto contra mí. **2.** Está satisfecho con su trabajo. **3.** La casa está hecha. **4.** La mesa está puesta. **5.** El coche está roto. **6.** Este expediente está visto. **7.** La puerta está abierta. **8.** El discurso ya está dicho. **9.** Esa persona está muerta. **10.** El niño está despierto.

B. **1.** Estoy despierto desde la cinco de la mañana. **2.** Las nuevas instalaciones fueron bendecidas por el obispo. **3.** Es una casa bien provista de todo tipo de comodidades. **4.** No logro poner en marcha esta maldita máquina. **5.** La cocina andaluza utiliza mucho el pescado frito. **6.** Me han despertado los ruidos de la obra de al lado. **7.** Daniel está completamente absorbido por su trabajo. **8.** Han circulado por la ciudad unas hojas impresas contra la central nuclear. **9.** Es un problema bastante abstracto y no todavía resuelto. **10.** ¡Benditos tiempos aquellos!

C. **1.** Esta mañana nos hemos despertado pronto. **2.** Es un chico despierto. **3.** Toda la montaña está cubierta de nieve. **4.** He puesto las llaves encima de la cómoda. **5.** Estamos satisfechos con su trabajo. **6.** Le hemos visto esta tarde. **7.** La tierra ha absorbido toda el agua caída durante la noche. **8.** Ha dicho que vendría. **9.** Ha roto todos los juguetes. **10.** Hemos imprimido diez mil ejemplares.

D. **1.** No ha dispuesto nunca de tiempo suficiente. **2.** Se han callado y no han dicho nada. **3.** Nunca he vuelto tarde a casa. **4.** Esta televisión la han arreglado con frecuencia, pero se ha vuelto a estropear. **5.** Se han impuesto nuevos horarios a partir del lunes. **6.** No se ha preocupado de nada y por eso no lo ha previsto. **7.** Se ha descubierto un nuevo medicamento cada cierto tiempo. **8.** ¿Has devuelto el dinero que te han prestado? **9.** He puesto la compra en el frigorífico. **10.** Hemos satisfecho todas las condiciones exigidas. **11.** Me han agradecido mucho todo lo que he hecho por ellos. **12.** Estos paseos tan largos que hemos dado le han cansado mucho.

E. **1.** Felipe es una persona muy generosa. Es muy desprendido. **2.** Después de jugar es normal que los niños estén cansados. **3.** ¿Todos estos libros ya están leídos? **4.** Antonio viene a verme todos los sábados. Ese chico es muy considerado. **5.** No habla mucho. Es más bien callado. **6.** Esa señora es muy mirada para todo lo que se refiere a la etiqueta. **7.** Tu amigo siempre cuenta lo mismo. Es bastante cansado. **8.** Vamos a consultar a D. Luis que sabe muchas cosas. Ya verás cómo es muy leído. **9.** Aquí el personal está bien considerado. **10.** Los niños están dormidos y por eso están callados.

F. 1. El aparato se ha roto esta tarde. **2.** ¿Dónde has puesto las revistas que te he dejado hoy? **3.** Ha dicho que las había visto esta semana. **4.** Sus padres han muerto este año en un accidente. **5.** Las dificultades han sido resueltas rápidamente. **6.** Hechos los estudios, hoy han empezado las obras.

---

55. *Le gérondif (p. 232)*

A. andando — corrigiendo — muriendo — volviendo — construyendo — creyendo — friendo — repitiendo — destruyendo — escribiendo — sirviendo — viniendo — trabajando — trayendo — vistiendo — decidiendo — royendo — consiguiendo — queriendo — siguiendo

B. 1. Viendo la televisión. **2.** Diciendo la verdad. **3.** Entrando en la habitación. **4.** No pudiendo más. **5.** Conduciendo un camión. **6.** Haciendo pasteles. **7.** Mintiendo como un saca-muelas. **8.** Viajando por el extranjero. **9.** Midiendo con la vista. **10.** Pidiendo un favor.

C. 1. Me lavo cantando. **2.** Llegaron riñendo (discutiendo). **3.** Se fue huyendo. **4.** Soñamos durmiendo. **5.** Descanso escuchando música. **6.** Fumaba caminando (andando). **7.** Oyendo un ruido se asustó. **8.** Bebes demasiado comiendo. **9.** Ocurrió el accidente yendo al cine. **10.** Se cayó saliendo del instituto.

D. 1. Asomándote a la azotea, verás pasar el desfile. **2.** Ha venido un señor que preguntaba por Vd. **3.** Viendo que estaba abierto, decidí entrar. **4.** Estando él de acuerdo, lo estarán todos. **5.** Oyeron el reloj de la iglesia que daba (dando) las cuatro. **6.** Ha salido una ley que prohíbe la venta de drogas. **7.** Él sigue con sus ideas desoyendo todos los consejos. **8.** Celebraron la victoria bailando y bebiendo mucho. **9.** Sabiendo que eres tú, te haré este favor. **10.** El tren, saliendo del túnel, chocó con otro.

E. 1. Nadie conocía al profesor que hablaba de las nuevas teorías. **2.** Llegando a tiempo, podrás verlo. **3.** Hallaron a los bomberos que apagaban (apagando) el incendio. **4.** Los estudiantes que aprobaron el examen no protestaron. **5.** Siendo tan intenso el tráfico, prefiero ir en metro. **6.** Los empleados que viven en las afueras no han venido. **7.** He comprado un libro que trata de física. **8.** Búscate una secretaria que escriba a máquina. **9.** Le escribió pidiéndole explicaciones. **10.** Oía la voz del orador que se hacía (haciéndose) cada vez más clara.

F. 1. Yendo al mercado, encontró a su tía. **2.** No conociendo a nadie, se aburrieron. **3.** Se pasaba el día escribiendo novelas policíacas. **4.** Dándote prisa, llegarás a tiempo. **5.** Se hizo un esguince jugando al fútbol. **6.** Los turistas que deseen ir de excursión tendrán que inscribirse. **7.** Saliendo esta tarde el tren, no podemos cogerlo. **8.** Hemos conocido a varias empleadas que trabajan en el ministerio. **9.** Se podría agrandar el cuarto derribando el tabique. **10.** Estando en huelga los obreros, la fábrica está cerrada.

---

56. *L'expression de la durée et la forme progressive (p. 236)*

A. 1. Nos hemos estado escribiendo durante un año. **2.** Ahora están viviendo en las afueras. **3.** Están saliendo juntos desde hace unos meses. **4.** Estamos usando unas nuevas máquinas para el envasado. **5.** Estaba bajando la escalera cuando oí el teléfono. **6.** Hemos estado pidiendo créditos en varios bancos. **7.** Te estuvieron recordando durante una buena temporada. **8.** Este aparato está haciendo un ruido muy raro últimamente. **9.** Lo están decidiendo en estos momentos. **10.** Ahora están construyendo mucho por esta zona.

B. 1. La temperatura iba subiendo de manera anormal y paramos todo. **2.** Estos últimos días me va doliendo menos que antes. **3.** Ve apretando poco a poco esta tuerca hasta que vaya disminuyendo la presión. **4.** Ve haciendo las facturas según vayas mandando los pedidos. **5.** Esta actriz va actuando cada vez mejor. **6.** Va diciendo por todos lados que ese asunto no le interesa. **7.** Ve llenando la botella lentamente mientras voy trayendo otras vacías. **8.** Van devolviendo en pequeñas cantidades lo que debían. **9.** En esa fábrica van despidiendo poco a poco a la mayor parte de los obreros. **10.** Según va pasando el tiempo va teniendo mejores notas. **11.** A medida que nos vamos metiendo en el invierno, va haciendo cada vez más frío.

C. 1. Desde anteayer venimos notando ciertos cambios. **2.** Últimamente viene faltando con frecuencia al trabajo. **3.** De un tiempo a esta parte me viene insistiendo para que trabaje con él. **4.** Desde que arreglé el coche viene gastando menos gasolina. **5.** Desde hacía tiempo venía imponiendo su criterio a todo el mundo. **6.** Desde el lunes se viene presentando todos los días. **7.** De un tiempo a esta parte venimos notando cierta mejoría. **8.** Desde enero las ventas vienen bajando.

D. 1. Le llevo esperando un buen rato. **2.** Lleva varios días de viaje. **3.** Llevaba cinco minutos intentando arrancar el coche. **4.** Lleva perfeccionando ese modelo un par de años. **5.** Lleva de vendedor en esa tienda cinco meses. **6.** Llevo en este pueblo desde que me casé. **7.** Llevo arreglando la casa desde esta mañana. **8.** Llevan un año instalando las líneas de teléfono. **9.** Llevamos quince años en Londres. **10.** Llevamos juntos doce años.

E. 1. Lleva un mes sin llamarme por teléfono. **2.** Lleva seis meses sin encontrar trabajo. **3.** Llevamos por lo menos un año sin salir con ellos. **4.** Llevo quince días sin ir a trabajar. **5.** Llevamos ya una semana sin ascensor. **6.** Lleva quince días sin llover nada. **7.** Lleva sin salir de casa tres días. **8.** Lleva sin visitarnos unos días. **9.** Llevo sin noticias suyas por lo menos un año.

F. 1. ¿Sigue preocupada por su hijo? **2.** Me quedé haciendo la declaración de impuestos. **3.** Sigue viajando mucho por razones de trabajo. **4.** En este país los trenes siguen llegando tarde (con retraso). **5.** Llevo un mes sin fumar. **6.** Desde principios de año, llevo vistos varios casos. **7.** Sigue teniendo las mismas opiniones políticas. **8.** Sigue viviendo en la misma calle. **9.** Seguimos sin tomar una decisión. **10.** Sigo prefiriendo el tren al avión.

57. *L'itération et l'habitude (p. 240)*

A. 1. Antes solía venir mucho por aquí. **2.** Suele acostarse muy pronto. **3.** En esta región suele llover mucho en primavera. **4.** Al lado de esta fábrica suele oler muy mal. **5.** En este restaurante suelen servir rápido. **6.** Suelo encontrarme casi todos los veranos con los Martínez. **7.** No me suelo acordar casi nunca de su nombre. **8.** Suelo preferir (por lo general) el café al té. **9.** Solemos irnos al campo el fin de semana.

B. 1. Me volvieron a pedir los mismos documentos que la semana pasada. **2.** Cada vez que lo veo me vuelve a contar el mismo chiste. **3.** Esta vez no he vuelto a cometer el mismo error. **4.** Se ha vuelto a poner enfermo y lo han vuelto a ingresar en el hospital. **5.** Vuelven a sembrar lo mismo cada año. **6.** ¿ Le han vuelto a doler (de nuevo) las muelas? **7.** Se volvió a equivocar (una vez más) en su análisis de la situación. **8.** Este año se volvió a producir la misma cantidad que otros años. **9.** Este mes ha vuelto a sacar (otra vez) malas notas en matemáticas. **10.** No me lo vuelvas a repetir (otra vez) que ya lo he entendido.

C. 1. Nos hemos acostumbrado a cenar tarde y no nos molesta. **2.** A estas horas suele estar en su despacho. **3.** No ha vuelto a fumar desde que tuvo el accidente. **4.** Señorita, como de costumbre ha vuelto a llegar tarde. **5.** Ha dicho que no lo volverá a hacer. **6.** Por lo general, suele volver tarde del trabajo. **7.** Este plato ha sido recalentado. **8.** Desde la última vez no ha reaparecido (vuelto a aparecer). **9.** Me ha dicho que volvería a pasar.

---

58. *La traduction de* on *(p. 242)*

A. 1. Están esperándote abajo. **2.** Vinieron a verte ayer por la tarde. **3.** Te llaman por teléfono. **4.** Me han dicho que los tipos de interés van a seguir en alza. **5.** Me lo han traído de Venecia. **6.** Me lo dijeron ayer. **7.** Preguntan por ti. **8.** Me lo han contado como algo seguro. **9.** Han venido a avisarte.

B. 1. Se sigue viniendo a la Costa del Sol. **2.** ¿ Se sabe ya lo que ha pasado? **3.** Se decía que los obreros trabajaban mal en esas condiciones. **4.** Se busca un piso céntrico que no sea muy caro. **5.** Se escucha al profesor distraídamente. **6.** Se vende de todo en la tienda. **7.** Se necesita un contable y dos secretarias. **8.** Se encontró a los ladrones rápidamente. **9.** Se compran todos los terrenos disponibles. **10.** Se traspasan estos negocios.

C. 1. No me han dejado entrar. **2.** Me lo han regalado por mi cumpleaños. **3.** Me han dicho que viene esta tarde. **4.** Le consideran (se le considera) muy bien en su trabajo. **5.** Se compra oro. **6.** Se necesitan tres nuevos puestos. **7.** Cuentan que el dólar va a seguir subiendo. **8.** No se puede aguantar (soportar) eso. **9.** Se liquidan todas las existencias.

D. 1. Se podría hacer de otra forma. **2.** Uno tiene que saber pararse. **3.** Uno se lo pasó bien en Valencia. **4.** Uno no sabe qué pensar en esos casos. **5.** No se puede conducir a esa velocidad. **6.** Uno se divierte bastante aquí. **7.** Uno se entretiene con cualquier cosa. **8.** Uno no debe jactarse de lo que no tiene. **9.** No se puede tolerar que las cosas sigan así. **10.** En invierno uno se duerme pronto.

E. 1. Uno lo hizo con la mejor intención del mundo. **2.** A uno le aburren todas estas historias. **3.** Uno está obligado a hacerlo. **4.** A uno le ocurre lo que a ti. **5.** A uno le gustan las cosas claras. **6.** A uno no le interesa cambiar de trabajo en estos momentos. **7.** A uno no le importa. **8.** ¿Qué quieres que haga? A uno le caen mal. **9.** A uno le sienta mal la grasa. **10.** Que no cuenten con uno para eso.

F. 1. Se me ha avisado en el último momento. **2.** Entonces se acuerda uno de los buenos tiempos. **3.** Uno se da cuenta en esos momentos de que no es posible. **4.** Si quieres, podemos vernos la semana que viene. **5.** En mi país, uno se casa muy joven. **6.** Desde luego, no nos entendemos. **7.** Se empieza por ceder un poco y se da todo. **8.** No se puede decir eso de uno (No pueden decir eso de uno). **9.** Uno se pregunta si es mentira.

---

59. *L'expression de l'impersonnalité (p. 246)*

A. 1. Sería preferible que me lo enviaran a casa. **2.** Es extraño que no hayan dicho nada. **3.** Es molesto que empujen en el metro. **4.** Fue muy sorprendente que estuviera cerrado. **5.** Era inexplicable que pudieras dormir tanto. **6.** Es deseable que no envejezcas nunca. **7.** Era increíble que nos hicieran tal faena.

B. 1. Es imprescindible que lo averigüen. **2.** Estaba claro que no me reconocía. **3.** Es una lástima que no podáis acompañarnos. **4.** Es preciso que sigas las instrucciones. **5.** Más vale que Vd. se vaya ahora. **6.** Es evidente que no hablan español. **7.** Fue una pena que no lo comprara (comprase) entonces. **8.** Es obligatorio que Vds. firmen estos papeles. **9.** Es hora de que os levantéis. **10.** Sería necesario que cambiáramos (cambiásemos) de coche. **11.** Es cierto que falta mucho a clase. **12.** Entonces era normal que la gente tuviera (tuviese) pocas comodidades.

C. 1. Era imposible convencerlo. **2.** Es muy sorprendente que hablen tan poco. **3.** No es muy interesante hacer estas investigaciones. **4.** Está claro (claro es que) prefiere vivir solo. **5.** ¿Quién rompió el vaso ayer? ¿Fuiste tú? — No, fue ella. **6.** Era inimaginable que nos quedáramos (quedásemos) más tiempo. **7.** ¿Es aquí donde echan (ponen) la última película de Buñuel? **8.** Parece que los dos hermanos se llevan bien. **9.** Han llegado dos cartas para Vd., señora. **10.** Es difícil admitir la verdad.

D. 1. ¿Dónde hay un cenicero? **2.** Nos conocimos hace un año. **3.** Hacía dos meses que no iba al cine. **4.** ¿Cuántos kilómetros hay entre Madrid y Sevilla? **5.** Se marchó hace un par de horas. **6.** Ha dejado de nevar hace un día. **7.** No sabía lo que había en ese cajón. **8.** En enero suele haber muchas rebajas. **9.** Hacía una semana que habían estrenado la película. **10.** ¿Hay alguna pregunta?

E. 1. Hace mucho tiempo que no entra en una iglesia. **2.** Hace diez años que compramos este chalet. **3.** Hace tres meses que va al dentista. **4.** Este periódico salió hace unos días. **5.** Haría casi dos horas que hablaba sin parar. **6.** Hace años que las mujeres luchan por la igualdad de derechos. **7.** Hacía varias horas que trataba de llamar por teléfono. **8.** Se firmó el contrato hace un año.

F. 1. Hace mucho (tiempo) que no lo he visto. **2.** ¿Desde hace cuántos días estás aquí? **3.** Hay demasiados coches en esta ciudad. **4.** Mañana hará cinco años que nos casamos. **5.** Mañana, entre las 9 y las 10, no habrá agua. **6.** Es fácil criticar y decir: no hay más que... (si yo fuera) **7.** Habría muchas cosas que decir. **8.** Hace un mes que no abro un

periódico. **9.** Hubo un terremoto y habría unos mil muertos.
10. ¿Había nieve en la sierra? **11.** Hace unos minutos que
ha llegado la ambulancia. **12.** Está claro; no hay nada que
añadir.

---

60. *L'obligation (p. 250)*

A. 1. Tienes que decirme la verdad. **2.** Tiene Vd. que llamarle
mañana. **3.** Tienen que cambiar de imagen si quieren tener
éxito. **4.** No tenéis que mentir. **5.** Tenemos que comer, que
se enfría la comida.

B. 1. Hace falta que vaya mañana al aeropuerto. **2.** Hará falta
que esté en Sevilla el lunes. **3.** Hace falta que se incrementen
las ventas en el extranjero. **4.** Hizo falta que reservara
(reservase) una habitación en el hotel. **5.** Hacía falta que se
publicara (publicase) este informe.

C. 1. Es preciso que tenga Vd. las llaves. **2.** Mañana tendré que
ir yo a buscar a mi hermanito. **3.** Tienes que ser cortés con
tus padres, Juan. **4.** ¿Era preciso que te fueras tan de
repente? **5.** Tuvimos que llamarle nosotros para que viniera.
6. El coche tiene que durar muchos años. **7.** Es preciso que
contestes estas cartas. **8.** No tienen que fiarse Vds. de las
apariencias. **9.** Sé lo que tengo que hacer.. **10.** A esos niños,
fue (era) preciso que les enseñáramos a leer.

D. 1. El médico debe (tiene que/ ha de) guardar el secreto
profesional. **2.** La casa tenía que (había de) estar limpia para
la recepción. **3.** Tuve que (hube de) llamar por teléfono a mi
familia. **4.** Tenemos que (hemos de/ debemos) mantener
nuestra buena fama. **5.** Tuvo que ir al médico. **6.** Deberías
venir con nosotros al campo. **7.** Los alumnos deberán
(tendrán que/ habrán de) ponerse en fila en el patio.

E. 1. Hay que decirlo todo. **2.** Había que tener mucho dinero.
3. Habrá que conocer las grandes capitales. **4.** Habría que
abonar estas tierras. **5.** Hubo que seguir caminando.

F. 1. Hoy en día se ha de aprender a conducir. **2.** A esto se
habrán de añadir los gastos de expedición. **3.** No se ha de
contar con la ayuda ajena. **4.** Han de modernizar el metro.

5. Se han de pagar los portes. **6.** Hubieron de transformar la red de ferrocarriles. **7.** Se ha de votar, es un deber para todos.

G. 1. Ayer mi padre tuvo que salir de viaje. **2.** Hay que tratar de solucionar este asunto ahora. **3.** Mi mujer y yo tenemos que ir al banco. **4.** En los años de la posguerra había que trabajar mucho. **5.** ¿Qué tienen que hacer los chicos? **6.** En los supermercados hay que hacer cola para pagar. **7.** Hay que dejar el coche bien aparcado. **8.** Mañana, yo misma tendré que ir al mercado. **9.** Entonces, tuve que salir a toda prisa y esconderme. **10.** Dentro de poco ya no habrá que presentar el pasaporte.

H. 1. Ricos o pobres, hay que (es preciso/ es necesario/ hace falta) someterse a la ley. **2.** Pasó lo que tenía que (había de/ debía) pasar. **3.** Todas las letras se han de (se tienen que/ se deben) pronunciar. **4.** Era de ver lo mucho que se divertían. **5.** Hacen falta (se necesitan) varios días para visitar el Prado.

---

61. *Le passif (p. 254)*

A. 1. La niña fue mordida ayer por una serpiente. **2.** Fuimos recogidos por un pesquero tras el naufragio. **3.** Las propuestas del Gobierno son examinadas por las Cortes. **4.** La ley no ha sido aprobada aún. **5.** El doblaje de la película ha sido hecho por grandes actores. **6.** Dos personas fueron atropelladas ayer por un autobús. **7.** El niño fue adoptado por unos vecinos después de la guerra. **8.** El aviso ha sido entregado esta mañana por un desconocido. **9.** Las calles son regadas a primera hora de la mañana. **10.** El presupuesto municipal será presentado mañana por el alcalde.

B. 1. El proyecto es estudiado por un ingeniero. **2.** El problema fue resuelto ayer en un santiamén. **3.** El niño estaba dormido cuando entré en la habitación. **4.** El año pasado, esta casa fue destruida por el fuego. **5.** Cuando empezó la película, fueron apagadas las luces. **6.** No me interrumpas; estoy muy ocupado. **7.** Estas películas están pasadas de moda. **8.** El paquete será enviado mañana por correo aéreo. **9.** El ascensor no funciona; está estropeado. **10.** El aeroplano fue inventado a principios del siglo.

C. 1. La noticia fue difundida por los periodistas. **2.** La primera República española fue instaurada en 1870. **3.** Los bancos sólo están abiertos por la mañana. **4.** El Acta Única ha sido firmada recientemente. **5.** Acaba de ser nombrado director de ventas. **6.** La región fue arrasada por el terremoto. **7.** Todas las luces estaban encendidas. **8.** Este cuadro fue comprado por un multimillonario. **9.** La biblioteca estará cerrada durante el mes de agosto. **10.** La avería del coche ha sido mal arreglada.

D. 1. Muchos turistas visitaron el museo. **2.** Se recibirá a los ministros con gran pompa. **3.** Los españoles han ganado el festival de la canción. **4.** Se criticó mucho aquella decisión. **5.** Se tomarán todas las medidas necesarias. **6.** Se le considera a don Félix como a un hombre de bien. **7.** Se ha anunciado un día de huelga general. **8.** Se construyó este edificio el año pasado. **9.** Las autoridades habían concedido el permiso. **10.** En un futuro próximo se dominará la técnica espacial.

E. 1. Se nos ha impuesto una medida absurda. **2.** Los niños leen mucho estos tebeos. **3.** Se aclamó calurosamente al presidente. **4.** No se aceptaron nuestras propuestas. **5.** El toro ha cogido varias veces a ese torero. **6.** Los problemas económicos se resolverán algún día. **7.** La televisión retransmite el partido de fútbol. **8.** El público acogerá muy bien este coche. **9.** Se esperaba a muchos jóvenes. **10.** Se ha comentado mucho su último discurso.

F. 1. Me sorprenden sus resultados. **2.** Se ha estudiado cuidadosamente el programa. **3.** Se inaugurará mañana el nuevo ayuntamiento. **4.** Se ruega a los pasajeros apaguen sus cigarrillos. **5.** La policía tuvo que disolver la manifestación. **6.** No se invitó a los niños a la cena. **7.** ¿Por qué te atormentan tanto estos recuerdos? **8.** Todavía no se ha explorado totalmente el fondo de los mares. **9.** Le interrumpió el corte de luz. **10.** Muchos autores han tratado este tema.

62. *La tournure pronominale (p. 258)*

A. 1. Este perro se traga todo lo que encuentra. **2.** Como era tan tarde, nosotros nos supusimos que ya no vendrías. **3.** Mi padre come carne y fruta exclusivamente. **4.** Tu hijo se comió ayer un plato entero de pasta. **5.** El jefe está muy equivocado si se imagina que voy a quedarme hasta las ocho. **6.** Esta tarde sin falta me corto el pelo. **7.** Nosotros nos salimos porque había demasiada gente. **8.** Le llamaron y se marchó corriendo. **9.** ¿Cuándo se vino definitivamente? **10.** Quiero que tú te aprendas esa lección.

B. 1. En la comida nosotros bebemos vino y en los postres tomamos cava. **2.** Ya me conozco yo este tipo de situaciones. **3.** La próxima vez me haré una permanente. **4.** Mis padres vienen a Madrid todos los meses. **5.** Federico se fuma dos paquetes de tabaco al día. **6.** Cuando estuve en Madrid la última vez, me comí un cocido extraordinario. **7.** (Nos) Tomamos una cerveza en el bar de la esquina. **8.** ¿No conoces a mi hermano? **9.** Se puso enfermo y se fue a la mitad de la obra. **10.** No comas tanto porque vas a engordar. **11.** El conferenciante se aprendió la conferencia de memoria. **12.** Mi mujer y yo nos vinimos a vivir a Granada hace doce años. **13.** Esta empresa va muy bien. **14.** Mañana salimos a las siete de la mañana. **15.** ¿A qué hora viniste ayer a casa? **16.** Ese señor ya no está. Se marchó hace un mes de la empresa.

C. 1. Niños, poneos los guantes porque hace frío. **2.** Teníamos tanto sueño que se nos cerraban los ojos. **3.** He tenido que ir al médico porque se me torció el tobillo la semana pasada. **4.** No puedo explicarme cómo se te ocurren a ti semejantes ideas. **5.** Cuando llegaron, se quitaron el abrigo. **6.** Tengo que llamar al fontanero, porque se me ha estropeado el grifo de la cocina. **7.** Ayer se le olvidó a Carmen el bolso. **8.** Siempre que paso por aquí a los niños se les antoja un pastel. **9.** Ayer se me cayeron todos los platos sin darme cuenta. **10.** Jorge está un poco peor: se le ha presentado una complicación, ya que se le ha infectado la herida. **11.** No sabía que se le había muerto el padre a Teresa. **12.** He estado trabajando en el jardín y se me ha ensuciado el pantalón. **13.** Salimos tan deprisa que nos hemos dejado todo el dinero en casa. **14.** Con el frío que hacía, se nos enfriaron las manos a todos. **15.** Teníamos tando miedo que se nos heló la sangre en las venas.

D. 1. He tenido que llevármelo porque molestaba. **2.** Se pusieron los zapatos nuevos. **3.** Átate los cordones, si no te vas a caer. **4.** Se me escapan siempre las buenas oportunidades. **5.** Se nos han olvidado los expedientes en el despacho. **6.** (Se) te ha bajado mucho la tensión desde la última vez. **7.** Aquí se nos pasa (va) el tiempo sin que nos demos cuenta. **8.** A tu madre se le ha ocurrido irse (marcharse) sin avisar. **9.** Quítate la chaqueta si quieres. **10.** El coche se ha salido de la carretera.

---

63. *L'emploi de* **haber** *et* **tener** (*p. 262*)

A. 1. He venido hoy a verte y no volveré más. **2.** Apenas hubo terminado de comer, se fue. **3.** Ten mucho cuidado con lo que vas a decir. **4.** Cuando viniste a vernos, ya habíamos salido. **5.** A su padre yo le tengo mucho afecto. **6.** ¿Es posible que tú hayas hecho esto? **7.** Eso no tiene tanta importancia. **8.** Debo tener muy en cuenta lo que tú me has dicho. **9.** ¿Qué hora habrán dado? — Creo que las diez. **10.** Yo no tengo mucho interés por las ciencias.

B. 1. El fin de semana pasada hubo muchos accidentes de carretera. **2.** En aquella esquina hay un quiosco de periódicos. **3.** ¿No había aquí antes una librería? **4.** La semana que viene habrá muchas huelgas. **5.** Abajo hay un señor que pregunta por Vd.

C. 1. Ya tiene escritas unas diez páginas. **2.** La secretaria tenía despachada toda la correspondencia. **3.** Te tengo dicho que no vengas dando saltos por el pasillo. **4.** Los niños tendrán preparados sus libros para cuando vuelvas. **5.** Ya teníamos sacadas las entradas para el concierto.

D. 1. Cuando he vuelto, había mucho tráfico. **2.** Esta empresa tenía una fábrica, ahora tiene siete. **3.** Se han visto esta mañana y se han ido juntos. **4.** Tenía (había) previsto ir a Zaragoza la semana que viene. **5.** Todavía no hay nadie aquí.

6. ¿Has leído la última novela que he comprado?
7. Tenemos dos días para decidirnos.

---

64. *L'emploi de* **ser** *et* **estar** *(p. 264)*

A. 1. ¿Quién es aquel chico? **2.** Luis es una persona bastante desagradable. **3.** No, no es aquí. Se ha equivocado Vd. de dirección. **4.** ¿Qué día es hoy? — No sé. Creo que es lunes. **5.** Eso no es nada. Ya verás cómo te curas enseguida. **6.** Ayer alguien llamó por teléfono, pero no dijo quién era. **7.** Oiga, ¿eres Manolo? — No, no, soy yo. **8.** No está mal que pudiéramos hacer ese viaje. **9.** ¿Cuántos somos hoy? — Creo que somos 25.

B. 1. — ¿Qué día es hoy? — Me parece que hoy es martes. **2.** — ¿Cuándo vimos esa película? — Creo que fue en enero. **3.** ¿Quién es ése? — Ése el el chico que nos presentaron ayer. Es Eduardo. **4.** Señores, todos nosotros somos los primeros en lamentarlo. **5.** Era cuando tu madre y yo éramos estudiantes. **6.** Es lo que decimos todos. **7.** Hoy yo no estoy nada bien. **8.** — ¿Qué hora es? — Son las ocho y cuarto. **9.** — Estos zapatos no son los míos. Son los vuestros.

C. 1. Era la una de la mañana. **2.** Es importante. **3.** Es muy cerca de aquí. **4.** ¡Hola! Somos nosotros. **5.** Lo que haces no está nada bien. **6.** No sé si este paraguas es el tuyo o el mío. **7.** Era mi amiga pero ya no lo es. **8.** Tu cuaderno es el rojo. **9.** Somos los primeros en haber descubierto este nuevo producto. **10.** Son quinientas pesetas en total. **11.** Es delante de ti.

D. 1. ¿De dónde sois? — Somos de Santurce. **2.** No, esto no es para jugar. **3.** — Para la fiesta del martes, ¿cuántos somos? — No sé, de momento somos unos veinticinco. **4.** En este caso, yo personalmente no soy de tu opinión. **5.** Puede comprarlo con toda tranquilidad. Es de buena calidad. **6.** No sé para qué es esa nueva máquina que han traído. **7.** — Me hace el favor, ¿está Pilar? — No, no está. Ha tenido que salir. **8.** — ¿Dónde es la fiesta? — Es en la casa de campo de sus padres. **9.** — ¿A cuántos estamos? — Hoy estamos a doce.

E. 1. Ese vestido no es para mí porque es de un tejido muy ligero y es de un color demasiado vivo. **2.** — ¿De quién son estos cuadernos? — Son míos. **3.** Desde que lo conozco está en la misma empresa. **4.** Ya son las doce. Me marcho, que es muy tarde. **5.** ¿Dónde va a ser la ceremonia de fin de año? **6.** Aunque estamos en pleno invierno, no hace nada de frío. **7.** — ¿Cuántos sois en tu casa? — Somos tres y mis padres, pero desde el año pasado sólo estamos mi hermano y yo. **8.** Esas flores no sé para quién son. **9.** Vamos a comer, porque la comida ya está en la mesa. **10.** Creo que el entierro es el jueves a las dos.

F. 1. Gabriel era ingeniero, antes de entrar en la Administración. **2.** — ¿Y Mercedes? — Está pasando un mal momento. No te digo más que está sin trabajo. **3.** Jaime estuvo de médico en Béjar, antes de ir a Madrid. **4.** Carmen es abogada, pero es también economista. **5.** Estaba para comprar el jersey cuando le convencimos de que no le iba. **6.** El autocar estaba para irse cuando lo pude coger en el último momento. **7.** Me acuerdo muy bien de que era el último de la clase. No era nada buen estudiante. **8.** La verdad es que no estoy para risas cuando tengo tanto trabajo. **9.** Nosotros estábamos en plena reunión cuando nos interrumpieron.

G. 1. Le vimos, cuando estaba yo de vacaciones en Estepona. **2.** Hoy el jefe no está para nadie. Es mejor que no le hables porque no está para bromas. **3.** Felipe siempre dice que está sin dinero. **4.** No le interesa mucho porque está de paso. **5.** Estas mercancías son de Bilbao y están para ser descargadas de un momento a otro. **6.** La última vez que le vi estaba en plena forma. Estábamos los dos en el gimnasio y estaba Luis también.

H. 1. La habitación está oscura; por favor descorre las cortinas. Esta habitación, orientada al norte, es oscura. **2.** No recojas la ropa, está húmeda todavía. El clima de esta zona es húmedo. **3.** Como es tan orgulloso, no me atrevo a decirle nada. Cuando le cuente eso a mi madre, estará orgullosa de mí. **4.** Rosa es muy alegre desde niña. Juana está muy alegre porque se va de viaje. **5.** Estoy nervioso porque aún no sé el resultado del examen. Juan es demasiado nervioso para este trabajo.

I. 1. Pablo es protestante, pero su mujer es católica. **2.** Mis amigos son ingleses. **3.** Este café está frío. **4.** El accidente de ayer fue horrible. **5.** Rafael ya está mejor. **6.** Esta noticia es increíble. **7.** El taxi estaba libre cuando lo llamé. **8.** Estaré triste mañana sin ti. **9.** El autobús que viene está lleno. **10.** Vosotros sois inteligentes.

J. 1. El servicio militar es obligatorio. **2.** Puedes estar tranquilo, haré todo lo necesario. **3.** Es seguro que vendrá; pero no estoy seguro de la hora. **4.** El footing es bueno para el corazón. **5.** La noche está más bien fresquita. **6.** ¿ Estás listo ? Ya es hora de marcharse. **7.** El paisaje del norte de España es muy verde. **8.** Esta cena está verdaderamente muy rica, señora. **9.** El coche que he comprado ya no es nuevo, pero está casi nuevo.

K. 1. Esta mujer es respetada por todos. **2.** María está casada con un ingeniero. **3.** Me voy a dormir porque estoy muy cansado. **4.** El criminal ha sido detenido esta mañana. **5.** Los cristales están recién lavados. **6.** La gente gritaba tanto que la manifestación fue disuelta. **7.** Los campeonatos son emitidos por Mundovisión. **8.** El viajero estaba medio dormido y no se dio cuenta de nada. **9.** Fui gravemente herido por un coche ayer. **10.** Volví a casa pero las puertas estaban cerradas.

L. 1. Estuvieron enamorados algunos años. **2.** Su hijo ha sido (fue) expulsado del colegio y no sabe qué hacer con él. **3.** Suele ser bien aceptado por la gente. **4.** Los árboles están helados con tanta nieve. **5.** Aquí tiene Vd. su coche: ya está arreglado. **6.** Cristo fue vendido por treinta monedas de plata. **7.** La casa está rodeada de césped. **8.** Las computadoras son controladas periódicamente por expertos. **9.** El documental será emitido el próximo mes. **10.** Este bolso está hecho a mano.

M. 1. Los cuadros de Goya están expuestos en el museo del Prado. **2.** Fue mordida ayer por un perro lobo. **3.** Por la mañana todos los bancos están abiertos. **4.** Estas calles están muy mal alumbradas de noche. **5.** La casa ha sido alquilada por unos extranjeros este año. **6.** Méjico fue conquistado a principios del siglo XVI. **7.** Puedo asegurarte que estaremos listos a las siete. **8.** El control será efectuado por un equipo de médicos. **9.** Los ladrones no fueron detenidos nunca. **10.** El ministro estaba (era) acompañado por su mujer.

65. *Les emplois particuliers des semi-auxiliaires (p. 274)*

A. 1. Paco anda bastante preocupado últimamente, pero ahora está más tranquilo. **2.** Mi amiga ya tenía preparadas las maletas cuando fui a buscarla. **3.** Desde que empezamos las obras de la nueva casa tenemos gastadas más de dos millones de pesetas. **4.** No te extrañes de que Amparo no te conociera el otro día. Anda (va) tan despistada como siempre. **5.** Ayer Mari Carmen iba vestida de forma muy rara. **6.** No te preocupes, que ya tengo solucionados todos los asuntos que me encargaste. **7.** Era tan extraordinario que nos tenía fascinados a todos con sus historias. **8.** Desde principios de año el Departamento de Posventa tiene registradas doscientas devoluciones. **9.** No sé cuántas veces te tengo dicho que no llegues tarde a casa. **10.** El presidente considera que el asunto de los despidos quedó definitivamente concluido la semana pasada. **11.** Esa película la tengo ya muy vista. Me la conozco de memoria. **12.** Desde que está sin trabajo, tu padre nos tiene mandadas no sé cuántas solicitudes de empleo. **13.** Desde que trabaja en ese bufete tiene vistos más de cien casos de divorcio. No hace más que eso.

B. 1. En aquella época andaba saliendo con Matilde. **2.** Tenemos recorridos trescientos kilómetros desde esta mañana. **3.** Cuando mi marido tenga terminada la tesis, nos iremos al extranjero. **4.** Desde hace un mes tengo ya arregladas varias máquinas de esta marca. **5.** Esta historia la tengo muy oída. **6.** La casa ha quedado acabada el mes pasado. **7.** Va siempre muy maquillada.

C. 1. Viene a costar doce mil pesetas. **2.** Se echó a andar sin decir ni una palabra. **3.** Acabo de verlo por aquí. **4.** Me fui porque la obra no me acababa de interesar. **5.** Le reñí y se echó a llorar.

D. 1. Cuando contó ayer la anécdota, todos se echaron a reír a carcajadas. **2.** No te has perdido nada. La película acaba de empezar hace un momento. **3.** Este libro sobre el terrorismo viene a decir lo mismo que todos. **4.** Las opiniones de este conferenciante no acaban de convencerme del todo. **5.** A tu hermano los nuevos proyectos le tienen (traen) totalmente absorbido. **6.** Desde que vivimos en las afueras venimos a gastar más o menos lo mismo que cuando vivíamos en el centro. **7.** No le puedo informar porque acabo de llegar hace pocos días. **8.** Cuando veo esos precios, te aseguro que me echo a temblar.

E. 1. Los periódicos acaban de anunciar la noticia. **2.** Bueno, ¡ vamos a trabajar ! **3.** Esta película viene a contar la misma historia que la de la semana pasada. **4.** Este puesto no acaba de motivarme como el anterior. **5.** Cuando oyó la historia, se echó a reír. **6.** El cuadro no acaba de gustarme. **7.** ¿ Cómo iba a decirlo en esas circunstancias ? **8.** Vamos a comprobar eso enseguida. **9.** Desde el año pasado, ese asunto (negocio) le trae (tiene) completamente obsesionado. **10.** El perro se echó a ladrar de repente.

---

66. *Les verbes* devenir *et* rendre *(p. 278)*

A. 1. Creo que su padre se ha hecho muy célebre con sus inventos. **2.** A pesar de su familia, él se hizo republicano y no cambió. **3.** Ella se ponía melancólica cuando terminaban las vacaciones. **4.** Había vivido muchos años en Londres y se había hecho (vuelto) muy inglés. **5.** La hija menor optó por hacerse monja. **6.** Miguelito se puso bueno en cuanto llegó el médico. **7.** Se puso pálida cuando le pidieron la documentación. **8.** ¿ Adónde vas ? ¡ Te has puesto muy elegante hoy ! **9.** Este señor se ha hecho rico después de trabajar mucho. **10.** ¡ No se ponga Vd. tan nerviosa, señorita !

B. 1. Su abuelo llegó a ser Presidente del Gobierno. **2.** Pedro se ha vuelto presumido desde que ha sacado el doctorado. **3.** ¿ Cómo pudiste volverte comunista de la noche a la mañana ? **4.** Paco estudió mucho para hacerse médico. **5.** Los niños se pusieron muy contentos cuando llegaron sus primos. **6.** Este chico siempre se pone pesado cuando hablamos de política. **7.** La renovación del material ha llegado a ser imprescindible. **8.** De pronto el cielo se puso nublado y nos fuimos. **9.** Este señor ha llegado a ser (se ha hecho) uno de los grandes empresarios del país. **10.** Año tras año, las circunstancias se han hecho distintas.

C. 1. Con el niño el piso se ha vuelto demasiado pequeño. **2.** No se sabía cómo de repente se había vuelto pobre.

3. Hay tantas obras que el tráfico ha llegado a ser difícil.
4. Mis padres se han hecho viejos. **5.** En cuanto lo vio se puso colorada. **6.** La empresa se hacía (se volvía) cada vez más próspera. **7.** Se hizo abogado tras cuatro años de estudios. **8.** Su tío había llegado a ser general. **9.** Me parece que este niño se vuelve caprichoso. **10.** Cuando la invité se puso muy alegre.

D. **1.** c. **2.** a. **3.** c. **4.** b. **5.** c. **6.** b.

E. **1.** El vestido que llevabas ayer te hacía más delgada. **2.** Esta medicina que he tomado me ha puesto bueno. **3.** Este botijo hace el agua muy fresca. **4.** Mirándolo así vas a volver tonto al niño. **5.** Acabo de recibir una carta que me ha puesto de buen humor. **6.** ¡ Cuánto ha cambiado! Las malas compañías le han vuelto rebelde. **7.** Si lo sigues practicando, este deporte te hará fuerte. **8.** El bullicio de la ciudad le vuelve loco a uno. **9.** ¡ No hagas tanto ruido! ¡ Nos pones nerviosos a todos! **10.** El sol pone moreno.

F. **1.** Lo que me dijo me puso furioso. **2.** La gloria no le hacía más feliz. **3.** Los disgustos acabaron poniéndole malo. **4.** Los fracasos le volvieron desconfiado. **5.** Sus hijos le hacían la vida imposible. **6.** La lluvia hace más peligroso el tráfico. **7.** La injusticia que había sufrido le había vuelto injusto. **8.** Pensar en las vacaciones nos ponía alegres.

---

67. *Les interrogatifs et les exclamatifs (p. 282)*

A. **1.** ¿ Qué hay de nuevo? **2.** ¿ Qué diferencia hay entre tú y yo? **3.** ¿ Cuál es la diferencia? **4.** ¿ Cuál de los dos escoges? **5.** ¿ Qué coche es el tuyo? **6.** ¿ Cuál es su dirección? **7.** ¿ Qué te preguntó el profesor? **8.** ¿ Qué es esto? **9.** ¿ Qué importa lo que diga? **10.** ¿ Cuál de ellos nos recomienda Vd.?

B. **1.** ¿ Qué día es mañana? **2.** ¿ Cuándo vino? **3.** ¿ Quién irá al aeropuerto? **4.** ¿ Desde cuándo no has vuelto a la sierra? **5.** ¿ Dónde estaba esperando? **6.** ¿ Cómo estás (¿ Cómo está Vd.?) **7.** ¿ Quién nos ha escrito? **8.** ¿ Cuáles de las preguntas os han parecido difíciles? **9.** ¿ A quién has invitado? **10.** ¿ Cuánto cuesta la entrada?

C. 1. ¿Cuál de estas dos señoras es tu madre? **2.** ¿Qué museo quieres visitar? **3.** No puedo decirte cuántos días voy a quedarme. **4.** ¿Cómo lo supiste tan pronto? **5.** Pero, ¿cuándo saliste de Madrid? **6.** ¿De dónde vienes y (en) dónde vives ahora? **7.** ¿En quién piensas? **8.** Pero, ¿cuándo vas a comprender (comprenderás)? **9.** ¿Cuáles son las ciudades españolas que conoces? **10.** Por favor, señor, ¿cuánto valen estos zapatos?

D. 1. ¡Cuánto tiempo sin verte! **2.** ¡Qué chica más guapa! **3.** Pero, ¿por qué quieres marcharte tan temprano? **4.** ¿Cuántos metros le pongo, señora? **5.** ¡Qué (cuán) amable es Luis! **6.** ¡Qué (cuánta) hambre tengo! **7.** ¿Para (por) qué me necesitas, mamá? **8.** ¡Cuánto (cómo) le gusta viajar! **9.** ¿Por qué no han sido avisados del incendio? **10.** ¡Cómo se las arregla!

E. 1. ¡Qué tonto parece ese chico! **2.** ¡Qué frío hace! **3.** ¡Cuántas ganas tengo de llegar a la playa! **4.** ¡Cuánto me alegro de que hayas venido! **5.** ¡Qué bien se vive en este país! **6.** ¡Cuánta fuerza de voluntad tiene! **7.** ¡Cuán lejos nos parecía el pueblo! **8.** ¡Cuánto sueño tiene el niño! **9.** ¡Cuánto me ha gustado esta película! **10.** ¡Qué alta torre! / ¡Qué torre tan (más) alta!

F. 1. Ya sabes lo difíciles que (cuán difíciles) son las cosas. **2.** ¿Por qué no me has dicho la verdad? **3.** ¡Cómo (cuánto) han subido los precios! **4.** ¡Qué niño más (tan) pesado! **5.** No puedo decirte cuántos días voy a quedarme. **6.** No te figuras lo bien que (cuán bien) escribe este autor. **7.** Ya no sabía quién había venido ni por qué (para qué). **8.** ¡Qué (cuán) caros son los pisos! **9.** No sabes lo que (cuánto) le gusta la corrida. **10.** ¡Cuántas veces lo he recordado!

---

68. *Les relatifs* que, quien, el que, el cual *(p. 286)*

A. 1. Me gusta el vestido que llevabas ayer. **2.** La secretaria que me contestó me dio cita para el jueves que viene. **3.** La persona a quien (a la que) mandaste la carta ya no vive en esa dirección. **4.** Saca la ropa que te vayas a poner mañana. **5.** Llama primero a las personas con quienes (con las que) has quedado. **6.** Los pantalones que me compré ayer me están estrechos. **7.** Esa chica, que quería con locura, me dejó y no la volví a ver más. **8.** Me he encontrado con el novelista que ganó el premio. **9.** Éste es el chico con quien (con que, con el que) me pienso casar. **10.** El jefe, que (quien) estaba ocupado, se negó a recibirle.

B. 1. Coge el cenicero que está en la cocina. **2.** Llámame desde la cabina que está enfrente del hotel. **3.** Estuve con esos amigos que vi ayer. **4.** ¿Ves a esa chica con quien (con la que) salía antes? **5.** El carnicero que lleva un delantal blanco me atiende siempre muy bien. **6.** Compra el vestido azul que estaba en el escaparate. **7.** Déjame ese disco que escuché en tu casa el sábado pasado.

C. 1. Ese señor, que conocí de niño, se ha convertido en un hombre de negocios muy importante. **2.** Toma el primer tren que salga para el sur. **3.** Esa gente que conocí durante las prácticas me ha escrito para proponerme una nueva entrevista. **4.** Ya no me acuerdo de esa mujer que conocí en Brasil. **5.** Me contestó de una forma que me extrañó completamente. **6.** El periodista, que (quien) tenía prisa, olvidó el artículo en su coche.

D. 1. La vecina, quien (que, la cual) quería poner una denuncia, fue directamente a la policía. **2.** Me contestó enseguida, de lo que me alegré sobremanera. **3.** Me llevó a la finca en que (en la que, en la cual) veraneaba de niño. **4.** Busca el traje con el que (con que, con el cual) te vas a vestir. **5.** El compañero, con quien (con el que, con el cual) trabajé el año pasado en la otra empresa, ha vuelto a tomar contacto conmigo. **6.** Haz lo que hagan los demás. **7.** Juan, quien (que, el cual) estaba enfadado, no quiso ir a la fiesta. **8.** Haz el bien y no mires a quien. **9.** Di lo que te parezca. **10.** Dime con quien andas y te diré quien eres.

E. 1. He colocado las herramientas con que (con las que) he arreglado la puerta. **2.** Las carreteras de la montaña, por las que (por las cuales) pasaba el autocar, eran sinuosas. **3.** No encuentro la caja en la que (en que, en la cual) tenía mis zapatos. **4.** Voy a ver a mis tíos para quienes (para los que, para los cuales) tengo un regalo. **5.** Mi habitación, desde la que (desde la cual) te escribí ayer una postal, es muy amplia.

6. Invitó a muchas personas que no conocíamos. **7.** Le voy a hacer un regalo que le interesará. **8.** No te he visto en el congreso al que (al cual) me dijiste que irías.

F. 1. Mándame el libro sobre el que (sobre el cual) quieres que te dé mi opinión. **2.** Compra con este dinero lo que quieras. **3.** Pide al almacén las piezas que te faltan. **4.** Trae a quien quieras. **5.** Cenaremos en ese restaurante en el que (en que, en el cual) nos vimos por primera vez. **6.** El hombre, por quien (por el que, por el cual) había sacrificado todo, la adora. **7.** Estaba de mal humor, lo que nos extrañó mucho.

---

69. *Le pronom relatif* dont *(p. 290)*

A. 1. Es un asunto cuya solución no admite dilaciones. **2.** Aquí está la casa cuyas paredes amenazaban ruina. **3.** Saltó a un pino en cuyo tronco se quedó. **4.** Son tres compañías cuyos capitales son estadounidenses. **5.** El barco cuya vela es azul es el nuestro. **6.** Es un hombre cuyo valor no tiene parangón. **7.** Cortaron el árbol a cuya sombra solíamos comer. **8.** Tiene una finca de cuyos productos vive. **9.** Es el industrial cuyas empresas están en huelga. **10.** Era un castaño en cuyo pie brotaba un manantial.

B. 1. Voici l'article dont vous cherchiez la date. **2.** Ce fut un événement dont les conséquences allaient être graves. **3.** Je vais voir un ami avec le frère duquel je travaille. **4.** Un monsieur dont le nom figure sur le journal est venu. **5.** J'aime ces fleurs de la beauté desquelles je ne saurais donner une idée. **6.** Voici le problème dont nous cherchions la solution. **7.** C'est une amie dont nous aimons beaucoup les enfants. **8.** Il s'agit d'une œuvre dont le seul mérite est le style. **9.** Voici la maison par le balcon de laquelle le voleur s'est échappé. **10.** L'homme (à la porte de) chez qui il frappa était le maire.

C. 1. Es una región cuyos problemas económicos son graves. **2.** Esto es de una señora cuya dirección no tenemos. **3.** Este señor cuyos derechos defiendo es mi cliente. **4.** Es un libro cuya lectura te recomiendo. **5.** El señor a cuya hija conoces es un empresario. **6.** Recuerdo un pueblo cuya iglesia es muy antigua. **7.** Renault, cuyos coches se venden por todas partes, está en Francia. **8.** Nos bañamos en una playa cuya arena es muy fina. **9.** Es un río cuyas orillas son muy agradables. **10.** Entró en una casa cuyo segundo piso estaba vacío.

D. 1. de (la) que / de la cual - **2.** de los que / de los cuales / de quienes - **3.** entre los cuales / entre ellos - **4.** de (l) que / del cual - **5.** de las cuales / de ellas - **6.** del que / del cual / de quien - **7.** de los cuales / de ellos - **8.** de la que / de la cual / de quien - **9.** de los cuales / de ellos - **10.** del que / del cual / de quien.

E. 1. La chica de la que estoy enamorado es andaluza. **2.** El locutor cuya voz estáis escuchando es español. **3.** Aquel autor del que se oye hablar tanto es colombiano. **4.** He visto al muchacho del que hablamos ayer. **5.** Estuve con un ingeniero cuyo hermano es compañero mío. **6.** Pienso en una película de cuyo título no me acuerdo. **7.** El hombre cuya mujer ha muerto es mi vecino. **8.** No es ése el coche del que te dije que era muy bueno. **9.** Acaba de comprarse una moto de la que está muy satisfecho.

F. 1. Se produjo un accidente del que (del cual) acaban de informarme. **2.** Aquí están cuatro discos, uno de los cuales (de ellos) es excepcional. **3.** Es una historia de la que (de la cual) no me acuerdo. **4.** Es un país cuyas costumbres me gustan. **5.** Encontré a varios niños, entre los cuales (ellos) a mi sobrino. **6.** He visto a tu vecino cuyo hijo vive en la Argentina. **7.** Hemos visto una película cuyos actores son buenísimos. **8.** Esta biblioteca de (la) que (de la cual) me encargo es muy rica. **9.** La canción cuyo estribillo estás cantando es española. **10.** Hemos hecho el viaje con (el) que (con el cual) soñábamos desde hacía mucho tiempo.

---

70. *L'adverbe* où *(p. 294)*

A. 1. b. **2.** c. **3.** c. **4.** b. **5.** c.

B. 1. Me gustaría tener un piso donde no haya ruido. **2.** ¿Dónde os habéis citado? **3.** ¿Sabes por dónde han pasado? **4.** Es un país donde abundan los turistas. **5.** Estaba preguntándose (en) dónde lo había conocido. **6.** Volvió a encontrar su bolso donde lo había dejado. **7.** ¿No recuerdas a dónde te llevaron? **8.** ¿Dónde están los niños? **9.** Decidme de dónde venís ahora. **10.** ¿Fuiste a donde te dije?

C. 1. Iré a donde quieras. **2.** ¿Dónde encontrar tanto dinero? **3.** Desde donde estaba, hubiera podido vernos. **4.** No sé a dónde quiere llevar a los niños. **5.** ¿Dónde compraste este reloj? **6.** Dígame, señora, dónde veranea Vd. **7.** ¿De dónde venían y a dónde iban? **8.** Aquí está la puerta por donde ha entrado. **9.** ¿Dónde, adónde (a dónde) fueron? **10.** No recuerdo dónde he aparcado el coche.

D. 1. en que; en el que; en el cual. **2.** en que; en los que; en los cuales. **3.** por que; por los que; por los cuales. **4.** en que; en el que; en el cual. **5.** en que; en el que; en el cual. **6.** por lo que; por lo cual. **7.** en que; en la que; en la cual. **8.** en que; en la que; en la cual. **9.** a que; a la que; a la cual. **10.** en que; en las que; en las cuales.

E. 1. c. **2.** a. **3.** a. **4.** b. **5.** b.

F. 1. Llegó la fecha en que Juan debía irse. **2.** Fueron hacia donde les dijiste. **3.** Donde más se manifestaba su curiosidad era en la mesa. **4.** No se puede transportarlo en el estado en (el) que (en el cual) se halla. **5.** Era imposible en la época en que nací. **6.** No sabía que ibas a venir, de donde mi alegría. **7.** Me habló de la soledad en (la) que (en la cual) había vivido. **8.** En la duda en (la) que (en la cual) estaba, decidí callarme. **9.** ¿Cuáles son los días en que se circula mejor? **10.** El pan ha subido, de donde se prevén otras subidas.

---

71. *La tournure emphatique* c'est... qui, c'est... que *(p. 298)*

A. 1. El tener que irse era lo que la ponía triste. **2.** Ellos eran quienes (los que) deseaban verme. **3.** Eso es lo que necesitamos. **4.** Mi hermano fue quien (el que) pagó la cuenta. **5.** La ambición es la que te empuja a ello. **6.** Nosotros fuimos quienes (los que) llamamos al médico. **7.** Tú eres quien (la que) lo haces adrede, Carmen. **8.** Las

rosas eran las que olían tanto. **9.** Un perro era el que venía.
10. Vosotras sois quienes (las que) debéis hacerlo.

B. 1. Yo fui quien lo dije. **2.** ¿Fuiste tú quien bebiste (bebió) la
leche? **3.** Manolo fue quien vino conmigo al cine. **4.** Eso ha
sido (es) lo que le ha molestado. **5.** Yo he sido (soy) quien
lo he hecho (ha hecho). **6.** Los vecinos fueron quienes
descubrieron el crimen. **7.** No fui yo sino Tomás quien lo
vio. **8.** Nosotros éramos quienes hablábamos mucho. **9.** Este
empleado fue el que nos atendió. **10.** Él había sido quien se
había ofrecido.

C. 1. Tú eres quien (la que) empiezas (empieza), Juana.
2. Correr era lo que le gustaba. **3.** ¿Fue tu amigo quien (el
que) vino ayer? **4.** Vosotros seréis quienes (los que) iréis a
la estación, niños. **5.** Lo que haces es lo que importa.
6. Siempre eran ellos quienes (los que) ganaban. **7.** Las
medicinas serán las que te curarán. **8.** Hoy, yo soy quien (el
que) conduzco (conduce). **9.** ¿Fuiste tú quien (el que) nos
escribiste (escribió) esta carta? **10.** Las abejas son las que
fabrican la miel.

D. 1. Con estas palabras fue como terminó el discurso. **2.** De
Juan era de quien (del que) no quería hablar. **3.** Por eso fue
por lo que quiso callarse. **4.** Desde entonces fue desde
cuando dejaron de venir. **5.** De aquí es de donde se divisa
mejor el pueblo. **6.** Así fue como nos conocimos. **7.** A tu
abuela es a quien (a la que) estoy escribiendo. **8.** ¿Para esto
es para lo que me has mandado llamar? **9.** Por una tontería
fue por lo que riñeron. **10.** Por San Sebastián es por donde
suelen pasar.

E. 1. En 1492 fue cuando Cristóbal Colón descubrió América.
2. En Madrid es (en) donde está el museo del Prado.
3. Velázquez fue quien pintó el cuadro de *Las Meninas*.
4. En el siglo XVI era cuando vivía Felipe II. **5.** En San Pedro
de Roma es (en) donde se coronan los Papas. **6.** Magallanes
fue quien dio la primera vuelta al mundo. **7.** García Márquez
ha sido (es) quien ha escrito *Cien años de soledad*. **8.** En
Cataluña es (en) donde se baila la sardana. **9.** Gutenberg fue
quien inventó la imprenta. **10.** En el mar es (en) donde
desembocan los ríos.

F. 1. Aquí es donde veraneo. **2.** Ladrando era como asustaba a la gente. **3.** Por eso es por lo que te escribo. **4.** En España era (en) donde vivíamos antes. **5.** Entonces fue cuando empezó a trabajar. **6.** Con ellos es con quienes (los que) tienes cita. **7.** Del tercer piso fue de donde saltó el gato. **8.** A él es a quien (al que) me dirijo. **9.** Por aquí será por donde llegarán. **10.** De eso es de lo que tenemos que hablar.

---

72. *La proposition conditionnelle (p. 302)*

A. 1. Si tienes frío, no salgas hoy. **2.** Si quisiera, vendría. **3.** Si puede, lo hará. **4.** Si tenía dinero, lo ha perdido todo. **5.** Si hubiera querido, lo habría hecho.

B. 1. Si puedo hacerlo, lo haré. **2.** Si pudiera comprarlo, lo compraría. **3.** Si quisiera venir, vendría. **4.** Si pudo traerlo, lo trajo. **5.** Si hubiera tenido que decirlo, lo habría (hubiera) dicho.

C. 1. Si hubiera venido él hoy, lo habríamos sabido. **2.** Si lo encuentras, me lo traes. **3.** Si cupiera, lo pondríamos ahí. **4.** Si lo tuviera en casa, te lo llevaría yo mañana.

D. 1. Si quieres, no salimos. **2.** Si pudiera, lo haría. **3.** Si supiera algo, lo diría. **4.** Si viniera Ricardo hoy, nos podríamos ver en casa.

E. 1. Si tuviera tiempo, lo terminaría mañana. **2.** Si ha engordado, es porque come mucho. **3.** Si lo sabías, ¿ por qué no lo has dicho? **4.** Si hablaras con él, te lo agradecería.

F. 1. Viniendo por Madrid, tendréis menos circulación. **2.** Pidiéndoselo amablemente, seguro que te lo da. **3.** Siguiendo ese régimen, seguro que vas a adelgazar. **4.** Conduciendo más deprisa, llegaríamos antes. **5.** Pintándola de blanco, te quedaría mejor. **6.** Trabajando más, lo conseguirías. **7.** Viéndolo con un poco de cuidado, te das cuenta de que no merece la pena.

G. 1. Como sigas así, tendrás problemas. **2.** Puede pasar mañana, a no ser que venga ahora. **3.** Te lo llevo luego, siempre que tenga tiempo. **4.** Me gustaría ir, con tal de encontrar entradas. **5.** En caso de que me llamen, diga que no estoy. **6.** Como no lo hagas mejor, vas a perder esa oportunidad. **7.** En caso de que te arrepientas, me avisas.

H. 1. Su coche estará listo, siempre que venga después de las cinco. **2.** Como hoy no llegues pronto, no vuelves a salir. **3.** En caso de que lo supiera este fin de semana, te avisaría. **4.** En caso de que lo encuentre, te lo traigo. **5.** Nos iremos siempre que no llueva.

I. 1. En el supuesto de que viniera, dígale, señorita, que le espero en casa. **2.** Te lo contaré, siempre y cuando guardes el secreto. **3.** No puede seguir así, a no ser que cambie de régimen. **4.** Puedes contar conmigo siempre que me necesites. **5.** Como no llegue a las cinco, no me esperes. **6.** Ya no vendrá, a no ser que haya cogido el último tren.

---

73. *La proposition complétive (p. 306)*

A. 1. Ahora me acuerdo de que tenía que haber ido al dentista. **2.** Siempre se está lamentando de que funcionan mal las nuevas máquinas. **3.** Siento mucho que no estemos de acuerdo tú y yo sobre esa cuestión. **4.** Quiero que la Dirección se entere de que siguen las pérdidas en la nueva planta. **5.** Se ha aficionado a que resuelva yo siempre todos los asuntos de la casa. **6.** Lamento sinceramente que no hayan recibido Vds. el pedido esta semana. **7.** Entonces quedamos en que nos vemos a las ocho en el sitio de siempre. **8.** En cuanto llegué, me invitó a que me quedara con ella un rato para acompañarla. **9.** Confiaba en que hubierais traído ayer todo lo necesario. **10.** Hablan de que esas acciones van a subir. **11.** Me extraña que no hayas dicho nada esta mañana en la reunión. **12.** Me salió en el último momento con que no tenía ganas de venir conmigo.

B. 1. No creía que estuviera satisfecho. **2.** Se quejaba (se lamentaba) de que no tenía tiempo de hacerlo todo. **3.** Te pedimos que nos escribieras una vez por semana y no nos has escrito. **4.** Señores, siento que me hayan tenido que esperar. **5.** No hay derecho a que el ascensor no esté todavía arreglado. **6.** No sabía que ya habías vuelto (que ya hubieras vuelto). **7.** Hemos decidido que tenías que tener un ascenso.

8. Te agradezco que me hayas contestado tan rápido. **9.** Nos ha prohibido que fumemos en casa (fumar en casa). **10.** Mi padre exigía que el trabajo estuviera siempre bien hecho.

---

74. *La proposition temporelle (p. 308)*

A. 1. Baja deprisa antes de que llegue el autobús. **2.** Te llamaré por teléfono cuando sepa la noticia. **3.** Estuvimos esperando a Charo hasta que ella eligió el vestido que le gustaba. **4.** Envuelve los paquetes mientras yo me preparo. **5.** Tendremos que quedarnos en casa mientras siga haciendo este tiempo. **6.** Díselo todo antes de que se entere por los vecinos. **7.** Cuando yo era pequeño y me caía, mi madre venía a consolarme. **8.** El enfermo podrá levantarse cuando desaparezca la fiebre. **9.** Prefiero esperar hasta que vuelva él. **10.** Dice que quiere ser veterinario cuando sea mayor. **11.** Ven a verme cuando puedas. **12.** Deja el fuego encendido hasta que hierva el agua. **13.** No te haré caso mientras sigas portándote así. **14.** Le llamaremos por teléfono cuando recibamos el modelo. **15.** No te distraigas cuando conduzcas.

B. 1. Il était ému quand il est revenu dans son village. **2.** Prépare le repas pendant que moi je vais faire les courses. **3.** Je vais chercher de l'argent avant que la banque ne ferme. **4.** Quand il a quitté son travail, il est allé directement chez lui. **5.** Ne bouge pas d'ici jusqu'à ce que je revienne. **6.** J'écrirai à tes parents quand j'aurai le temps.

C. 1. Avísame cuando recibas el paquete. **2.** Llámame antes de que salga. **3.** Mientras viva nunca olvidaré los días que pasamos juntos. **4.** Cuando lo veía me reía. **5.** No me moveré de aquí hasta que me reciba. **6.** Señorita, llame por teléfono al Sr. Martín mientras termino este informe. **7.** Manda la carta antes de que sea demasiado tarde.

D. 1. Vayan firmando en la hoja a medida que vayan saliendo. **2.** No te olvides de cerrar las puertas del coche cada vez que aparques. **3.** Apenas se fueron los Ortiz, todo el mundo empezó a murmurar contra ellos. **4.** Lávate las manos antes de comer. **5.** Pienso jugar todos los días al tenis desde que llegue hasta que me vaya. **6.** Te dejaré el libro en cuanto lo acabe. **7.** Nada más cobrar el dinero, ingrésalo en el banco. **8.** Ayer nos fuimos antes de que todo el mundo empezara a venir. **9.** Mándame los resultados tan pronto como los tengas. **10.** Baja la temperatura cuando la reacción se produzca.

E. 1. Pone siempre la radio cuando se levanta. **2.** Después de tanto tiempo, no se reconocieron cuando se vieron. **3.** No te preocupes. Haré todos los encargos cuando llegue. **4.** Daniel, apaga las luces cuando te acuestes. **5.** Cuando le contaron la noticia, se echó a llorar. **6.** Cuando se dio cuenta de su error, me pidió perdón. **7.** Cuando lo supo, no dijo nada. **8.** Tenga cuidado cuando arranque el motor. **9.** Ya verás qué contentos se pondrán cuando se enteren de las notas que has sacado.

F. 1. Vendré cuando pueda. **2.** En verano, los labradores trabajan hasta que se hace de noche. **3.** Me quedaré esperándole tanto tiempo como haga falta. **4.** Llámame por teléfono en cuanto llegues. **5.** Al entrar, se quitó el abrigo. **6.** Desde que estamos jubilados viajamos mucho. **7.** Apaga la luz antes de salir.

---

75. *La proposition causale (p. 312)*

A. 1. Seguiré tu criterio porque piensas como yo. **2.** Convinieron en hacerlo porque se obraba de acuerdo con la ley. **3.** Se fue a casa porque estaba cansado. **4.** Mañana no podré salir con vosotros porque estarán aquí mis padres. **5.** No te enteraste de lo mejor porque te fuiste antes que nosotros. **6.** No podemos hacerlo porque no tenemos tiempo. **7.** Siempre le hacemos caso porque sabe de qué habla. **8.** Lo detuvieron porque había robado una moto.

B. 1. Como recibí tarde el aviso, no pude llegar a tiempo. **2.** Como no sabía dónde estabas, no te he telefoneado. **3.** Como ha andado muchos kilómetros, está cansado. **4.** Como hace frío, voy a encender la calefacción. **5.** Como tenía una clase a las 9, me he levantado a las 7. **6.** Como no querían quedarse, les hemos propuesto llevarles. **7.** Como tuve todo el día ocupado, no pude venir. **8.** Como está lloviendo, no saldremos hoy.

C. 1. Ya que (puesto que, dado que) querían robarle, sabría defenderse. **2.** Ten paciencia que sólo llegarán mañana. **3.** No podemos afirmarlo porque no tenemos prueba de ello. **4.** Ya que (puesto que, dado que) has terminado, puedes salir. **5.** Como era importante, le puse un telegrama. **6.** No he podido grabar porque la cinta estaba estropeada. **7.** Si no ha venido es que debe de estar malo. **8.** Ya que (puesto que, dado que) has llegado tarde, quédate de pie. **9.** Como no sabía dónde encontrarte, me quedé en casa. **10.** Hable Vd. más alto, que no le oigo, señor. **11.** Si no lo compré es que era demasiado caro. **12.** Como sabe lo que quiere, todos le aprecian. **13.** No volveré, no porque no lo quiera, sino porque no puedo.

D. 1. Saliendo hoy el buque, Emilio no puede embarcarse. **2.** No sabiendo su dirección, no le escribí. **3.** Siendo tan intenso el tráfico, prefiero ir en metro. **4.** No hay peligro de incendio habiendo extintores. **5.** Habiendo venido tanta gente, no quedaba sitio para todos.

E. 1. Por haber llorado mucho tenía los ojos muy colorados. **2.** Por no prestarme atención nadie, me callo. **3.** Por no haber más preguntas, se suspende la sesión. **4.** ¿Por haber perdido un punto te retiraste de la competición? **5.** Tuvieron que mudarse por estar contaminada la playa.

F. 1. Por lo distraído que está siempre, no se entera de nada. **2.** No lo aceptaron por lo miope que era. **3.** Ya no se pueden comprar frutas por lo caras que están. **4.** El tren está atrasado por lo intransitable que está la vía. **5.** Consiguió lo que se había propuesto por lo perseverante que es.

G. 1. Vámonos, pues (que) ya no hay nada que hacer. **2.** Se imagina que, por ser rico (siendo rico), lo puede hacer todo. **3.** Se puso enfermo de tanto beber (de tanto como bebía). **4.** A fuerza de trabajar, lo ha logrado. **5.** Estando (por estar) todos de acuerdo, es inútil discutir. **6.** Bajo el pretexto de que no se sentía bien, se volvió a casa. **7.** Por haber estado (habiendo estado) mucho tiempo fuera, no estás al tanto. **8.** No se podía hacer nada, de tanto calor como hacía. **9.** No lo conozco pues (que) solo hace dos semanas que estoy aquí. **10.** Siendo (por ser) muy grande la sala, cabremos todos. **11.** Estando (por estar) Pedro enfermo, llamé al médico. **12.** Diciéndolo tú (por decirlo tú), no lo dudo.

76. *La proposition finale (p. 316)*

A. 1. Te voy a comprar un helado para que te calles. **2.** Se lo digo para que sepa Vd. a qué atenerse. **3.** Sacó el agua del fuego para que no se evaporase (evaporara). **4.** Se oculta a fin de que lo busquemos. **5.** Te llevaré para que aprendas a conducir. **6.** Me prestó aquel libro para que lo leyera (leyese). **7.** Lo hicimos a fin de que Vds. no se molestaran (molestasen). **8.** Le incito a que siga sus estudios. **9.** Explícamelo de nuevo, que lo entienda mejor. **10.** He venido a que me dejes tus apuntes.

B. 1. Estudiamos para saber. **2.** Trabaja de noche para comprarse un piso. **3.** Habla en voz alta para que todos se enteren. **4.** Le escribo a Eva para decirle lo ocurrido. **5.** Investigan a fin de vencer el cáncer. **6.** Voy a consultar al juez para ponerlo todo en claro. **7.** Os llamo a fin de que sepáis que llegaré mañana. **8.** Se acercó a enseñarme el libro. **9.** Talan los árboles a fin de que broten mejor las ramas. **10.** Vengo a ayudarle a Vd. si le parece bien.

C. 1. Coge el metro para llegar antes. **2.** Me anima a que cambie de piso. **3.** Le advierto a Vd. para que lo sepa, señor. **4.** Para llamarnos, usa el portero electrónico. **5.** Se han reunido para estudiar todas las propuestas. **6.** Acércate a leer conmigo. **7.** Me lo había dicho para que tuviera (tuviese) cuidado. **8.** He venido a la sierra para descansar. **9.** Lee el periódico para tener una idea de la situación mundial. **10.** Habla en voz baja, que no nos oigan.

77. *La proposition consécutive (p. 318)*

A. 1. Tiene tantos problemas que no sabe qué hacer. **2.** Discute tanto que se ha quedado sin amigos. **3.** Tiene tan mal carácter que nadie lo soporta. **4.** Sufría tales dolores que tuvo que ir al hospital. **5.** Mire, está tan cerca que puede ir a pie. **6.** Este proyecto supone tal inversión que no vale la pena. **7.** Yo tengo tan pocas ganas de ir como tú.

B. **1.** El espectáculo estuvo tan bien como lo imaginaba. **2.** La conferencia resultó tan mal que me decepcionó. **3.** Hice tanto ejercicio que el médico me recomendó parar. **4.** Había tanta gente como sospechaba. **5.** Trabaja tanto como puede. **6.** Come tanto que le sienta mal. **7.** Viaja tanto que está cansado.

C. **1.** No tiene tantos problemas como imaginas. **2.** Hace tanto calor que prefiero no salir. **3.** Es tan caro que prefiero renunciar. **4.** No es tan bonito como me habían anunciado. Estoy un poco decepcionado. **5.** Hace tanto deporte como puede. **6.** Había tanto ruido que nos marchamos. **7.** Había tanta gente en el concierto como suponía. **8.** Era tan complicado que renuncié. **9.** Discute tanto que se ha vuelto insoportable. **10.** Le aconsejo que compre tantas acciones como pueda.

D. **1.** Ayer no pude venir, así que no vine. **2.** El Sr. Pons está de viaje, así que no puede recibirle. **3.** Ángel llega tarde hoy, así que no sé si lo verás. **4.** Trabaja lejos, así que se levanta pronto. **5.** Llovía mucho, así que nos fuimos. **6.** El viaje es largo, así que tienes que salir mañana pronto. **7.** Últimamente él la trataba muy mal, así que se separaron. **8.** La situación es catastrófica, así que hay que tomar rápidamente una decisión. **9.** No me encontraba a gusto, así que tuve que dejar el puesto. **10.** Teníamos cada vez más problemas, así que cerramos el negocio.

E. **1.** No habrá tenido tiempo, de ahí que no nos haya llamado. **2.** Tenía mucha fiebre, de ahí que le lleváramos al médico. **3.** No dejaba de molestarnos, de ahí que nos fuéramos pronto. **4.** No sabía que fuera necesario, de ahí que no lo trajera. **5.** Todavía es muy pequeño, de ahí que no sepa hablar. **6.** No servía, de ahí que lo tiráramos a la basura. **7.** He estado esta mañana en la piscina, de ahí que esté cansado.

F. **1.** Me ha contado tantas historias que le he creído. **2.** Era muy tarde, así que no le esperamos. **3.** El coche estaba tan estropeado que no se podía arreglar. **4.** Acaba rápido, de forma que seas el primero. **5.** Era tan horrible que no podía verlo. **6.** La situación estaba tan tensa que los extranjeron empezaron a dejar el país. **7.** Pues no sé qué hacer.

---

78. *La proposition concessive (p. 322)*

A. 1. Aunque ayer llovía, fuimos de excursión. **2.** Aunque insistas, no iré a verlo. **3.** Aunque pregunten, no digas nada a nadie. **4.** Aunque salgas temprano, no llegarás antes de por la noche. **5.** Aunque tuviera entradas, no iría a ese espectáculo. **6.** Aun cuando me lo impidiera todo el mundo, yo seguiría haciéndolo. **7.** Aunque había muchas personas, se divirtieron. **8.** Aunque pudiera, sería inútil. **9.** Aunque me dejes el libro, no podré leerlo. **10.** Aunque todos los amigos sabían de que se trataba, nadie decía nada. **11.** A pesar de que no me interese, lo haré. **12.** Saldremos, aun cuando haga mal tiempo. **13.** A pesar de que se porta mal, no es malo. **14.** Llámame, aunque llegues tarde.

B. 1. Aunque tenía tiempo, no quiso ir. **2.** Aunque no quiero pedir a Juanjo ese favor, no tengo otro remedio. **3.** Aunque salí temprano, no llegué antes de la noche. **4.** Aunque tengo entradas, no iré al recital. **5.** Aunque Eduardo ya está mejor, sigue en el hospital. **6.** Aunque no me gusta que veas mucho la televisión, hoy puedes ver ese programa. **7.** Aunque la obra no es muy interesante, te diviertes. **8.** Aunque el viaje no es muy cómodo en tren, lo prefiero al avión. **9.** Aunque tengo mucha prisa, termina de contármelo.

C. 1. Aunque no me apetece, tengo que salir esta noche. **2.** Aunque todavía estoy cansado, iré a verte. **3.** Aunque no quiera, lo haré. **4.** Aunque pudiera, no lo haría. **5.** Aunque es tarde, puedes venir.

D. 1. Por más que estudia, no tiene buenas notas. **2.** Por rápido que vayas, no sé si llegarás a tiempo. **3.** Por muchos argumentos que empleé, no lo convencí. **4.** Por cara que te parezca la casa, merece la pena. **5.** No te lo pienso decir, por mucho que insistas. **6.** Por mucho que lo pienso, no encuentro la solución. **7.** Por mucho que insistas, no iré a verle. **8.** Por difícil que te parezca, lo puedes hacer. **9.** Por muchos títulos que tenga, no creo que convenga. **10.** Por más que buscó, no logró encontrarlo. **11.** Por muchas vueltas que dés al problema, no hay otra solución. **12.** Por muy barato que sea, no pienso comprarlo.

E. 1. Pase lo que pase, tengo que ir. **2.** Por mucho que insiste Juan, no saca (consigue) nada. **3.** Diga lo que diga, está contento. **4.** Por mucho que busco un piso, no lo encuentro. **5.** Sea lo que sea, tengo que verla. **6.** Por muy complicada que (sea, es, está) esté la situación, ha encontrado una salida. **7.** Trabaje donde trabaje, tiene problemas. **8.** Por mucho que miro por todos los lados, no lo encuentro. **9.** Haga lo que haga, no tendrá nada. **10.** Por más régimen que haga (hace), no adelgaza.

---

79. *L'affirmation et la négation* (p. 326)

A. 1. Sí, nos gustó la película que nos recomendaste. **2.** Sí, te he traído lo que me pediste. **3.** Sí, estoy seguro de que no me molestan. **4.** Sí, me sienta bien este traje. **5.** Sí, me he enterado de lo de Javier. **6.** Sí, nosotros también nos fuimos pronto. **7.** Sí, a mí también me apetece salir. **8.** Sí, podéis contar conmigo. **9.** Sí, a mí también me cae mal el nuevo director. **10.** Sí, te puedo dejar cinco mil pesetas. **11.** Sí, me interesa el informe que me dejaste ayer. **12.** Sí, nos parece bien que salgamos otro día.

B. 1. Demain on pourrait faire un pot-au-feu pour le déjeuner. — D'accord. **2.** Vous viendrez nous voir quand nous déménagerons ? — Bien sûr. **3.** Vous connaissiez cette blague ? — Bien sûr, elle est très connue. **4.** Mon père, lui, il aimait les westerns. **5.** Pourquoi leur as-tu répondu ainsi ? — Comme ça, sans raison. **6.** Eh bien, tu as réussi ton coup ! **7.** Tu as réussi à avoir des billets ? — Évidemment. **8.** Tu as vraiment l'intention de lui écrire cette lettre ? — Bien sûr que oui. **9.** Tu crois qu'il va te comprendre ? — Sans aucun doute. **10.** Les relations commerciales vont sans aucun doute changer.

C. 1. Por fin dijo que sí. **2.** Por supuesto todavía puede cambiar de opinión. **3.** Te va a contestar sin duda alguna. **4.** Pues sí que es un trabajo. **5.** ¿Le has recomendado que cierre las puertas? — Por supuesto que sí. **6.** ¿Has reservado una habitación? — Claro. **7.** No dice ni sí ni no. **8.** No sabemos qué contestar a su oferta. **9** No estoy seguro de que acepte. — Claro que sí, ya verás. **10.** Dejó el trabajo sin dar explicaciones. **11.** Ha dicho que sí a todo lo que le he pedido.

D. 1. No, ya no tengo. **2.** No, no ha llamado nadie. **3.** No, ya no trabaja (en Iberia). **4.** No, no creo que venga. **5.** No, no puedo (dejártelo). **6.** No, no necesito nada más. **7.** No, a mí no (me ha saludado). **8.** No, ya no voy. **9.** No, (no me interesa) en absoluto. **10.** No, no estoy de acuerdo. **11.** No, no nos viene bien. **12.** No, no busco a nadie.

E. 1. Vous voyez toujours Philippe ? — Non, nous ne le voyons plus. **2.** Il n'a plus remis les pieds là-bas. **3.** Avez-vous un autre livre sur le sujet ? — Non, je n'en ai plus. **4.** Il n'a même pas téléphoné pour s'excuser. **5.** Mais non ! Ça ne me dérange absolument pas. **6.** Si ça continue comme ça, on s'en va. **7.** Je vais vous payer la communication. — Pas du tout. Je vous en prie. (Laissez tomber.) **8.** Il ne me reste que trois semaines pour finir. **9.** Il ne manquait plus que cela ! **10.** Je ne peux tolérer cette attitude en aucun cas.

F. 1. No estoy en absoluto de acuerdo contigo. **2.** ¿Ya no volverás a hacerlo? **3.** En la costa no se construyen más que edificios sin ningún gusto. **4.** Sólo fuma tabaco rubio. **5.** ¿No te despierto? — Claro que no. **6.** Ni hablar. Yo traigo el vino. **7.** Cuando pienso que ni siquiera nos ha escrito. **8.** No hago más que repetir lo mismo. **9.** En absoluto, no es así, no lo entiendes.

---

80. *La coordination (p. 330)*

A. 1. Muchas gracias, pero no necesito (ni) lavadora ni nada. **2.** Estuvimos por Castilla y Andalucía. **3.** Póngame un pollo y media docena de huevos. **4.** Han traído la compra y no han dejado la factura. **5.** Este postre no lleva (ni) azúcar ni canela. **6.** Cogemos esa carretera o esa otra. **7.** O empiezas a estudiar o tendré que enfadarme. **8.** Eso yo no lo haría (ni) ahora ni nunca. **9.** ¿Y qué te trae de nuevo por aquí? **10.** Compra 5 ó 6 cuadernos. **11.** No me importa que venga o que no venga. **12.** Llegaron e invirtieron en toda la comarca. **13.** No se sabe si es un ingenuo o un sinvergüenza.

B. 1. Esa ciudad está llena de conventos e iglesias. **2.** ¿Ha tenido Vd. otro trabajo u ocupación en ese sector? **3.** Este material está compuesto de una nueva aleación de cromo y hierro. **4.** ¿Y insistió mucho? **5.** Tíralo o úsalo. A mí me da igual. **6.** Hace diez u once años que no nos veíamos. **7.** Nosotros nos dedicamos a la exportación e importación de material electrónico. **8.** U olvidas lo que te han hecho o reaccionas. **9.** El amigo que me presentaste el otro día me pareció muy simpático e inteligente. **10.** Necesitamos dependientes y empleados administrativos. **11.** El nuevo diseñador tiene ideas e imaginación. **12.** En esa región hay problemas sociales y económicos bastante graves. **13.** Es absurdo e incomprensible que te portes tan mal. **14.** Se me ha olvidado completamente y no sé si era ayer por la tarde u hoy por la mañana. **15.** Este libro está escrito e ilustrado por el mismo autor. **16.** No pierdas estos documentos, porque son importantes e imprescindibles.

C. 1. No sé por qué lo criticas. Es verdad que no vino pero avisó a tiempo. **2.** El paro en esta zona no sólo no ha disminuido sino que sigue aumentando. **3.** No exijo nada imposible sino algo que está más bien al alcance de todo el mundo. **4.** Ese alumno no trabaja mucho pero tiene buena voluntad. **5.** Te digo que sus padres no viven en Bilbao sino mucho más al sur. **6.** No te extrañes que no te haya reconocido Arturo. No es despistado sino completamente miope. **7.** Te repito que no se casaron en mayo del setenta y dos sino en abril del año siguiente. **8.** No es un préstamo sino un regalo. **9.** Antonio no sólo es pintor sino que además se dedica a la escultura y al grabado con mucho éxito. **10.** Ese cliente no sólo no ha comprado nada sino que además me ha entretenido un buen rato.

D. 1. No parecía muy triste, sin embargo (no obstante) estaba muy afectado. **2.** Trabajamos con muchos países, excepto (salvo) el norte de Europa y el sudeste asiático. **3.** Salimos pronto. Ahora bien, dadas las dificultades de tráfico, llegamos bastante tarde. **4.** La situación de inestabilidad en el mercado de valores no ofrece cambios. Ahora bien, estos últimos días tiende a mejorarse.

E. **1.** No le he pedido una cerveza sino un café. **2.** Mi nuevo compañero no es antipático, sino más bien un poco tímido. **3.** La obra no sólo era larga sino que además los actores actuaban muy mal. **4.** A pesar del mal tiempo, el desfile fue, sin embargo, un éxito. **5.** No me llames Francisco, sino Paco.

---

81. *Le discours indirect (p. 334)*

A. **1.** Dice que salgáis en seguida. **2.** Dice que hagas lo necesario. **3.** Dice que tengas cuidado. **4.** Dice que digas la verdad. **5.** Dice que vuelvas pronto. **6.** Dice que empecéis a trabajar. **7.** Dice que enciendas la luz. **8.** Dice que lo pienses bien. **9.** Dice que seáis puntuales.

B. **1.** Dijo que no fumaras tanto. **2.** Dijo que te vistaras para la cena. **3.** Dijo que os comprarais pan. **4.** Dijo que no corrierais por la calle. **5.** Dijo que te fueras a jugar. **6.** Dijo que no te marcharas solo. **7.** Dijo que escucharais con atención. **8.** Dijo que os volvierais por la plaza. **9.** Dijo que le dieras recuerdos a tu madre.

C. **1.** Dice que saquen Vds. una foto. **2.** Dice que se tranquilice Vd. **3.** Dice que pregunten Vds. al guardia. **4.** Dice que le entregue Vd. el documento. **5.** Dice que digan Vds. sus razones. **6.** Dice que le confíe Vd. sus secretos. **7.** Dice que le traiga Vd. carne. **8.** Dice que le lleven Vds. la noticia. **9.** Dice que vengan (vayan) Vds. con él.

D. **1.** Dice que pasarán la noche en un albergue. **2.** Dice que ha construido esta casa él mismo. **3.** Dice que les convendría alquilar un coche allí. **4.** Dice que no sabe todavía cuándo llegará. **5.** Dice que piensan hacerlo solas. **6.** Dice que ya te lo ha dicho mil veces. **7.** Dice que necesitarías algo contra la tos. **8.** Dice que no estaban en casa cuando llamaste. **9.** Dice que puedes ir al cine con él.

E. **1.** Dijo que habían puesto un disco famoso. **2.** Dijo que no le habían dado/ dieron su nueva dirección. **3.** Dijo que nunca había oído una voz tan linda. **4.** Dijo que dejaría la maleta en la estación. **5.** Dijo que no sabía si tenías este

libro. **6.** Dijo que habría cogido el autobús de las ocho.
7. Dijo que le gustaría conocer su parecer. **8.** Dijo que era
posible que hubiera tardado un poco. **9.** Dijo que quería que
fuéramos al restaurante.

F. 1. Me contó que creía que había hecho todo lo que había
podido para que salieran temprano, ya que lo había dejado
todo preparado para su salida. Dijo que había hecho (hizo)
que revisaran el coche, que nunca se sabía lo que podía
ocurrir en carretera. Que también había mirado la rueda de
repuesto y que así, si se les pinchaba una, podrían cambiarla
tranquilamente. Luego añadió que había limpiado el coche y
que había puesto lo necesario para el viaje. En fin, que sólo
faltaba el equipaje porque había pensado que resultaba
peligroso que se quedara en la calle durante toda la noche y
que lo llevarían con ellos cuando se marcharan. Era lo único
que tenían que hacer...

G. 1. Pregunta que dónde está la parada del autobús.
2. Pregunta que con quién has venido. **3.** Pregunta que
cómo has podido llegar tan tarde. **4.** Pregunta que a qué hora
sale el tren. **5.** Pregunta que desde cuándo estudias con él.
6. Pregunta que a quién vas a escribir. **7.** Pregunta que cuál
es tu cazadora. **8.** Pregunta que cuánto cuesta una entrada de
teatro. **9.** Pregunta que por qué llora este niño.

H. 1. Preguntó si podía ayudarme. **2.** Preguntó si pasaría mis
vacaciones aquí (allí). **3.** Preguntó si era difícil encontrar un
piso en Madrid. **4.** Preguntó si no conocíamos a sus amigos.
5. Preguntó si estaríamos aquí (allí) para Navidad.
6. Preguntó si habría comido antes de venir. **7.** Preguntó si
ya había pasado el cartero. **8.** Preguntó si éramos de Sevilla.
9. Preguntó si quería que me acompañara.

I. 1. Roger escribe de París, el 19 de mayo de 1989, a su amigo
Paco. Le dice que desde hace mucho tiempo piensa
escribirle, pero que no ha podido hacerlo hasta ahora. Le
pregunta que cómo está y cómo están Carmen y los niños. Le
cuenta que en su casa todos están bien y que últimamente
han celebrado el cumpleaños de Didier que ya tiene quince
años.
Dice luego que el motivo de su carta es que su mujer y él
quisieran pasar el próximo mes de agosto en Granada, y que

han pensado que el podría aconsejarles. Añade que les gustaría alojarse en alguna pensión confortable y que él verá lo que les convenga.

Le agradece de antemano su colaboración y le ruega que le conteste tan pronto como haya solucionado el asunto. Le manda muchos recuerdos a todos y para él un fuerte abrazo de su amigo.

Index analytique

L'ordre alphabétique adopté est l'ordre français.
Les chiffres en **gras** renvoient aux pages principales.

— Q —

— R —

Composition réalisée par COMPOFAC - PARIS

IMPRIMÉ EN FRANCE PAR BRODARD ET TAUPIN
Usine de La Flèche (Sarthe).
LIBRAIRIE GÉNÉRALE FRANÇAISE - 43, quai de Grenelle - 75015 Paris.

ISBN : 2 - 253 - 04970 - 0　　　　　　　◈ 30/8582/6